»Es waren zwei Königskinder,
die hatten einander so lieb.
Sie konnten zusammen nicht kommen,
das Wasser war viel zu tief...«
(aus einem mittelalterlichen Minnelied)

Das Titelbild »Dante und Beatrice«
ist von Gabriel Rossetti (1828-1882)

Ruth Pinnau

... Das Wasser
war viel zu tief ...

Liebende Frauen
von Kleopatra
bis Simone de Beauvoir

Hamburg 1999

1. Auflage

ISBN 3-923190-95-6

K.O. Storck Verlag
Striepenweg 31, 21147 Hamburg
Tel. 040/797 13 160/161
Fax 040/797 13 101

Inhalt

Vorwort

Ruth Pinnau ist promovierte Kunsthistorikerin. In den Schoß gefallen ist ihr der erfolgreiche Abschluß ihrer Studien und deren Fortsetzung in langjähriger Tätigkeit an der Hamburger Kunsthalle (als Stipendiatin des Germanischen Nationalmuseums Nürnberg) nicht. Zu ihrer Zeit: als Ehefrau eines erfolgreichen Geschäftsmannes war ein solcher Hintergrund eher hinderlich und forderte fast folgerichtig autoritäre männliche Vorurteile gegenüber einer zu ernsthafter wissenschaftlicher Arbeit fähigen und motivierten »Dame der Gesellschaft« heraus. In ihrem Buch »Der Sieg über die Schwere« (Cäsar Pinnau in meinem Leben) beschreibt sie ausführlich, wie sehr ihr die frühe Prägung durch die elterliche Erziehung zu »Pünktlichkeit, Disziplin und Pflichterfüllung« zustatten gekommen sei.

Ruth Pinnau hat »Selbstverwirklichung« in Gestalt eines Dienstes am Schönen schlechthin, der die eigene Person bescheiden in den Hintergrund treten ließ, also bereits vorgelebt, als dieser Begriff noch nicht im späteren Zeittrend aufgetaucht war.

In diesem Jahrzehnte später vorgelegten Buch kommen die Grundstrukturen, die die erfahrene Historikerin verinnerlicht hat, wieder deutlich zum Vorschein. Die Sorgfalt des Quellenstudiums ist charakteristisch für R.P.. Aber es wird auch noch anderes ebenso Bezeichnendes erkennbar: die stets gezügelte Erzählfreude, aber auch die Noblesse, mit der die Autorin sich allzu gewagter Interpretationen enthält, zu denen sich eine klatschfreudigere Erzählerin hinreißen lassen könnte.

Vieles, was Schriftsteller produzieren, hat etwas mit ihrer eigenen Lebensgeschichte zu tun. R.P. macht da keine Ausnahme. Als sie ihren späteren Ehemann, einen Architekten, traf, der lange glückliche Jahre an ihrer Seite erlebte und beiden das überwältigende Gefühl zuteil wurde, für einander bestimmt zu sein, wurden bestehende Bindungen durch diese Liebe gefährdet und schließlich aufgehoben. Cäsar und Ruth Pinnau sind ein Beispiel dafür, wie eine starke Beziehung letztlich Schuldgefühle und schwere innere Kämpfe siegreich überwinden und in ein beständiges Glück einmünden kann.

Ruth Pinnau hat ihr eigenes Leben bis zu seinem Tode ihrem Mann und dessen Werk widmen können. Das Leben der beiden hat gezeigt, wie sich ein Graben überschreiten läßt in Liebe, Loyalität und dem Dienst an gemeinsamen Idealen.

Elisabeth Müller-Luckmann

Semele, Zeus und Hera
Die Rolle der Geliebten in der antiken Mythologie

»Lieben und Vernünftigsein ist kaum einem Gotte möglich.«
P. Syrius

Dichtern und Denkern aller Zeiten boten die antiken Mythen der Griechen einen profunden Schatz von Geschichten, deren Stoff immer wieder literarisch verarbeitet, gestaltet und dem jeweiligen Zeitgeist angepaßt wurde. Die polytheistische Welt griechischer Götter kommt in ihrer Vieldeutbarkeit unserem heutigen Habitus sehr entgegen, erscheinen doch die »begrifflichen Konturen der Postmoderne« fast ebenso verworren wie diejenigen der antiken Mythologie.

Nach dem französischen Gegenwartsphilosophen Jean-Francois Lyotard bedeutet »postmodern… die Skepsis gegenüber den großen Erzählungen der Aufklärung oder der (modernen) Geschichtsphilosophie«.[1] Die Moderne sieht sich selbst als Höhepunkt einer Jahrtausende währenden historischen Entwicklung: Darwins Evolutionstheorie bietet das Paradigma für dieses moderne Fortschrittsdenken: Für sie steht am Anfang der Zivilisation

Darwin

das Chaos. Der Urmensch war primitiv. Am Ende der Geschichte erwacht die Vernunft im Menschen zu sich selbst und erzeugt vordem unvorstellbare technische Errungenschaften.

Mit diesem Modell einer linearen Entwicklungsgeschichte neigt die Moderne dazu, die antiken Mythen abzuwerten. Sie werden als das sinnlose Spiel einer noch schlafenden Vernunft interpretiert, bestenfalls wird ihnen ein unterhaltsamer Charakter zugestanden.

Von diesem emphatischen Entwicklungsmodell der Moderne hat sich der postmoderne Geist verabschiedet. Die mit der modernen Technik angerichteten Zerstörungen – Atombombe, Genmanipulation, Treibhauskatastrophe usw. – haben den enthusiastischen Glauben an den endlosen Fortschritt der Menschheit in Frage gestellt. Mit dem Fortschrittsmodell geriet auch das Evolutionsmodell aus der Mode. Der Glaube an eine kontinuierlich verlaufende Entwicklung der Menschheitsgeschichte erscheint nur noch naiv. Demnach scheint es dem heutigem Habitus keineswegs sicher zu sein, daß die Menschheit – jetzt zu Beginn des 21. Jahrhunderts – wirklich auf dem Höhepunkt ihrer Geschichte steht.

Könnte die Geschichte nicht auch anders gedeutet werden? Zum Beispiel als ein Verfallsprozeß, wie es schon Hesiod mit seiner Zeitalter-Lehre nahelegte? Laut Hesiod steht am Anfang der Geschichte das Goldene Zeitalter, das mehr und mehr an Wert verliert, um schließlich ins silberne und eherne abzugleiten. Diese Lehre erinnert an altindische kosmologische Vorstellungen: Für die Inder existiert ebenfalls keine gradlinige Steigerung der Geschichte zum »Immer Besseren«. Alles ist mit allem verknüpft. Das ganze Leben erscheint wie auf ein riesiges kosmisches Rad geflochten, auf das Rad der Wiedergeburten. Alles ent-

Hesiod

steht, um wieder zu verfallen. Da gibt es kein oben oder unten, kein Maß, an dem wir uns orientieren könnten. Das menschliche Leben ist nur wie ein Wimpernschlag von Gott Brahma, zufälliger Schaum auf dem endlosen kosmischen Meer. Alles Seiende erscheint als das Spiel der Göttin Shakti, die sich Welten strickt, um sie wieder aufzulösen, nur aus einer augenblicklichen Lust heraus. Für die altindische Lehre ist die Welt und ihre allzumenschliche Geschichte nichts weiter als Maya, eine Illusion oder Blendung, die keinen Bestand in sich selbst hat.

Auch für die Postmoderne hat die Geschichte »ihre Glaubwürdigkeit verloren«[2]. Die Fortschrittsideologie ist brüchig geworden. Der französischen Begründer der Postmoderne Jean-Francois Lyotard reflektiert »die Welt« nur noch im Prisma eines »Sprachspiels«. »Wenn das Bewußtsein aufkommt, daß das Leben des Geistes selbst nur eine Geschichte unter vielen ist, verschwindet die spekulative Hierarchie.«[3] Ohne sich darüber bewußt zu sein, geschweige denn explizit darauf hinzuweisen, nähert Lyotard mit diesen Worten das postmoderne Interpretationsmuster dem uralten mythischen Bewußtsein der Inder an, für die die Geschichte ebenso unhierarchisch, ja geradezu sinnlos, verläuft.

Während für den modernen Geist in der Nachfolge der Aufklärung noch alles seine rationale Ordnung hat, löst der postmoderne Geist alle Ordnungen und Konstruktionsmuster auf: Er bekennt zur Widervernünftigkeit und unüberschaubaren Vielschichtigkeit der Welt.[4]

Die Rationalität der Moderne wird ad absurdum geführt, wie auch ihre Selbstüberschätzung als Fortschrittseuphorie. Alle von der Moderne legitimierten Strukturen werden nicht nur in Frage gestellt, ihnen wird auch jede Würde streitig gemacht. Stattdessen werden sie als akzidentielle Elemente des menschlichen Spieltriebes wie Murmeln in neue, sinnwidrige Zusammenhänge transponiert. »Für eine Literatur, eine Philosophie und vielleicht sogar eine Politik geht es darum, den Widerstreit auszudrücken, indem man ihm entsprechende Idiome verschafft.« (Lyotard)[5]

Für diese Neigung zum Spiel mit Absurditäten bietet die postmoderne Architektur eine Fülle von Anschauungsmaterial. Ein Beispiel mag genügen: In den Bauwerken der beiden zeitgenössischen Architekten Robert Venturi und Denise Scott Brown wird die die Moderne bestimmende Einheit von Konstruktion und Programm zugunsten eines plakativen symbolhaften Baukörpers in den Hintergrund gedrängt: »Einzelelemente sind aus ihren üblichen Zusammenhängen gelöst und so in die Komposition eingebunden, daß sie wie Zitate wirken, die auf gewohnte Sichtweisen anspielen, ohne sie weiter zu verfolgen.«[6] Der amerikanische Architekt Charles Moore »arbeitet mit vorgesetzten, oft disproportionierten Scheinfassaden und durchbrochenen Wänden, entwickelt aus einer spielerischen ´Haus-im-Haus´-Konzeption. Im Vordergrund steht der Spaß an der Architektur. Wie Bühnenkulissen begleiten in Moores ´Piazza d´Italia´ witzig manipulierte klassische Säulenordnungen das Arrangement: Feine Wasserstrahlen zeichnen dorische Kannellierungen nach, die Säulen der tuskischen Ordnung sind aus geschlitztem Edelstahl, Neonröhren umkränzen Kapitelle. Elisionen (Auslassungen) bestimmen die Wiedergabe, was ausgeschlossen ist, wird ebenso Zeichen, wie das, was ausgeführt ist.«[7] An dieser postmodernen Architektur fällt nicht nur die spielerische Lust an nicht gerade zweckdienlichen Kombinationen in den Blick, sondern auch die beliebige Durchmischung unterschiedlicher Versatzstücke verschiedener Epochen. Die historische Ordnung scheint aufgehoben.

Dieses Durcheinander von ineinander verschlungenen Formen weist große Ähnlichkeit auf mit der indischen Maya-Philosophie: »Das Geheimnis der Maya ist diese Wesensgleichheit des Entgegengesetzten. Maya ist eine gleichzeitige und in die Gleichzeitigkeit aufeinanderfolgende Offenbarung von Energien, die miteinander uneinig sind, Vorgängen, die sich widersprechen und gegenseitig aufheben: Schöpfung und Zerstörung, Entwicklung und Auflösung, das Traumidyll der inwendigen Schau des Gottes und die öde Null, der Schrecken der Leere, das furchtbare Unendliche.«[8]

Die Aufhebung jeder zeitlichen Ordnung durch die postmoderne Perspektive eröffnet einen neuen Zugang zu den antiken Mythen. Wie zur indischen Mayalehre zeigen sich auch Entsprechungen zum Weltbild der griechischen antiken Mythologie zum Beispiel in der Gleichzeitigkeit unterschiedlicher Handlungskomplexe (Zeus hat gleichzeitig verschiedene Geliebte: Leda, Alkmene, Danae, Europa, Maia, Kalisto, Io, Antiope und Aigina)[8a], in den absurd erscheinenden Kombinationen (Athene wird aus Zeus-Kopf geboren) und in der Pluralität der Konzepte (viele Götter bezeugen unterschiedliche Realitäten). Da die Postmoderne das linear sich entwickelnde Fortschrittsmodell der Moderne nicht nur in Frage, sondern sogar »auf den Kopf« stellt, werden die alten Mythen nicht mehr als Ausdruck einer naiven Epoche abgetan, sondern als phantasiebereichernde Muster durchaus geschätzt. Der am Ende des 20. Jahrhunderts immer stärker in den Vordergrund rückende Ethnokult (»Multikulti«) ist nur eine Variante dieser Neubewertung der Mythen. Laut Auskunft eines mir bekannten Mitarbeiters im Hörfunk hat z.B. im Bereich der populären Musik in den letzten Jahren die sogenannte »Worldmusic« immer mehr von sich Reden gemacht, eine Durchmischung folkloristischer Elemente unterschiedlicher Kulturen mit den technischen Möglichkeiten elektronischer Finessen. Ausdruck dieses Ethnokultes ist auch das seit einigen Jahren stattfindende Berliner Massenspektakel »Festival der Kulturen«, das regelmäßig von mehreren hunderttausend Menschen besucht wird.

Von diesem Gesichtspunkt her können wir die mythischen Geschichten durchaus als Folien nehmen, die die vielfältigen zwischenmenschlichen Beziehungsmuster vieldeutsam spiegeln. Während aber die postmoderne Einstellung die Mythen als ein unverbindliches Spiel verwendet, um der sinnentleerten Zeit zumindest eine gewisse Farbigkeit aufzupfropfen, und sich in einer seichten ornamentalen Phantasie verausgabt, sehe ich in den Mythen Paradigmen gestaltet, die auch heute noch Gültigkeit beanspruchen können. Die Götter – so meinte bereits C.G. Jung – sind Urbilder, Archetypen – aus der »seelischen Substanz« des Menschen geschnitzte Bilder, »welche alles in sich haben, was der Mensch je über seine Götter oder über seinen Seelengrund sich ausdenken wird.«[9] Gemäß Jung spiegeln die mythischen Geschichten seelische Ursituationen, Urbildern, Grundmuster von zwischenmenschlichen Zusammenhängen, die jeden Menschen mehr oder weniger betreffen können. Also müßten die Mythen auch für unser Thema der literarischen und psychologischen Bewandtnis der Geliebten einen reichen Nährboden bieten.

Der klassische Mythos einer olympischen Dreiecksgeschichte ist die Geschichte von Zeus´ Liebschaft mit Semele – wie sie uns von dem Mythenforscher Karl Kerényi[10] überliefert wurde.

Göttervater Zeus war ein Casanova. Seine Frau Hera ist das Urbild für alle frustrierten Ehefrauen, die unter der chronischen Untreue ihrer Männer zu leiden haben. Eines Tages verliebte sich Zeus in Semele, die Tochter des thebanischen Königspaares Kadmos und Harmonia aus dem Geschlecht der Agenor. Semele war keine Göttin, sondern nur ein einfacher Mensch. Darum mußte der Göttervater selber auch menschliche Gestalt annehmen, um

C. G. Jung in New York in 1912

mit seiner Geliebten zusammensein zu können. Auf diese Weise unterhielt er mit ihr ein heimliches Verhältnis. Angeblich soll das unsittliche Treiben am Berg Sipylos in Kleinasien stattgefunden haben.

Hera aber ist mißtrauisch. Eines Tages ertappt sie ihren untreuen Mann beim Liebesspiel, ohne daß er es bemerkt. Sie ist viel zu weise, um nicht in der unbeherrschten Art eifersüchtiger Frauen ihren Mann anzuprangern. Sorgsam behält sie ihr Wissen für sich, um es raffiniert gegen die Rivalin auszuspielen. In der Gestalt von Semeles Amme schleicht sie sich in deren Elternhaus ein und erzählt der Ahnungslosen, daß ihr Liebhaber ein Gott sei. Semele will das zunächst nicht glauben.

»Doch!« sagt die vermeintliche Amme. »Ich habe verläßliche Informationen darüber, daß dein Geliebter übermenschliche Fähigkeiten hat.«

Da Semele ihrer Amme vertraut, schöpft sie keinen Verdacht. So kann Hera in Gestalt der Amme Semele dazu anstiften, den Geliebten zu überreden, ihr seine Göttlichkeit zu demonstrieren. Unerhörte Genüsse könne sie dann erfahren, Freuden, die kein sterbliches Mädchen je erlebt hätte. Semeles Neugier ist erwacht,

Zeus

und auch in ihrer Eitelkeit fühlt sie sich angeregt. Schließlich ist sie eine Königstochter. Und einen Gott zu verführen, muß ihr als ein großer Traum vorkommen. Als ihr die vermeintliche Amme dann auch noch erzählt, daß Zeus sich bisher nur seiner Ehefrau als ein Gott zu erkennen gegeben habe, reagiert Semele zornig.

»Ist seine Frau denn besser als ich?« fragt sie von Eifersucht geplagt. »Immerhin bin ich eine Königstochter!«

»Ach, liebes Kind!« seufzt die falsche Amme listig. »Hüte dich vor zu großer Leidenschaft! Du solltest deinen Geliebten vergessen und auf die Genüsse verzichten, die ich dir eben beschrieben habe. Denn ob er nun ein Gott ist oder nur ein Mensch: Kein Gott kann den Schmerz der Demütigung ausgleichen, den eine Frau erfährt, wenn der Geliebte sie nur als eine unverbindliche Gespielin behandelt, die nur seiner Lust zu dienen habe. Auch Götter sind egoistisch, Semele. Sie halten sich für das Maß der Welt und nehmen keine Rücksicht auf uns allzusterbliche Menschen. Darum, mein liebes Kind, vergiß´ deinen Geliebten! Ich wäre sehr traurig, wenn er dir Kummer bereiten würde, denn du bist es nicht wert, nur eine Nebenrolle zu spielen.«

»Das ist nicht wahr! Er liebt mich!« ruft Semele außer sich vor Verzweiflung.

»Oh, törichte Semele! Was weißt du schon von den Männern! Laß ab von ihm! Lauf nicht in dein Unglück!«

Semele kann die ganze Nacht nicht schlafen. Beim nächsten Stelldichein ist sie sehr bekümmert. Zeus bemerkt es gar nicht und will sie sofort auf sein Lager ziehen.

»Nein, heute nicht!« erwehrt sich Semele seiner Leidenschaft. »Erst mußt du mir sagen, ob es stimmt, was die Leute sagen, daß du nämlich ein Gott bist...«

»Ja, ich kann es nicht leugnen. Ich bin ein Gott«, erwidert der Götterkönig selbstbewußt.

»Und warum verstellst du dich dann und zeigst dich mir nicht in deinem vollen Glanz? Ich würde sehr gerne erfahren, wie es sich anfühlt, von einem Gott umarmt zu werden!«

Tod der Semele

»Du könntest mein Licht nicht ertragen!« entgegnet Zeus lächelnd.

»Du bist ja nur ein Angeber!« empört sich Semele. »Wenn du dich mir nicht sofort als einen Gott zu erkennen gibst, verlasse ich dich. Ich mag nicht getäuscht werden!«

In dieser Weise unter Druck gesetzt muß Zeus einlenken. Obwohl er als Gott eigentlich allwissend sein müßte, löscht die Kränkung, von der Geliebten der Hochstapelei verdächtigt zu werden, seine Vernunft aus. Stolz präsentiert er sich Semele im vollen Glanz seiner Göttlichkeit. Sie aber weicht zurück vor seiner Glut, in der sie zerbrennt, weil sie ein Menschenkind ist. Nichts als Asche bleibt von ihr zurück. Und nicht einmal der mächtige Zeus kann sie wieder zum Leben erwecken.

Hera aber triumphiert, als sie von dem Tod ihrer Rivalin erfährt. Zeus rettet noch eine unreife Frucht aus Semeles Körper. In seinem eigenen Schenkel läßt er sie weiterreifen. Es ist Dionysos, der Gott des Rausches, der da ans Licht der Welt drängt, Frucht der verbotenen Leidenschaft zwischen Zeus und Semele.

Diese Geschichte gehört zu den ältesten tragischen Liebesromanzen der Welt. Späteren literarischen Umformungen des Motivs diente sie als Paradigma. In dieser frühen Dreiecksgeschichte triumphiert die Ehefrau über die Geliebte. Am Ende

Hera

siegt scheinbar die Moral gegen die Leidenschaft. Die Geliebte muß mit ihrem Tod bezahlen, weil sie es gewagt hatte, in das Reich einer etablierten Beziehung zwischen Mann und Frau einzubrechen. In einer respektlos anmutenden Weise wird ausgerechnet am Beispiel des höchsten olympischen Gottes die Tölpelhaftigkeit einer blinden Verliebtheit dokumentiert. Semele bringt den Gott um seinen Verstand, so daß er jede Umsicht außer Acht läßt und am Ende als Versager dasteht. Hera ist die Siegerin dieser Geschichte. Sie ist raffiniert, listig und insbesondere psychologisch geschickt. Man kann ihr am Ende nicht einmal darüber böse sein, daß sie einen indirekten Totschlag zu verantworten hat. Denn sie hat ja nichts weiter getan, als menschliche und göttliche Schwächen gegeneinander auszuspielen.

Da ist einmal der Stolz, die Eifersucht und der Hochmut Semeles. Als Königstochter möchte sie im Zentrum des Geschehens stehen. Sie kann sich nicht mit der Liebe eines einfachen Menschen begnügen. Ihr Liebhaber muß mindestens ein Gott sein. Als sie dann erfährt, daß die Ehefrau ihres Geliebten bevorzugt wird, wird sie von Eifersucht verzehrt. Aus gekränktem Stolz setzt sie den Geliebten unter Druck, ja, sie erpreßt ihn sogar. Am Ende erscheint sie selbst verantwortlich für ihren Tod. Hätte sie sich mehr von der Vernunft leiten lassen, wäre sie nicht in Heras Falle gelaufen.

In ähnlicher Weise muß das Verhalten von Zeus beurteilt werden. »Die griechischen Götter leben in der ewigen Herrlichkeit ihres unbeschwerten, aller Sorg und Anteilnehme überhobenen Daseins«, beschrieb der im Banne Heideggers stehende Mythenforscher Walter F. Otto die mythischen Mächte der Griechen.[11] In einer solchen Charakterisierung spiegelt sich noch das klassische Bild der Antike. Friedrich Schiller glorifizierte die »Götter Griechenlands«:

»Da ihr noch die schöne Welt regiert,
An der Freude leichtem Gängelband
Selige Geschlechter noch geführet,
Schöne Wesen aus dem Fabelland!
Ach, da euer Wonnedienst noch glänzte,
Wie ganz anders, anders war es da!«[12]

Schiller

Otto kritisiert an dieser klassischen Deutung der antiken Mythen, daß hier die Götter nur als »Fabelwesen« oder wie selbst noch bei dem »göttlich erleuchteten Griechensänger Hölderlin«[13] nur noch als »Naturmächte« beschworen werden. Und gegen eine jede psychologische Interpretation, die zum Beispiel dem Göttervater Zeus allzumenschliche Schwächen unterstellt, wettert Otto: »Wir müssen endlich wieder lernen, den Göttervater, wie auch die anderen göttlichen Personen, mit den Augen der größten seiner Verehrer zu sehen.«[14]

Demnach sei die »Herabkunft« des Göttervaters »zu der Kadmostochter Semele kein bloßes Liebesabenteuer.«[15] Es sei eine Lästerung, würden wir Zeus allzumenschliche Gefühle wie Stolz oder Eitelkeit unterstellen. Nein, hier »empfing ein sterbliches Weib von ihm den tröstenden und bezaubernden, den leidenden und sterbenden Gott, und mußte in den Gewitterflammen seiner unverhüllten Erscheinung verbrennen.«[16] Diese Frucht des göttlichen Gewitters – dieser tröstende und leidende Gott – war Bacchus – so lautet der lateinische Name für Dionysos. Die Aus-

Zeus mit Dionysos

fälle antiker Philosophen – gemeint ist u.a. Platon – gegen die Homerischen Götter werden von Otto als Ketzerei abgelehnt. Platon hatte in seinem »Staat« gefordert, die homerischen Götterlehren zu zensieren, denn es könne nicht angehen, daß sich Götter unmoralischer als Menschen verhalten würden.[17] Auch für Walter F. Otto repräsentieren die Götter »Seinsgestalten«. Im Unterschied zu Platon erkennt er allerdings nicht, daß die Homerischen Götter allzu menschlich dargestellt sind, als daß sie als »hehre Lichtgestalten« überzeugen könnten. »Einer geistreichen Menschenart«, schwärmt Otto, »wie der griechischen, die sich vor die Welt gestellt sah mit dem Beruf, in allem Seienden die Gestalt zu erkennen, mußte das Göttliche sich in dieser Gestalt und in ihrer Ewigkeit mit seiner ganzen Fülle und Herrlichkeit offenbaren. So wurde die griechische Religion die Religion des Geistes. Denn Geist ist klargestaltetes, ganzes, gültiges und ewiges Sein. Wie der griechische Künstler die Gültigkeit und Ewigkeit inmitten der sinnlichen Lebenswärme und Unmittelbarkeit zur Erscheinung bringt, so vermählt sich in den olympischen Göttern das Irdische mit dem Überirdischen, indem sie beides auf einmal sind, als lebendige Gestalten der Wirklichkeit.«[18] Schöne, warme Worte sollen hier die Welt der griechischen Götter charakterisieren: Leider bleibt Otto sehr unkonkret. Denn was können wir uns schon vorstellen unter der »Ewigkeit ihrer ganzen Fülle und Herrlichkeit« oder unter einem »klargestaltetem, ganzen, gültigen und ewigen Sein«?

In jedem »Literarischen Quartet« von Reich-Ranitzki und seinen Mitstreitern würde ein Buch, das mit solchen bombastischen Adjektiven auffährt, zerrissen werden. In der Literatur geht es nicht bloß darum, etwas als »klar« oder »herrlich« zu titulieren, sondern die »Klarheit« und »Herrlichkeit« vor den Augen des Lesers plastisch erstehen zu lassen. In vergleichbarer Weise wird eine philosophische Untersuchung sich ebensowenig an einer bloßen Huldigung seines Gegenstands berauschen, worin sich die Aussagen des Antikenforschers Walter F. Otto an dieser Stelle leider erschöpfen. Im aufrichtigen Ehrgeiz, die Welt der griechischen Götter von allem Allzumenschlichen zu reinigen, läßt es Otto gar nicht erst zu, sich von dem Skandal, daß hier Götter wie Menschen dargestellt werden, beunruhigen zu lassen. Selbst wenn sich hinter Zeus Liebschaft mit Semele der höhere Zweck der Geburt des Dionysos entbergen sollte, müssen wir mit Schopenhauer konstatieren, daß hier der Göttervater offensichtlich zum unbewußten Instrument des höheren Willens der Gattung

Platon

geworden ist.[19] Denn nichts in der uns überlieferten Liebesgeschichte zwischen Zeus und Semele deutet darauf hin, daß sich der Göttervater schon zu Beginn seiner Affäre über den angeblich »höheren Zweck« seiner Liebschaft bewußt geworden wäre. Darum erscheint die Deutung von C.G. Jung glaubwürdiger, der in den Göttergeschichten menschliche Ursituationen gespiegelt sieht. Zeus ist hier der Archetypus für die unstete Leidenschaft des Mannes, ein Don Juan, der sich in seinem irrlichterndem Eros verliert. Alles andere als »herrlich«, »klar« oder »geistig« wirkt er geradezu tölpelhaftig. Ja, ist er nicht auch von einer rücksichtslosen Eitelkeit umnebelt, wenn er sich seiner Geliebten im vollen Glanz seiner göttlichen Erscheinung präsentiert, ohne Rücksicht darauf, daß er sie damit in ihrem eigenen, individuellen Sein vernichtet? Zeus repräsentiert den unbeherrschten patriarchalen Verführer, der die Frauen nur zu seiner Selbstbestätigung benutzt, der nur sich selbst liebt, indem er sich von seinen Geliebten bewundern läßt. Angesichts der Fakten, die dieser Mythos uns erzählt, wirkt es sehr konstruiert, wenn Otto darin die »göttliche Herrlichkeit« gespiegelt finden will. Zwar wird am Ende ein neuer Gott geboren – Dionysos, aber auch an dieser Stelle zeigt sich nur der patriarchale Gebärneid: Zeus kann es nicht dulden, daß das Leben aus dem weiblichen Leib entsteht. So kommt es zu der grotesken Szene, daß er das göttliche Kind Dionysos aus seinem Knie gebiert. Das kann man nur mit den folgenden Worten von Ernest Bornemann kommentieren:

»Es spricht auch aus diesem Vokabular eine ausgesprochene Verachtung der Frau, ja geradezu ein Haß, der ans Pathologische grenzt. Von diesem patriarchalen Sadismus ist die ganze griechische Mythologie erfüllt. Laomedon läßt Hesione an einen Felsen ketten, um sie einem wilden Tier auszuliefern. Homer schildert, wie Zeus seine Frau Hera aufhängt und ihr an jeden Fuß einen Amboß bindet – eine sadistische Vorstellung von geradezu textbuchhafter Pertinenz. Und da die Götter nicht etwa die Menschen, sondern die Menschen die Götter schufen, sagen diese

22

Szenen viel über die Vorstellungswelt der Griechen zu gerade jener Zeit aus, als sie sich von den Mythen ihrer mutterrechtlichen Vergangenheit zu befreien versuchten, um ihr eigenes patristisches Pantheon zu bilden: Es sind die Mythen von dem Triumph des Mannes über die Frau.«[20]

Grundsätzlich hat Bornemann diese Geschichte in den patriarchalen Kontext gestellt, in den sie gehört. In seiner verächtlichen Darstellung der griechischen Götterlehren als ideologische Verbrämung patriarchalen Herrschaftsallüren ist Bornemann gleichsam der Antipode zu Walter F. Otto. Was der eine verklärt, wird vom anderen verunglimpft. Beide haben nur teilweise recht. Auch Bornemanns Interpretation ist einseitig. Seine Darstellung des griechischen Patriarchats unterschlägt die – wenn auch nur zarten Spuren – einer weiblichen Selbstbehauptung. So triumphiert am Ende der Liebesgeschichte mit Semele nicht der Göttervater, sondern Hera, die getäuschte Gattin. Sie ist es, die ihm eine Lehre erteilt, indem sie ihn mit ihrer Raffinesse zum Opfer seiner eigenen Eitelkeit werden läßt.

Aber auch Semele ist nicht nur das naive Mädchen wie das Gretchen in Goethes »Faust«. Wie sich in Hera der Archetypus

Ernst Bornemann
1969, in Frankfurt am Main

23

der wissenden Ehefrau gestaltet, ist Semele das Paradigma der freien Frau, die noch ungebunden vom patriarchalen Gesetz der freien Liebe huldigt, obwohl sie in dieser Geschichte scheitert.

In der Forschung wird über die Göttlichkeit der Semele gestritten. Nach Pindar soll sie keine Göttin, sondern »nur« ein Mensch gewesen sein, die Tochter von König Kadmos von Theben: »Peleus und Kadmos waren die glücklichsten aller Menschen; denn bei ihrer Hochzeit sangen die Musen, die Götter speisten an ihrem Tische, des Kronos königliche Söhne sahen sie auf goldenen Stühlen sitzen und erhielten Gaben von ihnen... Aber es kam die Zeit, da den Kadmos die Töchter durch bittere Leiden freudenleer machten, die drei, zur vierten aber, der schönen Semele, kam Vater Zeus auf das Lager der Liebe.«[21] Semele ist die berühmteste der vier Schwestern. Von den anderen drei – Agaue, Autonoe und Ino – wurde nur die letztere in der Literatur häufiger erwähnt. Alle vier Schwestern symbolisieren in der griechischen Mythologie eine urtümliche, noch ungezähmte Weiblichkeit. Sie sind das Urbild für die späteren bakchantischen Frauenchöre, die in den griechischen Tragödien immer wieder auftauchen. Ino wurde bekannt als Frau des König Athamas, eines zwielichtigen Königs, der nicht immer das Beste im Sinn hatte. Noch Hölderlin läßt im »Hyperion«[22] einen Adamas als dunkle verführerische Gestalt auftreten, dessen Ansinnen sich nur destruktiv auswirkt.

Semele trägt noch einen zweiten Namen, nämlich Thyone. Dieser Name leitet sich aus dem altgriechischen Verbum »thyein« ab, was soviel wie »opfern«, aber auch »brausen«, »erregen« bedeutet. Im letzteren Sinne wäre Semele, diejenige, die berauscht oder sich berauschen läßt. Die Namen haben in der griechischen Mythologie immer auch eine wesensbezeichnende Bedeutung. Aus dem zweiten Namen der Semele wird ihre weibliche Macht ersichtlich, mit der sie den Göttervater umgarnt. Es wird auch deutlich, daß die Frucht dieser Beziehung nur Dionysos, der Gott des Rausches, sein kann. Semele ist eine archaische

Gestalt, die das ungezähmte weibliche Sein noch aus einer mutterrechtlichen Tradition her überliefert. Das legt auch der Name »Semele« nahe, der sich – laut Ranke-Graves – von »Selene« (dem Mond) ableitet und auf auf den Mondkultus einer vorgriechischen matriarchalen Kultur verweist.[23]

Und der C.G. Jung-Schüler Erich Neumann weist in seinem Buch über die »Große Mutter« auf die vielfältigen Beziehungen des in den Mythen gestalteten weiblichen Seins zum Mond hin: »Das Große Weibliche ist die Herrin der Zeiten als Herrin des Wachstums. Darum ist die Große Göttin auch Mondgöttin, denn Mond und Nachthimmel sind die augenfälligen und beobachtbaren Erscheinungen des Zeitlichen im Kosmos, und der Mond, nicht die Sonne, ist der eigentliche Zeitmesser und Maßstab der Frühe. Von der Menstruation und ihrer Mondgebundenheit bis zur Schwangerschaft und darüber hinaus ist das Weibliche zeitzugeordnet, zeitabhängig und darum auch mehr als das Männliche, das zur Zeitüberwindung, Zeitlosigkeit und Ewigkeit tendiert, zeitbestimmend.«[24]

An dieser Stelle ist nicht der Platz, die tiefsinnigen Gedanken Erich Neumanns weiter auszuloten. Es geht nur darum aufzuzeigen, daß sich in dem Mythos von Zeus und Semele auch kosmische Mächte darstellen. Semele repräsentiert als Geliebte das »nächtliche weibliche Sein«, das mit seinem mondhaften Zauber dem männlichen Bewußtsein die Klarheit raubt. Semele steht für die unbewußte Magie des Weiblichen, dem sich nicht einmal der Vater und König aller Götter zu erwehren vermag. Da in der griechischen Mythologie oft auch die Verwandten einer Gestalt etwas über deren Charakter verraten, wollen wir kurz auf Semeles Schwestern eingehen.

Ino gilt als Vorbild für die bösen Stiefmütter der Märchen. Die böotischen Frauen soll sie überredet haben, das zur Aussaat bestimmte Saatkorn zu rösten, damit es sich als unfruchtbar erweise und eine Erntenot provoziert werde. Auf diese Weise wollte Ino Unglück über die Menschen bringen. Ihre Motive werden nicht genannt. Interessant ist aber, daß in der Gestalt der Ino – vielleicht das erste Mal in der menschlichen Kulturgeschichte – eine Art Antifrau dargestellt wird, ein Frauentypus, der seine Fruchtbarkeit ablehnt, der sich gegen die als Bürde empfundene Weiblichkeit auflehnt. Ino – so dürfen wir cum grano salis sagen – ist das Vorbild für die Emanzen der siebziger Jahre des 20. Jahrhunderts, die lieber berufstätig sein wollten, als Mutterpflichten zu erfüllen.

Auch waren Ino und ihre Schwestern nicht gerade Töchter der Tugend, obwohl über ihren Vater Kadmos von Theben nichts Böses berichtet wird. Ino soll ihren Sohn Melikertes in einen Kessel siedenden Wassers geworfen und sich hinterher aus Verzweiflung zusammen mit dem toten Kind ins Meer gestürzt haben. Auf vielen antiken Darstellungen ist Melikertes, Inos Sohn, als ein auf einem Delphin reitender Jüngling abgebildet. Geradezu paradox mutete es an, daß die grausame Mutter nach ihrem Selbstmord im Meer mit dem Namen »Leukothea« geehrt wurde. Das bedeutet: »die weiße Göttin". Als solche wurde sie in die Reihe der Meeresgöttinnen eingegliedert.

Mythen sind niemals logisch – im Sinne der strengen, von Aristoteles erstmals formulierten, formalen Logik. In der Logik gibt

Aristoteles

es beispielsweise den »Satz vom zu vermeidenden Widerspruchs«: Wenn sich die Behauptung »a« von der Behauptung »b« unterscheidet, darf nicht »a=b« gelten. Wer also behauptet, die Kreter lügen, dürfe nicht gleichzeitig sagen, die Kreter wären ehrliche Menschen. In der antiken Mythologie gilt diese Logik nicht. Die Kindsmörderin Ino wird nach ihrem Tode als »weiße Göttin« verehrt, wobei das Attribut »weiß« ihre moralische Reinheit zum Ausdruck bringt. Das ist logisch nicht nachvollziehbar. Die christlichen Geschichten erscheinen dagegen viel eindeutiger: Eva ist und bleibt die Verkörperung der Erbsünde. Maria ist und bleibt die Inkarnation der Tugend. Mir ist kein Beispiel aus der christlichen Dogmatik bekannt – einige Ketzerlehren ausgenommen, worin Eva geheiligt werden würde. Obwohl Gott angeblich einen Sünder viel mehr lieben soll als hundert Gerechte, und obwohl das Christentum sich als die Religion der Barmherzigkeit darstellt, wird Eva von jeder Gnade ausgeschlossen. Sie ist und bleibt das verworfene Weib, das tabuisierte Gegenbild der Maria, die Urhure, auf der der Fluch der Erbsünde lastet, obwohl ihre Tat – von einem verbotenem Baum eine Frucht zu essen – gemäß unserer heutigen Rechtsprechung nur als eine Bagatelle angesehen werden würde, wohingegen die Kindsmörderin Ino mit einer lebenslänglichen Freiheitsstrafe rechnen müsste. Trotzdem wird Ino als »weiße Göttin« verehrt, während die arme Eva im Alten Testament in die Hölle geschickt wird.

Ist die griechische Mythologie barmherziger, oder hatten die Griechen nur andere Moralvorstellungen als die Christen? Vielleicht ist es aber auch so, daß die Mythen nur symbolische Wandlungsprozesse beschreiben. Wenn hier ein Mord geschildert wird, könnte damit nur ein – im Grunde harmloser – Wandlungsprozeß zum Ausdruck gebracht werden. Ein Beispiel dafür ist der Adonismythos. Die Liebesgöttin Aphrodite tötet aus Eifersucht den schönen Jüngling Adonis. Gemeinsam mit der Unterweltsgöttin Persephone streitet sie sich um den Besitz des Jünglings. Eine typische Dreiecksgeschichte! Zeus hatte bestimmt, daß Adonis im Winter bei Persephone leben sollte und im Sommer bei Aphrodite. Verliebte Frauen können nicht teilen, nicht einmal dann, wenn sie – wie Aphrodite – göttlich sind. So wird die Göttin – wie Ino – zur Mörderin ihres Geliebten, ohne daß diese Mordtat ihre Göttlichkeit infrage stellt, eine für christliche Kategorien undenkbare, ja geradezu ketzerhafte Geschichte! Sind Aphrodite und Ino »böse Göttinnen« – oder soll mit diesen Mythen nur die Vergänglichkeit des Seins beschworen werden, wie die Adonisgeschichte auch als Allegorie für den Wechsel der Jahreszeiten interpretiert wird?

Vielleicht kann eine solche Interpretation manche Christen trösten. Trotzdem aber bleibt ein flaues Gefühl zurück. Denn ist

Aphrodite

28

eine solche rein empirische und an äußerlichen Gegebenheiten wie Jahreszeiten verhaftete Deutung nicht nur eine Retuschierung des paradoxalen Charakters dieser Mythen? Daß hier »gut« und »böse« ohne jede Wertung – sine ira et studio – zusammengedacht werden, bleibt der einen jeden Christen provozierende Skandal. Für einen ordentlichen Christenmenschen gehört es sich, sich über ein Unrecht zu empören und gleichzeitig die Bereitschaft zur Milde und Vergebung zu zeigen, wenn der Untäter zur Reue bereit ist. Die griechischen Mythen betrachten dagegen das menschliche Leben teilnahmslos aus einer höheren Perspektive.

Und nun kommt die überraschende Schlußfolgerung: Obwohl die Christen behaupten, daß sie mit ihrem unsichtbaren Gott den Anthropomorphismus überwunden hätten, ist ihre Emotionalität noch ganz allzumenschlichen Kategorien unterworfen. Über die Kreuzigung von Jesus werden Tränen vergossen, die Jünger nehmen die Gestalt trauriger Büsser an, obwohl sie die Kreuzigung auch als eine bloße Chiffre für die ewige Wandlung allen Seins ohne innere Erregung interpretieren könnten. Der Christ bleibt voll identifiziert mit seinem allzumenschlichen Leiden.

Die griechischen Mythen dagegen sind als wahre Göttergeschichten zu lesen, Geschichten von Göttern, denen das menschliche Schicksal, menschliches Leiden und Sterben, nur wie Spiel von Fischen in einem Aquarium erscheint, das sie mit dem neutralen, wertfreien unbeteiligten Interesse von Zoologen studieren. Eben darum stehen sie – laut Nietzsche – »jenseits von gut und böse«. Einerseits erscheinen sie tolerant, weil sie im Unterschied zum alttestamentlichen Gott niemals endgültig verdammen. Andererseits wirken sie kalt, weil in ihren Mythen die grausamsten Taten ohne jede Gefühlsregung erzählt werden. Auf alle Fälle kann gesagt werden, daß die griechischen Götter die Menschen frei lassen zu tun, was sie auch wollen. Es sind die Götter des freien Marktes, die unbeteiligt von oben dem Treiben der

Menschen zuschauen, selbst wenn der Konkurrenzkampf auch mal mit unsauberen Methoden verbunden sein sollte.

Der Christengott ist dagegen ein Gott der Planwirtschaft. Er will seine Geschöpfe auf einen vorgegebenen Plan hin abrichten. Und wenn sie nicht gehorchen, dann müssen sie in der Hölle schmoren. Welche Religion die »bessere« sei, bleibt dem Urteil der Leser überlassen...

Aus dieser Perspektive erscheint auch die Liebesgeschichte zwischen Zeus und Semele in einem neuen Licht. Obwohl am Ende die rechtsgültige Ehefrau, Hera, den Sieg davonträgt, und die Moral der Ehe unangetastet bleibt, wird nicht moralisiert, sondern nur die Konseqenzen des Handlungsverlaufs beschrieben. Ein Beleg für den amoralischen Charakter dieser Geschichte kann in der Frucht aus der Beziehung zwischen Zeus und Semele gesehen werden. Obwohl die Liebschaft scheitert, entsteht doch auch aus dieser von so vielen menschlichen Schwächen gezeichneten Affäre etwas Positives: Kein Geringerer als Dionysos, der Gott des Rausches, geht aus ihr hervor! Es scheint so, als

Hera

wolle uns der griechische Mythos sagen, daß selbst der Ehebruch sich als durchaus fruchtbar erweisen kann.

Dieser Deutung entspricht auch die spätere Verehrung, die der »Ehebrecherin Semele« zuteil wurde. Laut Zeugnis von Plutarch[25] soll in Delphi alle acht Jahre ein Fest zu Ehren der Semele gefeiert worden sein. »Das Fest hieß »Herois«. Damit war die im Mittelpunkt stehende Person, nämlich Semele, gemeint, die als »herois« bezeichnet wurde.«[26] Bei diesem Fest ging es um den Aufstieg der Seelen aus der Unterwelt. Wie Pausanias berichtet, habe Dionysos, der Sohn Semeles, seine Mutter später aus der Unterwelt gerettet. Semele – das Urbild aller Geliebten – wird am Ende mit Unsterblichkeit gekrönt und kultischer Ehren teilhaftig. So wird auch in der späteren Literaturgeschichte das Bild der Geliebten durchaus nicht immer im christlichen Sinne moralisch verurteilt.

Anmerkungen zu Kapitel 1

1 Reese-Schäfer 23
2 ebd. 26
3 ebd.
4 vgl. Altwegg/Schmidt a.a.O.
5 Lyotard, Der Widerstreit, 22
6 Gössel, 271
7 ebd. 277
8 Zimmer 55
8a Die Namen der Geliebten von Zeus (In Klammern: Die Gestalt, in der Zeus seine Geliebten beglückt): Leda (Schwan), Alkmene, Danae (Goldregen), Europa (Stier), Maia, Kallistro, Io, Antiope (Satyr), Aigina.
9 Jung V,661f
10 Kerényi, Mythen a.a.O.

11 W.F. Otto, Theophania, 65

12 Kérenyi, Standpunkt, 95

13 Otto, Theophania, 11

14 ebd. 64

15 ebd. 63

16 ebd.

17 Platon, Politeia 363Aff, 377Dff

18 Otto zit. n. Kerényi, Standpunkt, a.a.O. 97

19 Schopenhauer, A.: Welt als Wille und Vorstellung, Bd. 2. 666ff

20 Bornemann 248

21 Pindar, Pyth. 3,86ff zit. nach Otto, Dionysos, a.a.O. 63

22 Hölderlin 498ff

23 Ranke-Graves, Mythologie 48

24 Erich Neumann 216

25 Plutarch (Queast. Gr. 12) zit. nach Otto, Dionysos 65

26 ebd.

27 ebd.

Kleopatra, Caesar und Antonius
Die Affären der mächtigsten Geliebten
der Antike

«Männer regieren die Republik, Frauen regieren die Männer.«   Cato

Semele – das Urbild aller Geliebten lernten wir in Gestalt eines naiven Mädchens kennen, das sich ihrer Magie als »Thyone« (die Erregende) nicht bewußt, vom Blitz des Gottes Zeus verbrannt wurde. Die Königstochter leidet unter ihrer Rolle als Geliebte des Göttervaters. Gegenüber seiner ebenso göttlichen Frau Hera, der er sich in seiner vollen Göttlichkeit zeigt, fühlt sie sich minderwertig, weil er ihr sein wahres Wesen verbirgt. Die Treffen mit dem Geliebten können nur heimlich stattfinden. Wie gerne würde Semele an Heras Stelle Gemahlin ihres Auserwählten werden. Doch Hera – die rechtmäßige Gattin – triumphiert am Ende über Semele, die an ihrer Leidenschaft zu Grunde geht.

In einer Variation dieser Geschichte hatte der griechische Dramatiker Euripides seine »Medea« als Rächerin auftreten lassen. Ebenso wie Hera ist Medea in der Rolle der geprellten Ehefrau. Ihr Mann Jason läßt sich – wie Zeus – von einer Königstochter verführen, nämlich von Glauka, der Tochter Kreons. Anders als

Jason und Medea von Prétextat

in der Affäre zwischen Zeus und Semele heiratet Jason seine Geliebte und läßt Medea mit ihren Kindern alleine zurück. Euripides gibt der Geliebten ein viel stärkeres Gewicht als die mythische Überlieferung der Semele. Er stellt Glauka als Siegerin dar, während Medea in ihrer Verzweiflung nur noch der Amoklauf bleibt: Die verschmähte Ehefrau tötet im Affekt ihre eigenen (mit Jason gezeugten) Kinder (nach dem Mythos auch ihre Konkurrentin Glauka) und Kreon, den Vater seiner neuen Geliebten. Ob nun Glauka getötet wurde oder nicht – allein die Tatsache, daß sich Jason für sie alleine entschied, läßt sie über die verschmähte Medea triumphieren. Während Hera Zeus zurückgewinnen kann, bleibt am Ende der Tragödie von Euripides nur der Fluch, den Jason über die Mörderin und Mutter seiner Kinder ausstößt.

Diese beiden antiken Geschichten variieren das Thema der Geliebten und beleuchten es von zwei verschiedenen Seiten. Semele ist die sich minderwertig fühlende, Glauka ist die erfolgreiche Geliebte. Soweit die fiktive Ebene...

Manchmal jedoch übertrifft die Realität die Fiktion: Knapp vierhundert Jahre nachdem Euripides sein »Medea«-Drama schrieb, sollte die Wirklichkeit einer von der Dichtung nicht phantastischer auszuschmückenden Doppelliebschaft Gestalt annehmen. Kleopatra, die im Jahre 69 v. Chr. geborene ägyptische Königin, wurde in der Literaturgeschichte als »dämonische Geliebte« zugleich gepriesen, wie verunglimpft. Die beiden mächtigsten Männer ihrer Zeit – Gaius Julius Caesar und sein Nachfolger Antonius – hatte sie in ihren Bann gezogen. Beiden hatte sie ihren jeweiligen Ehefrauen abspenstig gemacht. Und beiden wurde die Leidenschaft zu dieser »ägyptischen Sphinx« zum Verhängnis.

Zehn Jahre nach dem Tode Kleopatras widmet ihr Properz[1], der Hofdichter von Kaiser Augustus, ein ebenso bösartiges, wie spöttisches Gedicht:

»Sie, die noch jüngst, welch` eine Schande
unserer Soldaten, daherfuhr,-
Sie, die zur Lust sich hingab
Ihrem dienenden Schwarm, -
Hat sie als Preis nicht verlangt ihrer schmachvollen
Ehe die Mauern Roms?
Und daß ihrem Gebot fröhnte der Römersenat?!
Alexandria, tückische Stadt, du Mutter der Arglist,
Die Königin-Hure des Unzuchtsitzes Kanopus, –
Sie, des Lagidenbluts einziges schändendes Mal,--
Wagt´s, den Jupiter Roms zu bestehn
Mit dem Beller Anubis, Unsrem Tibris zu drohn mit
den Geboten des Nils. Die Stadt, zitternd vor Mars,
Fürchtet ein Weib und sein Drohn!«

Kaum weniger verächtlich nimmt sich ihrer einige Jahrzehnte später der römische Dichter Lukan, ein Zeitgenosse Kaiser Neros, an:

»Sie, die Schmach von Ägypten,
Für Latium wie eine Furie des Todes,
Sie, deren Unkeuschheit Roms Unheil wurde.
Wie Argos einst und Iliums Burg

Durch der Helena schädliche Schönheit
Fiel, so steigerte sie die wilden Stürme
Des Westlands. Ja, und es schwankte
Wirklich das Loos auf leukadischer Meerfluth:
Ob ein Weib – noch ein fremdes dazu –
Gewönne die Welt sich.«[2]

Lukan und Properz beschimpfen Kleopatra als »unzüchtige« Natter. Die Hauptstadt Ägyptens, die nicht nur wegen der größten Bibliothek der damaligen Welt Kulturhauptstadt der Antike war, wird als »Mutter der Arglist« und »Unzuchtsitz« verunglimpft. Die ägyptische »Furie des Todes« – so Lukan über die Königstochter – würde wie der leichenfressende Anubis, ägyptischer Höllenhund, die Seelen kultivierter Römer in die Unterwelt stoßen. Das sind starke Worte, die man nur mit Hesiod kommentieren kann: »So hat Zeus die Weiber den Männern als Plage geschickt, voll von bösen Plänen.«[3]

Arme Römer! Sie fürchten sich vor einem Weib, das sich anschickt wie Caesar und Antonius die Welt zu beherrschen...

Es wäre zu einfach, diesen Haß gegen Kleopatra nur mit der typischen frauenfeindlichen Haltung chauvinistischer Männer zu begründen. In der Gegenüberstellung römischer Moral – repräsentiert durch den Tiber – und ägyptischer Unzucht – in Gestalt der »Gebote des Nils« – dokumentiert sich nach der Furcht vor Karthago hundert Jahre früher ein zweites Mal die Angst des »kultivierten« Roms vor dem angeblich so finsteren Orient, der das »Westreich« – d.h. die durch Rom verkörperte Sitte – bedrohte. Abgesehen davon, daß uns der Satiriker Juvenal mit seiner Beschreibung des geselligen Treibens in Rom keineswegs vom »römischen Anstand« überzeugen konnte (und wollte)[4], bestand der eigentliche Skandal in der Tatsache, daß Alexandria von einer Frau regiert wurde.

Die römischen Patrizier, qui patres scire (die ihre Väter kannten), hatten das matrilineare Königstum überwunden und die

Republik gegründet. Das um 450 v.Chr. entstandene Zwölftafelgesetz verkündete die totale Gewalt des Mannes über die Frau: »Dem Vater gehörte der ganze Familienbesitz, und er beherrschte ihn; als eine Art Priester leitete er den Dienst an den Familiengöttern; und er selbst war gottähnlich durch die absolute Macht, das Leben seiner Kinder zu bestimmen und zu vernichten... Weder Frau noch Kinder hatten ein Recht auf eigenen Besitz.«[5] Ja, sie waren auch vom Erbrecht ausgeschlossen. Sogar die Religionsfreiheit wurde ihnen genommen! Frauen hatten in der römischen Politik nichts zu sagen. »Der Volkstribun Valerius, der als liberal galt, versuchte oft, die Senatoren davon zu überzeugen, daß ihre Ängste vor einer neuen Machtergreifung der Frau unbegründet seien und schwor ihnen: ʽBeruhigt euch! Bei Lebzeiten eurer Angehörigen wird keine Frau je der Sklavenkette ledig!ʼ«[6] Recht hatte er! Trotzdem warnte Cato der Ältere schon im Jahre 195 v. Chr. vor dem Niedergang der männlichen Vorherrschaft[7], denn er hielt Frauen für das »unkorrigierbar schlechte« Geschlecht.

Natürlich war Roms Politik reine Männersache! Frauen war jede politische Betätigung verboten. Ihren Anspruch auf Weltherrschaft begründeten die Römer u.a. mit ihrer patriarchalischen Verfassung, »weil alle anderen Völker Mutterrechtler und deshalb der Staatsgründung unfähig seien. Wo die Römer auch

Helena, Vatican Museum

hinblickten, sahen sie matrilinear ausgerichtete Völker: Ägypter (Kleopatra), Dorer, Germanen, Karthager, Kelten, Sabiner, Skythen u.v.a.m. Nur indem sie eines dieser Völker nach dem anderen besiegten, konnten sie sich beweisen, daß alle anderen minderwertig seien, weil sie unter der Fuchtel ihrer Frauen standen.«[8]

Welch´ ein Schrecken löste in der römischen Welt die Tatsache aus, daß ihre größten Helden – Caesar und Antonius, beide die mächtigsten Feldherren ihrer Zeit – dem Bann der ägyptischen Sirene verfallen waren! Nicht ohne Grund gedachte man sofort des trojanischen Pferdes! Wollte Kleopatra die beiden römischen Imperatoren als »Wirtskörper« benutzen, um mit ihrer Hilfe das ägyptische Reich bis nach Rom auszudehnen? Wollte die Furie aus Alexandria die Geißel ihrer »Weiberherrschaft« über die wackeren römischen Senatoren schwingen? Mit Grausen erinnerte man sich an Helena, die blendend schöne Frau des Menelaos, die zum Anlaß wurde für den längsten und blutigsten Krieg, den die Antike jemals erlebt hatte. Nicht einmal der weiseste Mann des Abendlands, Goethes Faust, konnte dieser magischen femme fatale widerstehn´. Er verfiel ihr willenlos – wie ein Sklav´.

> »Was bleibt mir übrig, als mich selbst und alles,
> Im Wahn das meine, dir anheimzugeben?
> Dich Herrin anerkennen, die sogleich
> Auftretend sich Besitz und Thron erwarb...
> Erst kniend laß die treue Widmung dir
> Gefallen, hohe Frau; die Hand, die mich
> An deine Seite hebt, laß mich sie küssen.
> Bestärke mich als Mitregenten deines
> Grenzunbewußten Reichs, gewinne dir
> Verehrer, Diener, Wächter all´in einem...«[9]

Faust konnte sich noch im letzten Moment dem Strudel seiner masochistischen Leidenschaft entziehen. Caesar und vor allem Antonius standen rettungslos im Bann der »belle dame sans merci.«

Helenas Schönheit war »schädlich« – so Lukan – weil sie
Anlaß wurde zum Trojanischen Krieg. Helena ist für die politi-
schen Moralisten das Schreckgespenst einer Geliebten, die die
Geister der Mächtigen verwirrt. Ihr Liebhaber Paris findet in der
Schlacht um den Besitz dieser Frau den Tod. Hier ist einmal der
Mann der scheiternde. Die Geliebte triumphiert. Hat ebenso
auch die ägyptische Königin mit der Raserei der von ihr verführ-
ten Männer gerechnet?

Sie war nicht unklug, dieses zierliche, knabenhafte Mädchen.
Ihre dunklen Augen konnten blitzen wie die Sonne. Die Historiker überschlagen sich geradezu in der Schilderung ihres Charismas. Kaum einer, der nicht wenigstens in Gedanken ihren erotischen Reiz auszuschmücken suchte. Caesar, der abgeklärte Sechs-
undfünfzigjährige, der in seinem bewegten Leben fast ebensovie-
le Frauen wie Casanova verführt hatte, erliegt der Koketterie
einer Einundzwanzigjährigen. Allein schon die Tatsache, wie
diese Begegnung zustande kam, schrieb Literaturgeschichte. Von
Shakespeare bis Bernhard Shaw wurde dieses Ereignis immer
wieder literarisch ausgekostet:

Lautlos gleitet ein Boot durch die sternenhelle Nacht. Das
helle Feuer des Pharos, des riesigen Leuchtturms Alexandrias,

spiegelt sich im ruhigen Wasser. Kleine Wellen plätschern an die Kaimauern. Mit kräftigen Schlägen lenkt der Ruderer den Nachen in den Schutz der Schatten großer Schiffe.

Seit einigen Wochen hält der römische Feldherr Gaius Julius Caesar mit einer kleinen römischen Abteilung den Palast Alexandrias besetzt. Die im Hafen postierte ägyptische Flotte wird zwar doppelt bewacht. Trotzdem lassen sich die auf den Schiffen postierten Soldaten nicht beunruhigen. Lachende Stimmen, ausgelassenes Gegröhle und Gesang. Man trinkt und streitet sich beim Würfelspiel. Das eindringende Boot bleibt unbemerkt. Im Osten an der Landzunge Kap Lochias – nahe beim Palast – legt es an. Vorsichtig hebt der stämmige Ruderer ein großes schmales Bündel hoch auf seine Schultern, offenbar einen Teppich. Mit dieser Last beladen steigt er die Stufen zum Palast hoch. Einige ägyptische Soldaten halten ihn auf. Sie stehen unter dem Oberbefehl des Eunuchen Potheinos, der Ägypten im Namen des zwölfjährigen Bruders von Kleopatra, Ptolemaios XIV., regiert. Potheinos hat Kleopatra aus Alexandria verbannt und läßt sie draußen vor der Stadt in einem Zeltlager bewachen. Irgendwann, wenn seine von Achillas geführten Truppen, Caesar aus der ägyptischen Hauptstadt vertrieben haben werden, will er sie ermorden lassen, um dann als Vormund ihres minderjährigen Bruders alleine über Ägypten zu regieren.

Gaius Julius Caesar,
Neapel Museum

«Wohin des Weges?« fragt einer der Soldaten mürrisch.

«Zu Caesar...« erwidert der Ruderer. «Mein Name ist Appolodoros. Dieser Teppich ist das Geschenk eines Kaufmanns aus Alexandria. Ich soll ihn persönlich bei Caesar abgeben.« Appolodoros drückt dem Soldaten einige Goldmünzen in die Hand.

«Na, geh´ schon durch!« Gähnend macht der Soldat den Weg frei. «Soll der Römer seinen Teppich bekommen. Lange wird er sich ohnehin nicht daran erfreuen...«

Die erste Hürde ist genommen. Appolodoros atmet auf. Mit seiner Last steigt er die Stufen zum Palast empor. Schwer drückt der Teppich auf seinen Schultern. Dem griechischen Sklaven stehen Schweißtropfen auf der Stirn. Vor dem Portal des Palastes versperrt ihm eine weitere Wache, diesmal die römische, den Weg.

«Halt!« befiehlt einer der Soldaten in lateinischer Sprache. «Was willst du hier zu dieser späten Stunde?«

«Ich bringe eine Botschaft von der ägyptischen Königin Kleopatra«, erwidert Appolodoros auf griechisch. «Ich soll diesen edlen Seidenteppich in ihrem Namen dem römischen Imperator persönlich als Geschenk überreichen! Vielleicht kann mir jemand von euch beim Tragen helfen?«

Die römischen Soldaten verstehen ihn nicht. Sie müssen erst einen Übersetzer holen. Dann begleiten ihn drei mißtrauische

Kleopatra auf einer Münze

41

Legionäre bis zum Empfangssaal des großen Caesar. Dort darf Appolodoros seine Last ablegen und muß warten, bis ihn Caesar holen läßt. Der römische Feldherr ist sehr gespannt auf die Botschaft Kleopatras, hat er doch bisher vergeblich nach ihr suchen lassen. Appolodoros legt ihm den Teppich vorsichtig zu Füßen, verbeugt sich tief, kniet nieder und verharrt in dieser untertänigen Geste. Caesar will gerade voller Ungeduld fragen, wo der griechische Sklave die Botschaft seiner Herrin versteckt halte, als sich der Teppich zu regen beginnt. Eine zierliche junge Frau entsteigt dem Teppich, angetan mit dem üppigen Schmuck der ägyptischen Könige. Sie streckt die von der unbequemen Lage erstarrten Glieder, schüttelt ihre Haare und stellt sich dann mit stolzer Miene direkt vor dem römischen Feldherren auf.

Jahrelange Feldzüge hatten Caesar an ein spartanisches Leben in Zelten gewöhnt. Nun verspricht ihm allein der Anblick der grazilen Königin in vollem Ornat mit ihren »schimmernd großen weit auseinanderstehenden Augen unter den langen, schöngeschwungenen Brauen«[10] und einem sinnlich-vollem Mund das ganze üppige Glück des Orients aus tausendundeiner Nacht. »Sie war nicht eigentlich schön«, charakterisiert Caesar-Biograph Christian Meier die ägyptische Königin. »Die Nase in der Tat beachtlich, an der Spitze etwas eingebogen, die Lippen sehr voll.«[11] Trotzdem fühlte sich Caesar von der Ausstrahlung ihrer Persönlichkeit sofort gefangengenommen. »Wie erst, wenn diese Frau schreitet«, begeistert sich Walter Görlitz am Bildnis der dämonischen Kleopatra, »mit einem wundervoll biegsamen, geschmeidigen Körper. Etwas Federndes, Tierhaftes ist um sie. Bezaubernd, wenn sich ihr Mund zum Sprechen öffnet. Ihre Sprache klingt perlend, eigenartig dunkel, von fremdartiger Färbung, und doch seltsam anziehend. Sie verkörpert in sich gleichsam zwei Frauen, die Dame von Welt – das Erbe der Hetäre, die ihre Großmutter war – und die große politische Frau. Ihre Klugheit, ihr überragender Geist erhöhen noch ihre Anziehungskraft.«[12]

42

Kleopatra ist eine hochgebildete Frau. Ihr ist »nicht nur äußerlich die hochverfeinerte Kultur Ägyptens zu eigen«, schreibt Christian Meier.[13] »Ihrer Rede Zauberfluß«, lesen wir bei Plutarch, »und die wunderbare geistige Anmut ihres ganzen Wesens empfingen durch die Schönheit ihrer Gestalt nur noch gleichsam einen Stachel, der sich tiefer in die Seele drückte. Selbst der Ton ihrer Stimme, wenn sie sprach, war eine Wonne zu hören, und ihre Zunge wie ein vielbesaitetes Organ für jede Mundart gewandt und geschickt...«[14] Laut Plutarch soll sie ein Sprachgenie gewesen sein: Die griechische Sprache beherrschte sie ebenso flüssig wie Latein, das Ägyptische, das Syrische und das Hebräische. Kleopatra war alles andere als nur eine kokette Schönheit, was man ihr so gerne unterstellte. Sie wußte Caesar auch mit ihrer umfassenden Bildung zu bezaubern.

Von den ägyptischen Priestern am Hof war sie nicht nur in die alte ägyptische Schrift eingeführt worden, sondern kam auch mit uralten Geheimlehren in Berührung, mit einer »Mischung aus Okkultismus und wissenschaftlichen Erkenntnissen, wie sie im Museion von Alexandria gelehrt wurden. Medizin, Physik und Chemie erlebten zu jener Zeit eine hohe Blüte, deren Früchte im Volk als Wunder galten.«[15] Kleopatra-Biograph Philipp Vandenberg behauptet sogar, daß die ägyptische Königin von den Priestern sich auch in magische Praktiken hat einweihen lassen. »Es liegt nahe – und spätere Verhaltensweisen Kleopatras im Umgang mit Männern lassen gar keinen anderen Schluß zu –, daß die Prinzessin den ägyptischen Liebeszauber in all seinen Varianten erlernte und gezielt einsetzte, wobei die Grenze zwischen Autosuggestion und hypnotischer Wirkung fließend ist.«[16] Nach Meinung des amerikanischen Religionsforschers Colin Wilson[17] beruhte die ägyptische Magie u.a. auf »Machtworten«: Sie glaubten, daß ein Wort, sofern es nur richtig ausgesprochen würde, eine magische Kraft habe, und daß diese auf Amulette oder Skarabäen übertragbar sei. Diese Aussage wirft ein besonderes Licht auf die Charakterisierung von Kleopatras Sprachgewalt durch

Plutarch. Allein die Tatsache, mit welcher Raffinesse sich die Königin dem römischen Imperator näherte, spricht dafür, daß alles an ihrem Verhalten genau durchdacht war. In einem vollkommen durchritualisiertem System aufgewachsen, wird sie auch die Wirkung ihres Sprechens kalkuliert haben.

Politisch ist sie verschlagen, zu jeder Intrige fähig. Vor ihrem Coup hatte sie sich über Caesars Privatleben erkundigt. Sie weiß um seine Trauer, daß er noch immer keinen Sohn und Nachfolger hat, daß Calpurnia seine dritte Frau unfruchtbar ist, daß er nach den langen beschwerlichen Feldzügen ausgehungert ist nach der Liebe einer schönen Frau. Sie ist überzeugt, daß sie ihn mit ihrem Charme verführen kann. Und sie setzt alles auf eine Karte. Der Tochter des Neuen Dionysos – wie sich ihr Vater und später auch ihr zweiter Liebhaber Antonius nannten – ist jede Demut fremd, läßt sie sich doch als Göttin Isis feiern. In ihrer Person verkörpert sich der ganze Reiz und das Geheimnis der Jahrtausende alten ptolomäischen Kultur.

Die Uräusschlange um ihren Kopf – von dem Tiefenpsychologen Erich Neumann »Uroborus«[18] genannt – versinnbildlicht nicht nur das noch in der Bibel als »Alpha und Omega« beschworene universale göttliche Prinzip, sie gehörte bereits zum Kopfschmuck der Pharaonen. Die Schlange ist das Symbol für die Göttin Isis. Kleopatra glaubte, die inkarnierte Göttin selbst zu sein. Dieser heute kaum noch verständlich zu machende Glaube war für die ägyptische Königin nicht nur eine inhaltsleere Tradition, nicht nur eine äußerliche Fassade von nur kunsthistorischer Bedeutung, ebensowenig wie er eine bloße kosmetische oder psychologische Funktion zur Hebung der eigenen Autorität hatte. Seit hunderten von Jahren leiteten sich die Ptolemäer direkt von den ägyptischen Göttern ab, obwohl ihr Gründer – der Leibwächter Alexander des Großen – kein Ägypter, sondern ein griechisch sprechender Makedone gewesen war. Trotzdem übernahmen die Ptolemäer die ägyptische Religion mit allen ihren Kulten und traten die Nachfolge der Pharaonen an. Die Ahnen von

Kleopatra »erwiesen der Kuh Hathor göttliche Ehren, beugten sich tief vor dem Krokodol Sebak und verbrannten der Katze Bast Weihrauch, denn sie waren seit zweitausend Jahren und mehr Jahren die Götter des ägyptischen Volkes. Man stellte die Ptolemäer in den Armen der Isis dar, gegrüßt von Osiris, den Kuß von Nut, der Himmelsmutter empfangen.«[19] So stand auch die bei den Ptolemäern übliche Geschwisterehe durchaus in der ägyptischen Tradition: Auch Caesar wird später seine Geliebte Kleopatra mit ihrem jüngeren Bruder verheiraten, um sie der Öffentlichkeit als das neue ägyptische Herrscherpaar zu präsentieren, ohne daß diese Herrschaft weder seine eigene Liebschaft zu der Königin beendete, noch seinen Einfluß über Ägypten beschränkte. Die Geschwisterehe war ein Isiskult, eine Nachahmung der Heirat von Isis und Osiris.[20]

Für Kleopatra war es selbstverständlich, als Göttin Isis verehrt zu werden. Schon als Kind hatte man sie »für unsterblich«[21] erklärt. Selbstverständlich wurde sie von den Isispriestern in alle Geheimnisse dieses Kultes eingeführt. Sie trug das der Göttin geweihte Gewand in vielerlei Farben, womit angedeutet wurde, daß Isis die Königin aller Welten war. Das Kleid war in der Taille durch einen Gürtel befestigt und über der Brust mit zwei Bändern gehalten; ihr bemalter Busen blieb unbedeckt. »Das Unterkleid war eng anliegend – wie man in den Mauern des Tempels Hathor Euergetes II. auf der Insel Philä feststellen kann – und enthüllte die schönen Formen ihres Leibes. Ihr Haupt bedeckte eine dunkelblaue Perücke, aus der zwei gerade, gelbe Federn ragten; um die Stirn trug sie ein schmales rotes Band, an dem vorn die goldene Uräusschlange mit dem drohend erhobenen Vipernkopf befestigt war, dem Schmuck der Isis; die zwei Federn sollten die unbeschränkte Souveränität versinnbildlichen. Gehalten wurden die Federn von zwei roten Scheiben, die aussahen wie untergehende Sonnen, und von ihnen ragten zwei grüne Widderhörner auf, Embleme nie erlöschender Zeugungskraft. Die rotgebeizten Finger der Rechten hielten das mit einem

Handgriff versehene Kreuz, das Symbol göttlichen Lebens, während die Linke das Zepter trug, einen Stab von etwa anderthalb Metern Länge, der in eine Lotusblüte auslief.«[22]

Wir wissen heute nur noch wenig über den Inhalt des Isiskultes. Das meiste darüber wurde von Plutarch[23] überliefert in seiner Schrift »Über Isis und Osiris«. Plutarch hatte die ägyptischen Götter keineswegs nur in einem naturalistischen Sinn aufgefaßt, wie etwa die vom materialistischen Zeitgeist geprägten Ethnologen des 19. und beginnenden 20. Jahrhunderts. Für letztere war Osiris nur eine Personifizierung des Nils und Isis nur ein Synonym für Erde. Die Begattung zwischen Isis und Osiris bedeutet gemäß der naturalistischen Deutung nichts weiteres als die in dem Göttermythos personifiziert dargestellte regelmäßig wiederkehrende Tatsache der Überflutung des ägyptischen Landes (= Isis) durch den Nil (= Osiris).

Plutarch, der noch den Geist der Antike atmete, sah dagegen in den ägyptischen Göttern universale Prinzipien verkörpert, nicht nur das banale Abbild natürlicher Vorgänge, sondern meta-physische weltübergreifende Mächte. Von ihm ist das berühmte Wort der Isis überliefert, das noch heute ungeheuerlich anmutet:

»Ich bin das All, das Vergangene,
Gegenwärtige und Zukünftige.
Meinen Schleier hat noch
Kein Sterblicher gelüftet.«[24]

Diese Inschrift soll auf der Isisstatue zu Sais eingemeißelt gewesen sein. Der »Schleier« der Isis ist ähnlich geartet wie der Schleier der Maya der Hindus, wie er uns im vorigen Kapitel begegnet ist. Isis und Maya sind Göttinnen des natürlichen Scheines, sie suggerieren uns etwas vor, das im Grunde gar nicht existiert, sie umkleiden das immer sterbliche Leben und schmücken es aus. Mit den Worten von Plutarch:

Die Pyramiden von Gizeh

»Isis ist der weibliche, alle Zeugung aufnehmende Teil der Natur, weshalb sie bei Platon die Amme und Allempfangende, bei vielen anderen die Tausendarmige heißt, weil sie vom Gedanken (Logos) umgebildet, alle körperlichen und geistigen Gestalten annimmt.«[25]

Diese Erklärung von Plutarch ist heute nur noch wenigen Menschen verständlich. Gemeint ist, daß der menschliche Geist, das menschliche Individuum, im Kleid der Isis verstrickt lebt. Denn nach Anschauung der Ägypter – die noch in den Platonismus und in die sogenannte Gnosis[26] hineinstrahlt – muß der Mensch erkennen, daß sein irdisches Leben nur eine Art von Strafexpedition bedeutet. Aus einem überkosmischen Reich des Lichtes sind wir durch das Nadelöhr der Geburt in den Taumel dieser bunten Welt hineingefallen. Unser »göttlicher Funke« – der unsterbliche Geist – wurde gleichsam vom Fleisch umnebelt, eingefangen von der Welt des unaufhörlichen Wandels. Isis ist die Göttin, die uns von unserem wahren Wesen ablenkt. Sie blendet uns mit ihrer Schönheit und den Genüssen, die sie uns verspricht. Gleichzeitig fordert sie uns auf, das Rätsel ihrer Verschleierung zu lösen: »Isis, die Natur, ist siebengewandig, da sie sieben ätherische Gewänder um sich hat und mit ihnen bekleidet ist – denn in allegorischer Deutung bezeichnen sie so die sieben Planeten und nennen die Zonen ätherische Gewänder –, so wie ja die veränderliche Schöpfung als eine durch das Unbildliche und Unvorstellbare und Gestaltlose mannigfach gestaltete Kreatur erscheint.«[27]

Wenn der Geist nicht eingefangen würde durch das Netz der Isis, meint die Tiefenpsychologin Esther Harding, »würde er frei umherschweifen und hätte keine Gelegenheit, sich zu verwandeln, dann würde er nicht in ihrem Boot in die nächste Phase der Erfahrung geführt werden.«[28] Sein oder Nichtsein – das ist hier die Frage! Diese Hamletfrage gibt uns bereits die Gestalt der ägyptischen Göttin auf. Sie ist keine Göttin im christlichen Sinne. Abgesehen davon, daß schon die frühen Christen nicht nur den Isiskult bekämpften, hatte das Christentum ja alle weibliche Gottheiten abgeschafft. Nur noch der Maria wurde als Gottesmutter eine gewisse Existenzberechtigung zugestanden. Im Christentum wurde das weibliche Sein mit der Erbsünde identifiziert. Die christlichen Frauen schleichen sich gebückt – als demütige Mägde ihres Herrn – durch diese Welt. Sie werden ihrerselbst nicht froh und weinen über das sündige Fleisch, das an ihrer Seele haftet.

Ganz anders die ägyptischen Frauen zu Zeiten Kleopatras. Sie hatten in Isis das Vorbild einer starken selbstbewußten Göttin, die wie die Sphinx in ihrer Unergründbarkeit eine noch die männlichen Gottheiten überstrahlende Würde repräsentierten. Der ägyptische Gott Osiris ist wie der griechische Adonis gegenüber der Göttin nur eine sekundäre Macht. Er ist der sterbende und (mit Hilfe der Isis) auferstehende Gott, während Isis die in sich beständige Schöpferkraft darstellt. »Für die Philosophen hellenistischer Zeit war sie ´die Weisheit´, die ´Sophia´. Auch Osiris stand für Wissen, aber sein Wissen war (nur) Verstand, war Logos, jene organisierende Fähigkeit des Verstehens, die planen und voraussehen kann.«[29]

Wenn wir Kleopatra mit der Weisheit der Göttin Isis identifizieren, kommen wir in der Beurteilung ihres Charakters zu einem – den Diffamierungen Lukans und Properz – scheinbar geradezu entgegengesetzten Urteil: Die beiden nationalistischen

Dichter konnten in der ägyptischen Königin nur eine Barbarin sehen, die das römische Reich bedrohte. Sie hatten teilweise recht! Denn auch die Göttin Isis stellte keineswegs nur eine moralisch »reine« Kraft dar. Bei der Bewertung dieser Göttin müssen wir uns von einer platonischen Einseitigkeit lösen, die alles Göttliche mit dem moralisch Guten identifiziert. Platons Gottesbegriff war ein Kunstbegriff, den er gegen die von Homer und Hesiod gestalteten olympischen Gottheiten setzte. Platon konnte die Ambivalenz der olympischen Götter nicht ertragen.[30] Die ägyptischen Götter waren jedoch wie die Olympier keineswegs eindeutig in ihren Charakteren. »Isis, der Mond, ist auch die Mutter Natur, die sowohl gut wie böse ist.«[31] Esther Harding zeigt auf, daß gut und böse bei Isis in einem wechselhaften Bezug stehen. Isis sorgt dafür, daß in der Welt »immer ein Konflikt zwischen den Kräften des Wachstums und denen der Zerstörung« besteht. Der italienische Kulturphilosoph Julius Evola weist daraufhin, daß Isis »in der Sage Züge einer Zauberin verliehen werden, die sich hinterlistig des ´Namens der Macht´ von Ra bemächtigt, um ihn zu unterjochen«.[32]

Nur wenn wir uns von dem platonisch-christlichen Vorurteil lösen, daß Götter immer gut sein müssen, können wir das Wesen der Isis verstehen. Erst dann wird auch deutlich, daß sich die von Kleopatra rücksichtslos betriebene Machtpolitik sehr wohl mit ihrem Anspruch auf Wesensgleichheit mit der Göttin Isis verträgt. »Gleich Isis wird Kleopatra von der ursprünglichen Kraft der Natur durchströmt, von schierer Sexualität und Gewalt.«[33] Als »Zauberin« war Kleopatra mit Sicherheit auch in die Geheimlehren der Aphrodisiaka eingeweiht. Isis gab schließlich ihrem Sohn Horus den »Heiltrank, der ihn nicht nur wieder lebendig machte, sondern unsterblich. Und Eudoxos sagt, daß Isis auch den Liebeswerten vorstehe... Sie ist die Quelle der Liebeskraft, wie auch der Fruchtbarkeit.«[34]

Der Einfluß, den Kleopatra auf Caesar ausübte, wird nur verständlich, wenn wir ihre Beziehung zur ägyptischen (Liebes-)

Göttin Isis ernst nehmen. Keine andere Frau konnte den römischen Feldherrn in vergleichbarer Weise beeindrucken wie Kleopatra. Eingeweiht in die Liebeszauber der Isis, soll sie ihn schon in der ersten Nacht verführt haben. Caesar dankte ihr, indem er auf seine üblichen Privilegien gegenüber unterworfenen Völkern verzichtete. Stattdessen verhalf er seiner ägyptischen Geliebten auf den Thron, indem er in einem blutigen Krieg ihre Rivalen, den Bruder Ptolemaios XIII., seinen Erzieher Potheinos, Schwester Asinoe und den ägyptischen Feldherrn Achillas ausschaltete. Dabei hätte er beinahe selber den Tod gefunden.

Viel hatte Gaius Julius Caesar auf seinen Eroberungsreisen erlebt. Frauen fast aller Länder wollten ihn verführen. Schon in seiner Jugend war er ein Draufgänger gewesen. Er gehörte zu den unangepaßten Patriziersöhnen, die »inmitten einer politisch explosiven, tödlich gefährlichen Zeit das elegante Leben pflegten. Um sein Aussehen war er allzu besorgt; er ließ sich nicht nur sorgfältig die Haare schneiden und rasieren, sondern auch am Körper entfernen, was ihm von gewissen Leuten vorgehalten wurde.« So lautet die Beschreibung des ersten Caesar-Biographen Sueton, der Kanzleisekretär des späteren Kaisers Hadrian.[35]

Als Fünfzehnjähriger hatte Gaius Julius bereits eine Affaire mit einer gewissen Cossutia, einem hübschen Mädchen, das leider nur aus einer – wenn zwar nicht unvermögenden, so doch um so unbedeutenderen – Familie kam. Als der Jüngling nach dem Tode seines Vaters zum »flamen Dialis«, zum Priester des Jupiters, ernannt wurde, mußte er sich von Cossutia trennen. Sie war seines Standes nicht mehr würdig. Das Amt der »flamen Dialis« war ausschließlich Patriziern vorbehalten. Selbstverständlich durften sie nur mit Patrizierinnen verheiratet sein.

Seinem Stand entsprechend heiratete er daraufhin Cornelia, die Tochter Cinnas, des damaligen römischen Consul. «Die Ehe mit Cornelia ist das erste Beispiel in Caesars Leben für den Bund, den bei ihm Politik und Liebe immer wieder eingehen.«[36] Aus der Ehe mit Cornelia ist ein Jahr nach der Heirat (im Jahre 83) die vom Vater innig geliebte Tochter Julia geboren worden. Zwei weitere Jahre später wurde der Jupiterpriester schon wieder zur Scheidung gezwungen. Inzwischen war sein Schwiegervater Cinna ermordet worden. Sulla hatte die Cinnaner besiegt und ließ sich als neuer Diktator Roms feiern. Es war gefährlich, mit der Tochter seines Feindes verheiratet zu sein. Gaius Julius aber bot dem Diktator die Stirn und weigerte sich, sich von Cornelia zu trennen. Das war riskant, denn Sulla war für sein cholerisches Temperament bekannt. Nun belegte er den rebellischen Zwanzigjährigen mit dem Bannfluch der Ächtung. Sein Priesteramt wurde ihm ebenso genommen, wie sein Vermögen und die Mitgift seiner Frau. Dieser tapfere Widerstand des Jünglings gegen den geradezu allmächtigen Diktator kann als Zeichen dafür gewertet werden, daß Caesar seine Frau Cornelia geliebt hatte.

Einige Jahre später – nachdem er längst die ersten Sprossen seiner Karriere bestiegen hatte – soll Caesar einen merkwürdigen Traum gehabt haben: Es träumte ihn, daß er seine eigene Mutter vergewaltigte. Die römischen Traumdeuter fanden dafür schnell eine Erklärung: Die Mutter wurde als Symbol für Erde interpretiert. Die Vergewaltigung der Mutter (= Erde) konnte demnach nur bedeuten, daß Caesar irgendwann Rom zur Weltherrschaft führen würde. Für die Römer hatten Träume meistens eine prophetische Bedeutung. In seinen »Metamorphosen« bezeichnete der ein Jahr nach Caesars Tod geborene Ovid Träume als »Kinder der Nacht«[37]. Schon viel früher hatte Homer zwischen falschen und wahren Träumen unterschieden: »Denn es gibt zwei Tore für die unbeständigen Träume. Das eine ist aus Horn gefertigt; das andere aus Elfenbein. Wenn die Träume aus dem geformten Elfenbein kommen, dann verkünden sie Unerfüllbares. Was sie erzeugen, erscheint uns Menschen irreal. Wenn uns die Träume aber durch dem aus Horn geformten Tor erscheinen, dann erzeugen sie bei allen, die sie sehen, eine Gewißheit.«[38] Ob Caesar Homer gelesen hatte, können wir heute nicht mehr sagen. Sein Traum vom Muttermord bewertete er zuversichtlich als einen

Marcus Tulius Cicero

Wahrtraum, obwohl sein Zeitgenosse und Gegner Cicero für die Traumdeuter nur Spott aufbringen konnte. In seiner Schrift »Über die Weissagung« meinte er, daß der Geist um so schwächer in Aktion treten würde, je stärker man sich auf die »Dummheit« irgendwelcher prophetischer Vorhersagen berufen würde. Dem ungetrübten, wachen Geist könnte sich viel eher etwas für die Zukunft Wichtiges enthüllen als »dem Schnarchenden und Gottesverächter«.

Gemäß der modernen psychoanalytischen Traumanalyse bezeugt Caesars Traum ein offensichtlich allzu enges Mutterverhältnis. Durch den »Mord« muß er sich gewaltsam aus den mütterlichen Banden befreien. Für eine solche Deutung spricht, daß Caesar seinen Vater recht früh – als Fünfzehnjähriger – verloren hatte. Über den Einfluß der Mutter Aurelia auf die Erziehung des Knaben erzählen uns die Historiker wenig. »Caesars Mutter«, heißt es bei Christian Meier[39], »soll die Kinder besonders besorgt und beaufsichtigt haben«. Sie galt als »eine vorbildliche römische Matrone«.[40] Neben ihren auch von Tacitus gelobten »fraulichen Eigenschaften«[41] wird sein Vater kaum erwähnt. »Wie allen denen, die in der Jugend der volle Glanz der Frauenliebe umstrahlt hat, blieb ein Schimmer davon unvergänglich auf ihm (Caesar) ruhen«, lesen wir bei Mommsen.[42] »Unter der Obhut der Mutter lernte er das Schreiben, Lesen, das einfache Rechnen mit Hilfe verschiebbarer Steinkügelchen. Die Mutter lehrte ihn, die Götter zu ehren und die Gesetze zu achten. Und sie wird ihren kleinen Sohn angeleitet haben, wie es sich für einen jungen Römer gehörte, Mäßigkeit zu üben und anderen in edler Gesinnung zu begegnen.«[43] Ohne die Mutter und seine Tante Julia, die beide »über die notwendigen Verbindungen«[44] zu den herrschenden Kreisen verfügten, hätte der Sohn niemals eine solche beeindruckende Karriere machen können. Nur durch die Fürsprache der Mutter wurde Caesar von dem Diktator Sulla begnadigt. Nur durch ihren Einfluß konnte er in das Kollegium der Pontifices aufsteigen, das zum Sprungbrett für seine spätere Machtentfaltung wurde. Und schließlich überwachte Aurelia auch noch seine Frauen, ob sie ihrem meist irgendwo in der Provinz für Rom kämpfenden Sohn auch die Treue hielten. Es scheint fast so, als hätte die Mutter sich allzusehr in das Privatleben ihres Sohnes eingemischt. Der Traum vom Muttermord kann daher auch als ein Akt innerer Loslösung interpretiert werden. Eines bezeugt er mit Sicherheit: Caesars Neigung, sich von Frauen beeinflussen zu lassen. Der Traum vom Muttermord ist der Beweis für seine Bindung an das weibliche Geschlecht, ebenso wie die Rache der Medea ihren eigenen Mangel an Souveränität dem anderen Geschlecht gegenüber offenbarte.

Im Jahre 68 starb seine kaum dreißigjährige Frau Cornelia, der er so viele Jahre – auch gegen den Willen eines Diktators (Sulla) – zumindest offiziell die Treue gehalten hatte. Die Trauerrede des inzwischen zum Quaestoren aufgestiegenen Karrieristen ist verschollen, aber laut Plutarch soll er mit seinem rührenden Gedenken die Herzen des Volkes gewonnen haben: »Die Menge liebte jetzt den zartfühlenden, tiefempfindenden Mann in ihm«.[45] Ob die Trauer wirklich so groß war, wissen wir nicht. Immerhin hielt er diese Rede gegen die öffentliche Sitte, der gemäß jüngeren Frauen die Ehre einer öffentlichen Leichenrede nicht zugestanden wurde.[46]

Die Trauer währte jedoch nicht lange. Kurze Zeit später – im Jahre 67 – heiratete Caesar Pompeia, die Enkelin der beiden Consulen von 88, des Sulla und seines Verbündeten Quintus Pompeius Rufus. Über diese Verbindung ist viel gerätselt worden. Wie war es zu erklären, daß sich Caesar jetzt – lange nach dem Tode Sullas – mit einer Verwandten aus der Sippe des Dikatators verband, dem er einst so kühn widerstanden hatte? Wollte er mit den Sullanern anbändeln? Der Biograph und Altphilologe Christian Meier verneint diese Frage.[47] Denn seine politische Grundeinstellung hätte Caesar trotz dieser Heirat nicht geändert. Seiner Meinung nach war »wirkliche Liebe« im Spiel. Andere Historiker – wie zum Beispiel Michael Grant oder Philipp Vandenberg – behaupten das Gegenteil. Ihrer Meinung nach habe der karrieresüchtige und hochverschuldete Quästor die nicht unbedeutende Mitgift aus dieser Verbindung benötigt, um seinen politischen Aufstieg fortsetzen zu können. Pompeia stammte immerhin aus einer reich begüterten Adelsfamilie.[48]

Zu dieser ab 67 rechtmäßigen Ehefrau hat Caesar keine besonders leidenschaftliche Beziehung gepflegt. Die Ehe blieb kinderlos. Schon nach fünf Jahren ließ er sich von Pompeia scheiden, weil sie ihn mit einem »blendend aussehenden, liederlich frechen Jüngling«[49] namens Publius Clodius betrog. Pikant mutet es an, daß Caesar seine ungeliebte Frau von seiner eigenen Mutter Aurelia überwachen ließ. »Liebe macht erfinderisch: Publius Clodius, dem kein Weg zu weit, kein Fenster zu hoch war, um in das Bett einer schönen Frau zu gelangen, erschien zum Fest der Bona Dea im weiblichen Kostüm als Harfenspielerin verkleidet. Diese geheimnisvolle Feier weiblicher Geschlechtlichkeit duldete die Anwesenheit eines Mannes nicht. Eine Dienerin Aurelias schöpfte jedoch Verdacht, als sie Clodius mit tiefer Stimme reden hörte. Die Mysterien wurden sofort abgebrochen. Rom hatte einen neuen Skandal.«[50] Obwohl es keine eindeutigen Beweise gab für die Untreue Pompeias, ließ sich Caesar nach diesem Vorfall sofort scheiden. Merkwürdigerweise sah er davon ab, seinen

Rivalen Clodius wegen Religionsfrevels anzuklagen. Das machte an seiner Statt ein Volkstribun. Irgendwie brachte aber der Beklagte eine hinreichend große Summe an Bestechungsgeldern zusammen, so daß ihn die Geschworenen frei sprachen. Hatte Caesar ihm das Geld gegeben? Es besteht der Verdacht, daß Caesar Clodius – auch nach seiner mißglückten Anbändelung an Pompeia – Unterstützung gewährte. Eine Verurteilung von Clodius war nicht in seinem Interesse. Sie widersprach seinen politischen Ambitionen. Clodius war nämlich ein Gegner des berühmten Redners und Philosophen Cicero. Und da sich Caesar und Cicero schon seit Jahren wie Katz und Maus bekämpften, tat Caesar alles, um die Feinde Ciceros – sogar seinen Nebenbuhler Clodius – zu unterstützen. Nicht aus Eifersucht ließ er sich von seiner Frau scheiden, sondern nur aus gekränktem Ehrgefühl. Die Mitgift Pompeias hatte er längst verprasst.

Zu einer moralischen Verurteilung des »Fehltritts« Pompeias bestand eigentlich gar kein Grund. Ersteinmal konnte Pompeia niemals nachgewiesen werden, daß sie Caesar tatsächlich untreu gewesen war. Und wenn doch, dann zahlte sie es ihrem Mann nur mit gleicher Münze heim: Denn kaum einer ging mit der Institution Ehe leichtfertiger um als Caesar. In Rom kreisten Gerüchte, daß Caesar ein »ungewöhnlich ungetreuer Ehemann« wäre, der sich schon während seiner Ehe mit Cornelia eine hohe Anzahl von Geliebten gehalten hätte.

Seine (fast) lebenslange Mätresse und Freundin war Servilia, »eine raubgierige und ehrgeizige Patrizierin, Mittelpunkt einer großen Familie, die ein Netz politischer Intrigen spann. Sie diente ihm als unschätzbare Quelle für Nachrichten und als Instrument seines Aufstiegs.«[51] Schon bei Sueton, dem verläßlichsten aller Biographen, heißt es: »Alle sind sich darin einig, daß er (Caesar) sehr vergnügungssüchtig war, zur Befriedigung seiner Leidenschaften viel Geld ausgab und sehr viele hochgestellte Frauen verführte.«[52] Zu keiner anderen Frau pflegte Caesar eine längere Beziehung als zu Servilia, obwohl er mit ihr niemals verheiratet war. Daraus kann man schließen, daß die offiziellen Ehen für Caesar nur politische Funktionen hatten. Die äußerliche Legalisierung einer Beziehung läßt bei Caesar dementsprechend keinen Schluß zu auf die Tiefe seiner Gefühle. Manchmal schien es ihn geradezu zu reizen, seinen Feinden die Frauen auszuspannen: Mucia, die zweite Gattin von Pompeius, des späteren Hauptgegners im Bürgerkrieg, soll – so lesen wir bei Catull – von Caesar verführt worden sein, als ihr Mann gerade in Kleinasien um sein Leben kämpfte.[53] Und durch seine Affäre zu Tertulla, der Frau des »Finanzgewaltigen und Kreditgebers« Crassus, konnte sich Caesar einige finanzielle Vergünstigungen ergattern...

Im Jahre 59 heiratete der römische Imperator ein drittes Mal und zwar Calpurnia, die attraktive Tochter des Senators Calpurnius Piso Caesoninus, einem einflußreichen Mann, den Caesar im Jahre 58 zum Consul bestimmte, um durch ihn seine Interessen gegenüber dem Mitconsul Aulus Gabinius durchsetzen zu können. Letzterer vertrat die Partei des Pompeius. Obwohl Caesar Pompeius gerade mit seiner Tochter Julia verheiratet – und auf diese Weise an sich gebunden hatte, traute er ihm offenbar doch nicht so ganz. Die Heirat mit Calpurnia hatte also mindestens einen politischen Zweck. Aber Caesar mußte seine neue Frau auch geliebt haben, denn obwohl sie ihm kein Kind schenken konnte – eine Schande für eine römische Frau, blieb er mit ihr bis zu seinem Tod zusammen. Vielleicht lag das auch daran, daß er wegen seiner vielen Feldzüge Calpurnia nur selten sehen konnte, und sie einander deswegen nicht überdrüssig wurden.

Seine neue Frau hatte sicherlich keine leichte Partie mit Caesar. Sie blieb ihm treu, obwohl er neben ihr noch zahlreiche Liebschaften unterhielt, u.a. auch seine langjährige Geliebte Servilia und später Kleopatra. Calpurnias Toleranz war beeindruckend. Anders als ihre mythischen Vorbilder Hera und Medea konnte sie ihre Eifersucht offenbar bezwingen. Ihre Gelassenheit im Umgang mit Caesar war weise. Calpurnia wußte, daß Treue niemals erzwingbar ist. Und vielleicht wußte sie auch, daß Hera über

Semele nur einen Pyrrhussieg errungen hatte: Denn Zeus blieb weiterhin ein unverbesserlicher Casanova.

Servilia, Caesars Geliebte, war nicht so weise. Sie reagierte ebenso eifersüchtig wie Hera oder Medea. Ihre Eifersucht auf Calpurnia konnte der römische Feldherr aber immerhin noch mit einem hohen finanziellen Einsatz beschwichtigen. So schenkte er ihr als Kompensation eine Perle im Werte von sechs Millionen Sesterzen. Dieses Mal schmollte Servilia nur. Sie sah ein, daß ihr Geliebter allein schon wegen der politischen Implikationen die Ehe mit Calpurnia aufrechterhalten mußte. Als Frau und Mensch fühlte sie sich der neuen Gattin Caesars weit überlegen.

Da wurde ihr eines Tage die Kunde von Caesars Leidenschaft zu der ägyptischen Königin Kleopatra hinterbracht. Schon lange hatte Servilia vergeblich auf die siegreiche Rückkehr ihres Geliebten gewartet. Er aber ließ nichts von sich hören. Jahrelang war sie seine »first lady« gewesen. Nun kümmerte er sich nicht mehr um sie. Nur aus zweiter Hand erfuhr sie von seiner Zuneigung zu Kleopatra. »Sie und Ägypten«, schreibt der Historiker Eberhard Horst. »beanspruchten ihn dermaßen, daß er über sechs Monate keinen Brief nach Rom sandte. Der Mangel an Nachrichten ließ die Gerüchte wuchern, und die Römer vermuteten, ihr höchster Amtsträger sei dem schmählichen Zauber Kleopatras und dem Luxusleben am Nil verfallen. Das schildert überaus farbig Lucan in seinem zehnten Buch. Es mag sein, daß in den schmähenden Bemerkungen über Kleopatra ein guter Teil gekränkten römischen Stolzes mitschwingt.«[54]

Wen in Rom – außer vielleicht Calpurnia, die Ehefrau – mußten solche Gerüchte mehr kränken als Servilia, die einsame Geliebte? Wie empfindet eine Frau, die zum Gespött des öffentlichen Klatsches wird? »Der große Caesar liebt eine andere«, tuschelte man, »er hat jetzt drei Frauen, zwei Nebenfrauen in Rom und eine Hauptfrau in Alexandria. Will er das orientalische Eherecht nach Rom importieren?« Wir können nur ahnen, wie sehr sich Servilia, die »Nebenfrau«, gedemütigt fühlte. Die politisch begründete Ehe ihres Geliebten mit Calpurnia war sie noch bereit zu tolerieren. Seine Liebschaft mit der ägyptischen Sphinx konnte sie jedoch keinesfalls dulden. Hat die Mutter des späteren Mörders von Caesar ihren Sohn Brutus zu der Tat angestiftet?

Während bei allen anderen Feldzügen Caesar jedes Mal sofort nach dem Sieg in seine Heimatstadt zurückgekehrt war, blieb er dieses Mal in Ägypten, um die von seiner neuen Geliebten veranstalteten üppigen Feste und Gelage zu genießen. Kleopatra ließ öffentlich verbreiten, Caesar sei die Inkarnation des Großen Gottes Amon, »und das Kind, dem sie bald das Leben schenken werde, sei die Frucht ihrer Vereinigung mit der Gottheit.«[55] Laut Franzero[56] soll es sogar zu einer Hochzeit zwischen Caesar und Kleopatra gekommen sein. »An den Mauern des Hermonthistempels zu Theben wurde ein Basrelief angebracht, das die Hochzeit Kleopatras mit dem Gott Amon darstellte, der, als menschliches Wesen mit Widderhörner am Kopf, die stilisierten Züge Caesars trug... Es findet sich heute noch eine Grabschrift mit dem Datum `Zwanzigstes Jahr seit der Vereinigung Kleopatras mit Amon-Caesar`.«[57] Ob diese Hochzeit überhaupt stattgefunden hat, ist bei den Historikern allerdings umstritten...

Unbestritten ist »eine Episode, die weniger der Geschichte als der Legende anzugehören scheint: Die Königin lädt Caesar zu einer langen Reise auf dem Nil ein, um ihm die Heiligtümer Unter- und Oberägyptens zu zeigen.«[58] Kleopatra läßt eine Königsbarke bauen, die an Luxus alle Superlative übertrifft: »Dieses Fahrzeug hatte beträchtliche Ausmaße und wurde von mehreren Reihen Ruderern fortbewegt. Es gab darauf Säulenhallen, Festsäle, Schlafräume, Venus- und Dionysos-Heiligtümer und eine Grotte oder Wintergarten. Die Täfelungen waren aus Zedern- und Zypressenholz, das übrige Dekor bestand in Malereien und Goldblättern. Die Räume waren mit Möbeln in griechischem Stil eingerichtet, mit Ausnahme eines der Festsäle, dessen Ausstattung ägyptisch gehalten war.«[59] Vierhundert Schiffe begleiten den schwimmenden Palast. Kleopatra führte Caesar zur Sphinx, deren rätselhaftes Lächeln ihn beunruhigte. Er bewunderte die Pyramiden der Pharaonen Cheops, Chephren und Mykerinos, die weißen Mauern von Memphis und die Säulengänge und Obelisken von Heliopolis und Dendera. »Auf Seidenpolstern hingestreckt und durch Purpurbehänge vor der Sonne geschützt, erfrischten sich Caesar und Kleopatra mit köstlichen Getränken, die ihnen die Mundschenke reichten, während das königliche Schiff unter dem Klang der Harfen und dem Gesang der Ruderer seine Fahrt fortsetzte.«[60] Neun bis zehn Wochen lang dauerte diese Reise. Kleopatra bot dem Feldherren eine perfekte Inszenierung. Unter ihrer Regie wurde alles zu Überfluß, Verschwendung und dionysischem Zuviel. An der Seite dieser Geliebten träumte der Römer bereits von einer Nachfolge des großen Alexanders, der sein Reich bis ins ferne Indien ausdehnen konnte. »Der eroberte Orient hatte seinen wilden Eroberer bezwungen.« (Horaz, der Dichter sympathisierte mit den Caesarmördern.)[61]

Im September 46 holte Caesar seine ägyptische Geliebte nach Rom und schenkte ihr eine Prachtvilla in seinen Gartenanlagen jenseits des Tibers. Das trug ihm nicht gerade Sympathie bei den römischen Bürgern ein. Seine Regierung war so sehr auf Kleopatra hin ausgerichtet, daß man ihn verdächtigte, er wolle Rom an Ägypten verschachern. Im Sommer 46 weihte er das von ihm mit

Marcus Porcius Cato

gewaltigen Kosten erbaute Forum Julium ein. In der Mitte des Platzes erbaute er den Tempel der Venus Genetrix, die als Stammmutter der Julier zugleich seine göttliche Ahnfrau war. Neben dem Kultbild der Göttin ließ er eine goldene Statue der Kleopatra aufstellen. Dieser orientalische Akt der Vergöttlichung des Herrscherpaares stieß bei Republikanern wie z.B. Cato auf arges Befremden. Wenig Gegenliebe fand bei der römischen Bevölkerung auch die Reform des römischen Kalenders. Das bisher in Rom übliche Mondjahr mit seinen 355 Tagen wurde durch das Sonnenjahr mit 365,5 Tagen ersetzt, wie es in Ägypten seit Urzeiten üblich war. Der von Caesar eingeführte – bis heute gültige – Julianische Kalender war ein Zugeständnis an die orientalische Weisheit Ägyptens, die viele Römer als einen Akt der Unterwerfung interpretierten.

Zu den vielen Gegnern Caesars zählte u.a. der berühmte Philosoph und Redenschreiber Cicero. Niemals vergaß er die Demütigung, die ihm die ägyptische Königin bei seinem Höflichkeitsbesuch in ihrem Anwesen zuteil werden ließ. Er, der die wichtigste Aufgabe des Censors darin gesehen hatte, den Männern beizubringen, wie man Frauen Gehorsam abverlangt[62], wurde »vor Kleopatra geführt, von einem Diener unterrichtet, daß die Hofetikette den Kniefall mit der Stirn am Boden zu Füßen der Königin vorschreibe. In seiner Überraschung fügte sich der stolze Senator dem demütigenden Verlangen. Der tückische Ammonius hatte dafür gesorgt, daß im gleichen Augenblick eine große Anzahl vornehmer Römer in den Saal geführt wurden, die nun Zeugen des unterwürfigen Kniefalls des einstigen Konsuls waren.«[63] In der Folgezeit wurde Cicero Opfer des Gespötts des römischen Klatsches.

Auch über Calpurnia, die rechtmäßige Gattin Caesars, wurde gespottet. Ja, man bemitleidete sie, die ihr eheliches Unglück stoisch ertrug, scheinbar ohne zu bemerken, daß sie neben der ägyptischen Königin nur die zweite Geige spielte. Und Servilia? Wer gedachte ihrer? Sicherlich suchte die verstoßene Geliebte

Trost bei ihrem Sohn Brutus. Und obwohl sie Caesar mit der Vermachung wichtiger Güter zu einem geringen Preis abzufinden suchte, hat sie ihm die ihr zugefügten Demütigungen niemals verziehen. Im Gegenteil darf angenommen werden, daß sie ihren Sohn tatkräftig in seinen Umsturzplänen unterstützte. So jedenfalls in der literarischen Version der »Iden des März« von Thornton Wilder. Er läßt Servilia ausrufen: »Das Werk des Tyrannenmörders ist ein heiliges Werk, dessen noch Ungeborene mit dankbaren Tränen gedenken.«[64]

Am 15. März 44 wurde der Imperator bei einem Senatsempfang ermordet. Den tötlichen Dolchstoß vollzog kein anderer als Marcus Brutus, der Sohn der verschmähten Geliebten Servilia. Ihn hatte Caesar lange Zeit für seinen eigenen Sohn gehalten, dann aber, nachdem ihm Kleopatra Caesarion geboren hatte, vernachlässigte er ihn. Fassungslos brach der unbesiegbar scheinende Abkömmling der Venus zusammen. Seine letzten Worte erstickten im Blut: »Auch du, mein Sohn Brutus?«

Kleopatra mußte zurück nach Alexandria fliehen. Wer nun geglaubt hätte, daß sie sich mit ihrem Schicksal abfinden würde, kannte sie schlecht. Als Geliebte Caesars hatte die ägyptische Königin ihr Ziel der Weltherrschaft nur knapp verfehlt. Nun suchte sie ihr Glück bei seinem selbsternannten Nachfolger Antonius.[65] Wieder setzte sie den Eros raffiniert als taktisches Mittel ein, um ihren Willen durchzusetzen. Schon als Zwölfjährige soll sie Antonius einmal kurz begegnet sein. Später als sie in Caesars Villa bei Rom lebte, soll sie Caesar mit seinem damaligen

Stellvertreter betrogen haben. Als der römische Imperator mehrere Monate lang seinen Spanienfeldzug durchführte, soll Antonius öfter bei der ägyptischen Königin verkehrt haben. Die Historiker sind hier auf Vermutungen angewiesen. Philipp Vandenberg glaubt sogar, daß sich Caesar im letzten Jahr seines Lebens von Kleopatra getrennt habe.[66] Welchen anderen Grund gibt es für die Tatsache, daß er sie und seinen bei ihr lebenden Sohn Caesarion enterbt hatte? Von seinem stattlichen Vermögen bekamen weder sie, noch Caesarion auch nur eine Sesterze. Stattdessen setzte er seinen Großneffen Octavian (den späteren Kaiser Augustus) zum Universalerben ein. Auch gegenüber seinem Stellvertreter Antonius verhielt sich Caesar merkwürdig reserviert. Hatte er zunächst seinen Hang zur Gigantomachie offen zugegeben und sich von den Römern als einen Gott feiern lassen, verweigerte er im Februar 44 alle Ehrenbezeugungen, die ihm Antonius erweisen wollte. Während eines Hirtenfestes war Antonius auf die Rednerbühne gestürmt und hatte Caesar ein

Antonius

lorbeerumkränztes Diadem als Zeichen seiner Königswürde auf's Haupt gesetzt. Caesar aber wies diese Würdigung zurück. Lag der Grund dafür darin, daß er seinen Stellvertreter verdächtigte, ein Verhältnis mit Kleopatra zu unterhalten?

Die ägyptische Königin muß Antonius sehr gut gekannt haben, andernfalls hätte sie seine geheimen Wünsche niemals so gut erraten können. Bereits ein Jahr nach dem Tode Caesars hatte Antonius den größten Teil der Macht – die er in einem Triumvirat mit Octavian und Lepidus teilen mußte – an sich gerissen. Das gesamte oströmische Reich – also auch Ägypten – unterstand seinem »Schutz«. Kleopatra mußte sich mit ihm gut stellen. Offenbar fiel ihr das nicht schwer. Wiedereinmal zeigte es sich, daß die ägyptische Königin einen Sinn hatte für Dramaturgie. Das griechische Theater hatte sie bereits als Kind fasziniert. Für Kleopatra war das Leben selbst eine große Bühne. Nun trat sie auf als die Regisseurin einer kolossalen Inszenierung. Im kilikischen Tarsos wartete Antonius auf die ägyptische Königin. Vom Ausgang dieser Begegnung war das Schicksal Ägyptens abhängig.

Kleopatra rüstete ihr Schiff nicht mit Waffen. Sie färbte die Segel mit Purpur und ließ das hochgeschweifte Heck mit purem Gold beschlagen. »Die Ruderer bewegten sich im Takt der Musik von Flöten, Zithern und Schalmeien. Räuchergefäße verbreiteten bis zu den Ufern betörende Wohlgerüche. Auf dem Verdeck unter einem goldenen Baldachin ruhte Kleopatra. Kleidung und Schmuck verliehen ihr das Aussehen der Liebesgöttin Aphrodite. Zu beiden Seiten ihres Lagers standen Amorgestalten gleichende Knaben, die ihr Kühlung zufächelten, an den Tauen und am Ruder die schönsten ihrer Sklavinnen, die, als Nereiden und Grazien gekleidet, das Schiff zu steuern schienen.«[67] Die Königin wußte bei den zwei stattfindenden Festmälern nicht nur Antonius´ Sinne zu schmeicheln, auch die anderen Gäste wurden großzügig beschenkt: Jeder durfte die Sänfte behalten, die ihn vom Quartier abgeholt und zum Schiff gebracht hatte nebst den Sklaven, die die Sänfte getragen hatten.[68] Antonius, dessen Charakter viel einfacher gestrickt war als derjenige Caesars, konnte nicht lange widerstehen. »Wer verziehe nicht gern dir, Antonius, die rasende Liebe, da selbst Caesars verhärtete Brust ihr Feuer empfand?« seufzte einige Jahrzehnte später der römische Dichter Lukan in seinem Heldengedicht »Pharsalia«.[69] Zwischen Kleopatra und Antonius entspann sich eine Liebschaft, die zwölf Jahre lang dauerte. Der Einfluß der ägyptischen Königin auf den Römer zeigte sich in der Wandlung seines gesamten Lebensstils: Antonius vertauschte bald die römische Toga mit der griechischen Chlamys und trägt die weißen Kothurne, die in Attica üblich sind.[70] Zunehmend verausgabt sich der genußsüchtige Feldherr in den Sinnenfreuden, die ihm am Hofe Alexandrias geboten werden, und er vergißt, daß er seinen Herrschaftsbereich gegen die Ansprüche seines Rivalen Octavian verteidigen muß. Es zeigt sich immer mehr, wie sehr sich Antonius in die Abhängigkeit seiner Geliebten begibt. Und hätte er nicht noch eine Frau in Rom gehabt, hätte Kleopatra schon jetzt ihre ganze Macht über ihn geltend gemacht.

Doch ungeduldig wartete in Rom die Gemahlin: Fulvia verhielt sich nicht so bescheiden wie Calpurnia dem untreuen Caesar gegenüber. Um keinen Preis wollte sie ihren Mann an die ägyptische Sirene verlieren. Aber insgeheim mußte sie es sich eingestehen, daß sie ihn längst verloren hatte. Nun zeigte es sich, daß die Fiktion oft keineswegs nur im Imaginären verharrt: Am

Fulvia

Schicksal der Fulvia wiederholte sich das Drama der Medea in leichter Variation. Während Euripides die betrogene Ehefrau im Wahnsinn zum Mörder ihrer Kinder werden läßt, ließ sich Fulvia dazu hinreißen, das Lebenswerk ihres Mannes zu zerstören, wenn sie ihn schon aufgeben mußte. Das Lebenswerk von Antonius aber war das Reich, das er zu verwalten hatte.

»Venus reicht Schwerter und stachelt den Zorn auf!«[71] So beschrieb der römische Dichter Statius die fatalen Wirkungen der Eifersucht. Die rasende Fulvia griff im wörtlichen Sinn zum Schwert. Während sich ihr Gatte in Alexandria mit Kleopatra amüsierte, sammelte sie in Rom mit gefälschten Vollmachten einige der von Antonius dort zurückgelassenen Legionäre und verteilte Land unter sie, das eigentlich Octavian, dem Verwalter des Westreiches und Noch-Bundesgenossen von Antonius gehörte. Dann besetzte sie mit ihren Soldaten eine von Octavians Festungen. Das war Hochverrat. Mit seiner gesamten Macht schritt Octavian gegen Fulvia zu Felde und bezwang ihre Leute in einer vernichtenden Schlacht. Antonius blieb nichts anderes übrig, als seinem Verbündeten eine Eilnachricht zu schicken, worin er Octavian versicherte, daß seine Frau den Aufstand auf eigene Faust angezettelt habe. In einer letzten Begegnung mit Fulvia kam es zu gegenseitigen Vorwürfen, die mit der endgültigen Trennung endeten. Die enttäuschte Ehefrau zog sich nach

Antonius

Griechenland zurück, wo sie ihrem Leben bald ein Ende bereitete. Um seinen Bundesgenossen Octavian wieder zu versöhnen,
ließ sich Antonius auf eine Heirat mit dessen Halbschwester
Octavia ein. Sie war eine Frau »mit häuslichen Tugenden und
praktischem Verstand, dazu gütig und vornehm. Obwohl sie
über des Antonius Vergangenheit im Bilde war, fühlte sie sich
dennoch zu dem Tyrannen hingezogen, der Antonius in ihrem
Leben werden sollte, denn gute Frauen lieben oft schlechte Männer«, so der lakonische Kommentar in einer neueren Kleopatra-
biographie.[72] Unterdessen gebar Kleopatra ihrem Geliebten im
fernen Ägypten einen Sohn und eine Tochter: Selene und Alexander Helios.

Athena Parthenos

Mehr als drei Jahre lang wartete die ägyptische Königin auf den Vater der Zwillinge. Man hatte ihr von der Heirat ihres Geliebten mit Octavia erzählt. Und das erste Mal in ihrem Leben hatte Kleopatra das Gefühl, daß ihr die Macht aus den Fingern glitt. Das erste Mal spürte auch sie die Glut der Eifersucht in ihrem Innern wüten. Noch wußte sie dieses Feuer im Zaum zu halten. So widmete sie sich ganz der Erziehung ihrer Kinder, denn noch immer hoffte sie, vielleicht irgendwann Cäsarion in einer ehelichen Verbindung mit Schwesterchen Selene zum Herrscherpaar des gesamten römischen Reiches küren zu können.

Doch Antonius dachte zunächst gar nicht an eine Rückkehr nach Ägypten. Stattdessen zog er mit Octavia nach Athen und richtete dort sein neues Hauptquartier ein. An der Seite seiner tugendhaften Frau wandelte er sich wie ein Chamäleon. »Er wurde ehrbar, kleidete sich einfach, ging mit seiner Frau zu den Vorträgen der Philosophen, betätigte sich als Gymnasiarch (Erziehungsminister) und erklärte sich selbst zum Neuen Dionysos, dem Gott, der Asien erobert hatte.«[73] Damit spielte Antonius auf Alexander den Großen an, der ebenfalls als Dionysos gefeiert wurde. »Antonius war jetzt im Besitz eines ungeheuren Selbstbewußtseins. Seine Schmeichler haben sich im Lob seiner Person gar nicht genug tun können... Man gewinnt fast den Eindruck, daß er die Lobeserhebungen ernst genommen hat. Menschenkenntnis war eben nicht seine starke Seite, und gerade dies hat ihn später ins Verderben gestürzt.«[74] Die Schmeichelei der Athener verstieg sich dahingehend, daß man ihm sogar die Hand der jungfräulichen Göttin Athene mit Goldhelm und Speer vor dem Parthenon anbot. Antonius nahm das Angebot an, »wenn ihm die Braut eine Million Drachmen Mitgift« einbringen würde. Dieser Betrag schien dem Hohepriester der Athene denn doch zu hoch. »Zeus verlangte nicht soviel, als er deine Mutter Semele umarmen wollte!« sprach der Priester zu Dionysos alias Antonius.[75]

Im Jahre 39 hatte der »Neue Dionysos« auch seine zweite Frau geschwängert. Tochter Antonia wurde geboren und bald darauf eine zweite Tochter. Octavia hatte einen Charakter wie Caesars Calpurnia. »Gegen die Haremsneigungen«[76] ihres Gatten schien sie keine Einwände zu haben. In seinem Streit mit ihrem Bruder Octavian war ihre Hilfe nicht zu unterschätzen. Ohne sie wäre es zwischen den beiden Triumviren schon viel eher zu einer kriegerischen Auseinandersetzung gekommen. Octavian – der Beherrscher des Westreiches – mißtraute seinem Kollegen Antonius zutiefst. Nur mit Vermittlung Octavias einigten sich beide 38 auf ein gegenseitiges Stillhalteabkommen. Antonius stellte Octavian einen Teil seiner Flotte zur Verfügung im Kampf gegen Rebellen. Umgekehrt versprach letzterer dem »Neuen Dionysos« zwanzigtausend Legionäre für einen Eroberungsfeldzug gegen ganz Asien. Der Triumviratsvertrag wurde auf fünf Jahre verlängert. Nun hatte Octavia für´s erste ihre Aufgabe erfüllt. Überdies begann sich Antonius an der Seite seiner allzu bürgerlichen Frau bereits zu langweilen. So zog er fort gen Asien. Irgendwann würde er wie Alexander der Große im Triumpf zurückkehren. Vorher wollte er sich aber wieder von Kleopatra verwöhnen lassen...

In Antiocha, an der syrische Küste, trafen sie sich wieder. Um diesen Ort ranken sich Legenden. Bis hierhin soll Apoll Daphne verfolgt haben, bis sie sich in einen Lorbeerbaum verwandelte, um seiner Zudringlichkeit zu entgehen. Nach vier Jahren der Trennung, die der ägyptischen Königin Leid verursacht hatten, gab sich Kleopatra dieses Mal zurückhaltender. Bevor sie sich wieder auf eine intimere Beziehung mit Antonius einließ, bestand sie auf eine vertragliche Festlegung ihres Verhältnisses.

In einem bombastischen Fest ließen sie sich als Osiris und Isis oder Dionysos und Aphrodite nach ägyptischen Recht trauen.[77] Damit hatte Antonius jetzt zwei rechtmäßige Frauen. Wie Dionysos, der Gott des Rausches, wollte auch der Beherrscher des römischen Ostreiches, seinen Samen auf viele Frauen verteilen. Der Brauch der Einehe erschien ihm antiquiert, überkom-

menes Überbleibsel der provinziellen Gesetzgebung des soloni-
schen Athens.[78] Und wie in der Mythologie Hera – als Stellver-
treterin der Tugend – das ausschweifende Leben des Dionysos
mit ihrem Haß verfolgte[79], ebenso befremdet reagierte die kon-
servative Opposition in Rom auf die Doppelehe des Triumviren.
Mit dem mythischen Dionysos fühlte sich Antonius auch in seiner Reisefreude verbunden. In Ägypten soll der Gott das Orakel
des Ammon begründet haben.[80]

Bevor Antonius aber wieder die alte Liebschaft in Alexandria
fortsetzen durfte, mußte er zunächst den von Kleopatra raffiniert
ausgearbeiteten Vertrag unterschreiben. Für seinen Feldzug
gegen die Parther – so hieß es im Vertrag – dürfte sich Antonius
sämtlicher ägyptischer Mittel bedienen – militärischer, wie finanzieller. Als Gegenleistung sollte er fast sämtliche östliche Provinzen Roms an Ägypten abtreten und Caesars Sohn Caesarion als
rechtmäßigen Erben des ägyptischen Throns anerkennen. Seine
eigenen mit Kleopatra gezeugten Kinder sollten nur »kleinere
Königreiche« bekommen. Mit diesem Vertrag, den Antonius
bereitwillig unterschrieb, hatte die ägyptische Königin mehr
erreicht, als sie in Abwesenheit ihres Geliebten sich noch zu hoffen getraut hatte. Franzero spricht von einem »diplomatischen
Geniestreich«[81] der Königin. Kein Pharao hatte vorher jemals ein
größeres Reich beherrscht als nun Kleopatra.

Kurze Zeit später wurde dieser Vertrag in Rom bekannt, den
Antonius mit den Worten pries: »Die Größe Roms liegt nicht in
dem, was es nahm, sondern in dem, was es gab.«[82] Ein Sturm der
Entrüstung brach los. Octavian war außer sich über die Schmach,
die mit diesem Vertrag seiner Schwester und nach römischem
Recht einzigen legalen Ehefrau des Antonius angetan wurde.
Und er war empört, daß sein Partner zum Imperium gehörige
Provinzen verschenkte als wären sie sein privates Eigentum.
Ebenso verärgert wie Octavian reagierte der römische Senat.
Noch einige Jahrzehnte später schmähten Dichter wie zum Bei-
spiel Lucius Annaeus Florus:

«Der stets berauschte Imperator (Antonius) verspricht dem buhlerischen Ungeheuer (Kleopatra), als Preis ihrer Hingabe an ihn, die von ihr geforderte Morgengabe, den Besitz des römischen Reichs, als wenn es leichter wäre, Römer zu besiegen als Parther.«[83]

Der Stachel saß tief. Diese Demütigung konnten die Römer nicht verdauen. Und so hatte Octavian alle Sympathien auf seiner Seite, als er gegen Antonius und seine neue Braut zu Felde zog.

Nun sank der Stern des Antonius. Seine Großmachtträume als neuer Alexander scheiterten schon nach dem ersten Feldzug gegen Persien kläglich. Er wäre mit dem Rest seiner Legionen fast verhungert, wenn ihn Kleopatra nicht gerettet hätte. Doch noch eine andere Frau wartete auf den Verlierer des Ostfeldzuges: Octavia war gegen den Willen ihres Bruders mit 2000 Soldaten nach Athen gereist, um ihren Gatten im Kampf gegen die Parther zu unterstützen. Zwischen beiden Frauen mußte sich Antonius jetzt entscheiden. Denn in der Angst ihren Geliebten ein zweites Mal an Octavia zu verlieren, inszenierte die ägyptische Königin ein Theater, das einer Göttin eigentlich nicht würdig war. »Sie aß fast nichts mehr. Ihr Körper magerte ab, daß es jedermann auffiel. Bleich und traurig ging sie umher wie eine Nachtwandlerin. Kam Antonius zu ihr, so starrte sie ihn mit großen Augen an, als sähe sie ihn zum letztenmal. Sie richtete es so ein, daß er sie oft weinend vorfand, trocknete aber bei seinem Erscheinen rasch die Tränen, wie um nicht in diesem Zustand erwischt zu werden.«[84] Wie die Göttin Isis um Osiris Tränen vergoß, so gab sich Kleopatra als die Gedemütigte und Verschmähte.

Antonius wurde durch ihre Inszenierung so sehr gerührt, daß er Octavia eine Absage erteilte. Er sollte sie niemals mehr wiedersehen. Diese Absage war eine Schicksalsentscheidung. Sie war der Anfang vom Untergang. Rhetorisch geschickt wußte Octavian den Volkszorn gegen Antonius und seine »ägyptische Dirne« zu richten. Antonius sei ein Verräter, der seine Frau, eine geborene Römerin, im Stich gelassen habe. Böse Gerüchte wurden in den Umlauf gebracht. Antonius würde in Alexandria »in weibischer orientalischer Tracht herumlaufen, ein goldenes Zepter in der Hand und einen Krummsäbel im Gürtel«, er würde »inmitten betrunkener Matrosen und Huren Zimbel« gespielt haben, und einmal habe man ihn sogar dabei beobachtet, wie er vor Kleopatra niedergekniet sei und ihr die Füße gewaschen habe.[85] Alle diese Handlungen waren eines Römers nicht würdig. Der größte Trumpf des Rivalen aber war das Testament von Antonius, das im Tempel der Vesta verwahrt wurde. Im Namen des Staates verlangte Octavian die Auslieferung des Testamentes und zwang die vestalischen Priesterinnen, ihr Schweigegelübde zu brechen. Obwohl einige Senatoren sich über diesen Vorgang empörten, war der Inhalt des Testamentes so ungeheuerlich, daß sie sofort ihren Zorn vergaßen und Octavian ihre volle Unterstützung zusicherten: »Antonius erkannte Caesarion als Caesars Sohn an,

Octavian – Augustus

was Octavian als gesetzlicher Erbe und Adoptivsohn seines Großonkels nicht hinnehmen konnte, da dieser Status die Grundlage seiner Herrschaft und Macht war; Antonius vermachte den Kindern, die er von Kleopatra hatte, riesige Besitztümer, eine Großzügigkeit, die, so sah man es, auf Kosten des römischen Volkes ging; und schließlich äußerte Antonius den Wunsch, in Alexandria an der Seite Kleopatras begraben zu werden.«[86] Gerade diese letzte Stelle des Testaments verletzte die Senatoren mehr als alles andere, denn das war der Beweis dafür, daß Antonius seine Heimat längst nicht mehr in Rom sah. Octavian bekam alle Vollmachten, gegen den Verräter vorzugehen.

Der Rest ist für unser Thema nicht mehr so wichtig. Antonius und Kleopatra verloren die Entscheidungsschlacht bei Actium. Fast sämtliche Verbündete der beiden liefen zu Octavian über. Der künftige Kaiser Augustus stand vor den Toren Alexandrias. Über seine Niederlage war Antonius so verzweifelt, daß er auf einer Hafenmole in der Nähe des Palastes eine Einsiedelei errichtete, um sich ganz seinen bitteren Gedanken hingeben zu können. Nach dem Namen des berüchtigten Menschenfeindes Timon, der zu Zeiten von Sokrates und Platon von sich reden machte, nannte er seine Behausung »Timonein«[87], denn Antonius fühlte sich von allen Freunden im Stich gelassen, auch von Kleopatra, die bereits mit dem Feind und Sieger verhandelte.

Als Octavian dann in die Stadt einrückte, bunkerte sich Kleopatra im Mausoleum ein und ließ ihrem Geliebten die Nachricht zukommen, sie hätte sich das Leben genommen. Da erwachte ein letztes Mal Antonius Liebe zur Königin, an der vorher der Zweifel genagt hatte. Sein Leben hatte nun keinen Sinn mehr.

Ist es ein Witz oder Ironie der Geschichte? Ausgerechnet von einem Diener mit dem bezeichnenden Namen »Eros« wollte sich der geschlagene Held töten lassen. Als hätte Antonius etwas geahnt vom Eros Thanatos, von einer Liebe, die sich wie bei den Mystikern erst im Tode erfüllt, die noch Goethe mit den folgenden Worten beschwor:

»Das Lebendige will ich preisen,
Das nach Flammentod sich sehnt…«[88]

Nun war es nicht der Flammentod, den sich der gescheiterte Weltherrscher wählte, auch wurde er nicht zerstückelt, wie sein großes Vorbild, der Dionysos Zagreus. Und der treue Diener namens »Eros« tötet sich lieber selbst, als das Schwert gegen seinen Herrn zu richten. Der muß schließlich die letzte Handlung an sich selbst vollbringen.

Dabei lebte Kleopatra noch immer – versteckt im Mausoleum. Sie konnte ihrem sterbenden Geliebten bei seinem Übergang in die andere Welt die Hand halten. Denn sein Tod war langsam und qualvoll. Fernab davon, ihre Leidenschaft ins Jenseits hinüberretten zu wollen, äußert sich der Sterbende in seinen letzten Worten nüchtern, ja geradezu selbstlos, wie er in seinem Leben niemals gewesen war. Kleopatra solle ihn nicht betrauern, er hätte fast alles erreicht, was menschenmöglich gewesen war. Sie solle nun an sich selber denken und vor der rächenden Wut des schrecklichen Octavian fliehen.

Im Mythos verhilft die Göttin Isis dem getöteten Geliebten, Osiris, zur Wiederauferstehung.

»Sie versammelt dein Fleisch,
Sie bringt dir dein Herz in deinen Körper zurück.«[89]

Im Mythos verscheuchte Isis die Feinde des Osiris durch Zauberei.

In der Realität dagegen zeigte es sich spätestens in diesem Moment, daß auch die ägyptische Königin nur ein einfacher Mensch war. Weder konnte sie ihren Osiris-Antonius-Dionysos wieder lebendig machen, noch verfügte sie über das Zaubermittel, daß den römischen Rächer Octavian hätte verjagen können.

Schnell überzeugte sich die ägyptische Königin, daß vom neuen Herrscher der Welt, dem Augustus einer neuen Zeit, keine Gnade zu erhoffen war. Nur noch die Schlange, die alte Begleiterin der Isis, konnte ihr helfen. Das Gift der Aspisviper, das sie in einer Haarspange bei sich trug, wirkte schnell und zuverlässig.

1 Properz (11. Elegie, 3. Buch) zit. n. Stahr 339
2 Lukan (Pharsalia) zit. n. Stahr 341f
3 Hesiod zit. n. Bornemann 199
4 Juvenal a.a.O.
5 Bornemann 361f
6 ebd. 385
7 ebd. 362
8 ebd. 363
9 Goethes »Faust II.«, V. 9267ff, 9359ff
10 Görlitz 32
11 Meier 486
12 Görlitz 33
13 Meier 487
14 Plutarch zit. n. Stahr 50
15 Vandenberg 121
16 ebd. 122
17 Wilson 237
18 Neumann, Ursprungsgeschichte, 18ff
19 Franzero 16
20 ebd. 25
21 cebd. 71
22 ebd. 270f
23 Plutarch. Über Isis und Osiris, a.a.O.
24 ebd Kap. 9, S. 14 zit. n. Harding 154
25 ebd.
26 Leisegang 7
27 ebd. 123
28 Harding 156
29 ebd. 158
30 Graefe 150ff
31 ebd. 156f
32 Evola 235

33 Paglia 272

34 Harding 163, 317

35 Sueton zit. n. Horst 52

36 ebd. 43

37 zit. n. Gottschalk 156

38 vgl. ebd. 154

39 Meier 76

40 Horst 14

41 ebd. 15

42 zit. n. Horst ebd.

43 ebd. 16

44 ebd. 38

45 Plutarch zit. n. Vandenberg 37

46 Oppermann 34

47 Meier 182

48 Grant 39, Vandenberg 37f, Horst 100

49 Vandenberg 46

50 ebd.

51 Grant 39

52 zit. n. Meier 90

53 Horst 101

54 ebd. 294

55 ebd. 303

56 Franzero 71

57 ebd.

58 Benoist-Méchin 114

59 Weigall 90f.

60 Benoist-Méchin 117

61 Horaz zit. nach Benoist-Méchin 120

62 Bornemann 386

63 Maffii 117

64 Wilder 169

65 Antonius hatte ein Jahr nach Caesars Ermordung zunächst die
Macht an sich gerissen und sich beim Volk als Verfolger der

Caesarmörder beliebt gemacht. Als rechtmäßiger Nachfolger war aber eigentlich Octavian bestimmt worden, der spätere Kontrahent von Antonius.

66 Vandenberg 181ff

67 Chamoux 234

68 Franzero 173

69 Lukan zit. n. Stahr 342

70 Benoist-Mechin 230

71 Staius. Thebais V.156ff zit. n. Bornemann 468

72 Franzero 210

73 Tarn-Charlesworth 83

74 Bengtson 159ff

75 Franzero 220

76 ebd.

77 Tarn-Charlesworth 103

78 Maffii 157

79 Ranke-Graves I, 96

80 Grant/Hazel 131

81 Franzero 239

82 Maffii 156

83 Florus zit. n. Stahr 348

84 Maffii 165f

85 Franzero 286f, 293

86 Chamoux 326

87 ebd. 352

88 Goethe zit. n. Schubart 163

89 Harding 146

Das Ideal der unerreichbaren Geliebten
Dantes platonische Liebe zu Beatrice

»Nichts schafft hienieden dauernde Erfüllung.«   Petrarca

Francesco Petrarca

Liebe ist fürwahr ein Ideal, aber keineswegs ist es leicht zu verwirklichen. Wer wollte diesem Satz widersprechen? Die Realität der Liebesbeziehungen sieht oft keineswegs so rosig aus, wie es sich die Träume ausmalen. Das zeigten bereits die Beispiele aus den vergangenen beiden Kapiteln.

Zeus kann seine Geliebte Semele nur heimlich lieben. Ist es nicht ein sehr negatives Zeugnis für die Bedeutung der Institution Ehe, daß ausgerechnet die Göttin der Ehe, Hera, mit ihrem Mann Zeus eine so unglückliche Beziehung pflegt? Wie schlecht müssen die Griechen über die Beziehung zwischen Mann und Frau gedacht haben! Heras Triumpf über ihre Rivalin kann nicht das große Maß an Enttäuschung kompensieren, das sie über die Untreue ihres Gatten erfüllt. Aber auch Semele, die Geliebte, ist nicht glücklich: Sie fühlt sich vom Götterfürsten als bloßes Liebesobjekt mißbraucht. Ebensowenig kann sich Jason an der verbotenen Leidenschaft erfreuen. Seine von ihm betrogene Frau, Medea, wird in ohnmächtiger Wut zur Mörderin an ihren gemeinsamen Kindern.

Auch die mächtigste Geliebte der Antike, Kleopatra, hat kein Glück mit ihren Liebhabern. Am Ende ihrer beiden großen Affären mit Caesar und Antonius steht die totale Resignation.

Nachdem alle Hoffnungen auf eine gemeinsam mit Antonius angestrebte Weltherrschaft zerronnen sind, bleibt nur noch der Freitod als letzte Lösung. Wenn nicht einmal eine Frau vom Range Kleopatras das Glück der Liebe für sich erobern konnte, wie soll dann ein »normaler Mensch« noch an die Liebe glauben können? »Was hülfe es dir, wenn du die ganze Welt gewönnest und nehmest doch Schaden an deiner Seele!« heißt es in der Bibel. Vor diesem Hintergrund mißglückter Leidenschaften kann man die christlichen Mönche verstehen, die nur noch im Zölibat für sich eine Perspektive sehen konnten. Und doch bleibt ein Gefühl des Unbehagens zurück. Wer möchte schon gerne freiwillig seinen Glauben an die Liebe abschreiben?

Liebe ist fürwahr ein Ideal. Die Verwirklichung dieses Ideals im Leben scheint nur selten zu glücken. Oft schlägt die Liebe in ihr Gegenteil um: In Langeweile, Eifersucht, Haß und Verzweiflung. Gerade die Verzweiflung des Nicht-Mehr-Lieben-Könnens ist ein Beleg dafür, daß entweder das Ideal der Liebe zu hoch angesetzt – oder die vermeintliche »Liebe« nur eine starre Fixierung gewesen war. Ist nicht die klassische Geschichte von Romeo und Julia ein ernüchterndes Zeugnis dafür, daß sich »wahre Liebe« offenbar nur im Tod erfüllt?

Platon

Vielleicht ist diese resignative Einstellung gegenüber dem Ideal einer liebevollen Partnerschaft der Grund dafür, daß wir in der Kulturgeschichte der Menschheit so viele Beispiele von Liebenden finden, die ihr Liebesideal gar nicht in einer realen Partnerschaft verwirklichen wollten. Sie waren davon überzeugt, daß die Liebe anderen Zwecken dient, als dem Genuß einer Passion à deux oder dem Aufbau einer Familie in der Ehe.

Der klassische Verfechter dieser Meinung ist kein geringerer als der griechische Philosoph Platon. Die Ehe hatte laut Platon nur eine staatstragende Funktion. In seiner Idealkonzeption eines perfekten Staatswesen werden die Ehen von den Regierenden gestiftet. Eine Liebesheirat ist hier ausgeschlossen. Gemäß dem Beispiel der Züchtung von Hunden und Hähnen wählt der Gesetzgeber die Paare aus, damit die »edelsten Exemplare« gemeinsam »edle« Nachkommen zeugen können.

»Also müssen wir Feste und Opfer einrichten, bei denen wir Bräutigam und Braut zusammenführen, und unsere Dichter müssen passende Lieder dichten für die kommende Hochzeit. Die Zahl der Hochzeiten überantworten wir den Herrschern, damit sie die Zahl der Männer möglichst auf gleicher Höhe halten; dabei haben sie auf Krieg, Krankheiten und dergleichen Rücksicht zu nehmen; denn unser Staat soll, wenn möglich, weder zu klein, noch zu groß werden.«[1]

Die Ehe hat für Platon nur eine funktionale Aufgabe und ist eingebettet in ein eugenetisches Selektionsprogramm des Staates. Das Interesse des Staates bestimmt die Privatsphäre der Individuen. Mit Leib und Seele wird der einzelne Bürger zum »Volkseigentum« verdinglicht. Diese unromantische Politik geht soweit, daß nicht einmal die Kindererziehung den Eheleuten anvertraut wird. »Um die jeweils geborenen Kinder nehmen sich die Behörden an«[2], die sie in genossenschaftlichen Kinderhorten erziehen. Die Ehen werden hier nicht für die Ewigkeit geschlossen, sondern sind sofort wieder auflösbar, wenn es dem Interesse des Staates dient. Denn »die Frauen müssen allen Männern gemeinsam gehören, keine darf mit keinem alleine beisammen sein, und ebenso sind die Kinder Gemeineigentum; weder kennt der Vater sein Kind, noch das Kind seinen Vater.«[3]

Diese von Platon als Ideal anvisierten Konzepte lesen sich heute wie die Beschreibungen von Orwells Horrorvisionen aus seinem Roman »1984«. Noch näher kommen sie den Vorstellungen von Aldous Huxleys »schöner neuer Welt«: Hier wird die Polygamie ebenso zum Pflichtprogramm wie bei Platon. Kinder werden nicht mehr geboren, sondern in der Retorte »entkorkt« und dann dem Erziehungsprogramm des Staates ausgeliefert. Das platonische Ideal wird bei Huxley zur abschreckenden Utopie.[4]

Es ist erstaunlich, daß derselbe Platon, der uns eine Diktatur verordnen wollte, auch sehr inspirative, geradezu poetisch anmutende Gedanken zur Liebe überliefert hat. Obwohl in seiner Philosophie der Staat alles ist und der einzelne nichts, ist seine Lehre vom Eros – die »platonische Liebe« – in die Umgangssprache eingegangen. Gewöhnlich wird darunter eine rein geistige Liebe verstanden. Die Liebe – der »Eros« – wird hier als Trieb der Veredelung des je eigenen Charakters beschrieben. Der »Geliebte« fungiert als das Objekt, das diesen Veredelungsprozeß einleiten soll. Als Beispiel für eine solche »Liebe« wird meist die Neigung des Philosophen (= Sokrates als Sprachrohr der platonischen Philosophie) zu schönen Knaben zitiert.

Man sollte nicht – wie manche Interpreten[5] – unterstellen, daß Platon homosexuelle Beziehungen unterhielt. Sicherlich hatte Platon homoerotische, ja päderastische Neigungen – denn Frauen werden bei ihm niemals als Liebesobjekte idealisiert, aber für unser Thema ist es uninteressant, das Privatleben des antiken Philosophen zu analysieren, über das man ohnehin nur wenig weiß. Es geht mehr um seine Philosophie der Liebe, die wie keine andere die bildenden Künste des Abendlandes – von der Musik bis zur Literatur – geprägt hat.

Jede Kunstgattung steht in ihrer Weise in einem Verhältnis zur Schönheit. Die Künste unterscheiden sich voneinander in ihren jeweiligen ästhetischen Idealen. Es versteht sich von selbst, daß Kunst und Liebe in einer Beziehung zueinander stehen. Ohne den vom göttlichen Eros erweckten Enthusiasmus, hätte ein Künstler keine Inspirationen. Das wußten bereits »die Alten« – und Platon war der erste, der den Bezug zwischen Kunst und · Eros erkannte. In seiner Philosophie fungiert der Eros als ein Gott des »Hervorbringens« der wahren Poiesis. Es ist der Eros in uns, der uns der Idee des Schönen nahebringt, der unser Bedürfnis nach Ästhetik weckt. Und mögen die Artisten der Kasseler Documenta heute auch eher dem Gott der Konzeptlosigkeit huldigen, ursprünglich war Kunst immer auf Schönheit bezogen. Kunst war geradezu ein sakrales Ereignis, Ausdruck der Liebe des Künstlers zu den von ihm gestalteten Idealen. Somit ist auch der Bildhauer bezogen auf ein Bild, das für ihn die Position des Geliebten einnimmt.

Platon entwickelte seine Gedanken über den Eros am Beispiel der Beziehung zwischen den Philosophen und seinem Schüler. Obwohl der reale Sokrates verheiratet war, stilisiert Platon seinen idealen Sokrates als den Helden seiner philosophischen Dialoge, zum Verehrer schöner Knaben. Nun hatte Sokrates wahrlich Grund genug, mit seiner Ehe unzufrieden zu sein: Seine Braut ging als Archetypus aller »Schreckschrauben« in die Geschichte

Sokrates

ein. Noch heute wäre es für eine Ehefrau die größte Beleidigung, von ihrem Mann als »Xanthippe« bezeichnet zu werden. Anders als Göttervater Zeus oder Jason hatte Sokrates trotzdem keine Geliebte. Wenn wir Platon Glauben schenken dürfen, übten schlanke Knaben eine viel größere Anziehungskraft auf ihn aus. Immer wieder sehen wir den greisen Philosophen mit halbwüchsigen Jungen im Gespräch vertieft, zum Beispiel mit dem schönen Charmides über die heikle Frage der Besonnenheit. Am Ende zeigt sich, daß Sokrates offenbar selber – wenn auch vielleicht nur im Scherze – die Besonnenheit fehlt, dem schönen Jüngling noch länger zu widerstehen:

»... da wird wohl kein Mensch imstande sein, sich dir zu widersetzen´, sagte Sokrates.

´Dann widersetze dich auch nicht!´ erwiderte Charmides.

´Das werde ich wohl kaum können...´ meinte Sokrates lächelnd.«[6]

Die Schönheit des Knaben dient Sokrates (das Sprachrohr Platons) als Anreiz zur Entwicklung seiner dialektischen Philosophie. An dem Phänomen der Schönheit entfaltet sich die Lehre des platonischen Eros. Wir sehen eine schöne Gestalt, und schon entzündet sich in uns eine unnennbare Sehnsucht. Diese Sehnsucht wird von dem schönen Körper allerdings nur erweckt. Sie soll nicht auf der körperlichen Ebene verharren. Denn die äußere Schönheit ist vergänglich. Aus dem Jüngling wird ein Mann, aus dem Mann ein Greis. Die leibliche Schönheit verwelkt.

Alles Vergängliche ist nur ein Gleichnis, meinte Goethe einmal und bekannte sich damit zur platonischen Philosophie, denn für Platon ist die vergängliche leibliche Schönheit nur ein Gleichnis für die unvergängliche Idee der Schönheit. Weil die Liebe von der Schönheit entzündet wird, und diese Schönheit über das vergängliche Leben hinausweist, ist die herkömmliche Identifizierung des Eros mit dem Sexus in Frage gestellt. Der Sexus begnügt sich mit der momentanen Vereinigung zweier vergänglicher Körper. Der platonische Eros kann sich damit nicht zufriedengeben.

Denn die kurzfristige Befriedigung der Begierden sei wie das Füllen eines lecken Fasses. Kaum haben wir es gefüllt, hat es sich bereits wieder entleert. Der Sexus erzeugt die Tantalusqualen der Sucht, aber für sich alleine keine Erfüllung.

Die Sehnsucht des Eros geht tiefer, sagt Platon. Der Eros sehnt sich nach unvergänglichen Erfüllung. Und hier ist man bereits mitten in der Metaphysik. Für Platon war das Leben auf der Erde nur ein Übergang in eine andere Welt. Wer sich im irdischen Leben bewährt und eine sittliche Haltung bewiesen hat, fürchtet den Tod nicht. Obwohl Freunde den zu unrecht als Gotteslästerer angeklagten Sokrates zur Flucht verhelfen wollen, lehnt der siebzigjährige Philosoph ab und trinkt gleichmütig den Giftbecher aus, der ihm vom Henker gereicht wird.

Diese Gelassenheit hängt mit seinem Glauben an die Unsterblichkeit der menschlichen Seele zusammen. Für Platon (= Sokrates) ist die irdische Welt nur ein Schatten einer unvergänglichen ideellen Welt, in der sich die tugendhaften Seelen nach dem Tode in seliger Vereinigung wiederbegegnen. Der Eros ist dementsprechend wie ein Funke aus der anderen, der ideellen Welt. So stammt auch die Schönheit aus der Sphäre des Unvergänglichen. Nur zeitweise beleuchtet sie wie ein warmer Schein die wohl gestalteten, aber trotzdem dem Verfall preisgegebenen Leiber. Abgezogen von den körperlichen Begierden ist der Eros die Sehnsucht unserer Seele nach unserer verlorenen Heimat, dem ewigen Sein.

Gemäß dem Glauben der Orphiker (Sekte), den auch Platon hegt, sind wir bei der Geburt aus einem Lichtreich hinab in die Schattenwelt der Vergänglichkeit gezogen worden. Das Leben hienieden ist demnach nur eine Art Strafexpedition in der Fremde. Tief in uns sehnen wir uns nach einer Erlösung von unserer irdischen Unvollkommenheit. Diese Sehnsucht nach Unsterblichkeit drückt der Eros aus. Sie entzündet sich an den schönen Körpern und wird von dort zur Wahrheit des unvergänglichen Schönen geführt.

Diese Lehre wirft ein ganz anderes Licht auf die Liebe. Ebensowenig wie der Eros an einer kurzfristigen sexuellen Vereinigung Erfüllung findet, ebensowenig begnügt sich die platonische Liebe an einer Partnerschaft mit einem anderen Menschen. Xanthippe jedenfalls vermag Sokrates´ Eros nicht zu erwecken, obwohl sie seine Ehefrau ist. Während die Ehefrau bei Platon nur äußerliche Funktionen zu erfüllen hat, reflektiert der (oder die) Geliebte einen Schimmer der Unsterblichkeit.

Wir lieben nicht den anderen als Person, sondern jede Liebe ist eine Sehnsucht nach der verlorenen Heimat, die sich an der Person des anderen nur entzündet. Wenn wir es uns mit dem Geliebten »behaglich« machen wollen, wenn wir gemeinsam ein »Heim« aufbauen wollen, so drückt sich darin – laut Platon – kein bloßer biologischer Begattungs-, Brut- oder Pflegetrieb aus. Indem wir wie Goethes Faust das momentane Glück verewigen wollen, sehnen wir uns nach der Unvergänglichkeit.

»Verweile doch, oh Augenblick, du bist so schön!« In der Fülle des Augenblicks erleben wir ein Gefühl der Zeitlosigkeit. Diese Zeitlosigkeit rührt uns an wie der Zipfel der Ewigkeit. Gott ist ewig – wenn er existiert. »Säuglingshaft ruhen die Himmlischen in ihrem vollkommenen Glück« – etwa so beschrieb noch Hölderlin das selige Sein der Götter. Seine Sehnsucht suchte nicht mehr nach einem Gottesbeweis. Sie genügte sich selbst. Denn das Leiden an der Vergänglichkeit der zerbrechlichen Formen des

Ein Jugendbildnis Hölderlins

Lebens ist so groß, daß ohne den Trost durch eine unvergängliche Welt das irdische Dasein unerträglich wird. In diesem Punkt waren sich die großen Denker zu fast allen Zeiten – von Platon über Goethe und Hölderlin bis hin zu Heidegger – einig.

In der Ewigkeit wohnt Gott. Und wer Gott nah ist, dem kann das sterbliche Leben nichts mehr anhaben. So ist auch für den dänischen Begründer der Existenzphilosophie, Sören Kierkegaard, der Augenblick der Schnittpunkt zwischen Zeit und Ewigkeit. Und obwohl im Augenblick die Ewigkeit aufblitzt, darf sich Faust nicht in diesem schönen Schein verlieren, sonst würde Mephisto seine Wette mit Gott gewinnen. In der Wette geht es um die Frage, ob sich Faust für das kurze Glück der Vergänglichkeit – oder für die Ewigkeit und damit für Gott entscheidet. Faust soll sich die Erkenntnis bewahren, daß der schöne Schein des Genusses im zeitlichen Augenblick noch immer der Vergänglichkeit preisgegeben ist. Nur die Rastlosigkeit seines Strebens bewahrt ihn davor, am trägen Genuß der Sinne Genüge zu finden. Seine Sehnsucht, sein Eros, läßt ihn einen Anker im Unvergänglichen finden, denn »das Vergängliche ist nur ein Gleichnis«.

Thomas Mann um 1900

So fungiert der Geliebte bei Platon nur als Anstoß für die Erinnerung an die verlorene Heimat im »Zuge der Götter«. Nicht die Partnerschaft zwischen Mann und Frau, also auch nicht die Ehe, ebensowenig eine homosexuelle Beziehung, noch weniger ein oberflächliches momentanes »Verhältnis« sind für Platon hinreichende Zeugnisse der Liebe, sondern nur der vom Eros erweckte künstlerische Schaffensprozeß. Noch kaum einer sei um seiner leiblichen Kinder willen gelobt worden, heißt es ziemlich unverblümt im »Gastmahl«, um so berühmter seien viele Menschen um ihrer geistigen »Kinder« willen geworden. In der künstlerischen Produktivität spricht sich die Liebe am reinsten aus. Nicht jede Lust – wie Nietzsches Zarathustra glaubte – sondern jede Liebe will »tiefe, tiefe Ewigkeit.« Die (fast) unvergänglichen Werke der Künstler sind die vornehmsten Erzeugnisse dieser Sehnsucht des Menschen nach der Ewigkeit. Der größte Drang der Maler, Komponisten, Dichter, Architekten und Philosophen war zu allen Zeiten, etwas zu schaffen, das über das eigene vergängliche Leben hinausweist.

Mit Platon haben wir eine andere Saite der Liebe angeschlagen. Das platonische Objekt der Liebe ist nicht ein leiblicher Mensch, sondern eine Idee, die den künstlerischen Schaffensdrang erweckt. Diese Philosophie zeigte Wirkung mindestens bis hin zu Thomas Manns Novelle »Der Tod in Venedig«. Die Leidenschaft des Schriftstellers zu dem schönen Knaben Tadzio beseelt ihn zu dichterischen Intuitionen:

»Und zwar ging sein Verlangen dahin, in Tadzios Gegenwart zu arbeiten, beim Schreiben den Wuchs des Knaben zum Muster zu nehmen, seinen Stil den Linien dieses Körpers folgen zu lassen, der ihm göttlich schien, und seine Schönheit ins Geistige zu tragen, wie der Adler einst den troischen Hirten zum Äther trug. Es ist gut, daß die Welt nur das schöne Werk, nicht auch seine Ursprünge, nicht seine Entstehungsbedingungen kennt; denn die Kenntnis der Quellen, aus denen dem Künstler Eingebung floß, würde sie oftmals verwirren, abschrecken und so die Wirkung des Vortrefflichen aufheben. Seltsam zeugender Verkehr des Geistes mit einem Körper!«[7]

Hier haben wir es nocheinmal ausgesprochen. Auch Semeles Liebe wird von Thomas Mann ins Ideelle erhoben:

»Was würde aus uns, wenn das Göttliche sonst, wenn Vernunft und Tugend und Wahrheit uns sinnlich erscheinen wollten? Würden wir nicht vergehen und verbrennen vor Liebe, wie Semele einstmals vor Zeus?«[8]

Der Bogen hat sich geschlossen. Von Platon sind wir über Goethe und Kierkegaard zu Thomas Mann gesprungen. Bei allen haben wir trotz der Jahrhunderte, die diese Geister voneinander trennen, ähnliche Intentionen herausgespürt, und plötzlich sind wir wieder bei unserer Ausgangsfigur, bei Semeles ohnmächtiger Liebe zum Vater aller Götter angelangt. War nicht vielleicht auch ihre Leidenschaft zum Göttlichen im Grunde »nur« der Ausdruck ihrer Sehnsucht nach Unsterblichkeit? Schließlich holt sie Zeus am Ende aus der Unterwelt auf den Olymp und erhebt sie zu einer unsterblichen Göttin. Hätte er das auch getan, wenn es sich bei seiner Neigung zu Semele um ein bloßes allzumenschliches »Verhältnis« gehandelt hätte? So kündigt sich schon in diesem uralten Mythos die platonische Philosophie der Liebe an.

Wie aber verhielt es sich mit Kleopatra? Wollte nicht auch sie – durch die Liebe zu Caesar und Antonius – ein unvergängliches Reich aufbauen – vielleicht sogar ein Reich der Unvergänglichkeit? Stand sie nicht ganz in der ptolemäischen Tradition, die zwar keine Pyramiden mehr bauten, aber doch wenigstens die Unaustilgbarkeit ihres Geschlechts anvisierten? Wenn Kleopatra ihre Geliebten auch nicht als Anstoß für die Erlangung der persönlichen Unsterblichkeit gebrauchte, so sollten sie ihr dazu dienen, die Macht ihrer Sippe in alle Ewigkeit auszudehnen. Zugegeben, Kleopatras Begriff der Unvergänglichkeit wirkt aus platonischer Perspektive ziemlich materialistisch. Aber hatte er nicht gezeigt, daß selbst in der derbsten Entartung des Eros noch ein göttlicher Funke brennt?

Es dauerte noch mehr als ein Jahrtausend, bis die ersten Troubadoure auf ihre Weise die Lehre der platonischen Liebe wieder aufgriffen. Nach Kleopatras Tod hatten die Römer mit der Herrschaft von Kaiser Augustus den Zenit ihrer Machtentfaltung erreicht. Von nun an ging es bergab. Spätestens die furchtbare Willkürherrschaft Kaiser Neros markierte den Wendepunkt zum Untergang. Die Sitten verfielen. Auch von einer Kultur der Liebe konnte keine Rede mehr sein. Das soziale Leben beschränkte sich auf die Moral des Fressens und Gefressenwerdens. Kaum einer hat die römische Dekadenz bissiger beschrieben als der im Jahre 55 n.Chr. geborene Satiriker Juvenal. Eine Kostprobe.

»Immer gibt´s Streit und Schimpfen im Ehebette, in dem die Frau liegt – von Schlafen ist da keine Rede. Ganz unausstehlich ist sie aber zu ihrem Mann, ja wilder als eine Tigerin, der man die Jungen weggenommen, wenn sie sich eigener Schuld bewußt ist und daher Weinen vortäuscht. Dann flennt sie und gibt vor, er habe eine Geliebte. Du aber hälst es für Liebe; dann kommst du dir weiß wie vor, du Wurm, und küßt ihr die Tränen fort, und ahnst nicht, was für Brieflein und Billets doux du zu lesen bekämest, könntest du in die Schreibtische ihrer Liebhaber blicken...«[9]

Es soll hier nicht eine Analyse der römischen Sittenverderbnis unternommen werden. Für Juvenal war sie Folge des ungeheuren Reichtums, den die Römer angesammelt hatten.

»Einstmals brachten bescheidene Lebensumstände züchtige Römerinnen hervor. Jetzt aber leiden wir unter den Unbilden eines langen Friedens; grausamer als Waffengewalt hat sich weichlicher Luxus auf uns gelegt und rächt dadurch die von uns besiegte Welt. Kein Verbrechen, keine Untat der Willkür fehlt, seit karges Leben aus Rom verschwand.«[10]

Mit der Erlangung der Weltherrschaft wurde auch die Liebe profan. Als Gegenreaktion zur römischen Dekadenz traten die Christen auf den Plan. Während unter den ersten Aposteln auch Frauen gewesen sein sollen[11] und laut Matth. 19.4 für Jesus auch die Frau von Gott geschaffen war, während noch in Mark. 10.7 die fleischliche Liebe geheiligt wird, wurden schon bei den Urchristen andere Bibelstellen in einem leibfeindlichen Sinne ausgelegt: hatte nicht Jesus seinen Jüngern befohlen, Eltern, Brüder, Schwestern, Kinder, ja auch das eigene Weib zu verlassen, um ihm nachfolgen zu können? Origenes sah darin eine Aufforderung, sich von seiner Geschlechtlichkeit zu befreien. Er entmannte sich. Im zweiten Jahrhundert nach Christus ist es geradezu eine »Mode«, sich selbst zu kastrieren. »Man deutet die Verschnittenen als die Keuschen und das Verschneiden als den Läuterungsprozeß der Selbstüberwindung.«[12] Zum Dogma wird dieser Haß gegen den Sexus bei Paulus. Im siebten Brief seines Korintherbriefes lesen wir:

Paulus predigt auf dem Marktplatz von Athen, Raffael Zeichnung

»Es ist dem Manne gut, daß er kein Weib berühre! Wer heiratet tut gut. Wer nicht heiratet, tut besser. Um der Hurerei willen habe ein jeglicher sein eigen Weib und eine jegliche ihren eigenen Mann.«

Mit diesen Worten wurde die geschlechtliche Liebe für die nächsten Jahrhunderte geächtet. Frauen werden der Verachtung preisgegeben: Der Mann sei des Weibes Haupt, er alleine sei Ebenbild Gottes, die Frau verhalte sich ihm gegenüber untertänig in aller Stille, denn das Weib sei um des Mannes willen da und nicht umgekehrt, sie sei kein gottgeschaffenes Wesen, sondern »Mutter der Sünde.« Mit diesen Worten von Paulus wandelte sich die Christenheit von einer Religion der Liebe zu einer Religion des Hasses und der totalen Enthaltsamkeit.

Die Christen bekämpften Eva, auf der der Fluch der Sünde lastete. Und sie zerstörten die Tempel der Liebesgöttin Aphrodite. »Agape« – hieß das Zauberwort einer Liebe, die sich über die allzumenschliche Verderbtheit erheben sollte, eine erlösende Liebe, die »von oben« unberechenbar den Menschen begnaden sollte, wenn ihr Strahl ihn trifft. Nur diese Liebe Gottes konnte im Jammertal des Lebens noch eine Hoffnung bieten. In ihr lösen sich alle anderen Formen der Liebe auf.

Platons Eros erstrebte auch Befreiung, war aber eine Liebe »von unten«, Ausdruck der Unsterblichkeitssehnsucht der Seele. Für den Eros war der oder die Geliebte immerhin noch ein Mittel, um die ersehnte Transzendenz zu erlangen. Die Transzendenz selber war sprachlos, d.h. mit ihr war eine Kommunikation nicht möglich. Der platonische »Erotiker« war demzufolge ein Monologist.

Anders der Christ: Für ihn ist das Höchste das Gespräch mit Gott. Zumindest in seinem Gefühl tritt er ein in den Dialog mit Gott als Person. Zwar fühlt auch er in sich die Sehnsucht nach dem Höheren glühen, entscheidend ist aber weniger das eigene Lieben, als vielmehr das Gefühl, von Gott geliebt zu werden.

»Die Liebe, verstanden als die primär von Gott ausgehende Liebe, ist ihrer Bewegungstendenz nach vorwiegend ´absteigende´ Liebe und dadurch verwandt der Güte, der Gnade und dem Erbarmen. Die menschliche Agape in ihrer doppelten Gestalt, als Gottesliebe und als Nächstenliebe, sieht nicht auf Lohn, weder auf irdischen, noch auf himmlischen, sondern ist Lohn in sich selbst.«[13]

So definiert Helmut Kuhn, Experte für scholastische Philosophie, die christliche Form des Liebens. In dieser Definition liegt der Grund, warum die Liebe zwischen zwei Menschen abgewertet wird. Wenn sie sich selbst genügt, bedarf sie keines Geliebten mehr. In der christlichen Nächstenliebe erscheinen alle Menschen gleichermaßen liebenswert. Ja, die Caritas darf sich nicht auf nur einen auserwählten Menschen konzentrieren. Jeder bedürftige Mitmensch soll geliebt werden, unabhängig davon, ob wir ihn persönlich mögen oder nicht. Wenn ein Mensch in Not geraten ist, sollen wir ihm helfen, selbst dann, wenn wir keine Lust dazu haben. Die Nächstenliebe ist eine Zuwendung ohne jede Leidenschaft in völliger Selbstlosigkeit. In dieser nüchternen Art versteht sich der Christ als eine Art Katalysator der göttlichen Liebe, die er durch sich selbst nur weitergibt. Weil Gott mich liebt, kann ich erst den Mitmenschen lieben, sogar meinen Feind, gegen den sich sämtliche Neigungen sträuben.

»Der liebt seinen Freund wahrhaft, der in dem Freund Gott liebt; entweder, weil Gott in ihm ist, oder damit er in ihm sein möge.«[14]

Kirchenvater Augustin

Kirchenvater Augustin unterschied drei verschiedene Arten der Liebe:

1. Liebe des menschlichen Ich zu Gott (amor dei)
2. Liebe des menschlichen Ich zum Mitmenschen (caritas oder Nächstenliebe)
3. Gottes Liebe zum menschlichen Wir (deus est caritas)

In dieser Aufzählung fehlen die Selbstliebe ebenso wie die erotische Liebe. Als einzige Art der zwischenmenschlichen Liebe wird nur noch die Nächstenliebe zugelassen. Der Mensch beugt sich in tiefer Selbstdemütigung. Jede Art von Selbstliebe wird als Sünde gebrandmarkt.

»Das sittliche Ideal der Antike war: Würde, Erhabenheit, Großherzigkeit, Selbstvertrauen, unbezwingbare Festigkeit im Handeln. Das Christentum pries Demut, Gehorsam, Selbstaufopferung, das gerade Gegenteil.«[15]

Die Griechen konnten noch im menschlichen Körper den Schein des Göttlichen erahnen, darum waren ihre Bildhauer Meister der

Aphrodite von Melos

Proportionen. Man betrachte nur die raffinierte Anmut der Aphrodite-Figuren! Und man vergleiche ihre von den Griechen herausgestellte Grazie mit der plumpen Häßlichkeit der weiblichen Gestalten mittelalterlicher Malerei! Die Lehre von der Erbsünde verbot es, das Leibliche schön erscheinen zu lassen. Die Natur galt als unrein und sündig, also auch der menschliche Körper.

Die platonische Knabenliebe wurde selbst in ihrer ideellen Form als eine Form der Gotteslästerung gebrandmarkt, sofern man Platon überhaupt noch kannte. Denn nachdem Goten, Germanen und Hunnen Rom erobert hatten, vernichteten sie einen großen Teil der antiken Kultur.

»Von den hundert Dramen des Sophokles sind gerade mal sieben auf uns gekommen, von den zahllosen Komödien der Griechen sind nur die des Aristophanes uns zum Teil erhalten, von den Lyrikern ist uns fast nichts geblieben, von den ungezählten großen Philosophen sind uns nur die Werke von zweien ziemlich vollständig erhalten, von der Fülle der Historiker ein halbes Dutzend, von der Malerei fast nichts, von den Gebäuden und Skulpturen klägliche Reste...«[16]

Und doch war fast kaum eine andere Zeit »verderbter« als das christliche Mittelalter. Da das irdische Leben nur als ein Jammertal interpretiert wurde, gab man sich keine Mühe mehr, das hiesige Leben zu verschönern. Die frühmittelalterlichen Städte sind Abbild dieser gedrungenen Weltauffassung. Alles ist hier eng und verwinkelt, die Architektur unscheinbar, in düsteren Gassen häuft sich der Unrat. Da im Leben fast alles als sündhaft galt, und man stets Gefahr lief, das Ewige zu verscherzen, so schien es am sichersten, gleich das ganze Leben der Buße zu weihen.

»Um das Leben recht hassenswert erscheinen zu lassen, wurde auf das Düstere, das Häßliche, das Qualvolle, das Unreine im Leben die größte Betonung gelegt.«[17]

Ein typischer Buchtitel aus dem 12. Jahrhundert lautet: »Über die Verachtung der Welt oder vom Elende des menschlichen Zustands«.[18] Ist es bei einer solchen Lebenseinstellung ein Wun-

Amor und Psyche
Antonio Canova, 18./19. Jh.

der, daß es im ersten nachchristlichen Jahrtausend kaum nennenswerte künstlerische Erzeugnisse gab, abgesehen vielleicht von der byzantinischen Baukunst, in der sich antiker, christlicher und orientalischer Geist in einer Synthese vereinigten?

»Das wofür sich ein Mensch hält, hat mindestens ebensoviel Einfluß auf sein Tun und Lassen, als das, was er ist«[19]: Wenn sich der Mensch von der Erbsünde befleckt empfindet, muß er sich schämen für die Leidenschaften, die seinen Leib durchzucken. So gibt es in dieser Zeit – im krassen Unterschied zur lebensfrohen Renaissance – auch kaum nennenswerte Liebesgeschichten. Der im zweiten nachchristlichen Jahrhundert geborene römische Dichter Apuleius schrieb sein Märchen von »Amor und Psyche«[20] im Geiste der Antike. Es dokumentiert noch ein heidnisches Empfinden, das von den Christen später ebenso abgelehnt wird wie die alttestamentliche Glorifizierung der sinnlichen Liebe im »Hohelied Salomos«.

»Amor und Psyche« ist eine Variation des »Semele«-Motivs. In diesem Märchen ist allerdings nicht die Ehefrau die eifersüchtige, sondern die Mutter. Amor, der Sohn der Liebesgöttin Aphrodites, verliebt sich in das wunderschöne Mädchen Psyche. Diese Leidenschaft muß er seiner Mutter verheimlichen. Als sie trotzdem davon erfährt, nimmt sie Rache an der Geliebten ihres Sohnes, denn sie kann es nicht dulden, daß er neben ihr noch eine andere Frau schön empfindet. Hier kündigt sich bereits das »Dornröschen«-Thema an. »Spieglein, Spieglein an der Wand, wer ist die Schönste im ganzen Land?« fragt die böse Königin. Bei Apuleius erscheint die Liebesgöttin erfüllt von Minderwertigkeitskomplexen. Dokumentiert sich hier bereits eine Abwertung antiker Götter – inspiriert von der christlichen Gegenbewegung?

Im Unterschied zur Semele-Tragödie hat das Märchen von »Amor und Psyche« aber ein Happy-End: Am Ende darf Amor seine Geliebte heiraten, nachdem seine Braut die ihr von Aphrodite auferlegten Prüfungen bestanden hat. Hier ist noch keine Rede von einer Abwertung der erotischen Leidenschaft, ebensowenig wie im »Hohelied Salomos«, wo die körperliche Schönheit in poetischen Bildern ausgemalt wird.

Diese antiken Muster werden vom Mittelalter abgelehnt. Da aber der Mensch sich vom Eros nicht so einfach loszureissen vermag, wirkten die Triebe im Hintergrund und suchten nach anderen Ventilen, zum Beispiel in den grauenhaften Exzessen der Kreuzzüge bis hin zur Bartholomäusnacht...

Mit dem Rittertum entdeckt der mittelalterliche Mensch seine Würde wieder. Eine erste kulturelle Neubesinnung entwickelte sich langsam im südlichen Frankreich. Noch ehe Italien die Führung übernahm, war Frankreich im elften und zwölften Jahrhundert das tonangebende Land Europas. Besonders die provenzalischen Ritter verstanden sich nicht nur als abenteuersüchtige

Damenmode des Mittelalters

Haudegen, sondern ihr ganzer Stolz bestand darin, die Sitten immer weiter zu verfeinern. Angestiftet zu diesem wachsenden Bedürfnis nach einer Kultivierung aller Lebensbereiche wurden sie durch den Einfluß der hochentwickelten maurischen Höfe in Spanien. Heute können wir uns kaum noch vorstellen, daß der Anstoß für die neuzeitliche Entwicklung des Abendlandes von den Muslimen ausging. Sie entdeckten Platon und besonders Aristoteles wieder neu. Plötzlich tauchten Schriften auf, die lange Zeit für verschollen galten.

»Die Provenzalen standen den Mauren am nächsten. Es war ein fruchtbares lachendes Land mit reichen, kleinen städtischen Republiken, kleinen Fürstentümern und Fürstenhöfen, jeder ein Sitz der Gastlichkeit, des Glanzes, der Poesie und der Freude. Hier zuerst gewannen die Frauen, welche die mönchische An-schauung erniedrigt hatte, wieder eine Stellung in der Gesellschaft, und mit ihnen begann sogleich ein feinerer Ton in Verkehr, Geselligkeit und Lust.«[21]

Die ersten Anzeichen für diese Wandlung machten sich in der Garderobe bemerkbar. Hatte man sich früher in graue sackartige Umhänge gehüllt, entdeckt man jetzt die Farben wieder. Die Kleider betonen die körperlichen Formen, fallen in schönen Falten, enden in langen Schleppen. Das Haar wird offen getragen. Schmale Streifen von Gold oder Tuch, bei den Vornehmen auch Perlenschnüre dienen als Schmuck. Eine solche Huldigung des menschlichen Leibes wäre vorher als Gotteslästerung gebrandmarkt worden. Aber es gab auch eine Gegenbewegung zu diesem

Troubadour im 12. Jahrhundert

bunten Treiben: Die Albigenser und Waldenser kritisierten die Kirche wegen ihrer laxen Haltung. Es hatte sich längst herumgesprochen, daß die Geistlichen kaum noch eine vorbildliche Haltung einnahmen. Die Politik des Papstes war ebenso machtorientiert, wie die der weltlichen Kaiser.

Sensiblere Menschen erblickten in den Repräsentanten der Kirche nur noch Bürokraten, die sich ihre eigenen Pfründe retten wollten. Da die Sehnsucht nach Reinheit im Menschen unaustilgbar angelegt ist, suchten besonders die provenzalischen Dichter nach neuen Möglichkeiten, dieser Sehnsucht Ausdruck zu verleihen. Der Troubadour erschien auf der Bühne des Lebens, der feingebildete ernste und heitere Sänger. Besonders in den aristokratischen Kreisen entstand eine ganz neue Form von reiner, verklärter Weltlichkeit. Die materielle Unabhängigkeit ermöglichte eine distanzierte Haltung zur Kirche. In den feudalen Kreisen schätzte man die allzumenschlichen Machtansprüche der Geistlichen ohnhin recht nüchtern ein. Besonders in den provenzalischen Fürstenhöfen und Schlössern südfranzösischer Edelleute begann man sich schon recht früh vom Einfluß der Kirche loszueisen. Das ritterliche Leben konzentrierte sich hier in üppigen ausgelassenen Festen. Bei einem dieser Feste wurde 1214 zu Trevigi eine ganze Festung mit Teppichen behängt. Zweihundert auf der Festung befindliche Damen verteidigten sich gegen die von außen anstürmenden Ritter, indem sie sie mit Früchten, Bonbons, Blumen und Parfumfläschchen »beschossen«.[22] Nun wurden auch der ungeistliche Gesang und die Poesie wiederentdeckt. Die ersten Minnesänger traten auf. Das Frauenbild wandelt sich um 180 Grad. Die von der Kirche als verkörperte Erbsünde verunglimpfte Weiblichkeit wird jetzt geradezu vergöttlicht.

»Hold ist die Frau, mit jedem Reiz geschmückt;
Von ihrer Schönheit ist die Welt entzückt;
Sie fühlt sich nur durch treue Lieb´ beglückt:
´Ach Gott, ach Gott, wie kommt der Tag so früh!´«[23]

Der Ritter stellt sich in den Dienst seiner Angebeteten, die für ihn zu einer Art Gottesersatz wird. Ihr gelobt er unbedingte Treue. Für sie ist er zu jeder Liebesprobe bereit: In Turnieren, Redekampfspielen und anderen Wettbewerben beweist er seine Bereitschaft, für sie gegebenenfalls auch zu sterben.

Das Verhältnis zwischen Ritter und Dame entwickelte sich in Analogie zur feudalen Ständeordnung. Wie der Vasall seinem Lehnsherrn gegenüber zu unbedingten Gehorsam verpflichtet war, so unterwarf sich der Ritter freiwillig seiner Angebeteten. Das ging soweit, daß der Ritter im Zweifelsfalle den Dienst an seiner Dame höher gewichtete als den an seinem Lehnsherren, was oft mit seiner Verbannung oder gar seiner Hinrichtung bestraft wurde.

Besonders pikant mutet es an, daß die Troubadoure sich in der Regel Damen aussuchten, die verheiratet und daher unerreichbar waren. Wie wir schon bei Platon gesehen hatten, wird auch in der amour courtois, in der ritterlichen Liebe, die Ehe als eine nur profane Institution abschätzig bewertet. Von einer Liebesheirat war zu dieser Zeit ja noch längst keine Rede. Im Gegenteil war die Ehe jahrtausendelang nur eine von standesgemäßen oder zweckdienlichen Gesichtspunkten bestimmte Einrichtung. Wie schon an Zitaten des Apostel Paulus belegt wurde, sah auch die Kirche in der Ehe zunächst nur ein notwendiges Übel, um die menschliche Sündhaftigkeit wenigstens in kontrollierbare Bahnen zu lenken. Von Liebe zwischen Mann und Frau war bei Paulus keine Rede.

Die eigentliche zwischengeschlechtliche Liebe wurde erst von den Minnesängern entdeckt. Die Troubadoure hielten ihre Geliebten jedoch noch in einem Abstand. Sie wählten sich – wie schon gesagt – Damen aus, die zu erreichen völlig ausweglos war. Diese Unerreichbarkeit verhinderte eine Vulgarisierung der Beziehung durch allzugroße Nähe. Durch die Distanz und durch die zu literarischen Ergüssen inspirierende Ferne der Geliebten, konnte das Verhältnis niemals profan werden. Die Geliebte wurde von den Rittern wie die verleiblichte und personifizierte platonische Idee des Schönen verehrt. Auf die sexuelle Erfüllung wurde verzichtet.

Die platonische Liebe erlebte eine Renaissance – lange bevor die »Renaissance« als neue Epoche in Sicht war. Wie Platon in dem schönen Knaben das Sprungbrett für die Erreichung höherer ideeller Seelenzustände sah, so ließen sich die Troubadoure von ihren Damen zu einem tugendhaften Leben inspirieren. Der Verzicht auf die körperliche Nähe war bei den Minnesängern allerdings viel stärker ausgeprägt als bei Platon. Während der antike Philosoph gegen die leibliche Begattung nichts einzuwenden hatte als die Warnung, in ihr ja nicht mehr als nur die unterste Stufe des Eros zu sehen, stehen die Troubadoure in ihrer geradezu fanatisch wirkenden Angst vor einer leiblichen Nähe noch im Bann der kirchlichen Erbsünden-Lehre. Symbolisch wird dieser Bann durch das Schwert ausgedrückt, das zwischen dem auf einem Bett schlafenden Paar Tristan und Isolde liegt. Auf der Suche nach seiner verlorenen Geliebten irrt Tristan dann später als ein trauriger Ritter durch diese Welt. Nur im Tode kann er seine Sehnsucht stillen.

Hier bezeugt sich einmal mehr, daß im Eros der Trieb zur Unsterblichkeit verborgen liegt. Denn der Tod bedeutet für Tristan nicht das Ende, sondern der Anfang einer überirdischen ewigen Liebe, die sich nur im Himmel erfüllen läßt.

Diese Abwertung des Irdischen bezeugt auch den Einfluß eines uralten manichäischen Dogmas, dem gemäß die Erde die Schöpfung eines bösen Gottes sei, der die Geschöpfe, also auch den Menschen, gefangenhalte. Hier wird unterschieden zwischen dem Teufel, der diese Welt geschaffen hat, und Gott, der im Jenseits wohnend keine Berührung zum Irdischen hat. Gott hat gemäß der manichäischen Lehre die Welt nicht geschaffen. Er steht absolut außerhalb und ist völlig »unbefleckt« von allem Irdischen.

Bei den Troubadours und Minnesängern finden sich Platonismus und Christentum in einer Synthese zusammen. Vom Platonismus kommt das in der Geliebten verkörperte Ideal der Schönheit; vom Christentum der asketische Charakter der Minne und die marienhafte Verklärung des weiblichen Idols. Denn nur die sündige Eva war von den Christen tabuisiert worden, nicht die Gottesmutter Maria. Indem der Troubadour seine Dame von allen irdischen Schlacken befreite, stilisierte er sie zu einem Abbild der Maria. Seine durch sie veranlaßten dichterischen Inspirationen entsprachen dem Ideal »unbefleckter Empfängnis«.

Trotz dieser Bezüge zu christlichen Vorstellungen ist die amour courtois von der Kirche scharf bekämpft worden. Denn nicht alle Ritter waren bereit, ihre Minne in die von der Kirche gewünschten Strukturen einzubetten, sei es, daß sie vielleicht doch die Grenze zum Sexus nicht so hoch und unüberwindlich veranschlagten, wie es dem Ideal entsprach, sei es, daß sie ihre Dame zum Abgott erhöhten – und noch über Gott stellten. Indem der Troubadour nur noch seiner Herrin zu gehorchen bereit war, stellte er sie noch über die Kirche und war im Konfliktfall sogar bereit, um ihretwillen mit der Kirche zu brechen. »Damit war der Weg frei zum Libertinismus des Geistes und zu blasphemischer Parodie. In ´Aucassin et Nicolette´ möchte der Kavalier lieber in die Hölle kommen, allwo die süßen Damen und ritterlichen Herren weilen, als in den von clerici bevölkerten Himmel. Bei Chrestien de Troyes verabschiedet sich Lancelot nach einer Liebesnacht von seiner Geliebten, der Königin Guinevere, mit devotem Kniefall vor ihrem Bett.«[24]

Solche unzüchtigen Tendenzen waren mit der kirchlichen Moral nicht mehr zu vereinbaren. Papst Innocenz III. sagte den Minnesängern den Kampf an und ließ sie rücksichtslos als Ketzer verfolgen. In den Albigenserkriegen wurde die provencalische Kultur vernichtet. Auch in Deutschland wurden die Ritter verfolgt. Nur in Italien, wo die bürgerliche Kultur besonders in den Städten schon sehr weit gediehen war, konnte sich der ritterliche Adel gegenüber den Übergriffen der Kirche behaupten.

So auch in Florenz. Dort wurde zwischen dem 18. Mai und 17. Juni 1265 in einem düsteren alten Haus an der Piazza San Martini ein Junge namens Durante Alighieri geboren, kurz: Dante. Er sollte der größte Dichter Italiens werden. Über sein Leben ist nicht viel bekannt. Von seiner Familie wissen wir mehr. »Zwar in den Verzeichnissen der adeligen Familien kamen die Alighieri nicht vor, aber da Boccacio ihn adelig nennt, muß die Familie dazu gezählt werden. In der Divina Comedia spricht Dante ausdrücklich von seinem adligen Blut.«[25]

Lassen wir die Biographen Ahnenforschung betreiben! Für unser Thema ist es viel interessanter, daß Dante eine Frau aus dem ersten Geschlecht der Stadt, dem der Donati, geheiratet hatte, ohne sie jemals wirklich zu lieben – zumindest nicht in einem enthusiastischen Sinne. Wir wissen auch, daß Dantes Herz Zeit seines Lebens einem anderen Wesen gewidmet war: Der in der späteren Literaturgeschichte zum Archetypus erhobenen Beatrice, der »Beseligenden«, die die Seligkeit (beatitudo) vermittelt...

In seiner Jugenddichtung »La vita nuova« erzählt uns der Dichter von seiner ersten Begegnung mit diesem Mädchen. Der kaum neunjährige Knabe lernt bei einem heiteren Fest die ein Jahr jüngere Beatrice Portinari kennen, die Tochter eines vornehmen Bürgers von Florenz, Nachbar der Alighieris. »In diesem Augenblick begann der Geist des Lebens, der in der geheimsten Kammer des Herzens wohnt, so heftig zu zittern, daß er ihm in

Die früheste Darstellung Durante Alighieris, gen. Dante

den leisesten Pulsen furchtbar erschien.«²⁶ Erst neun Jahre später wird er das Mädchen wiedersehn, diesmal »in das allerweißeste Kleid gehüllt und inmitten zweier edler Frauen von älteren Jahren. Da wandte sie ihre Augen nach der Stelle der Straße, wo er furchtsam und schüchtern stand, und in ihrer unbeschreibbaren Liebenswürdigkeit grüßte sie ihn sittsam, woraufhin er das Endziel aller Seligkeit zu schauen vermeinte.«²⁷ Nachts verfolgt den jungen Dante nur noch ein Traum: Darin zwingt der Gott der Liebe die Angebetete, sein glühendes Herz zu essen, eine Vision, die er in seinen ersten Gedichten immer wieder beschwor.

»Ich sage, daß, wenn sie mir an irgendeiner Stelle erschien, und ich auf ihren wundersamen Gruß hoffen durfte, da blieb mir kein Feind, ja es erfaßte mich eine Flamme der Liebe, die mich allen Menschen zu verzeihen trieb, und wer immer mich da um irgend etwas gebeten hätte, ich hätte nur mit demütigem Antlitz das eine Wort ́Liebe ́ als einzige Antwort gewußt. Und wenn sie eben nahe am Grüßen war, da vernichtete ein Geist der Liebe alle anderen Geister der Empfindung und drängte die matten Geister des Gesichtes vorwärts und sagte zu ihnen: ́Gehet und ehret eure Herrin! ́ und er selbst verblieb an ihrer Stelle. Und wer da hätte die Liebe sehen wollen, der hätte es können, wenn er auf das Zittern meiner Augen geachtet hätte.«²⁸

Wie ist es möglich, daß ein Mensch eine solche Wirkung ausüben kann, und dazu noch ein nicht einmal besonders gebildetes Mädchen, eine junge Frau, die Dante nur ab und zu mal auf der Straße traf? Im neunten Sonett seiner »Vita Nuova« stellt der Dichter seine Gefühle in Frage. Zweifel über die eigene seelische Verfassung kommen auf.

»Schon oftmals ist mir in den Sinn gekommen,
Wie dunkel Amor mein Gemüt gemacht,
Und Mitleid faßt mich, so daß ich beklommen
Mich frage: hat er jedem dies gebracht?
Denn oftmals überfällt er mich mit Macht,

Réné Descartes

Daß fast der ganze Odem mir benommen –
Ein Geist nur, der von Euch mir redet sacht,
Ist in dem tödlich wilden Sturm entkommen.«[29]

Diese Analyse der eigenen psychischen Befindlichkeit ist ein Novum in der mittelalterlichen Literatur. Schon einige Jahrhunderte bevor Descartes mit seinem Slogan »Ich denke, also bin ich!« die neuzeitliche Subjektivität begründet, gewährt uns Dante einen Einblick in die innere Welt seiner Seele – wie sie für das Mittelalter untypisch ist.

Ob sie seine Liebe erwiderte, ist kaum anzunehmen. Vielleicht hegte sie gar ein wenig Mitleid mit dem schüchternen jungen Mann, der sie immer wieder mit seinen großen Augen verfolgte, aber niemals gewagt hätte, von sich aus einen Schritt auf sie zuzugehen. Größer ist allerdings die Wahrscheinlichkeit, daß sie überhaupt nicht wußte, welche Stellung sie im Herzen des Dichters einnahm. Als Dante sie bei einem Empfang zufällig im Kreise ihrer Freundinnen traf und vor Scham hochrot anlief, soll sie ihren tolpatschigen Verehrer sogar ausgelacht haben.

»Ihr lachtet, Herrin, und die Euch geleitet,
Ob meiner Minne, wißt nicht, wie´s geschehen,
Daß ich so verwandelt anzusehen,
Wenn ich Euch sehe, wie so schön Ihr seid.«[30]

Diesen durch die Angebetete erfahrenen Spott kann der Dichter nur schwer verwinden. Wie ist es zu erklären, daß sich das göttlichste und moralischste Wesen der Welt zu solcher derber Häme hinreissen läßt? Doch nicht einmal dieses Anzeichen ihrer allzumenschlichen Biestigkeit kann den Dichter in dem Glauben an sein hohes Bild erschüttern. Obwohl die über alle menschlichen Schwächen erhobene Beatrice eigentlich auch allwissend sein müßte, entschuldigt Dante ihre Schadenfreude über sein ungeschicktes Verhalten mit ihrem Unwissen über die geistliche Höhe seiner seelischen Verfassung. Hätte sie um den Adel seiner Empfindungen gewußt, redet sich der gekränkte Verehrer ein, dann wäre sie seiner Leidenschaft mit »Erbarmen« begegnet.

Mit einer Erwiderung seiner Leidenschaft rechnete Dante niemals. Es hätte ihn vermutlich eher irritiert, von seiner »Herrin« wiedergeliebt zu werden. Außerdem wäre es auch nicht besonders christlich gewesen, auf die Gegenliebe zu hoffen. »Was ist euer Verdienst, wenn ihr die liebt, die euch lieben?« (Mt. 5.46) Solange Beatrice nur eine Idealgestalt war, konnte sie seine blühende Phantasie schrankenlos befruchten. Eine allzugroße Nähe hätte die Gefühle ernüchtert. Beatrice wäre mit Sicherheit niemals zur literarischen Chiffre erhöht worden, hätte Dante auch nur ein Jahr lang mit ihr zusammenleben müssen, um zu erkennen, daß sie nur ein einfaches, gewöhnliches Mädchen war. Das ist der Grund, weswegen die Dichter so wenig Liebeshuldigungen an die eigenen Ehefrauen geschrieben haben. Dort wo der pragmatische Alltag herrscht, ist kein Platz mehr für Idealisierungen. In Beatrice konnte Dante dagegen das gesamte Universum hineinprojizieren, weil er sie immer in Distanz hielt. Dante-Biograph Karl Federn konstatiert: »Wie wenig Lieder haben wir von unseren Lyrikern zur Feier der eigenen Gattin, wieviel zum Preise anderer Frauen, mit denen sie ein Liebesverhältnis hatten oder um die sie sich wenigstens bemühten.«[31]

Der Tübinger Philosoph Ernst Bloch hatte die Ernüchterung des Liebesphantasmas mit einem poetischen Bild verdeutlicht:

»Die leuchtende Wolke legt sich beim Näherkommen als grauer Nebel um uns her; das Fernblau der Berge verschwindet an Ort und Stelle ganz.«[32]

Vor den Enttäuschungen späterer Dichter in seiner Nachfolge wurde Dante noch bewahrt: E.T.A. Hoffmann glaubte – wie der italienische Dichter einige Jahrhunderte vorher – eine »Prinzessin« zu lieben. Anders als Dante ließ er sich auf eine Beziehung ein – und siehe da – er fand sich in den Armen eines »banalen Weibes« wieder, das nichts weiteres im Sinn hatte, als sich über »zerbrochene Suppenschüsseln« aufzuregen. Welch eine Tragödie verfehlter Leidenschaft!

Der Musiker Hector Berlioz war in eine junge englische Schauspielerin verliebt. Zunächst lehnte sie seine Werbung ab. Je

E.T.A. Hoffmann

Hector Berlioz

mehr sie ihn abwies, desto mehr trug ihre Unnahbarkeit dazu bei, seine Phantasie zu nähren. Dabei ließ sie ihn allerdings niemals völlig »abblitzen«, sondern wußte immer wieder raffiniert das Feuer zu schüren. Als es dem berühmten Musiker dann einige Jahre schließlich doch noch gelang, die Schöne zu gewinnen, da brach seine phantastische Liebe in sich zusammen. Die Biederkeit ihres Wesens offenbarte allzu krass die Diskrepanz zu seiner Idealisierung.[33]

Auch Goethe beschreibt im »Faust« den getäuschten Anbeter einer schönen Gestalt:

»Was bewundre ich zumeist? Ist es zierlicher Gang? Etwa des Haupts Lockenhaar um die blendende Stirn? Etwa der Wänglein Paar, wie die Pfirsiche rot und eben auch so weichwollig beflaumt? Gern biss´ ich hinein, doch ich schaudre davor. Denn in ähnlichem Fall, da erfüllte der Mund sich – gräßlich zu sagen! - mit Asche.«[34]

Diese Erlebnisse frustrierter Projektionen bezeichnete Bloch als »Katastrophe an der Fata Morgana«. Dante war dagegen noch von der seligen Naivität des unerschütterlichen Glaubens an die Identität von Ideal und realer Person erfüllt. Vielleicht ahnte er aber bereits die Möglichkeit der Enttäuschung, andernfalls hätte er vielleicht doch einen näheren Kontakt zu seiner Auserwählten gesucht.

Viele Interpreten waren offenbar weniger »naiv« als Dante. Sie konnten sich nicht damit abfinden, daß sich der größte italienische Dichter aller Zeiten von einem einfachen Mädchen hatte zum Narren halten lassen. Darum suchten sie nach »tieferen« Deutungen. War die Figur der »Beatrice« nicht vielleicht als eine Allegorie interpretierbar? Carl Stange[35] zum Beispiel bestreitet rundweg die reale Existenz der Beatrice. Der Name alleine schon sei nur die Bedeutung einer bestimmten Eigenschaft, der Glückseligkeit. Demgegenüber kann eingewendet werden, daß »Beatrice« durchaus ein in Italien sehr gebräuchlicher Vorname war und noch heute ist. Von der Existenz der Beatrice Portinari wüßten wir nur über Boccaccio, der hundert Jahre nach der (angeblichen) Geburt der Geliebten in Florenz einen Vortrag über Dante gehalten und darin hervorhob, daß es glaubwürdige Zeugen für die Existenz der Beatrice gegeben haben soll. Diese eine Zeugenaussage überzeugte nicht die Interpreten, die Dante als eine Art überirdischen Heros in Szene setzen wollten.

Der Dichter hatte in seinem »Gastmahl« selbst Regeln aufgestellt, wie man literarische Erzeugnisse (also auch seine eigenen) verstehen sollte: Zunächst müsse man die Darstellung buchstäblich nehmen; »alsdann aber nach der allegorischen Bedeutung forschen; ferner nach dem moralischen Sinne; endlich müsse man sich nach dem anagogischen, d.h. dem übersinnlichen Sinne umsehen (wenn z.B. der Prophet sagt; durch den Auszug aus Ägypten sei Israel heilig und frei geworden, so sei die buchstäbliche Deutung vollkommen wahr; der anagogische Sinn indessen sei dieser: Die Seele wird heilig und frei, wenn sie die Sünde ausgezogen hat.)«[36]

Von dieser Textstelle ausgehend fühlten sich viele Interpreten legitimiert, nach allegorischen Deutungen der Beatrice-Gestalt zu suchen. Die Ergebnisse wirken abstrus: So sahen die einen in Beatrice die Personifikation der Kirche, andere haben sie als »römisches Kaisertum« verstanden, wieder andere erkannten sie als »aktive Intelligenz«. Über diese Auslegungen ist viel gespottet worden. Wie hätte auch der neunjährige Dante dem »achtjährigen Kaisertum« (= Beatrice) begegnen können? Wie kann man den Kirchgang Beatrices verstehen? Wäre Beatrice nur eine Allegorie für »Kirche«, dann käme es zu der unsinnigen Interpretation, daß »die Kirche« (= Beatrice) in die Kirche geht. Ebenso absurd erscheint die Deutung, daß die »aktive Intelligenz« (= Beatrice) am 9. Juni 1290 gestorben ist. Fazit: Vieles mag in den Schriften Dantes allegorisch ausgelegt werden können, die Gestalt der Beatrice mit Sicherheit nicht. Sie war ein Mensch aus Fleisch und Blut. Als solche diente sie dem Dichter als Vorlage für sein Bild einer göttlichen Geliebten.

Diese Idealisierung gab Dante auch dann nicht auf, als Beatrice 1287 einen vornehmen Florentiner, Simon di Bardi, heiratete. In seiner »Vita Nuova« wird diese Heirat mit keinem Wort erwähnt. Und auch als Beatrice in der »Göttlichen Komödie« wieder auftaucht, spricht sie nicht über den Mann, mit dem sie auf Erden verheiratet war, sondern widmet sich hier voll und ganz dem einst verschmähten Geliebten. Dante hatte seine Gründe, die banalen äußeren Verhältnisse (Ehe usw.) in seinen der Ewigkeit gewidmeten Dichtungen zu verschweigen, trotzdem sehen einige Interpreten darin ein Indiz dafür, daß Beatrice keine Frau aus Fleisch und Blut gewesen sein könne.[37] Diese Argumentation überzeugt kaum, denn welchen Grund hätte Dante gehabt, uns in seiner »Vita Nuova« über die für ihn peinlichen erotischen Versuchungen zu informieren, die ihn nach dem Tod Beatrices heimsuchten, --- wenn Beatrice keine Frau aus Fleisch und Blut gewesen und nicht tatsächlich gestorben war? Welchen symbolischen Sinn hätte seine Trauer über den Tod eines Mädchens

Dante Alighieri, Federzeichnung von Raffael

gehabt, die real niemals existiert haben soll und daher auch niemals gestorben sein kann?

Als die Göttliche – kaum vierundzwanzig Jahre alt – stirbt – darüber berichtet Dante in seiner »Vita Nuova«, kann der Dichter die Ausschließlichkeit seiner Gefühle nicht mehr aufrechterhalten. Das Ideal – »aller Realität entkleidet, verlor nach einiger Zeit seine reinigende Kraft«[38], und der große Dante verfiel »jenen unreinen Mächten«, vor deren Berührung es ihn bewahrt hatte, solange sie noch lebte. Eine Dame nimmt sich des Trauernden an. Sie zeigt ihm ihre Anteilnahme und ein zärtliches Mitgefühl, das er sich von Beatrice vergeblich ersehnt hatte.

»Und wahrlich, manches Mal, wenn ich nicht weinen konnte, noch meiner Trübsal Luft machen, ging ich hin, jene mitleidige Fraue zu schauen, die, wie mich dünkte, die Tränen aus meinem Auge hervorlockte mit ihrem Blick. Und darum kam mir das Verlangen, noch ein Gedicht zu machen und an sie zu richten. Und ich dichtete dies Sonett, welches anhebt: ´Der Strahl der Minne´.«[39]

Wir wissen nicht, wie sich dieser »Strahl der Minne« zwischen Dante und der mitleidigen Dame entwickelt hatte. Allein schon die Tatsache, daß sich der Dichter von seiner Konzentration auf die selige Beatrice vorübergehend ablenken ließ, erzeugte bei ihm bereits ein schlechtes Gewissen. »Ich kam so weit durch den Anblick dieser Fraue, daß meine Augen anfingen, allzuviel Wohlgefallen daran zu finden, darum ich mich manches Mal bekümmerte in meinem Herzen und mir um deswillen gar niedrig gesinnt dünkte.«[40] In einem Traum erscheint noch einmal Beatrice, »die Verklärte in einem Gewand aus blutroter Farbe«[41] und der Dichter verspricht, sich künftig nicht mehr ablenken zu lassen von seiner platonischen Liebe. Schon einmal hatte Beatrice – noch zu Lebzeiten – ihm den Gruß verweigert, wohl weil sie spürte, daß Dantes Blicke zuweilen auch von anderen Frauen angezogen wurden. Daß sie nicht nur »angezogen« wurden, sondern sich der Dichter auch tiefer in die Sünde verstrickt haben muß, bezeugt Beatrices »Strafrede« in der »Göttlichen Komödie«. Noch bei ihrer rein ideellen, nur literarischen »Wiederbegegnung« im »Paradies« der »Göttlichen Komödie« macht die Selige dem Pilger Vorwürfe wegen seiner Treulosigkeit nach ihrem Hinscheiden aus dem Leben der Sterblichen.

> »Kaum daß ich (Beatrice) aus der Jugendzeit
> hinüber und in das andere Leben trat,
> verließ er (Dante) mich und gab sich
> anderen (Frauen) zu Diensten.
> Vom Fleisch zum Geiste
> war ich (Beatrice) aufgestiegen,
> an Schönheit und an Lebenskraft gewachsen,
> doch ihm jetzt minder lieb und weniger wert.
> Auf trügerische Wege kam er da,
> ging falschen Bildern eines nie erfüllten,
> zur Lockung nur versprochenen Glückes nach.
> Und fiel so tief, daß alle Warnungen
> zu seiner Rettung unzulänglich waren...«[42]

Mit diesem »tiefen Fall« ist sicherlich nicht die Dantes Heirat im Jahre 1292 gemeint, sondern andere leidenschaftliche Eskapaden, die er in den Dichtungen nur andeutend beschreibt. Seine Gattin Gemma di Manetto war eine sehr tugendhafte Frau. Diese Verbindung soll von Dantes Verwandten vermittelt worden sein, weil sie um das Leben des durch die Trauer noch schwermütiger gewordenen Dichters fürchteten. Wir wissen fast nichts über diese Ehe, außer daß in ihr einige Kinder gezeugt wurden. Dante hat seine Frau in seinen Schriften niemals erwähnt. Nur den Biographen »erschien der plötzliche Übergang aus der idealen platonischen Liebe zur Prosa der Ehe als ein unerklärbarer Widerspruch.«[43] Trotzdem soll Dante seine Frau »sehr geliebt« haben, denn »der reiche Segen von fünf Kindern innerhalb einer Frist von zehn Jahren macht eine vorgegebene unglückliche Ehe nicht gerade wahrscheinlich.«[44] Ob man Kinderreichtum und

Eheglück gleichbedeutend setzen kann, mögen andere entscheiden. Der »geschwätzige Verfasser« des »Decameron«, Bocaccio, soll Dantes Gemahlin Gemma als eine Xantippe bezeichnet haben.[45] So unterschiedlich sind die Meinungen!

Unsere Darstellung der Troubadoure hatte bereits gezeigt, daß die Ehe keine Konkurrenz darstellt zur Beziehung des Minnesängers mit seinem geliebten Idol. So war es auch bei Dante. In seiner berühmten »Göttlichen Komödie« wird Beatrice zur Seelenführerin im himmlischen Paradies. Wie schon in seiner Jugenddichtung »Vita Nuova« bekennt sich Dante auch hier wieder zu seiner Subjektivität und schildert die Erlebnisse aus der Perspektive eines Ich-Erzählers. Das gesamte Werk behandelt die Erlebnisse eines Pilgers auf dem Weg durch die Hölle, über das Fegefeuer ins Paradies. Beatrice erscheint hier als eine Emanation des Himmels, als heilige Jungfrau. In der innersten Reihe der Seligen sitzt Beatrice auf dem vierten Platz neben der Jungfrau Maria, Eva und Rahel. Gegenüber von ihnen sitzen die vier heiligen Männer, unter ihnen Johannes der Täufer und Augustinus. In der Mitte aber hat sich die heilige Dreieinigkeit um Gott ausgebreitet, Engel fliegen leuchtenden Bienen gleich im Elysium herum.

Vom kirchlichen Standpunkt aus muß es als vermessen, ja gotteslästerlich erschienen sein, daß Dante das »Mädchen von nebenan« in einer so überzogenen Weise erhöhte. Ganz besonders frech muß das Bild von dem Himmelswagen erschienen sein: Auf dem Wagen, der die Kirche Christi darstellt, steht verschleiert in königlicher Haltung --- Beatrice.

An dieser Stelle wird deutlich, daß der Streit zwischen wörtlicher und allegorischer Interpretation mit einem Vergleich zwischen den beiden extremen Meinungen zu lösen ist. Beatrice ist sowohl die reale Tochter der ehrwürige Partinari-Familie. Sie ist aber auch das von Dante verklärte Idol. Als solches wird sie noch über die Jungfrau Maria erhoben. Sie ist die Verkörperung der von den Gnostikern in weiblicher Form dargestellten Weisheit, die Sophia.

»Beatrice, die Selige und Beseligende, ist der Name der himmlischen Sophia und der Geistkirche, der ecclesia spiritualis. Sie ist die Gegnerin der ecclesia carnalis, der irdisch-fleischlichen Kirche, die Dante als Dirne schildert, mit der Philipp IV. von Frankreich als wilder Gigant buhlt. Beatrice als Geistkirche, als kosmische Sternenjungfrau und göttliche Sophia verleiht Dante die Würde des Eingeweihten.«[46]

Die ideale Geliebte wird bei Dante zur Chiffre für seine Opposition gegen die real-existierende Kirche, die von materieller Habgier durchsetzt kein Vorbild mehr sein konnte. Dante träumte von einer völligen Erneuerung der alten Kirche und ihrer Wiedergeburt als »Geistkirche« im »kommenden Zeitalter des Heiligen Geistes«.[47] Diese Gedanken wurden später von dem russischen Religionsphilosophen Wladimir Solowjew[48] wieder aufgegriffen. Nach Arthur Schult war Dante ein Anhänger der Tempelritter, die zwischen Orient und Okzident vermitteln wollten. Einer ihrer Begründer war der große Mystiker und Kir

Bernard von Clairvaux

chenlehrer Bernhard von Clairvaux, der 1128 dem Bund der Tempelritter seine Ordensregeln gab. Seit 1139 unterstand der Orden nicht mehr der Jurisdiktion der Bischöfe, sondern unmittelbar dem päpstlichen Stuhl. Für die Tempelritter waren die Gottesdienste der normalen Kirchen nur äußerliche, exoterische Inszenierungen für die »einfachen Leute«. Scharf kritisierten sie die »Vergötzung« der historischen Jesusgestalt. Für sie war Jesus nur ein Gefäß für den Christus-Geist, der den Nazarener zeitweise erleuchtet haben soll. Während der normale Gläubige sich nur in Demut beugen kann, suchten die Tempelritter nach einer eigenen Erkenntnis des Höchsten. Während die Scholastik ihr Wirken auf die Aus-deutung der Bibel beschränkte, gehörten die Tempelritter zur Tradition der Gnosis, die mit einer eigenständigen mystischen Erkenntnis zu den höchsten Sphären vordringen wollte. Zu ihnen gehörten auch viele Troubadoure, die in der geistigen Vereinigung mit der jeweiligen »Herrin« sich selber auf eine höhere Stufe transponierten: Für sie hatte das Göttliche eine androgyne, mann-weibliche Struktur. Der Minnesang diente dem Ritter dazu, in der Anbetung des weiblichen Prinzip eine innere Ganzheit zu entwickeln. So ist auch für Dante Beatrice nur ein anderer Name für Sophia, für die unsterbliche Seele, mit der sich der Tempelritter auf einer rein geistigen Ebene zu vereinigen sucht.[49]

Weiß und Rot waren die Farben der Tempelritter. Diese Farben stehen für die Gegensätze von Mond und Sonne, Frau und Mann, Seele und Geist, Mensch und Gott. Auch in Dantes Dich-

Mirandola

tungen sind Weiß und Rot die Farben Beatrices. Das Symbol der Tempelritter (Kreuz und Adler) taucht in der »Göttlichen Komödie« dreißigmal auf. Das kann kein Zufall sein. »Wo Weiß und Rot, Mond und Sonne, Frau und Mann, Seele und Geist, Weisheit und Liebe sich durchdringen, wird der mann-weibliche Eros zur Einbruchsstelle des Gottesgeistes im Menschen.«[50] Knapp zweihundert Jahre bevor der Philosoph Giovanni Pico della Mirandola die Erhöhung der Geistnatur des Menschen als seine besondere »Würde« hervorhob[51], propagiert Dante in seiner »Göttlichen Komödie« den Eingeweihten als den wahrhaft freien Menschen, der nicht einmal mehr den Papst als eine Institution über sich anerkennt.

> »Erwarte Lehre nicht, noch Wink von mir,
> Denn frei, gesund und aufrecht sei dein Wille,
> Und Irrtum wär es, jetzt ihn noch zu zügeln.
> Du sei dein eigener Kaiser und dein Papst!«[52]

Mit diesen Worten kündet sich in Dantes »Göttlicher Komödie« die Aufgeklärtheit einer mündig gewordenen Vernunft an. Während aber die Vernunft der Aufklärung sich damit begnügt, nur noch die irdischen Dinge zu ordnen, sucht Dante nach einer metaphysischen Erkenntnis, die ihn vom Makel der Sterblichkeit erlösen soll. In Beatrice erscheint ihm die unsterbliche Sophia. Seine Hingabe zu dieser »göttlichen Geliebten« dient letztlich einer geistigen Befreiung, die zugleich eine Erhöhung und Verschmelzung des menschlichen Geistes mit der Welt der reinen Urbilder und platonischen Ideen bedeutet.

Es hat sich also gezeigt, daß Dantes Liebe zu Beatrice die platonische Philosophie wieder zum Leben erweckt. Beatrice ist die unsterbliche Semele, die als Fixstern am Himmel den sterblichen Wesen einen Weg zu ihrer verlorenen himmlischen Heimat weist.

Von dieser idealen Liebe ist die Wirklichkeit des späten Mittelalters und der beginnenden Renaissance allerdings weit entfernt. Nachdem die Ideale der Troubadoure und Ritter durch die Kirche zerstört worden waren, wurde die »Liebe« zwischen Mann und Frau wieder »sachlich« oder vielmehr sachdienlich. An den europäischen Höfen des 15. und 16. Jahrhunderts spielt sich »Liebe« nur noch hinter den Kulissen unverhohlener Intrigen ab. In Heinrich VIII. werden wir das Zerrbild eines Minnesängers kennenlernen...

Anmerkungen zum dritten Kapitel

1 Platon R 459e
2 ebd. R 460c
3 ebd. R 457c
4 Huxley, Schöne neue Welt a.a.O.
5 Kelsen, Lagerborg a.a.O.
6 Platon Ch 176cd (frei übersetzt)
7 Thomas Mann 391f
8 ebd.
9 Juvenal 63
10 Ebd. 64f
11 Schubart 198
12 ebd. 201
13 Kuhn 74
14 Augustin zit. n. Kuhn 86
15 Federn 9
16 e bd. 3
17 ebd. 10
18 Papst Innocenz III. zit. n. Federn
19 Federn 14
20 Apuleius a.a.O.
21 Federn 76
22 ebd. 78

23 Unbekannter Minnesänger zit. n. Federn 80

24 Kuhn 102

25 Federn 148

26 Dante zit. n. Federn 156

27 ebd.

28 ebd. 157

29 ebd. 159

30 Dantes Neues Leben, 24ff

31 Federn 165

32 Bloch, PH II, 207

33 Graefe 242f

34 Goethe Faust 9152ff

35 Stange 27ff

36 Dante zit. n. Floto 117f

37 Stange 30ff

38 Wegele 86

39 Dantes Neues Leben 58

40 ebd. 59f.

41 ebd. 62

42 Dante GK 280

43 Wegele 87

44 Wegele ebd. 88

45 ebd.

46 Schult 25f.

47 ebd. 723

48 Stepun 51ff

49 vgl. hierzu Leisegang a.a.O.

50 ebd.

51 Otto, Stephan 344ff

52 Dante, GK, Purgatio, 27. Gesang, 139-142, übers.
   v. Karl Vossler

Anne Boleyns tragisches Schicksal
Die keusche Geliebte des Königs Heinrich VIII.

»Heinrichs Treue gegen seine Instinkte ist in der Tat die einzige Treue, derer man ihn anklagen kann.« Francis Hackett

London. Ein warmer Maitag im Jahre 1536. Draußen zwitschern Vögel. Durch die Ritzen der verschlossenen Fensterläden dringt ein wenig Licht. Von den farbigen Wandbehängen und den mächtigen geschnitzten Truhen sind nur Umrisse zu erkennen. Auf einer Liegestatt erstreckt sich in voller Kleidung eine Gestalt, offenbar eine Frau. Wir befinden uns in einem der Gemächer im Haus des königlichen Towerkommandanten.

Die Flügeltür öffnet sich. Eine Bedienstete – vom Gericht als Beobachterin ausgewählt – kommt herein und öffnet die vergitterten Fenster. Grelles Sonnenlicht fällt auf die liegende Gestalt, die sich jetzt auf dem Bett bewegt und sich langsam erhebt. Ihre zerzausten Haare fallen wirr ins blasse Gesicht.

»Madam, es ist Zeit zu frühstücken!« sagt die Kammerfrau in einem für eine Dienerin nicht gerade geziemenden barschen Ton. Sie stellt ein Tablett auf einen Tisch.

»Der Erzbischof hat sich für 10.00 Uhr zu einem Besuch angemeldet. Das ist in genau einer Stunde.« Die Kammerfrau wendet sich der auf der Bettkante sitzenden Frau zu und blickt sie mit kalter Neugier an.

»Habt Ihr gut geträumt? Vielleicht von einem französischen Prinzen? Überhaupt nützt es Euch gar nichts mehr, die Unschuldige zu spielen. Ihr solltet im eigenen Interesse die schrecklichen Untaten gestehen, die Euch vorgeworfen werden. Ich habe gehört, daß Euch ohnehin kein Ausweg mehr bleibt: Wenn Ihr gesteht, wird es Euch nur den Kopf kosten, wenn nicht, dann erwartet Euch der Feuertod.«

»Laß mich in Ruhe!« stößt die Angeredete aus gepreßten Lippen hervor. »Du hast kein Recht, in diesem Tonfall mit mir, der Königin, zu sprechen.«

»Königin? Anne Boleyn, die stolze Königin an der Seite Seiner Majestät, Heinrich des Achten: Das war wohl ein schöner Traum, nicht wahr? Oder vielleicht besser nur eine Maskerade! Heute seid Ihr eine Gefangene seiner Majestät! Wißt Ihr nicht, wie man darüber draußen auf der Straße denkt? Man sagt, Ihr seid eine von den deutschen Protestanten bezahlte Spionin, die unser englisches Königreich von jedem treuen Glauben abbringen sollte. So redet man über Euch, und da wagt Ihr es, Euch immer noch Königin zu nennen.«

»Ich verbitte mir diesen respektlosen Ton!« Anne Boleyn versucht sich zu erheben, um ihren Worten mehr Gewicht zu verleihen. Doch entkräftet sinkt sie wieder in sich zusammen. »Du weißt genau, daß das alles erlogen ist.«

»Erlogen? War es von Euch nicht grausam, die einstige und echte Königin Katharina vom Thron gestoßen zu haben? Mit der Raffinesse einer Geliebten habt Ihr unseren König in Euren Bann gezogen...«

»Ich war niemals seine Geliebte!« unterbricht Anne erregt mit murmelnder Stimme. »Das kann der König selbst bezeugen...«

»Wenn es doch nur so wäre!« erwidert die Zofe mit einem triumphierenden Lächeln. »Wißt Ihr nicht, daß Heinrich inzwischen höchstpersönlich hat verlautbaren lassen, daß er von Euch verhext wurde, so sehr, daß er sogar gegen seinen Willen mit dem Papst gebrochen hat? Das war das höchste Maß an Gotteslästerung. Alleine dafür verdient Ihr nicht nur den Scheiterhaufen, sondern auch Folter und Vierteilung.«

»Wie verblendet du doch bist. Geh mir aus den Augen! Ich ertrag es nicht länger.« Anne Boleyn starrt nur noch auf den Boden und ist nicht mehr ansprechbar.

»So, so, Ihr ertragt es nicht, welches Leid Ihr unserem König und unserem englischen Königreich zugefügt habt! Wer könnte das auch ertragen, habt Ihr doch England fast in einen Krieg mit dem Kaiser hineingezogen...«

Die vermeintliche Bedienstete hebt eine Brosche vom Boden auf und legt sie auf eine Truhe. Wortlos verläßt sie den Raum nicht ohne eine inneres Gefühl der Genugtuung. Heute hat sie ihre Aufgabe zur vollen Befriedigung der Oberen erfüllt. Jeden Respekt gegenüber der einstigen Königin habe sie zu unterlassen, so lautet der Befehl. Ja, sie solle sie aushorchen, mürbe machen und anprangern. Auch wenn Anne Boleyn in der Villa des Towerkommandanten gegenüber anderen Gefangenen eine Vorzugsbehandlung erfährt, soll sie von den Bediensteten doch wie eine einfache Gefangene behandelt werden. Denn in ihrem Körper stecke eine gefährliche Hexe, die für Volk und Vaterland eine ernste Bedrohung darstelle.

Eine ganze Weile noch starrt Anne sinnlos vor sich hin auf den braunen Fußboden. Dann hebt sie mühsam ihren Oberkörper, streicht sich die Haare aus dem Gesicht, steht auf, wankt mehr, als daß sie geht, in Richtung Frisiertisch, macht sich ein wenig frisch, betrachtet fassungslos ihr bleiches Gesicht in dem ovalen Spiegel, wendet sich schreckerfüllt von ihrem eigenen Anblick ab, betupft den Hals mit Parfume, legt sich ihre samt-dunkelblau schimmernde Robe de Chambre um, kehrt wieder zurück und setzt sich an den Tisch, auf dem noch immer der Tee steht. Doch ein rechter Appetit will sich nicht einstellen. Anne stippt ein Stückchen Brot in den warmen Tee und legt es wieder zurück auf den Teller. Dann steht sie erneut auf und läßt sich auf das große Bett fallen. Wirr schießen Gedanken durch ihren Kopf, die ihr keine Ruhe geben.

Da taucht vor ihrem geistigen Augen das ovale, in würdevoller Unschuld fast jungfräulich scheinende Gesicht der früheren Königin Katharina von Aragonien auf. Der ebenso sanft, wie trotzig bestimmte Blick wird von Tränen getrübt, die sie selbstbeherrscht zurückhält. Den unverhüllten Vorwurf, der aus Katharinas Augen spricht, kann Anne kaum ertragen. Sie schüttelt den Kopf, um diesen unerbittlichen Blick aus ihrem Innern zu vertreiben, doch es ist und bleibt ein inneres Bild, das sich nicht

verscheuchen läßt und wie ein Zwang auf ihr lastet. Dabei ist Katharina doch schon seit einigen Jahren tot.

Katharina von Aragonien war die erste Frau des englischen Königs Heinrich des Achten. Nach England kam sie aber nicht um Heinrichs willen, sondern weil sie seinem älteren Bruder Arthur, dem Thronfolger Heinrichs des Siebten, versprochen war. Drei Monate lang wurde die erst Fünfzehnjährige in einem Triumpfzug durch ihr Heimatland Spanien geführt, bevor sie es für immer verließ, um den vierzehnjährigen Prinzen Arthur bis zu seinem Tode zu folgen. Wer hätte auch geahnt, daß der Prinz so früh sterben würde? Für die Brautnacht der Jungvermählten war das alte Londoner Schloß »Baynard's Castle« mit großem Pomp hergerichtet worden. Die Hochzeit der spanischen Prinzessin mit dem englischen Prinzen sollte das Bündnis der beiden Nationen bis in alle Ewigkeit besiegeln. Und auch die Mitgift konnte die immer rechnenden Briten überzeugen: 200000 Cudos sollte sie betragen, eine damals selbst für Königreiche kaum aufzubringende Summe. 100000 wurden auf einem Schlag gezahlt. Weitere 50000 sollten sechs Monate nach der Hochzeit folgen. Über den restlichen Betrag von ebenfalls 50000 kam es zu ersten Meinungsverschiedenheiten.

Nach spanischer Auffassung hatte der Schmuck und das Tafelgeschirr, das die Prinzessin mit ihrer Heirat nach England brachte, genau den Wert von 50000. Die Engländer aber gingen davon aus, daß dieser Schmuck erstens viel weniger wert war und zweitens nicht der Mitgift zugezählt werden durfte, weil er zum persönlichen Besitz der Prinzessin gehörte, während die Mitgift für das englische Königreich bestimmt war. Konflikte waren vorprogrammiert. Kaum hatten Prinz und Prinzeßchen ihre Hochzeitsnacht hinter sich gebracht, über deren genauen Verlauf sich später die Juristen beider Nationen vehement streiten sollten, kam es wegen der unterschiedlichen Interpretation der Mitgift zwischen England und Spanien zu einer ersten ernsthaften Verstimmung. Geld und nicht die Liebe reagierten schon damals die Welt.

Kronprinz Arthur

Als dann kaum ein Jahr später der Kronprinz Arthur starb, war die Mitgift noch immer nicht voll bezahlt. Nun aber hatten die Spanier sehr viel weniger Grund, im Streit um die 50000 Cudos einzulenken. Im Gegenteil! Ein Jahr Ehe mit einem englischen Prinzen wären nicht einmal 20000 Cudos wert gewesen. Mindestens aber 100000 Cudos sollten die Engländer an Spanien zurückzahlen, denn der frühe Tod des Prinzen wird als Vertragsbruch gewertet. Katharina war erst sechzehn Jahre alt und schon Witwe. Man will sie bereits wieder zurück nach Spanien schicken, da macht der spanische Botschafter De Puebla den

Heinrich VIII als Kind

Engländern das verlockende Angebot, auf die 100000 Cudos zu verzichten, wenn Katharina mit dem jüngeren Bruder Arthurs, dem viel kräftigeren Heinrich, vermählt werden würde.

Die Rechtsexperten beider Länder geben sich viel Mühe nachzuweisen, daß Katharina auch in die neue Ehe unbefleckt als Jungfrau gehen könne, seien doch Katharina und Arthur »nur der Form nach« vermählt gewesen, »irdisch« aber niemals zu einem Fleisch verschmolzen. Als Zeugin wird die Kammerzofe der Witwe gerufen, die feierlich schwört, daß es gemäß ihrer »intimen Kenntnisse« des Paares niemals zu beischlafähnlichen Handlungen gekommen sein soll. Und da auch alle anderen Bediensteten des Paares – vielleicht gegen gutes Geld – den Schwur auf die Jungfräulichkeit der Infantin zu leisten bereit sind, stehen einer neuerlichen Hochzeit keine Einwände mehr entgegen. Seltsam ist nur, daß kein Arzt die juristische Theorie der Jungfräulichkeit auch praktisch überprüfte.

Katharina wird jedoch mit Heinrich, dem Prinzen von Wales, zunächst nur verlobt. Die Hochzeit soll drei Jahre später stattfinden, weil der erst elfjährige Heinrich noch zu jung erscheint. Die Freude über diese Lösung ist so groß, daß sich nun endlich beide Nationen auch über die Höhe der Mitgift einigen können.

Ende gut, alles gut, könnte man meinen, doch Katharina findet keine Ruhe. Hat sie ihren ersten Mann durch den Tod verloren, wird ihre geplante Hochzeit mit Heinrich bald ernsthaft in Frage gestellt. Als nämlich ihre Mutter, Königin Isabella von Kastilien, in Spanien stirbt und deren Schwester Johanna (später »die Wahnsinnige« genannt) den Thron übernimmt, darf sich die im fernen England lebende Katharina nicht mehr »Prinzessin von Spanien« nennen, sondern nur noch »Tochter Ferdinands von Aragonien«, während Spanien und Kastilien – durch die Heirat der neuen Königin Johanna mit Philipp von Habsburg – an das habsburgische Reich überzugehen scheint.

Diese komplizierten Verwandtschaftsbeziehungen waren damals die rechtliche Grundlage für Macht und Ohnmacht. Katharina hat auf einem Schlag an Standesehre verloren. Sie gilt nur noch als einfaches Edelfräulein, das zwar mit Prinz Heinrich verlobt wurde, doch kaum noch hinreichend würdig erscheint für die ihr eigentlich bestimmte Rolle der englischen Königin. Das bekommt sie bald zu spüren: An die Stelle von Achtung und Aufmerksamkeit, an die sie gewöhnt war, treten Gleichgültigkeit und wachsende Kälte. Die Besucher bleiben aus. Gelder für ihren Unterhalt verspäten sich. Schon muß die Prinzessin ihr Tafelsilber, über das sie eigentlich nicht selbstständig verfügen darf, verkaufen. Da naht der Zeitpunkt der geplanten Hochzeit mit dem Kronprinzen.

Die Engländer tun alles, um diese Hochzeit zu vermeiden. König Heinrich VII. läßt seinen Sohn ein geheimes Dokument unterschreiben, daß er sich an seine Verlobung mit Katharina nicht gebunden fühle, weil sie ihm als Kind aufgezwungen wurde. Die Lage Katharinas wird immer verzweifelter. Zu ihrem Unglück scheint es auch noch so, daß der neue spanische Botschafter Don Gomez de Fuensalida, den absehbaren Konflikt mit England schärft. So läßt er heimlich die schon herbeigeschaffte letzte Rate der Mitgift – insgesamt 50000 Cudos – wieder außer Landes nach Spanien zurückbringen, nachdem ihm seine unge-

Vater Heinrich VII

124

duldigen Fragen über den Zeitpunkt der Hochzeit vom englischen Königshaus negativ beschieden worden waren.

Längst lebt Katharina nicht mehr am englischen Hofe. Völlig isoliert schließt sie sich irgendwo auf dem Lande abseits von London ein und hat schon fast jede Hoffnung auf eine günstige Wendung des Schicksals aufgegeben, da erreicht sie die Nachricht vom Tode des englischen Königs Heinrich VII. Als sie nachträglich erfährt, daß ihr Verlobter in ihrer Abwesenheit zum neuen König Heinrich VIII. gekrönt worden sei, erreicht ihre Verzweiflung den Höhepunkt.

Ihrem Vater Ferdinand von Aragonien gesteht sie in vorwurfsvollen Briefen ihre maßlose Verbitterung und Enttäuschung, auch sei ihr der neue Botschafter Fuensalidas in den Rücken gefallen, indem er die Engländer durch Versagung der versprochenen Mitgift noch mehr erzürnt hätte.

Von den geheimen Windungen der Diplomatie hat die spanische Prinzessin allerdings noch keine Ahnung. Fuensalidas hatte nämlich sehr klug die Mitgift deswegen wieder außer Landes geschafft, weil sie ihren Zweck der Verheiratung des englischen Prinzen mit der spanischen Prinzessin gar nicht erfüllt hätte. Die Nachricht von der schweren Krankheit des englischen Königs bewog ihn, die Auszahlung der Mitgift bis nach dem Tode Heinrich VII. hinauszuzögern.

Seine Kalkulation geht auf. Der Tod Heinrich VII. erzeugt in dem englischen Königreich ein gefährliches Machtvakuum. Niemals hatten die Angehörigen des letzten von der Grafschaft York gestellten Königs, die Herrschaft der von Heinrich VII. und seiner Sippe repräsentierten Tudorfamilie anerkannt. Ein Bürgerkrieg droht. Der neue König Heinrich VIII. ist noch zu unreif, um die Lage zu bewältigen. Im Norden droht Schottland unverhüllt mit Krieg. Im Süden rüstet Frankreich seine Flotte auf. Da kann man sich nicht auch noch Spanien zum Feind machen, indem man Katharina wieder nach Hause schickt. Der spanische Botschafter, dem zwei Jahre lang jede Audienz am englischen

Hofe verweigert worden war, wird nun plötzlich mit großem Pomp empfangen, ja, der englische Kronrat ist sogar bereit, auf die noch ausstehende Mitgift zu verzichten, wenn Katharina nur bald den englischen König heiraten wolle. So kommt es zur Hochzeit zwischen Heinrich VIII. und der spanischen Prinzessin, die sich nun endlich englische Königin nennen darf. Katharina kann aufatmen --- vorerst.

Um den Bund auch dem Volk schmackhaft zu machen, wird über alle säumigen Steuerzahler eine große Amnestie verhängt, die als Wunsch Katharinas ausgegeben wird. Dieser Schachzug macht die neue Königin auf einen Schlag im ganzen Land populär, eine Strategie, die später zum Boomerang wurde. Auch die rebellische York-Sippe muß sich jetzt den gegebenen neuen Tatsachen fügen. Das Königspaar wird überall gefeiert. Friede herrscht im Lande. Sogar die Schotten verzichten auf eine Kriegserklärung. Ehe gut – alles gut...

Zusammen mit seiner jungen Gattin genießt der neue König Heinrich das Leben in vollen Zügen. Er ist ein Sportsman, der es mit fast allen Athleten des Landes aufnimmt, er veranstaltet überschwengliche Feste, disputiert mit den Gelehrten moraltheologische Probleme, fördert den Handel und das Gewerbe, und mit dem von seinem Vater gehorteten königlichen Schatz verfährt er großzügig wie kaum ein anderer Herrscher zuvor.

Heinrichs Mutter Elisabeth von York.
Ihre Vermählung mit Heinrich VII Tudor,
bedeutete das Ende der Rosenkriege

»In ihm«, dem neuen König, so schreibt der Dichter Skelton, »sind die beiden Rosen vereinigt, die rote und die weiße« (so die Bezeichnung für die beiden um die Herrschaft buhlenden Sippen der Yorks und der Tudors), »und Segen entsprießt dem Samen. Pflücke die Blüten, England; vergiß deine alten Leiden. Die Doppelrose, die jeder preist, herrscht über uns – Heinrich, souverän wie niemals vor ihm ein Fürst.« Wenn Dichtung doch nur Wahrheit wäre!

Im Mittelpunkt der Aufmerksamkeit des neuen Königs steht Katharina, jedenfalls laut Propaganda. Alle Bankette, Maskenzüge, Schauspiele würden ihr zu Ehren veranstaltet – heißt es. Sie läßt sich die Diamanten und Edelsteine gefallen, die man ihr huldigend umlegt. Wohin Heinrich geht, sagt Katharina, dahin werde auch ich gehen – eine folgenschwere Aussage, wie sich später zeigen wird ---. Wilde Jäger – in Wahrheit die Leibgarde des Schlosses in frühlingshafter Verkleidung – geleiten Katharina in eine ganz aus Blumen erbaute Laube im Walde. Dort steht ein geschmückter Tisch, auf dem als Robin Hood und Gefolge verkleidete Ritter unter Spiel und Tanz dem König und der Königin ein Waldfrühstück aus frischem Wildbret auftragen. Ein arkadisches Idyll, das nicht enden will.

Aus lauter Übermut beginnt Heinrich einen Krieg gegen Frankreich, der mit seinem kläglichen Rückzug endet. Der königliche Schatz ist aufgebraucht. Nach den fetten Jahren folgen die mageren. Inzwischen hat sich Spanien längst mit Frankreich ausgesöhnt. England scheint isoliert. Heinrichs Berater bringen an den Tag, daß die neue französisch-spanische Allianz auf tönernen Füßen steht. Wenn England sich an die Seite Frankreichs stellen würde, könnte dieses Bündnis bald zerbrechen. So geschieht es. Von einem Tag auf den anderen werden aus den beiden Erzfeinden Freunde. Plötzlich gehört es zum guten Ton, französisch zu sprechen. Heinrichs jüngste Schwester Maria wird mit dem greisen französischen König Ludwig XII. verheiratet. Diese Ehe besiegelt die Kooperation beider Länder und wird von den Spaniern als offener Affront empfunden.

*Heinrichs Schwester Maria,
Königin von Frankreich*

Bestimmt wurde diese Politik weniger von Heinrich selbst, der sich lieber in seinen arkadischen Lustschlössern vergnügt, als von dem englischen Kardinal und Gesandten des Papstes Thomas Wolsey, der schon seit Jahren die Rolle des (noch nicht so bezeichneten) englischen »Premierministers« einnimmt.

Die neue Annäherung an Frankreich bringt die spanische Frau des Königs zunächst noch kaum in Bedrängnis, zu groß ist ihre Popularität im Volke, sogar als Feldherrin ist Katharina einmal aufgetreten, indem sie in Abwesenheit Heinrichs auf eigene Faust eine Armee gegen die rebellischen Schotten siegreich geführt hatte. Nur einen Sohn hat sie Heinrich noch nicht schenken können.

Als sie wieder einmal schwanger ist, schreibt Heinrich – wie es scheint – sein theologisches Vermächtnis, das ganz gegen die Lehren eines gewissen Martin Luthers gerichtet ist, der 1517 in Wittenberg seine aufrührerischen Thesen an die Schloßkirche genagelt hatte. Der Papst selbst lobt dieses Buch. Das Sakrament der Ehe, so verkündet Heinrich weihevoll, sei das heiligste aller Sakramente. »Nie wage ein Mensch zu trennen, was Gott zusammengefügt hat! Wehe dem Manne, der sein ihm vor Gott anvertrautes Weib nicht rein und fleckenlos, wie Gott sie ihm gab, ihrem Schöpfer erhält.« So verkündet es Heinrich VIII. Und die Welt spendet begeisterten Beifall. Wer hätte auch ahnen können, daß gerade dieser sich so hoch moralisch gebende englische König einen Scheidungsrekord aufstellen würde?

Nach der Geburt der Tochter Maria erlitt die Königin nur Fehlgeburten (heute wissen wir um den Resus Faktor), und Heinrich wartete weiterhin vergeblich und immer mißmutiger, auf seinen Sohn und Nachfolger. Er liebte seine Tochter fürwahr, aber sie gehörte eben zum »zweiten Geschlecht«, das laut Paulus nur zum Dienen und heiligen Magdtum tauge. Ärztliche Untersuchungen bestätigen dem König noch volle Zeugungskraft. Doch in den nächtlich zu vollziehenden ehelichen Pflichten mit einer schon »fast greisen« Vierzigjährigen kann Heinrich nur noch eine lästige, bald gar überflüssige und zudem erfolglose Prozedur erkennen. Hat er eben noch in seinem Buch den heiligen Stand der Ehe gepriesen, beginnt er schon einige Monate später, sich mit jüngeren und um so leichteren Damen am Hofe zu vergnügen.

Wie die Ironie des Schicksals spielt, schenkt ihm nicht seine Frau, sondern eine seiner Geliebten – Bessie Blount – einen Sohn, mit dem er allerdings nicht viel anfangen kann. Die Mutter ist nun mal nicht standesgemäß. So beeilt sich Heinrich, seine Geliebte bald mit Lord Talboy zu vermählen. Der kleine uneheliche Sohn wird ihr weggenommen und in einem Kloster erzogen.

Als der spanische König 1519 zum neuen Kaiser Karl V. des Heiligen Römischen Reiches Deutscher Nation gewählt wird, kann die englische Königin spanischer Abstammung noch einmal einen letzten Triumph feiern. Der Kaiser gehört zu ihrer Familie. Die Engländer beeilen sich, dem Kaiser die Verlobung mit Maria, der erst vierjährigen Tochter König Heinrichs, anzutragen, um sich mit ihm gutzustellen. Bei seinem Antrittsbesuch in England findet der zwanzigjährige Karl tatsächlich Gefallen an der erst -- - Vierjährigen – und als er abreist, ist er mit ihr so gut wie verlobt.

Diese von den Engländern provozierte Verbindung wird sich später als eine unbedachte Handlung herausstellen. Denn wenn es Heinrich nicht mehr vergönnt sein würde, mit Katharina einen Sohn und Nachfolger zu zeugen, dann würde nach seinem Tode alle Macht an Töchterchen Maria und damit an den spanisch-deutschen Kaiser übergehen: England würde zur Geisel des Kaisers degenerieren. Das sind Aussichten, die Heinrich immer mehr den Schlaf rauben, je länger ihm seine Frau den ersehnten Sohn verweigert.

Es ist zunächst Kardinal Wolsey, noch amtierender »Premier« Englands, der den »rücksichtslosesten Frontwechsel« der damaligen Geschichte weiter vorrantreibt. England soll die Kontakte zu Frankreich vertiefen, um gegen den Kaiser bestehen zu können. Die Ehe mit Katharina, einer mit dem Kaiser verwandten

Frau, paßt nicht mehr ins Konzept der neuen englischen Politik. Wolsey betreibt in Frankreich eigenständige »Recherchen«: Er sucht nach einer französischen Prinzessin, die die unfähig erscheinende Katharina als Königin ablösen soll. Mit einer neuen Heirat würden auch die Aussichten auf einen Sohn wieder wachsen, denn Katharina ist mit über vierzig für die damaligen Verhältnisse bereits eine alte Frau. Die Aussichten auf eine neue Schwangerschaft stehen schlecht: Bis auf Töchterchen Maria gab es bisher nur die Fehlgeburten.

Wie allerdings eine Scheidung mit Katharina bewerkstelligt werden soll, bleibt unklar. In diesem Punkt ist die Macht des englischen Königs begrenzt. Scheidungen sind im katholischen Glauben tabu. Es müßte schon ein außerordentlicher Grund gegeben sein, der den Papst dazu bewegen könnte, eine Scheidung des Königs zu bewilligen.

Trotzdem wird die Annäherung an Frankreich vorangetrieben. Heinrich sucht in der folgenden Zeit die Nähe von Menschen, die Frankreich lieben und ihm von dem Pariser Leben erzählen können. Dabei lernt der König eine junge schöne Frau, Anne Boleyn, kennen, die vor Jahren als junges Mädchen seine Schwester Maria nach Frankreich begleitet hatte, um in Paris eine französische Erziehung zu genießen. Sie ist die Tochter von Sir Thomas Boleyn, Diplomat und Mitglied des Thronrates. Seinerzeit hatte er seinen ursprünglichen Namen »Bullen« französisiert und in das vornehmer klingende »Boleyn« umgewandelt. Als junger Höfling konnte er erfolgreich um eine Norfolk werben, die Tochter einer der vornehmsten englischen Familien. Aus dieser Ehe ging Anne als jüngste Tochter hervor. Inzwischen ist sie zur charmanten, knapp zwanzigjährigen, Dame herangereift.

Herzog Norfolk, der Onkel, ist ein Gegner der Königin. Er weiß um die Attraktivität seiner Nichte Anne. Er weiß auch, daß Heinrich seine immerhin schon einundvierzigjährige Frau, die ihn nur noch langweilt, am liebsten loswerden möchte. Sie hat nicht nur den Zenit ihrer einstigen jugendlichen Frische überschritten: Auch einen Sohn konnte sie ihm nicht gebären. Nach der Logik des Königs hat sie damit ihr Recht auf den Posten der Königin verwirkt.

Herzog Norfolk fällt es nicht sehr schwer, Anne am Hofe ins Gespräch zu bringen und sie sogar dem König persönlich vorzustellen. Mit ihrem würdevollen Auftreten und ihrer stolzen Anmut zieht sie Heinrich sofort in ihren Bann. Sie ist jung, und allein schon deswegen hat Katharina mit ihrem »schwerfälligen Gang« und ihren »vorstehenden, wäßrig blauen Augen« (Hackett) keine Chancen. Dabei war Anne keineswegs schöner als Katharina, sondern hatte ein überlängliches Gesicht und allzu spitze, altklug wirkende Lippen. Nur ihre dunklen, mandelförmigen und lebhaften Augen und ihr langwallendes Haar werden von den Zeitgenossen gerühmt – wie auch ihr »Übermut« und ihr »starker Sinn für das Romantische.« Laut Francis Hackett schwülstiger Beschreibung soll sie eine »schlanke, biegsame Figur« gehabt haben, »die einer Narzisse auf ihrem Stengel gleicht.« Nicht auf dem ersten Blick dürfte dem König aufgefallen sein, daß sie – besonders für die damalige Zeit – fatale körper-

Thomas Howart,
Duke of Norfolk

liche Deformationen aufwies: Es klingt unwahrscheinlich, aber man sagte, daß sie einen Finger zu viel, ein oder zwei Muttermale und drei Brüste besaß. Fatal waren diese Verformungen allein schon deswegen, weil drei Brüste als Erkennungsmerkmal von Hexen galt. Das wußte auch Anne Boleyn, und darum mußte sie ihre »Reize« gut verstecken. Wir dürfen davon ausgehen, daß sie sich aus Scham, ihren Körper zu zeigen, selber zur Keuschheit verpflichtet fühlte.

Anne Boleyn

Ihre Charakterisierung als wollüstige Geliebte – wie sie von ihren Feinden dargestellt wurde – erscheint wenig glaubwürdig. Angeblich soll sie bereits als Fünfzehnjährige mit dem Butler und dem Kaplan ihres Vaters geschlafen haben: Wäre sie wirklich so leichtlebig gewesen, dann hätte sie befürchten müssen, daß die (vermeintlichen) Liebhaber irgendwann über ihre körperlichen Deformationen berichtet hätten. Es ist viel wahrscheinlicher, daß Anne alles tat, um möglichst von niemanden nackt gesehen zu werden. Aus Angst davor, als Hexe diffamiert zu werden, isolierte sie sich, vergrub sich in einer stolzen Unnahbarkeit und ließ keinen Mann an sich heran – nicht einmal den immer heftiger um sie werbenden König Heinrich.

Den reizte gerade die betonte Distanziertheit dieses sechzehn Jahre jüngeren Mädchens. Üblicherweise war es für Frauen eine große Ehre, Mätresse des Königs zu werden. Auch Annes älterer Schwester Marie war diese seltene Vergünstigung zuteil geworden, bis Heinrich auch ihrer überdrüssig wurde. Die Affäre des Königs mit seiner Tochter hatte namentlich dem Vater Thomas Boleyn alle möglichen Beförderungen eingebracht, Marie aber fühlte sich gedemütigt.

Auf keinen Fall wollte Anne nur ein Ersatz für ihre ältere Schwester sein. Darum verhielt sie sich dem König gegenüber sehr viel reservierter, zeigte ihm gar die »kalte Schulter«. Offenbar schien sie sich nur wenig aus ihm zu machen. Damit fachte sie seine Glut um so mehr an. Denn Heinrich war es nicht gewohnt, daß es jemand wagte, sich ihm zu widersetzen.

Bei der Beurteilung der Charaktere von Heinrich und Anne können wir uns überwiegend nur auf die Aussagen des kaiserlichen Botschafters Chapuys stützen. Letzterer vertritt die Partei von Königin Katharina, schließlich ist der Kaiser der Neffe der englischen Königin. Es ist also nur logisch, daß der kaiserliche Botschafter in seinen Berichten weder an dem englischen König, noch an seiner neuen Erwählten ein gutes Haar läßt.

Daß der König nicht gerade ein ausgeglichenes Temperament hatte, bestätigen auch andere, neutralere Zeitzeugen: Er soll ein Hypochonder gewesen sein – bei einer Seuche im Jahre 1528 wechselte er täglich sein Quartier, um sich nicht anzustecken. Er war jähzornig – Kanzler Cromwell mußte sich zeitweise seine Ohrfeigen gefallen lassen. Er war unstet und äußerst verschwendungssüchtig – während zu dieser Zeit ein Handwerker nur vier Pfund jährlich verdiente, verlor Heinrich in drei Jahren 3250 Pfund im Spiel. Er war grausam und eitel. Der damalige venezianische Botschafter in London, Piero Pasqualigo, erzählte, daß Heinrich ihm einmal gefragt haben soll:

»´Ist der König von Frankreich so groß wie ich?´ Ich sagte ihm, es sei kaum ein Unterschied. `Ist er ebenso kräftig gebaut?´ fuhr er fort. Ich verneinte das, und dann erkundigte er sich: `Was für Beine hat er?´ Ich antwortete: ´Dünne.´ Worauf er seinen Überrock zurückschlug und dann sagte, während er die Hand auf seine Schenkel legte: ´Seht her, ich habe jedenfalls kräftige Waden.´« Diese kräftigen Waden hatte sich der König bei seiner größten Leidenschaft geholt, einer Passion, die alle anderen verblassen ließ, dem Jagen.

Der Meister aller königlichen Jagdwettkämpfe muß nun erleben, daß sich ihm ein ganz besonders edles Jagdobjekt zu verweigern scheint: Anne Boleyn, dieses von ihm so sehr begehrte gerade zwanzigjährige junge Mädchen. Die Gepflogenheiten der Courtoisie hatte Anne während ihrer achtjährigen Ausbildung am französischen und burgundischen Hofe gelernt. Sie war eine hochgebildete Frau, beherrschte mehrere Fremdsprachen und soll eine herausragende Musikerin gewesen sein. Sie hatte eine vornehme, distanzierte, zuweilen gar strenge Ausstrahlung. Ihre gesamte Haltung dokumentierte Würde und Stolz. Eine solche Frau ließ sich nicht einmal von dem König, dem mächtigsten Mann des Inselreichs, einschüchtern. Niemals wollte sie – wie andere seiner Geliebten – die Rolle eines von ihm »erlegten« Wildes spielen. Dementsprechend weigerte sie sich, jemals Heinrichs

Heinrich VIII wiedergegeben von Hans Holbein d. J., der fast alle Königsporträts gemalt hat

Geliebte zu werden. Während andere Frauen, wie z.B. Bessie Blount, sich den erotischen Jagdinstinkten des Königs willig zur Verfügung stellten, blieb Anne bei ihrer standhaften Ablehnung.

In seinen vielen Briefen an Anne nimmt der herrschsüchtige König die für ihn ungewohnte Rolle eines Minnesängers ein, der sich der Angebeteten zu Füßen wirft – im demütigen Bittgesang: »Obwohl Ihr, meine Geliebte, nicht geruhet, Euch an das Versprechen zu erinnern, das Ihr mir bei unserer letzten Zusammenkunft gabt – nämlich mir gute Nachricht von Euch zu übermitteln und auf meinen letzten Brief zu antworten – geziemt es nach meiner Ansicht dennoch einen wirklichen Diener, sich nach dem Befinden seiner Geliebten zu erkundigen...« – schreibt der König in einem seiner ersten Briefe an Anne. Die dienende Rolle scheint ihm hier allerdings noch nicht zu behagen, denn es heißt an anderer Stelle: »Um mich der Aufgabe eines wirklichen Dieners zu entledigen,...« Dieser dienenden Rolle wird sich der König nicht so schnell »entledigen« können. Um Anne Boleyn muß er solange, wie um keine andere, werben, ohne daß sie bereit ist, ihn zu erhören. Noch nach einem Jahr eines hitzigen Briefaustausches ist sich der König nicht sicher, ob er in seiner Werbung »gescheitert« sei oder »Platz« in ihrem »Herzen und feste Zuneigung gefunden habe.«

Natürlich würde Heinrich die stolze Anne am liebsten zu seiner Geliebten machen, sie aber weigert sich strikt, ohne ihn jedoch ganz von sich abzustoßen. Durch diese Distanzierung entfacht sie die Glut seiner Leidenschaft um so mehr, denn der König – wie bereits vermerkt – ist es nicht gewohnt, daß sich jemand seinem Willen widersetzt. Da kümmert es ihn auch nicht, daß er noch immer verheiratet ist und immer wieder aus Gründen der Repräsentation zu öffentlichen Auftritten mit seiner Frau, Königin Katharina, gezwungen ist. Sein Herz wohnt längst bei Anne, und seine Briefe an sie sind »geschrieben von der Hand des Euch gänzlich dienenden Henry Rex.« Natürlich wird er ihr nur solange »dienen«, wie er sie noch nicht hat.

Dieses Gesetz der männlichen Leidenschaft durchschaut nicht einmal die kluge Anne. Hätte sie sich sonst jemals auf Heinrich eingelassen? Wäre sie dann Königin von England geworden? Sie, die sich eigentlich geschworen hatte, keinen männlichen Liebesbeweisen mehr nachzugeben? Zu bitter sind die Nachwirkungen der großen Tragödie ihrer bisher einzig wahren Liebe, wurde sie doch von Kardinal Wolsey des einzigen Mannes beraubt, den sie einmal mit ganzem Herzen geliebt hatte. Es handelte sich um einen gewissen Percy, Sohn des Grafen Northumberland. Wolsey hatte für ihn aus politisch-strategischen Gründen eine andere Partie eingeplant, darum verbot er ihm, seine Verlobte Anne jemals wiederzusehen. Anne sei seiner nicht würdig, erklärte der Kardinal nach einer fadenscheinigen Ausrede suchend, denn ihr Vater sei ja »nur ein Ritter« gewesen. »Nur ein Ritter«? War die-

Kardinal Thomas Wolsey

ser Vater nicht längst vom König zum Viscount erhoben worden? Doch Wolseys herrischer Patriarchenwille duldete keinen Widerspruch, und auch Percys Vater sah die Vernunft ganz auf des Kardinals Seite. Er drohte seinen Sohn zu enterben, wenn er Anne jemals wiedersehen würde. In die Rolle des Romeos wollte sich Annes Verlobter nicht begeben, weder den Tod, noch ein verscherztes Erbe wollte er mit seiner Geliebten teilen. Es war bequemer, den Autoritäten zu gehorchen und sich auf eine rein »strategische Partie« einzulassen, die mit Liebe und Leidenschaft nichts zu tun hatte. Anne Boleyn fühlte sich schmählich im Stich gelassen. Das erste Mal in ihrem Leben hatte sie einem Menschen ihr ganzes Herz geschenkt. Nun bunkerte sie ihre Gefühle in Granit ein. Nur ein Gefühl konnte sie nicht unterdrücken: Das war der Haß gegen Wolsey, dem »Premierminister«...

Unterdessen schmeichelt es der gekränkten Seele, daß sich der König höchstpersönlich um die »arme Ritterstochter« bemüht, wie Anne von Wolsey verächtlich tituliert worden war. Zunächst beschränkt sich der »Dienst« des Königs auf einige sporadische Besuche auf dem Gut der Familie Boleyn in Hever. Anne weigert sich, seiner Einladung nachzukommen, bei ihm in seinem Schloß zu wohnen. Sie möchte sich nicht dem Klatsch aussetzen. Nein, solange der König noch mit Katharina verheiratet sei, müsse er schon die mehrstündige Kutschenfahrt auf sich nehmen, wenn er sie sehen wolle. Heinrich fühlt sich brüskiert. Er reagiert wütend. Wer sich dem Willen seiner Majestät widersetzte, riskierte schließlich normalerweise den eigenen Kopf. Andererseits imponiert ihm Annes Stolz, ja dieser Stolz kommt ihm ganz gelegen, denn ihre unbeugsame Weigerung, als seine Geliebte zu fungieren, bestärkt ihn in seiner Absicht, sich endlich von seiner Frau zu trennen.

Da gab es nicht wenige Widerstände zu überwinden: Zunächst wandte sich Heinrich an Wolsey, der ihm ja selbst einmal den Vorschlag gemacht hatte, eine französische Prinzessin zu heiraten. Bisher hatte Wolsey alle Befehl des Königs als erster Adjudant des

Staates prompt durchgeführt. In den letzten Jahren hatte sich seine Politik allerdings verselbstständig. Meist informierte er Heinrich nur noch über schon längst gefaßte Entscheidungen. In der Mehrzahl der Fälle ließ der König seinen Kanzler gewähren, es war bequemer so. Falls es dann doch mal zu Meinungsverschiedenheiten kam, wußte Wolsey dem zwanzig Jahre jüngeren König raffiniert zu schmeicheln, bis sich dieser wieder beruhigt hatte.

So glaubte Wolsey auch dieses Mal, daß es sich bei Heinrichs Wunsch, Katharina ausgerechnet durch die Ritterstochter Anne zu ersetzen, nur um eine vorübergehende Laune seiner Majestät handeln würde. Der fast sechzigjährige Kardinal fiel vor dem knapp Vierzigjährigen auf die Knie und beschwor ihn, die Sache noch einmal zu »überdenken«. Es gäbe doch noch ganz andere Alternativen, etwa exotische Schönheiten aus der französischen Aristokratie, eine französische Königin würde immerhin den englischen Hoheitsbereich bis ans Mittelmeer ausweiten. Zwar sei Anne Boleyn – bei allem Respekt – eine englische Lady, aber sie stamme eben nur aus der Provinz. Mit einer solchen Heirat würde sich Heinrich vor der ganzen Welt blamieren. Wenn Heinrich auf Anne trotzdem nicht verzichten wolle, könne er sie sich doch – wie vorher ihre ältere Schwester – als Geliebte halten. Jeder – sogar die Katholische Kirche – würde dabei nicht nur ein Auge zudrücken.

Doch König Heinrich läßt sich von den Bitten des Kardinals nicht erweichen. Das erste Mal überhaupt kommt es zu einem ernsten Konflikt mit Wolsey. Heinrich mag die Einwände des Kardinals nicht hören. Der moralische Freibrief vom höchsten englischen Würdenträger der Kirche erscheint ihm darüberhinaus völlig unannehmbar, denn hat der Kardinal ihm nicht früher schon darin recht gegeben, daß die Ehe mit Katharina annuliert werden müsse, weil sie auf einer Fehlentscheidung von Papst Leo X. basierte?

Das mag ja sein, muß der Kardinal auf diesen Einwand erwidert haben, aber ist nicht jeder Papst unfehlbar? Und läßt sich der

König nicht zu einer Ketzerei hinreissen, wenn er die Entscheidung des früheren Papstes angreift?

Was wiegt mehr? Das Wort der Bibel oder die Aussage des höchsten Hirten der Kirche? Ist es überhaupt möglich, daß der Papst, der die Heilige Schrift für alle Menschen gültig macht, mit seinen Handlungen in einen Widerspruch zur Bibel geraten kann? Genau das wirft Heinrich dem Papst vor, der seine Ehe mit Katharina legitimiert hatte. Worte der Heiligen Schrift scheinen diesen Vorwurf zu decken. »Du sollst deines Bruders Weibes Blöße nicht aufdecken, denn sie ist deines Bruders Blöße.« Diesem Bibelzitat gemäß hat sich Heinrich des indirekten homosexuellen Inzestes mit seinem verstorbenen Bruder Arthur, dem ersten Mann Katharinas, schuldig gemacht, als er Katharina heiratete – oder vielmehr als Minderjähriger zu dieser Heirat gezwungen wurde.

Über eine solche Ungeheuerlichkeit auch nur nachzudenken, wäre schon eine unaustilgbare Sünde! Leider bleibt dem König nichts anderes übrig, als diese Sünde als das kleinere Übel auf sich zu nehmen, um wenigstens die größte Schande, die ein Mensch auf sich laden kann, den Inzest mit Blutsverwandten, aus der Welt zu schaffen. Nach dieser konstruierten Bibelinterpretation ist Maria, die mit Katharina gezeugte Tochter, ein Bastard, weil Heinrich sich ja eigentlich mit »des Bruders Blöße« vereinigte, als er die Witwe Katharina schwängerte. So steht es geschrieben! Daß ausgerechnet der frühere Papst eine solche schändliche Ehe gesegnet hatte, läßt jeden Amoklauf der Empörung als harmlose Sanftmut erscheinen. Diese Fehlentscheidung des Unfehlbaren funktioniert Heinrich zu einer Katastrophe um. Die Grundfesten des kirchlichen Dogmas sind in Frage gestellt.

Heinrich steigert sich also ganz in diese Interpretation seines Falles hinein. Er fühlt sich als moralischer Ankläger und Sieger zugleich. Jeder, der seine Deutung nicht bereit ist zu unterstützen, legitimiert indirekt eine inzestuöse Verbindung. Der englische König vertritt die Moral. Darum ist es für den Kardinal dop-

Unser guter König Heinz,
sagte der Volksmund

pelt peinlich, daß ausgerechnet er – als Vertreter des kirchlichen Dogmas – den König zum geduldeten Ehebruch mit Anne auffordert. Es erscheint dem König keiner weiteren Diskussion zu bedürfen, daß der neue Papst Clemens selbstverständlich den Segen wird geben müssen zur Auflösung der schändlichen Ehe mit Katharina.

Wolsey gibt klein bei und verspricht, sich beim Papst für die geplante Aufhebung der Ehe einzusetzen. Eine englische Delegation wird nach Rom geschickt. Sie hat keine erfreulichen Neuigkeiten: Rom wurde von den Truppen des Kaisers besetzt. Der Papst wird von den Schergen des Kaisers gefangengehalten. Auch nach seiner Freilassung sind ihm die Hände gebunden. Seine Haltung zum englischen König ist abwartend. Dafür gibt es zwei Gründe:

1. Unabhängig von Kaiser Karl V. kann das Oberhaupt der Kirche nicht mehr agieren. Letzterer aber vertritt die spanische Partei der (englischen) Königin.

2. Es wäre nicht schicklich, dem eigenen ebenso unfehlbaren Amtsvorgänger, der die Ehe zwischen Katharina und Heinrich gesegnet hatte, Versagen zu attestieren.

Andererseits will Papst Clemens aber ein englisches Schisma unbedingt vermeiden – mit den norddeutschen Protestanten hat er schon genug Ärger – darum überreicht er dem Gesandten ein Schriftstück, in dem er dem englischen König Hoffung machte, daß in einem späteren Verfahren sein Fall sicherlich günstig entschieden werden würde. Schöne Worte – mit dem Zweck der Zeitgewinnung – nichts mehr.

Heinrich reagiert erbost. In seiner Selbstgerechtigkeit wäre ihm niemals der Gedanke gekommen, daß der Papst auch eigene wichtige Gründe haben könnte. Ebenso enttäuscht ist Anne. Sie wartet nun schon einige Jahre auf eine Legalisierung ihrer Beziehung zum König, und obwohl sie bisher vollkommen auf alle öffentlichen Auftritte verzichtet hat, ist sie bereits ein Opfer des Klatsches geworden.

Königin Katharina wird über die Scheidungsabsichten ihres Mannes zunächst in völliger Unkenntnis gehalten. Eines Tages bequemt sich endlich Heinrich in ihre Gemächer, um ihr eine »ernste Mitteilung« zu machen. Leider müsse er ihr sagen, daß ihre vermeintliche gemeinsame Ehe vor Gott eine Sünde sei, da sie ja bereits von seinem verstorbenem Bruder »fleischlich erkannt« worden wäre. Er müsse darum auf einer Auflösung der Ehe bestehen. Das sei für ihn selbst ein großes Opfer, schließlich würde er sie ja sehr lieben. Aber der Anstand und der Respekt vor der englischen Tradition würden es gebieten, daß sie – auch um der Reinheit ihres eigenen Herzens willen – den Königspalast möglichst bald verlasse, um künftig in einem Kloster zu leben.

Mit Ausnahme eines winzigen Zweifels, einer Erbse, die sich unter dreiundfünfzig Matrazen fühlbar machte – so die ironische Charakterisierung eines Historikers, ist Heinrich von der Lauterkeit seiner Absichten völlig überzeugt.

Katharina aber soll zunächst in einen Weinkrampf ausgebrochen sein. Dann aber fasste sie sich wieder. Niemals würde sie auf ihren Status als Königin verzichten, niemals würde sie von Heinrichs Seite weichen, wie es sich für eine rechtmäßige Ehefrau geziehme. Ob er denn vergessen habe, daß er selbst einmal die Heiligkeit der Ehe in einer sogar vom Papst gelobten Schrift verteidigt hatte? Hatte er ihr nicht geschworen, sie niemals zu verlassen und für sie zu sorgen, »bis der Tod euch scheide«? Seine Affären würde sie ihm ja nachsehen, denn offenbar seien Männer in dieser Hinsicht abhängiger als Frauen. Aber niemals könne sie eine von Gott gestiftete Ehe auflösen. Würde sie das tun, würde sie sich auch an den legitimen Rechten von Tochter Maria versündigen. Man würde sie zum Bastard machen. Kurz und gut: Ein vernünftigen Grund für die Auflösung der Ehe sei nicht gegeben. Und wer es wagen würde, ihre Intimsphäre in den Schmutz zu ziehen, den verweise sie auf das Gutachten der königlichen Experten, das vor ihrer Trauung mit Heinrich angefertigt worden war: Darin wird ausdrücklich bestätigt, daß sie, Katharina, die einzige rechtmäßige englische Königin, sich während ihrer Ehe mit seinem Bruder Arthur immer ihre Jungfräulichkeit bewahrt hätte. Demnach hätte sie mit Heinrich den gemeinsamen Bund vor Gott rechtens geschlossen. Sie jedenfalls habe überhaupt keinen Grund für ein schlechtes Gewissen. Vielleicht würde aber der König darunter leiden, daß er nicht mit ihr alleine glücklich sein könne, sondern noch bei anderen Frauenzimmern vagabundieren müsse. Nun – sie könne das zwar geistig nicht ganz nachvollziehen, aber sie würde ihn in ihrer Eigenschaft als Königin bei seinen absonderlichen Hobbies nicht im Wege stehen.

Und wenn er schließlich aus Scham vor sich selbst das Bedürfnis hätte, mit ihr zusammen auf alle königlichen Ämter und Ehren zu verzichten, um künftig eine gemeinsame klösterliche Existenz in Buße zu leben und alleine Gott zu dienen, dann sei sie zu diesem Opfer aus Respekt vor ihrer Ehe gerne bereit. Die Schwelle des Klosters würde sie aber nur Hand in Hand mit ihm überschreiten...

Über diese halb ironische Reaktion der Königin ist Heinrich natürlich nicht sehr glücklich. Er hat sich bereits so sehr in seine

eigene Version von »Moral« hineingesteigert, daß ihn das hart-
näckige Bestehen Katharinas auf die Rechtmäßigkeit ihrer Ehe
ärgert. Andererseits empfindet er für ihre gradlinige Haltung, die
ganz im Kontrast zu seinen eigenen Winkelzügen steht, ein unbe-
wußtes Gefühl nicht eingestandener Achtung. In seinem ebenso
launischen, wie cholerischen Temperament hat Heinrich im
Grunde einen instabilen Charakter. Die ältere Katharina trifft
auch jetzt den richtigen Ton, indem sie ihm gegenüber – wie auch
früher meistens – die Rolle einer mütterlichen Schwester einnimmt.

Anfang 1528 hatte sich der Papst bereit erklärt, seinem Legaten
Campeggio die Vollmacht zu erteilen, in einem in London stattfindenden Verfahren im Namen Seiner Unfehlbarkeit den Ehe-
streit des englischen Königs zu entscheiden. Nicht nur angesichts
der damaligen katastrophalen Verkehrsverhältnisse dauerte die
Reise des Legaten von Rom nach London mit der Kutsche mehr
als ein Jahr lang. Campeggio war ein schwerkranker, von der
Gicht gelähmter, Mann. Immer wieder mußte er die beschwerliche Reise ins ferne England unterbrechen. Anne reagierte auf
diese Verzögerung gereizt und ungeduldig. Zeitweilig zweifelte
sie, ob Heinrich überhaupt noch daran interessiert war, seine Ehe
mit Katharina aufzugeben.

Endlich im Juni 1529 kommt es zu dem aufsehenerregensten
Prozeß der damaligen Zeit: König und Königin stehen sich als
Prozeßgegner gegenüber. Sämtliche englischen Bischöfe sind
geladen, um dem König ihre moralische Unterstützung zu geben.
Unter der Estrade sitzen sie in ihren scharlachroten Roben und
bilden eine beeindruckende Phalanx. Die Königin nutzt die
Gelegenheit zu einem letzten wirkungsvollen Auftritt: Im über-
füllten Auditorium erhebt sie sich, schreitet langsam auf den
König zu und kniet vor ihm nieder. Dann hebt sie mit klarer, lau-
ter Stimme zu einer Rede an:

»Sire, ich beschwöre Euch um all der Liebe willen, die zwischen uns gewesen ist, und um der Liebe zu Gott willen, lasset

mir Gerechtigkeit und Recht widerfahren. Erweist mir Mitleid und Barmherzigkeit, denn ich bin ein armes Weib und eine Fremde, die außerhalb Eures Reiches geboren wurde. Zwanzig Jahre lang bin ich Euch eine treue Gattin gewesen, und Ihr habt mehrere Kinder mit mir erzeugt, ob es gleich Gott gefallen hat, sie aus der Welt zu sich zu berufen, woran ich nicht die Schuld trage.... Und als Ihr mich zuerst erkanntet, damals, des rufe ich Gott zum Zeugen an, war ich eine wahrhaftige Jungfrau, von keinem Mann berührt; ob dies wahr ist oder nicht, stelle ich Eurem Gewissen anheim....« (zitiert nach Francis Hackett)

Das Publikum reagiert gerührt und mit großem Applaus auf diese bewegende Ansprache. Dann erhebt sich die Königin. Mit stolz erhobenem Haupt verläßt sie den Gerichtssaal, weil sie nicht mehr daran glauben kann, daß ihr Gerechtigkeit widerfahren wird. Der Prozeß jedoch schleppt sich über Monate hin. Zweiundzwanzig Jahre nach der ersten Ehe Katharinas mit dem seligen Arthur sollen nun noch einmal sogenannte »Experten« überprüfen, wie wahrscheinlich es gewesen sei, daß Katharina diese erste Ehe als Jungfrau überstanden habe.

Die Wahrheit – sagt Nietzsche – ist besonders in der Politik nur die »Fiktion einer Welt«, die den jeweils herrschenden Wünschen entspricht. Hatte die königliche »Expertenkommission« 1503 die Jungfräulichkeit Katharinas mit Zeugenaussagen von

Friedrich Nietzsche

Kammerfrauen und Leibdienern als »unbezweifelbar« erwiesen, kommen nun im Jahre 1529 andere sogenannte Zeugen zu ganz anderen Schlußfolgerungen: Berühmte und hochrangige Persönlichkeiten der damaligen Zeit, die teilweise den älteren Bruder Heinrichs gar nicht gekannt hatten, nutzen die Gelegenheit, sich mit ihren delikaten Aussagen bei dem König einzuschmeicheln. Graf von Shrewsbury zum Beispiel bekennt vor dem begierig lauschenden Publikum, daß er selbst bereits im zarten Alter von 16 seine Gattin »fleischlich erkannt« hätte. Die geladenen adligen Zeugen scheinen sich gegenseitig in einer »Olympiade der Frühreife« übertrumpfen zu wollen. So gesteht auch Herzog von Norfolk, daß er schon als Fünfzehnjähriger in alle Finessen der fleischlichen Liebe eingeweiht gewesen sei.

Diese kuriosen Geständnisse der englischen Elite sollen belegen, daß es unglaubwürdig sei anzunehmen, daß die Ehe der damals fünfzehnjährigen Katharina mit dem vierzehnjährigen Prinzen Arthur ohne körperliche Berührungen abgelaufen sei. Schließlich erinnert sich Sir Anton Willoughby wortwörtlich an vor mehr als zwanzig Jahren gesprochene Aussagen des jungen Prinzen:

»Willoughby«, so soll Arthur ihm nach der Hochzeitsnacht befohlen haben, »gib mir einen Becher Ale, denn diese Nacht bin ich mitten in Spanien gewesen.« »Mitten in Spanien« das ist eine Umschreibung für »mitten im Reich der Sinne seiner aus Spanien stammenden Braut.« Ein gewisser Lord Fitzwalter verfügt über ein ebenso brillantes Gedächtnis. Er erinnert sich, daß Arthur einmal geprahlt haben soll: »Meine Herren, eine Frau zu haben, ist ein angenehmes Vergnügen.« Auch diese Aussage läßt – nach Meinung der anwesenden Zeugen – nur eine nicht gerade für die Jungfräulichkeit der Königin sprechende Interpretation zu. Sogar das Bettlaken des ehemaligen Prinzenpaares wird aus irgendeinem spanischen Museum nach England importiert und als beflecktes Beweisstück zur Schau gestellt. Da scheint die Zeugenaussage der Gegenpartei kaum noch ins Gewicht zu fallen:

Ein gewisser Bischof von Ely behauptet steif und fest, daß die Königin ihm oft gesagt habe, »sie sei von Prinz Arthur niemals fleischlich erkannt worden.«

Trotz all dieser »erdrückenden« Beweise, die zugleich die Sympathie der Zeugen für den König, wie auch die Hoffnung dafür belohnt zu werden, bekunden, kommt das Verfahren nicht recht vorran. Endlich im Herbst 1529 verkündet Campeggio das für alle Beteiligte überraschende Urteil: Gemäß einer Anweisung aus Rom müsse er den Prozeß vertagen. Die endgültige Entscheidung würde der Papst selbst fällen.

Das hätte er auch schon früher tun können! Aber es besteht ja von Seiten der Kirche überhaupt kein Interesse daran, ein Urteil zustandezubringen. Denn man will es sich weder mit Kaiser Karl, dem Neffen Katharinas, noch mit dem König von England verderben. Diese Verzögerungstaktik fällt bei Heinrich auf wenig Gegenliebe. Obwohl er sich sehr verärgert zeigt, kann er sich noch immer nicht dazu entschließen, ganz mit der katholischen Kirche zu brechen. Andererseits lehnt er es auch ab, den Canossagang nach Rom anzutreten, um sich dort etwa durch eine für ihn ungünstige Entscheidung demütigen zu lassen.

»Niemals ist England ein glückliches Land gewesen, seitdem es Kardinäle unter uns gibt!« Mit diesen drohenden Worten eröffnet der Heinrich treu ergebene Herzog Suffolk den Dolchstoß gegen Kardinal Wolsey, der die Entscheidung Campeggios mitgetragen hat. Das verzeiht ihm keiner. Anne kann triumphieren. Ihr Hauptfeind muß abdanken. Zunächst wird er nur in seine Abtei nach Leicester verbannt. Als er allerdings von dort aus auf eigene Faust subversive Kontakte zu kaiserlichen Diplomaten aufnimmt, wird er des Hochverrats angeklagt und kann sich dem Henker nur durch seinen vorzeitigen Tod entziehen.

Unterdessen hat Heinrich Thomas Cromwell die politischen Geschäfte überlassen, einem skrupellosen Machtmenschen, der jede Möglichkeit wahrnimmt, sich opportunistisch dem König anzudienern, zunächst stellt er sich ganz der Sache Boleyn zur

Thomas Cromwell

Verfügung, später aber wird er zum Hauptintriganten gegen Anne werden...

Erst ein gutes Jahr nach der umstrittenen Entscheidung durch den päpstlichen Legaten kann sich Heinrich dazu aufraffen, die Rechte der nach der Abdankung Wolseys verwaisten englischen Kirche massiv zu beschneiden. Es wird gedroht, die päpstlichen Anneten (die jährliche Abgaben nach Rom) aufzuheben, wenn der Papst nicht den von Heinrich eingesetzten Kandidaten Thomas Cranmer als neuen englischen Erzbischof unterstützen würde. Dieser Kandidat ist dem Papst überhaupt nicht genehm. Schließlich hatte Cranmer für den englischen König Partei ergriffen, indem er eine großangelegte Befragung unter europäischen Theologen anfertigen ließ. Das Resultat dieser wissenschaftlichen Untersuchung offenbarte, daß die Mehrheit der wichtigsten europäischen Lehrstuhlinhaber die Ehe des englischen Königspaares für inkompatibel mit dem kirchlichen Dogma erklärten. Das war ein Affront gegen die Unfehlbarkeit des Vertreter Gottes auf Erden!

Papst Clemens droht, Heinrich zu exkommunizieren. Darauf antwortet Cromwell mit der Einschränkung der Privilegien der englischen Geistlichen. In einer seiner Reden bezeichnet der englische König die Priester als nur »halbe Engländer«, weil sie mit ihrem Eid an den Papst, eine dem englischen Königreich feindliche Macht gebunden seien. Der neue Staatssekretär, Siegelbewahrer und Vizeregent der Kirche, Thomas Cromwell, soll nun dafür sorgen, daß die englische Kirchenversammlung den Eid auf den Papst durch einen Eid auf Heinrich ersetzt. Künftig sei die Kirche nur noch Gott und an zweiter Stelle dem englischen König unterworfen.

Das ist der erste Schritt zur Abkopplung und Unabhängigkeit der späteren anglikanischen Kirche. Das Kuriose oder mehr noch: die Ungeheuerlichkeit an dieser bis auf den heutigen Tag gültigen Kirchenspaltung besteht darin, daß nicht etwa Streitigkeiten über Fragen der Orthodoxie den Anlaß für den Bruch geben, sondern eine einfache Liebesgeschichte.

»Man hat nicht die Absicht, die Autorität des Papstes zu beschneiden«, erklärt Heinrich mit beißender Ironie, »vorausge-

Heinrich
in der Mitte seines Lebens

setzt, daß Seine Heiligkeit mir die gebührende Achtung erweist; andernfalls werde ich wissen, was ich zu tun habe.« (zit. nach Hackett) Das ist die konsequente Antwort auf die vom Papst anvisierte Zumutung, als »zweiter Canossa« nach Rom pilgern zu müssen, nur um sich die Erlaubnis abzuholen, Anne Boleyn heiraten zu dürfen.

Inzwischen scheint der König ein Doppelspiel zu betreiben. Dieser Verdacht verdichtet sich zumindest in Anne immer mehr. Welche andere Erklärung würde es sonst dafür geben, daß Heinrich nach einem inzwischen mehr als fünf Jahre lang schwelenden Verfahren immer noch unter einem Dach mit Katharina lebt, der noch immer amtierenden Königin? Warum zeigt er sich weiterhin mit seiner Frau in der Öffentlichkeit? Obwohl jeder über den Bruch längst Bescheid weiß! Schon spöttelt man in der Öffentlichkeit über die »Möchte-Gern-Königin« Anne Boleyn, die sich offenbar zuviel zugemutet habe.

Es bleibt nicht nur beim Spott. Königin Katharina ist im Volk beliebt. Niemand hat ihr die Amnestie vergessen, die in ihrem Namen über die vielen verschuldeten Familien ausgesprochen worden war. Die Sippe der Boleyns, die sich in den Chargen der Elite immer selbstgefälliger ausbreitet, wird gefürchtet. Angeblich sollen die Boleyns den Koch des mit Katharina sympathisierenden Bischofs Fisher beauftragt haben, dessen Suppe zu vergiften. Der Bischof überlebt das Attentat. Ein Dutzend Personen seines Haushalts, sowie eine Bettlerin, die sich in der Küche aufhält, werden getötet. Der König selbst mißbilligt diesen Akt der Gewalt. Der Koch wird nach den neuen verschärften Strafbestimmungen lebendig gesotten.

Einmal muß Anne bei einem Spaziergang vor einer Meute empörter Katharina-Anhängerinnen die Flucht ergreifen. Das alles ist zuviel für die keusche Angebetete des Königs. Sie läßt ihre Wut an Heinrich, ihrem platonischen Geliebten, aus. Ihr Ruf sei demoliert. Warum mache er dem vergeblichen Feldzug um die Scheidung nicht ein Ende? Er solle endlich einmal zeigen, wer in

England die Zügel in der Hand halte. Zwischen Heinrich und der Königin in spe kommt es zu einem ersten Mißklang. Zeternde Frauen mag Heinrich ganz und gar nicht.

Die Versöhnung läßt nicht lange auf sich warten. Der König erklärt der ungeduldigen Anne, daß er nur noch auf die Bestätigung des neuen Erzbischof Cranmer durch den Papst warten muß, dann stünde einer Heirat nichts mehr im Wege.

Anne will sich aber nicht mehr länger hinhalten lassen. Sie glaubt nicht daran, daß der Papst Heinrichs Wahlkandidaten für den Posten des Erzbischofs seinen Segen erteilt. Wenn sie überhaupt noch einmal Königin werden will, muß sie jetzt handeln. Und – sie ändert ihre Taktik um 180 Grad. Ist sie vorher allen leidenschaftlichen Annäherungen des Königs dezent ausgewichen, hatte sie bisher seinen offenen, ja heißblütigen Liebesbeteuerungen immer nur die kalte Schulter gezeigt, muß sie jetzt erkennen, daß ihre allzu deutlich zur Schau gestellte Keuschheit als Feigenblatt einer sechsjährigen Phase der Koketterie die Passion des Königs offenbar ermüdet hat. Seine galanten Attacken werden

Erzbischof Thomas Cranmer

seltener. Die Gleichgültigkeit nimmt zu. Schon scheint sich Heinrich daran gewöhnt zu haben, daß sie sich beide niemals »fleischlich erkennen« werden. Bestand früher seine hauptsächliche Leidenschaft darin, Annes Körper zu erobern, scheint sie ihm jetzt nur noch als Pfand für seine Selbstbehauptung gegenüber dem Papst von Bedeutung zu sein. Anne ahnt, daß dieses gefährliche Spiel für sie selbst schnell zu einem Boomerang werden könnte. Darum ergreift sie die Flucht nach vorne und setzt alles auf eine Karte.

Bei einer abendlichen Tanzdarbietung, die für Seine Majestät veranstaltet wurde, umgarnt sie den König, wie sie es bisher immer vermieden hatte. Sie schmeichelt ihm, spricht von seinen großen Erfolgen – und immer wieder schaut sie ihn bewundernd an, wie er es von ihr bisher gar nicht gewohnt war. Mit psychologischer Treffsicherheit hat Anne herausgefunden, wie sie König Heinrich zu behandeln hat, um sein Herz zu erweichen. Mitternacht ist bereits vorbei, und das Paar sitzt immer noch wach in den Gemächern. Im Hintergrund tuscheln Annes Anstandsdamen mit den Dienern des Königs. Sie warten nur darauf, die ihnen Anvertrauten in getrennte Richtungen zu ihren Schlafgemächern zu entführen. Immerhin hat Anne seit kurzem einen Flügel des Palastes für sich und ihre Hofdamen reserviert bekommen.

Heinrich kann sich nicht von Anne trennen.

»Mein geliebtes Herz«, flüstert er, »wenn ich jetzt die Wahl hätte, dann würde ich Euch in meine Gemächer entführen, um Euch zu dienen wie Mark Anton Kleopatra!« Anne lächelt ihn geheimnisvoll und ermunternd an. Dann antwortet sie nur mit einem Satz.

»Was zögert Ihr noch, Majestät?«

Der König ist verwirrt. Nach fast acht Jahren vergeblichen Werbens hat er sich an ihre Unnahbarkeit bereits so sehr gewöhnt, daß ihre plötzliche Willfährigkeit ihn ganz hilflos und verlegen macht. Innerlich ist Heinrich gar nicht darauf vorbereitet, jetzt zur Tat der »fleischlichen Erkenntnis« zu schreiten.

Schon möchte er seine Diener rufen, auf daß sie den Abend wie alle anderen vorher beenden. Da hat sich Anne bereits erhoben:

»Heute Nacht müßt Ihr die Gunst Fortunas nutzen Majestät! Entführt mich, wohin Ihr wollt! Aber macht es schnell, bevor ich Euch enteile wie ein Reh!«

Diese Worte provozieren Heinrichs Jagdinstinkt. Anne hat genau erfaßt, daß der erotische Reiz für den König darin besteht, Frauen als Objekte der Jagd zu sehen. Je mehr sich eine Frau seiner Begierde zu entziehen sucht, desto größer die Lust, ihren Widerstand zu brechen. Schon hat der König Annes Hand ergriffen. Das Personal muß verblüfft zur Kenntnis nehmen, daß sich das Paar ohne ihre Hilfe entfernt.

»Ist die gemeinte Frau gewonnen, so ebbt freilich das Fabeln um sie ab. Ja, zuviel anfängliches Bild wird ungern Fleisch.« So charakterisierte der Philosoph Ernst Bloch die Erfahrung des frustrierten Liebesideal, wie sie nun König Heinrich durchleben muß. Die Nacht mit Anne wird zur Enttäuschung. Das jahrelang heißblütig ersehnte Ideal zerfällt als Schattenspiel einer Fata Morgana. Zwar kommt es zu der zielstrebig verfolgten »fleischlichen Erkenntnis«. Sie hinterläßt aber nichts weiter als einen fahlen Geschmack.

Zunächst einmal ist Anne in ihrer eisernen Jungfräulichkeit viel zu verkrampft, um die so lange Zeit aufgestaute und nun explosiv hervorschießende animalische Wildheit des königlichen Stiers in – sagen wir mal – poetischere Bahnen zu lenken. Bald sind alle Energien verpufft. Das Königspaar liegt nur noch nebeneinander hilflos da, verzehrt von Scham und ernüchtertem Verdruß. Nach einem solchen »Höhepunkt« der Leidenschaft kann nur noch der unvermeidliche Abstieg folgen...

In den nächsten Wochen geht der König einer Begegnung mit seiner Geliebten aus dem Weg, bis ihm die Botschaft hinterbracht wird, daß Anne schwanger sei. Da gibt es kein Halten mehr. Seine Begeisterung überschlägt sich beinahe. Endlich kommt der erhoffte Sohn und Thronfolger! Aber --- er wird nur dann als

Thronfolger anerkannt werden, wenn Heinrich und Anne verheiratet sind. In den wenigen noch verbleibenden Monaten wird der Papst sich nicht umstimmen lassen, und auch die Wahl des die Partei Heinrichs folgenden künftigen Erzbischofs Cranmer bedarf noch der sich immer weiter hinauszögernden Einverständniserklärung des Papstes, auf die nicht verzichtet werden kann.

Also muß gehandelt werden! Jetzt und sofort! Und obwohl Heinrich nach wie vor offiziell mit Katharina verheiratet ist, läßt er sich in Erwartung des so lange vergeblich ersehnten Thronfol-

Maria die Katholische, Heinrichs Tochter mit Katharina v. Aragonien und spätere Königin von England

gers in einer Nacht und Nebelaktion heimlich mit Anne trauen. Wie ein orientalischer Despot hat der englische König jetzt zwei Frauen. Dabei hatte noch kurz vorher der Papst »allen Mädchen der Welt« bei »Strafe ewiger Verdammnis« verboten, »mit dem König von England vor den Altar zu treten.« Unterdessen wurde die noch amtierende Königin Katharina vom Hof verbannt.

So sehr die Liebesnacht dazu beigetragen hat, das emotionale Verhältnis zwischen Heinrich und Anne abzukühlen, um so erfolgreicher gestaltet sich nun das Arrangement der geplanten Scheidung mit Katharina. Thomas Cranmer wird zum neuen Erzbischof gewählt. Seine erste Amtshandlung besteht darin, die Unabhängigkeit der englischen Rechtsprechung von Rom und anderen ausländischen Instanzen festzuschreiben. Damit ist auch die englische, später »anglikanisch« genannte Kirche nur noch der nationalen Gesetzgebung unterworfen. Damit kann nun endlich auch ein souveränes englisches Gericht die Ehe zwischen Katharina und Heinrich für ungültig erklären. Heinrich und Katharina seien niemals gesetzlich vermählt gewesen. Maria, Heinrichs Tochter, sei unehelich geboren. Die Heirat mit Anne sei demnach rechtskräftig.

Am 1. Juni 1533 darf Anne Boleyn den Höhepunkt ihrer Karriere erleben. In einer Themse-Barke, geleitet von unzähligen mit Blumengirlanden geschmückten Booten, wird sie von Greenwich her in das Königsschloß der Towerfestung eingefahren. Dort empfängt sie der König. Dann wird sie vom Tower aus in einer Sänfte durch die überfüllten Straßen Londons nach Westminster Hall getragen. Der Erzbischof persönlich nimmt in der Westminster-Abtei die Salbung mit dem heiligen Öl vor. Er gibt ihr das Zepter in die Hand und setzt ihr unter feierlichen Gebeten die Krone St. Eduards aufs Haupt. Es lebe die neue Königin von England!

Nicht alle Bürger sind mit diesem Verlauf der Geschichte zufrieden. Nach wie vor erinnern sich viele Menschen voller Wehmut an die in den Untergrund abgetauchte Ex-Königin Katharina. Die von der Boleyn-Sippe durchgeführte Enteignung katholischer Klöster hat große Teile der Bevölkerung in bitteres Elend geführt. Bisher wurden die Ärmsten im Lande von den Klöstern versorgt. Jetzt müssen sie darben. Der Unmut wird lauter. Die Kriminalitätsrate steigt. Auf den Straßen werden lästernde Parolen in Umlauf gebracht. Ein Priester namens Sir Jacob Harrison verkündet öffentlich auf dem Marktplatz: »Ich will keine andere Königin anerkennen als Königin Katharina; wer zum Teufel nur hat Anne Bullen, diese Hure, zur Königin gemacht?«

Zu allem Unglück entpuppt sich Heinrichs Hoffnung auf einen Sohn wieder einmal als ein Irrflug: Ins Leben geworfen wird nur eine Tochter, Elisabeth, die später zur bedeutendsten Königin Englands aufsteigen wird. Tapfer versucht der König

Königin Elisabeth von England als Prinzessin, Tochter Anne Boleyns

seiner Tochter ein wenig Liebe entgegenzuhauchen. Unterdessen hat der kaiserliche Botschafter Chapuys eine geheime Unterredung mit Staatssekretär Cromwell. Er sucht herauszufinden, wie weit seine Treue zu Königin Anne reicht mit der Hoffnung ihn umzustimmen für die Partei der Katharina-Anhänger; --- nun, da Anne keinen Thronfolger hat erzeugen können. Doch Cromwell ist ein Pragmatiker. Solange der König noch zu Anne hält, ist die Zeit nicht reif für einen Umsturz.

Die neue Königin ihrerseits spürt, daß Heinrichs Beziehung zu ihr immer reservierter wird. Anne hat dem König kein Glück gebracht. Innenpolitische Erhebungen werden außenpolitisch ergänzt durch eine Abkühlung des Verhältnisses zu Frankreich. Die ganze damalige Welt bekundet gegenüber England offene Feindschaft. Darunter leiden auch die Handelsbeziehungen. Unsanft gleitet die englische Wirtschaft in eine Rezession. Das kann als ein Zeichen gedeutet werden, daß ein nationalistischer Alleingang schon damals einem ökonomischen Selbstmord gleichkam.

Sir Thomas More

Die Hinrichtung des im In- und Ausland beliebten Ex-Lordkanzlers Sir Thomas More erweist sich im Nachhinein als ein schwerer Fehler. More gilt im Ausland als einer der angesehensten englischen Politiker. Als Philosoph und Humanist wird er unter dem lateinischen Namen Thomas Morus in die Geschichtsbücher eingehen. Mit seinem Roman »Utopia« hatte er das feudale System bloßgestellt und indirekt auch die diktatorische Machtausübung des englischen Königs angegriffen. Hartnäckig weigerte er sich, die Scheidung Heinrichs öffentlich als rechtmäßig anzuerkennen. Nicht einmal die Folter konnte ihn umstimmen. Darum wurde er hingerichtet.

Diese Hinrichtung führt zur Abwendung des französischen Bundesgenossen. Der französische König Franz erläßt die Order, in den diplomatischen Beziehungen mit England künftig die Boleyns »von oben herab« zu behandeln.

Jane Seymour,
3. Frau Heinrichs

Das Klima wird frostiger. Trotzig versucht Heinrich mit unbeugsamer Härte zu retten, was noch zu retten ist. Weil die Mönche des Charterhouse-Stiftes sich weigern, ihn als Oberhaupt der Kirche anzuerkennen, werden sie in den Kerker des Towers gesperrt. Man verzichtet auf die Hinrichtung und läßt sie ebendort elendig verhungern. Zwanzig Wiedertäufer, die in England um Asyl bitten, werden kurzerhand bei lebendigem Leibe verbrannt. Heinrich gebärdet sich immer jähzorniger:

»Ich werde die Prophezeiung wahr machen«, droht er allen Gegnern, »daß ich meine Regierung so sanft antreten würde wie ein Lamm, und rasender werden würde als ein Löwe.«

Seine ehelichen Beischlafpflichten nimmt er immer lustloser wahr und nur zum Zwecke der Erzeugung des heiß ersehnten Thronerbens. Schon hat er wieder eine Geliebte um sich. Verzweifelt ergreift Anne noch einmal die Flucht nach vorne und gibt vor, schwanger zu sein. Sofort ist der König besänftigt. Voller Liebe und Hoffnung wendet er sich wieder seiner Frau zu und läßt ihr alle Fürsorge zuteilwerden, die ihm in seiner immer grimmiger werdenden Natur noch möglich ist. Seine neue Geliebte muß erst einmal auf ihn verzichten.

Anne nutzt die Gunst der Stunde, um den König mit allen Mitteln ihres noch verbliebenen Charismas dahin zu bewegen, sich von der immer rebellischer werdenden Katharina-Tochter Maria zu trennen. Darauf will sich Heirich aber nicht einlassen. Zeitweise hegt Anne sogar den Gedanken, den von Katharina erzeugten »Bastard« umbringen zu lassen.

Irgendwann muß sie ihrem Mann dann gestehen, daß sie doch nicht schwanger ist. Sofort nimmt der König wieder seine Liebschaft auf. Bei seiner neuen Geliebten handelt es sich um Jane Seymour, deren Familie ausgerechnet mit der Partei Katharinas sympathisiert. Sie ist in ihrem Charakter das genaue Gegenteil der Anne Boleyn, sanftmütig wie ein Schaf, wenig gebildet, immer fürsorglich und aufmerksam bringt sie dem König das entgegen, was er zur Zeit oder eigentlich immer am meisten braucht, nämlich Huldigung und Ehrfurcht. Sie verhimmelt Heinrich, und er genießt diese Zuwendung wie Balsam für seine ebenso eitle, wie geschlagene Seele.

Als Anne die beiden bei einem Stelldichein auf frischer Tat ertappt, kommt es zu einer bösen Szene. Sie schreit ihn an, reagiert mit hysterischer Eifersucht und verbietet ihm, sich weiterhin mit Jane zu treffen. Diese Art von Heftigkeit ist Heinrich nicht gewohnt, war doch Katharina seinen Liebeleien immer mit einem zwar distanzierten, aber doch milden Verständnis begegnet.

Anne dagegen gebärdet sich sehr viel unduldsamer, zu unduldsam für eine kluge Frau! Der psychologische Instinkt, der sie bisher davor bewahrt hatte, zur Zielscheibe von Heinrichs cholerischem Temperament zu werden, scheint ihr abhanden gekommen zu sein. Die Stimmung zwischen König und Königin wird immer gereizter. Heinrich seinerseits verbietet ihr, in diesem abfälligen Ton mit ihm zu sprechen. Mit blitzenden Augen droht er der Königin, daß er sie ebenso wieder fallen lassen könne, wie er sie aufgebaut habe. Schon erkundigt er sich heimlich bei seinen

Der alternde König

Beratern, wie er diese unduldsame Klette namens Anne wieder loswerden könne.

Der überraschende Tod von Ex-Königin Katharina, die an einem symbolträchtigen Herzkrebs gestorben sein soll, ändert nichts an der zunehmenden Entfremdung zwischen Anne und Heinrich. Zunächst reagiert die Königin erleichtert. Mit Katharina ist sie ihre schlimmste Feindin los. Andererseits muß sie zu ihrem maßlosen Entsetzen erleben, daß Heinrich aus Angst vor einer übergroßen außenpolitischen Isolierung wieder diplomatische Verbindungen zum kaiserlichen Erzfeind, dem Neffen Katharinas, aufnimmt. Nun wo die Exkönigin tot ist, fällt auch das Hindernis für eine neue Annäherung in den Beziehungen zwischen England und dem Heiligen Römischen Reich Deutscher Nation. Alle Welt scheint sich von Anne abzuwenden.

Jetzt schlägt die Stunde des zweitmächtigsten Mannes Englands. Staatssekretär Thomas Cromwell ist ein übertreuer Vasall des Königs. Wie ein Bluthund wittert er, daß Gott Kairos – so nannten die Griechen die »Gunst der Stunde« – der Königin nicht mehr zugetan ist. Als sich nun auch noch die letzte Hoffnung auf einen Thronnachfolger zerschlägt, und die Königin in der für sie tragischen Ironie des Schicksals nur eine – wenn auch männliche – Totgeburt zustande bringt, ergreift Cromwell die Initiative.

Längst hat es sich auch bis zu ihm herumgesprochen, daß ein gewisser Mark Smeaton hoffnungslos in die Königin verliebt ist. Cromwell lädt den Tänzer und Musiker zu einer angeblichen abendlichen Geselligkeit in seinen Palast ein, auf daß er dem interessierten Publikum eine Galavorstellung gebe. Smeaton reagiert freudig überrascht und hält die Einladung für die Chance seines Lebens. Sie entpuppt sich als das größte Fiasko im Leben des Hofmusikers Anne Boleyns.

Statt einer fröhlichen Abendgesellschaft erwarten ihn die mürrischen Gesichter eines von Cromwell aufgestellten Tribunals. Der Musiker wird verhört. Da seine Aussagen zu vage anmuten, wird mit Hilfe von Folterknechten nachgeholfen.

Ob er verliebt sei in die Königin? – Ja, er würde sie sehr lieben. – Ob sie ihm denn auch ihre Sympathie bekundet hätte? – Ja, sie würde seine Musik sehr mögen. – Würde ihre Liebe sich wirklich nur auf seine Musik beziehen? Es sei das Gerücht im Umlauf, daß zwischen ihm und der Königin viel mehr im Schwange sein würde... – Hartnäckig leugnet Smeaton. Als dann die Folter wirksam wird, kann er seine Abwehr nicht mehr lange aufrechterhalten. Am Ende unterschreibt er ein Geständnis, das es in sich hat: Nicht nur er, sondern auch einige seiner Freunde, ja sogar Georg Boleyn, Annes Bruder, hätten mit der Königin intime Beziehungen gehabt und mit ihr sogenannte »fleischliche Erkenntnisse« kultiviert. Das reicht. Cromwell ist zufrieden.

Die Königin wird des Hochverrats und der Unzucht angeklagt und einige Wochen später zum Tode verurteilt. Aus lauter Gnade stellt sie König Heinrich vor die Wahl zweier Todesarten. Wenn sie ihre unzüchtigen Verbrechen zugibt, würde sie von einem fähigen Henker geköpft werden. Falls sie aber dieses Geständnis verweigere, würde sie den grausamen Flammentod auf sich nehmen müssen. Anne entscheidet sich für das Geständnis. Sie nimmt die Falschaussage auf sich, um unnötige Schmerzen zu vermeiden. Eine Leugnung wäre ohnehin zwecklos gewesen.

Tapfer und mit würdevoll erhobenem Haupt besteigt Anne Boleyn am 19. Mai 1536 das Schafott. Eine kurze Ansprache ist ihr noch vergönnt, wobei sie genau weiß, daß ihr im Falle von ketzerischen Aussagen ein weitaus schlimmerer Tod droht, nämlich die Vierteilung.

»Mein gutes Volk, liebe Christenmenschen! Ich bin hierher gekommen, um nach dem Gesetz zu sterben, denn nach dem Gesetz bin ich verurteilt worden, und ich tadle das Gesetz nicht. Auch klage ich niemanden an, und noch weniger will ich über das reden, wessen ich beschuldigt, und wofür ich zu sterben verurteilt bin. Vielmehr will ich einzig darum beten: Gott möge den König erhalten, daß er lange über euch regiere, denn niemals hat es einen milderen und gütigeren König gegeben...« Es waren Anne Boleyns letzte Worte.

König Heinrich wird England mit seinem »milden« Regiment noch ganze elf Jahre lang segnen. Nur einen Tag nach der Hinrichtung von Anne heiratet er demonstrativ Jane Seymour. Schon ein Jahr später stirbt seine dritte Frau. Immerhin hinterläßt sie einen, wenn auch schwächlichen Sohn, Eduard VI., der schon nach sechs Jahren Regierung noch minderjährig stirbt und damit den Thron an die katholische Maria weitergibt, bevor Elisabeth I., Tochter Anne Boleyns, als noch junges Mädchen den Grundstein zu Englands Weltherrschaft legt.

1540 heiratet Heinrich seine vierte Frau, Anna von Kleve. Ein halbes Jahr später wird auch diese Ehe annuliert. Im selben Jahr feiert Heinrich die Vermählung mit Catherine Howard. Sie wird des Ehebruchs bezichtigt und wie Anne Boleyn zum Tode verurteilt. 1543 findet schon wieder eine Hochzeit statt: Der englische König heiratet seine sechste Frau: Catherine Parr.

Die deutsche Anna v. Cleve. Heinrichs 4. Gemahlin

Catherine Howard, die 5. Frau endete ebenfalls auf dem Schaffot

Die 6. Frau Katherine Parr überlebte den König

Kommentar des Historikers Francis Hackett: »Dieser Mann mit dem großen Gesicht und den kleinen Augen, wie ihn Holbein unsterblich gemacht hat, war keine gesunde Seele, der Frauen verbrauchte wie manche Männer Socken, mit einer gewissen munteren Zerstörungswut. König Heinz, der Gute, war ein Mensch, der aus großzügiger, jovialer, überströmender guter Laune seiner Frau den Kopf abschnitt.«

Anmerkungen zum vierten Kapitel

In diesem Kapitel fand keine Erörterung kontroverser Literatur statt. Anmerkungen fallen daher nicht an. Die verwendete Literatur ist in der Bibliographie aufgeführt.

Die Marquise de Pompadour
Die Scheherazade von Ludwig XV.

Als Cäsar, der reizende Held,
Zu Roms Idol geworden war, weil er
Belgier und Deutsche geschlagen hatte,
machte man das Kompliment
der göttlichen Kleopatra

Als Ludwig, der reizende Held,
von ganz Paris vergöttert wurde, weil er
viele Schlachten glorreich gewonnen hatte,
Da machte man das der göttlichen d'Étiole
(= Mme. Pompadour) zum Kompliment.
Voltaire[1]

Das folgende Kapitel enthält die fiktiven Memoiren der Marquise de Pompadour, der Geliebten des französischen Königs Ludwig XV. Im Wortlaut sind sie frei erfunden. Trotzdem besteht der Anspruch, bei diesen Erinnerungen das Empfinden und den Geist der Mätresse möglichst authentisch rekonstruiert zu haben, etwa ihre Erklärungen dafür, wie sie es geschafft hatte, solange als Geliebte des Königs bestehen zu können, obwohl sich Ludwig – bekannterweise ein Frauenverehrer – von beständigen Beziehungen schnell gelangweilt fühlte.

Manche biographischen Details müssen ausgeblendet bleiben, z.B. auch die Frage, ob Monsieur Poisson wirklich der Vater der späteren Mätresse Ludwigs XV. war. Es ist kaum anzunehmen, daß sie, hätte sie Memoiren geschrieben, sich mit dieser für sie so peinlichen Frage aus freien Stücken befaßt hätte. Die Daten stützen sich besonders auf die lesenswerte umfangreiche Biographie von Tibor Simanyi.[2] Weitere zu Rate gezogene Werke sind im Literaturverzeichnis aufgeführt.

Solange es meine Kraft noch zuläßt, möchte ich der Nachwelt einen unverfälschten Einblick meines Lebensganges vermitteln. Nachdem Frankreich gegen die Preußen so kläglich versagt hat, brach in letzter Zeit gegen mich eine bösartige Hetzkampagne los. Als »Mätresse« des Königs – so die Vorwürfe – würde ich nicht nur die staatlichen Finanzen verschleudern, sondern hätte auch durch meine Initiative für ein Bündnis mit den Habsburgern die französische Niederlage gegen Preußen verursacht.

Schon seit Jahren läßt der Erzbischof von Paris, Christophe de Beaumont, in seinen Predigen die Asche seines unverhüllten Hasses über mich hinabregnen. Für ihn bin ich nichts weiter als eine gotteslästerliche Hexe, deren einziges Ziel darin bestünde, den armen König Ludwig vom rechten Glauben abzubringen, als ob der König nicht selber für sich Verantwortung tragen könne. Kürzlich hat der Erzbischof in einem seiner sogenannten »Hirtenbriefe« sogar gefordert, ich solle öffentlich verbrannt werden. Steckt nicht hinter solcher Art von »Nächstenliebe« nur Falschheit und nackter Egoismus? Was hat die Kirche denn getan, um Frankreich gegen seine Feinde zu verteidigen? Die Bischöfe wollen doch nur ihre eigenen Privilegien absichern. Nicht einmal Steuern sind sie bereit zu zahlen. Wie Drohnen nähren sie sich von unserem Königreich und lassen andere für ihre eigene Seelenruhe auf dem Schlachtfeld verbluten.

Vielleicht wird sich der Erzbischof jetzt erfreut die Hände reiben, wenn er erfährt, daß ich todkrank ans Bett gefesselt bin, zu schwach selber zu schreiben und diese Memoiren nur noch mit schwacher Stimme diktieren kann. Dabei bin ich erst knapp über vierzig Jahre alt und mag nicht mehr in den Spiegel schauen, so sehr erschreckt mich mein bleiches, eingefallenes Gesicht...

Mein geliebter Vater wurde von den Leuten später als »der Schlächter« verspottet – damit wollten sie (bösartig wie die Menschen nun mal sind) weniger ihn, als vielmehr mich treffen, indem sie auf meine niedere Herkunft anspielten. Tatsächlich gehörte er nicht gerade zum Hochadel, sondern war nur ein einfacher

Lebensmittellieferant – immerhin für staatliche Stellen, also nicht ganz unbedeutend, aber eben doch nur ein Bourgeois. Er war ein rauher Geselle, der sich mit allen Tricks durch's Leben schlug, selbst vor Unterschlagungen schreckte er nicht zurück. Deshalb wurde er angeklagt – angeblich sollte er sogar gehängt werden. Daraufhin floh er nach Deutschland und schrieb aus seinem dortigen Versteck flehentliche Bittbriefe an Kardinal Fleury, den Erzieher des damals noch unmündigen Ludwig XV., der ihm bisher immer gewogen gewesen war. Irgendwie schaffte er es, die französischen Behörden davon zu überzeugen, daß seine Schuld so groß wohl nicht gewesen sein mußte, denn acht Jahre nach seiner Flucht konnte er nach Frankreich zurückkehren und 1739 – ich war gerade achtzehn Jahre alt geworden - wurde ihm die Strafe teilweise erlassen bzw. auf Bewährung ausgesetzt. Später sorgte ich dann dafür, daß sein guter Ruf wieder hergestellt wurde, und er einen guten Posten in königlichen Diensten bekam.

Während der Zeit seines Asyls in Deutschland sorgte der wohlhabende Geliebte meiner Mutter, General Charles Le Normant de Tournehem, für meine Erziehung und diejenige meiner Geschwister. Er gab sich dabei sehr viel Mühe und scheute keine Kosten, mir für den Privatunterricht die besten Lehrer auszuwählen. Mit allen kulturellen Errungenschaften der Zeit wurde ich vertraut gemacht. Ich lernte nicht nur zu tanzen, zu musizieren oder - wie höhere Töchter - Gedichte zu deklamieren, sondern auch die Kunst des politischen Disputierens; ich erhielt Einblicke in die moderne Philosophie der Aufklärung, genoß Privatunterricht bei dem berühmten Dramatiker und Dichter Crébillon (den Älteren), während mich der erfolgreiche und landesweit bekannte Opernsänger Jélyotte in die Kunst des vokalen Gesangs einführte. Dieser fast alle Aspekte des kulturellen Lebens abdeckenden Ausbildung habe ich es zu verdanken, daß ich mich später am Hofe den Gepflogenheiten gemäß zu verhalten wußte und Neider, die mich meiner geringen Herkunft wegen verspotteten, in ihre Schranken weisen konnte.

Es ist kein Akt der Unbescheidenheit, wenn ich behaupte, daß keiner meiner vielen Feinde auch nur annähernd über soviel Bildung verfügte, wie sie mir von meinem geliebten Ersatzvater angediehen worden war. Vielleicht ist es der Prophezeiung einer Magierin zu verdanken, die meiner Mutter manchmal die Karten legte, daß ich mich dieser keineswegs bequemen Erziehungsprozedur mit einem geradezu fanatischen Ehrgeiz unterwarf. Mit dem geringen Stand meiner bürgerlichen Herkunft konnte ich mich nämlich niemals abfinden. Eines Tages – ich muß wohl ungefähr neun Jahre alt gewesen sein – prophezeite die Magierin meiner Mutter, daß ich später am Hofe von Versailles die Mätresse des Königs sein würde. Diese Weissagung nahm meine Mutter sehr ernst, denn an den okkulten Fähigkeiten der Magierin gab es nichts zu zweifeln. Zunächst verschwieg mir meine Mutter allerdings, welches Los mir bestimmt war – die Vision, daß ich einst die Geliebte König Ludwigs XV. sein würde, erschien einfach zu ungeheuerlich und meine Mutter wollte nicht, daß die Eröffnung solcher grandioser Perspektiven meinen Charakter zum Hochmut verführte. Irgendwann verplabberte sie sich aber, als ich eines Sonntags zu lässig gekleidet beim Gottesdienst erschienen war: In solcher liederlichen Aufmachung, schimpfte sie, würde ich niemals Mätresse des Königs werden können. Es war ihr ziemlich peinlich, mir das Wort »Mätresse« zu erklären, denn ich war ja erst elf Jahre alt und nicht einmal erwachsen. Da mir mein Philosophielehrer eingetrichtert hatte, Fragen präzise zu stellen und mich mit keinen oberflächlichen Antworten abspeisen zu lassen, hatten auch andere Menschen unter meiner hartnäckigen und schier unstillbaren Neugier zu leiden. Sobald ich über mein künftiges Schicksal aufgeklärt war, kannte mein Ehrgeiz keine Grenzen mehr; bald begann ich sogar, mit meinen Lehrern in der Kunst der Gelehrsamkeit zu wetteifern.

In ihrer ganzen Lebensart bot mir meine Mutter kein schlechtes Vorbild. Sie war eine sehr attraktive, lebenslustige Frau und wußte ihre Reize geschickt einzusetzen. Vater war fern, da blieb

es nicht aus, daß sich viele (nicht gerade unbedeutende) Männer um ihre Gunst bemühten, nicht nur mein verehrter Ersatzvater, Charles, sondern auch andere Persönlichkeiten aus den höchsten Kreisen, zum Beispiel kein geringerer als der damalige Kriegsminister Le Blanc, den ich wegen seiner rauhen Stimme, immer den »Bärbeißer« nannte, was meine Mutter zu Wutausbrüchen verleitete. Aber auch sein Bruder, Bischof von Avranches, besuchte uns häufig und verhielt sich dann immer auf eine sehr unnatürliche und nicht gerade besonders tugendhafte Weise devot. So setzte sich schon frühzeitig in mir die Erkenntnis fest, daß die äußerlichen Abzeichen von Würde und Stand - nicht einmal der repräsentative Talar eines Bischofs - Männer vor den Torheiten unziemlicher Leidenschaft bewahren können. Unter ihren bombastischen Gewändern sind sie nackt und bloß – und unterscheiden sich darin in keiner Weise von den geringsten Bauern.

Ich war gerade achtzehn Jahre alt, als ich das erste Mal in meinem Leben von einem recht linkischen Jüngling, Charles-Guillaume d'Étoiles, umworben wurde. Es handelte sich um den zweiundzwanzigjährigen, ebenso untersetzten, wie häßlichen

Neffen meines Erziehers, des hochwohlgeborenen Monsieur Lenormant de Tourehem. Zu dieser Zeit kam gerade mein leiblicher Vater aus Deutschland zurück, und er war hocherfreut, daß sich seine Tochter so positiv entwickelt hatte und nun gar im Begriff stand, eine »aristokratische« Ehe zu schließen. Lange Zeit wehrte ich mich gegen diese Verbindung, nicht nur weil ich Charles-Guillaume in seiner klettenhaften Art unausstehlich empfand, sondern auch, weil eine Heirat mit ihm alle meine Träume über den Haufen geworfen hätte: Wie sollte ich denn als verheiratete Frau jemals Geliebte des Königs werden können? Trotzdem konnte ich mich den Forderungen meiner Verwandten nicht entziehen, und besonders nicht den Bitten eines geschätzten Ersatzvaters, Monsieur de Tourehem, der mich inständig bat, seinen Neffen zu heiraten. So kam es am 9. März 1741 in der Kirche Saint-Eustache zur Trauung. Immerhin konnte ich jetzt den biederen Namen »Poisson« ablegen und durfte mich Madame d´Etioles nennen. Dieser Name meines Gatten war bezeichnend für seinen Charakter, bedeutet doch »étiolé« nichts anderes als »kümmerlich«, »siech« oder »bleich«.

Voltaire

Da wir von den Verwandten meines Mannes reichlich beschenkt wurden, und mein Ersatzvater mir bei seinem Ableben kurz darauf ein Vermögen von 150000 Livres vermachte, sowie sein reizvolles Chateau d'Étioles in einem Tal am Ufer der Seine, wurde ich zumindest materiell entschädigt für die mir aufgezwungene Zumutung, einen langweiligen Mann, den ich nicht liebte, heiraten zu müssen. Um möglichst wenig mit ihm alleine zu sein, lud ich regelmäßig Gäste in unser Schloß ein, u.a. meinen Poesielehrer Crébillion, den Philosophen Fontenelle und die mit Monsieur de Tourehem befreundeten und schon damals berühmten Denker Montesquieu und Voltaire. Damit hatte ich einen ersten Schritt getan, der mich noch weit über die bürgerliche Enge meines Elternhauses hinausheben sollte.

Mein eigentliches Ziel bestand natürlich nach wie vor darin, meiner mir vorhergesagten Bestimmung gemäß einen Zugang nach Versailles zu finden. Wie aber sollte ich es anstellen, mich dem von der Öffentlichkeit hermetisch abgeschirmten König zu nähern?

Irgendjemand erzählte mir, daß Ludwig XV. regelmäßig im Walde von Sénart jagen ging. Da einige meiner vielen Gäste häufig auch am Hofe eingeladen waren, war es gar nicht so schwer, Zutritt zu der königlichen Jagdveranstaltung zu bekommen. Nun überlegte ich, wie ich unter den vielen Menschen die Auf-

Versammlung zur Jagd

merksamkeit des Königs auf mich lenken könnte. Eine Idee war schnell gefunden. Für den nächsten Jagdtermin ließ ich meine Kutsche von meinen Dienern rosa streichen. In einem himmelblauen Kleid ließ ich mich dann in dem extravaganten Gefährt zur Jagd kutschieren. Noch in derselben Nacht mußten meine Diener die Kutsche mit blauer Farbe übermalen, so daß dann am zweiten Tag der Jagdveranstaltung eine Dame im rosafarbenen Kostüm einer himmelblauen Kutsche entstieg. Diese Inszenierung war überaus erfolgreich. Als »petite d´Étioles« war ich einige Zeit lang im Mittelpunkt des Klatsches der Hofdamen. Bald wurde mir hinterbracht, daß mein farbenfroher (und keineswegs »bleicher«) Auftritt auch den König erheitert hatte. Fortan nannte er mich eine »himmelblau-rosafarbene Diana«. Als Göttin der Jagd war ich mit einem Schlage im Kreise seiner Musen aufgenommen.

Die damalige Mätresse des Königs – die Herzogin von Chateauroux – fühlte sich durch meinen kleinen Auftritt in ihrer Stellung bedroht. Sie sandte einen Boten mit einem persönlichen Brief zu meinem Schloß. Darin bedeutete sie mir, nicht mehr bei den Jagdgesellschaften des Königs zu erscheinen, andernfalls würde sie schon wissen, wie sie mir das Leben schwer machen könnte. Das war eine unverhüllte Drohung, die ich sehr ernst nahm, denn die Herzogin gehörte zu den einflußreichsten Frauen des damaligen Frankreichs. Sogar Königin Maria Leszcynska fühlte sich an ihrer Seite machtlos. Immer wieder wurde sie von der streng auf ihre Privilegien bedachten Herzogin gedemütigt. Ludwigs Gefühle waren seiner Frau gegenüber längst erkaltet. An ihrer Stelle hatte sich die Herzogin einen Platz im ersten Rang der Tribüne des Herzen des Königs gesichert – zumindest vorläufig.

Ich hütete mich also, die Drohung der königlichen Mätresse auf die leichte Schulter zu nehmen und ließ mich fortan bei den Jagdgesellschaften nicht mehr blicken. Trotzdem erfüllte mich die erstaunliche Wirkung meines Auftritts auf den König mit

Die Herzogin von Chateauroux

Stolz: Hatte ich es nicht erreicht, daß sich die mächtigste Frau Frankreichs durch meinen Coup irritiert fühlte? Als man mir einige Monate später den Tod der Mätresse meldete, zuckte ich sichtlich zusammen, als wäre ich selbst ihre Mörderin gewesen...

Dann wurde am 25. Februar 1745 wieder einmal Hochzeit gefeiert. Der Dauphin von Frankreich, gleichnamiger Sohn Ludwigs XV. und seiner vernachlässigten polnischen Frau, der Königin Maria Leszcynska, heiratete die Infantin Maria Theresia Antoinette, Tochter des Königs V. von Spanien. Wie sich später herausstellte, waren beide sehr konversativ und tugendhaft denkende Menschen, die sich immer über Ludwigs Mätressenwirtschaft moralisch entrüsteten. Deswegen war es besonders brisant, daß ich gerade am Tag ihrer Hochzeit mich erneut dem König zu nähern suchte. Für mich bestand kein Grund mehr, diesem Fest fernzubleiben. Wieder suchte ich nach einem Clou, um mich in das Gesichtsfeld des Königs einzuschleichen.

Ich beschloß, beim Maskenball als römische Göttin der Jagd zu erscheinen. Ludwig XV. vergnügte sich als Eibe. Irgendwie schaffte ich es einige Male, mich im tanzenden Gedränge dem König zu nähern, ihn jeweils ebenso kurz wie neckisch anzulächeln und wieder zu verschwinden. Bei meiner letzten Annäherung hielt mich Ludwig am Ärmel fest und forderte mich auf, meine Identität preiszugeben. Nur eine Sekunde lang lüftete ich meine Maske und schaute ihm geradewegs in die Augen, dann huschte ich davon, drehte mich aber noch einmal um, warf dem verdutzten Herrscher eine Kußhand zu und ließ eines meiner kostbaren Taschentücher fallen, das der König – ohne Hilfe eines Dieners - höchstpersönlich aufhob, wie mir ein Freund später berichtete. Aus dieser Szene ging sogar ein Sprichwort hervor: »Das Schnupftuch ist geworfen!«

Ludwig XV

Ohne einen Freund – nein, ohne viele Freunde erreicht man am Hofe gar nichts. Andererseits sollte man im internen Kreis um den Souverän niemandem, auch nicht dem besten Freunde, allzusehr trauen. Ist nicht jeder nur erpicht, sich den besten Platz in der Hierarchie zu ergattern? Erst allmählich wurde mir klar, daß ich mit meinen zarten, andeutenden Attacken in ein Wespennest gestochen hatte. Ich war eingedrungen in eine Kampfarena um Macht und Privilegien. Denn wie sich schon an der verstorbenen oder ermordeten – der Fall blieb ungeklärt - Exgeliebten des Königs (der Herzogin) gezeigt hatte, blieb die Aufmerksamkeit Ludwigs meiner Person gegenüber nicht ohne Auswirkungen auf andere Personen, denen gleichzeitig Aufmerksamkeit entzogen wurde, ist es doch nicht einmal einer der normalen Menschenwelt entrückten göttlichen Majestät möglich, alle Menschen gleichermaßen stark zu beachten. Am Hofe war darum nur derjenige bedeutend, der sich möglichst lange die Gunst des Königs erhalten konnte. Um diese Gunst wurde nicht nur mit offenen Karten gebuhlt...

Ludwig XV. war ein recht attraktiver Mann mit einem ovalen, sensiblen, harmonisch proportionierten Gesicht, großen dunklen, klar blickenden Augen, einer hohen Stirn, geschwungenen Augenbrauen und einer länglichen markanten Nase. Seine wohlgeformten, nicht zu schmalen Lippen wirkten durchaus sinnlich. Auf dem Pastell von Latour schaut Ludwig so offenherzig und interessiert drein, daß man sich kaum vorstellen kann, daß das größte Problem dieses Menschen die Langeweile war. Eingezwängt in den immer gleichen konventionellen Formen des peinlich strengen Hofzeremoniells fiel es ihm nicht leicht, dem Leben noch unterhaltsame Seiten abzugewinnen. Vielleicht hätten ihn geistige Interessen aus seiner Lethargie retten können, aber bisher hatte ihn niemand in die Welt des Denken eingeführt. So zog er leichtere Vergnügungen vor; er fand sie auf der Jagd und natürlich – bei den Frauen.

1725 war er als Fünfzehnjähriger mit der damals zweiundzwanzigjährigen polnischen Prinzessin Maria Lesczynska verheiratet worden, weil ihr Vater, der verbannte, im französischen Exil lebende und verarmte polnische Ex-König Stanislaus I. an den französischen Hof keine Forderungen stellen würde, sondern froh war, seiner Tochter mit dem Nachfolger des Sonnenkönigs eine so prächtige Partie ermöglicht zu haben. Maria war eine sehr moralische, gottesfürchtige Frau, von schlichtem, ebenso gutwilligem, wie auch korrektem Gemüt, kurz: charakterlich das

Maria Lesczyuska, Gemahlin Ludwig XV

glatte Gegenteil des Königs. Er liebte den üppigen Genuß, jede Art sinnlicher Attraktionen und opulente Feste, während sie sich nur in stiller Zurückgezogenheit wohl fühlte. Gewissenhaft unterwarf sie sich den täglichen Gebetszeremonien, während Ludwig keinen Hehl daraus machte, daß er als König über Glaubenssachen hoch erhaben war – zumindest solange, wie es ihm gut ging. Ein frommer Lebenswandel lag ihm ganz und gar nicht. Er suchte prickelndere Freuden. Wenn er sich nicht gerade auf der Jagd austobte, ließ er sich von seinem Hofstaat die neueste Kollektion an Mätressen vorführen. Königin Maria hatte dafür überhaupt kein Verständnis. Sie weinte, quengelte und machte ihrem Mann moralische Vorhaltungen – wie jede normale Frau es auch getan hätte, allein König Ludwig hatte für diese Verständnislosigkeit seiner Gemahlin noch weniger Verständnis. Künftig beachtete er sie nicht weiter, strafte sie mit Ignoranz und duldete ihre Anwesenheit nur noch bei besonders wichtigen Forderungen der Etikette.

Über die Mätressen konnte der Hofstaat Einfluß nehmen auf das Gemüt und auf die Politik des Königs, und es war nur wenigen vorbehalten, in dieser Frage mitzuentscheiden, zum Beispiel dem Herzog von Richelieu, der einen Suchtrupp engagiert hatte, um im ganzen Land nach den schönsten und feurigsten Frauen für den König Ausschau zu halten. Anstelle des damals noch minderjährigen Ludwigs XV. hatte dieser Herzog jahrelang nach dem Tod des Sonnenkönigs Frankreichs Regierung nicht schlecht geführt. Immerhin reduzierte er das von Ludwig XIV. hinterlassene ungeheure staatliche Defizit um knappe 30% und war ansonsten ein sehr aufgeklärt und liberal denkender Mann, der mit seinem unorthodoxen Lebenswandel bewies, daß sittlich freizügig fühlende Menschen oft viel verantwortungsbewußter die öffentlichen Aufgaben verwalten als selbsternannte Moralprediger und Apostel, die oft nur reden, statt zu handeln.

Noch heute ist der Herzog ein Galan und Lebemann. Die Frauen, die er persönlich mit seiner besonders gearteten Auf-

Gartenvergnügen

merksamkeit beglückt hat, sind unzählbar. Trotz seines fortge-
schrittenen Alters empfängt er heute immer noch täglich einen
Beutel Liebesbriefe seiner vielen Verehrerinnen.

Aus diesem Lebenswandel geht hervor, daß der Herzog auch
für die sinnlichen Neigungen seines Schützlings und Nachfol-
gers, des inzwischen volljährig gewordenen Königs Ludwig XV.,
viel Verständnis zeigte. So fühlte er sich persönlich auch für die
Auswahl der königlichen Mätressen verantwortlich. Seine neueste Empfehlung war eine gewisse Madame de la Popelinière, die
ihm bereits treu ergeben als Spionin beste Dienste geleistet hatte.
Doch Ludwig fand sie langweilig. Andere intrigierende Höflinge
wollten dem König die ebenso bestechliche Herzogin von
Rochechouart zuspielen. Doch auch von ihren erotischen Finnes-
sen wollte sich Ludwig nicht überzeugen lassen.

Daß der König alle Empfehlungen seines Hofstaates verschmähte, um stattdessen seine warmen Augen auf mich zu wer-

fen, muß den königlichen Zuhältern als ein Affront erschienen sein, hatten sie doch auf mich überhaupt keinen Einfluß. Schon warnte man mich, daß ich meines Lebens nicht mehr sicher wäre – und hielt mir meine unsanft entschlafene Vorgängerin als warnendes Beispiel vor Augen. Doch meine Bestimmung war stärker als alle Vorsicht.

Erst sehr viel später erfuhr ich, daß auch um meine Person bereits die Spekulation der Hofintrige rotierte. Ein königlicher Kammerdiener namens Binet rechnete es für sich als Vorteil aus, wenn er den König in seiner - von allen anderen zunächst mißbilligten - Leidenschaft für mich unterstützte. Eines Tages in den ersten Aprilwochen 1745 erhielt ich eine Einladung ins königliche Theater. Es wurde eine italienische Komödie gespielt. Ich war nicht wenig erstaunt, als sich herausstellte, daß sich meine Loge unmittelbar neben derjenigen des Königs befand. In der Pause suchte mich Ludwig auf, und ich durfte ihm das erste Mal ganz alleine in seine sanften Augen schauen. Wir sprachen nicht viel miteinander, und zum Abschied schenkte er mir einen Diamantenring. Von nun an war ich fast täglich zu Gast in Versailles. Abend für Abend durfte ich zusammen mit dem König und einigen ausgewählten Persönlichkeiten soupieren.

Mir gegenüber verhielt sich Ludwig merkwürdig scheu. Er war alles andere als der draufgängerische Lebemann, als den man

Richelieu

ihn mir beschrieben hatte. Fast ein wenig devot fragte er mich immer wieder, ob ich nicht noch irgendwelche Wünsche hätte, die er mir liebend gerne erfüllen würde. Natürlich fühlte ich mich durch diese Zuwendung seiner Majestät sehr geschmeichelt. Wenn mich Gott persönlich begehrt hätte, wäre mein Triumph wohl nicht größer gewesen. Voller Dankbarkeit gedachte ich der Magierin, die meiner Mutter dieses mein Schicksal prophezeit hatte, und ich beschloß, ihr eine regelmäßige monatliche Zuwendung zukommen zu lassen.

Irgendwann - es war an einem lauen Frühlingsabend - führte mich seine Hoheit nach einem Diner mit dem Herzog von Richelieu und Monsieur de Luxembourg in eines seiner Gemächer mit einem großen goldverzierten Himmelbett. Er hieß mich auf dem Bettrand Platz zu nehmen und fragte mit sanfter Stimme, ob es mir unangenehm sein würde, wenn er sich neben mich setzen würde.

»Natürlich nicht, Majestät!«, erwiderte ich ebenso sanft und spürte, wie mir vor lauter Spannung das Blut ins Gesicht schoß. Da legte er einfach seine Hand auf mein Knie, als ob gar nichts dabei wäre und schaute etwas verlegen zu Boden. Innerlich mußte ich über sein linkisches Verhalten lächeln; ich verstand seine Absichten sofort, stellte mich aber unwissend, denn man hatte mir beigebracht, daß es für eine junge Frau nicht schicklich sei, einem Mann – und besonders nicht Seiner Majestät - allzu schnell entgegenzukommen. Auch wenn ich die Erwartungen der Leser enttäuschen sollte, möchte ich um Verständnis bitten, daß ich diese Szene nicht ausführlicher beschreibe. Es bleibt der Phantasie freigestellt, sich die Details auszumalen. Und sicherlich wird sie die tatsächlichen Geschehnisse viel farbenprächtiger gestalten, als sie tatsächlich waren.

In der Darstellung erotischer Pikanterien könnte ich ohnehin nicht konkurrieren mit dem scharfzüngigen Sohn meines einstigen Lehrers, Claude Prosper Jolyot de Crébillon, dessen lasziver Roman »Das Sofa - Ein moralisches Märchen« damals ganz

Frankreich erregte. In diesem »oeuvre scandaleuse« wird beschrieben, wie ein Hofjunker an Schah Bahams Hof aus Strafe für irgendein Vergehen in ein Sofa verwandelt wird. Der Zauber wird erst aufgehoben, wenn er als »Sofa« miterleben kann, wie auf ihm zwei unbedarfte, miteinander im Liebesspiel verstrickte Menschen ihre Unschuld verlieren. Durch diesen angeblich historischen Roman fühlte König Ludwig seinen Hof diskreditiert, sich selbst in der Figur des frivolen Schah Baham als dekadenter Lüstling porträtiert – obwohl das eine Rolle war, die ihm durchaus zusagte - und setzte den Autor auf die Fahndungsliste. Crébillon aber konnte nach England fliehen. Nachdem er erklärt hatte, daß er diesen nicht zur Veröffentlichung bestimmten Roman nur auf Wunsch des bösen Friedrichs II. geschrieben hätte, und daß das Manuskript gegen seinen Willen publiziert worden wäre, durfte er in seine Heimat zurückkehren.

Nach diesem Abend durfte ich in die ehemalige Wohnung der ersten (längst verstoßenen) Mätresse des Königs (Madame de Mailly) ziehen. Damit notwendig verbunden war die Trennung von meinem ungeliebten Mann, die mir nicht sehr schwer fiel. Er allerdings soll in Ohnmacht gefallen sein, als man ihm kurzerhand mitteilte, daß ich plötzlich nach Versailles umgezogen sei. Ludwig ernannte mich nun zu seiner offiziellen »maitresse en titre« (»Mätresse vom Dienst«). Damit hatte sich die Prophezeiung der Magierin meiner Mutter endgültig erfüllt. Später konnte ich das Schloß seiner verstorbenen Vorgängerin beziehen, der Herzogin von Chateauroux. Mein Freund, der Abbé Francois Joachim de Pierre de Bernis, gab mir dann den Namen, unter dem mir am 14. September 1745 offiziell die »höfische Vornehmheit« verliehen wurde: »Marquise de Pompadour«.

Diese öffentliche Zeremonie meiner Integration in den Hof entbehrte nicht der Pikanterie. Üblicherweise wurden die Mätressen des Königs solcher Ehrung nämlich nicht teilhaftig. Darum versammelte sich auch schon früh am Morgen viel Volk um die Außenmauern von Versailles, um zu sehen, was sich ereig-

Im Park von Versailles

nen würde. Daß eine Mätresse, noch dazu eine Frau niederer
Herkunft, vom König in den Adelsstand erhoben wurde, konnten nur wenige akzeptieren. Besonders brisant war die Tatsache,
daß die mit dem König zerstrittene Königin meiner offiziellen
Erhöhung ihre öffentliche Zustimmung geben sollte. Ein Skandal
lag in der Luft, denn mußte die Königin diese Ehrung der sechs-
ten Geliebten ihres Gemahls, der sie schmählich ignorierte, nicht
als eine Zumutung empfinden? Kaum einer hätte auch nur einen
Sou dafür gewettet, daß die Königin mich segnen würde. Als sie
es dann aber doch tat, waren nicht nur die Höflinge verblüfft,
auch ich war außer mir vor Überraschung und - Freude.

»Madame...,« stammelte ich verschämt, »ich habe den leidenschaftlichen Wunsch, Ihnen zu gefallen.«

Irgendwie mußte die Königin geahnt haben, daß ich nicht als
ihre Feindin nach Versailles gekommen war, ging es mir doch
mehr um die neu gewonnene Stellung, und weniger um den
Alleinbesitz des königlichen Herzens. Ich hatte der Königin von
Anbeginn an meine Bereitschaft signalisiert, mit ihr dieses Herz
teilen zu wollen. Und ich hatte ihr dafür auch einen Beweis gelie-
fert, indem ich Ludwig dazu bewegen konnte, daß er sich wieder

mehr um seine Frau kümmerte, sie häufiger in gemeinsamen Auftritten öffentlich präsentierte, ihr Geschenke zukommen ließ und sie auch wieder zum gemeinsamen Diner nach Choisy einlud. Die Königin wußte genau, daß sie diesen Sinneswandel ihres Gemahls meinem Einfluß zu verdanken hatte. Und da sie inzwischen gelernt hatte, daß sie Ludwigs Charakter nicht ändern könnte, sondern ihn nur mit seinen Mätressen annehmen konnte oder gar nicht, entschied sie sich dafür, mich zu akzeptieren, was ihr um so leichter fiel, als sie meine freundschaftlichen Absichten ihr gegenüber sofort wahrnahm.

Um Königin Maria Leszczynska meine Gefühle der Dankbarkeit zu signalisieren, schrieb ich einer ihr sehr verbundenen Freundin, der Herzogin von Luynes, einen Brief, in dem ich versicherte, daß ich für die Königin bereit wäre, mein Leben zu geben. Das war keine Übertreibung, sondern nur Ausdruck meiner übergroßen Dankbarkeit, hatte mich doch die Königin ihrem persönlichen fürsorglichen Schutz unterstellt, als nun eine gehässige Kampagne gegen meine Person inszeniert wurde.

>»Si la Cour se ravale,
De quoi s´étonne-t-on?
N´est-ce pas de la halle,
Que nous vient le poisson?«[3]

Dieses Spottgedicht - nur eines aus einer ganzen Serie sogenannter »Poissonaden« - wurde verfaßt von dem Staatssekretär und Marineminister Graf von Maurepas, dem federführenden Initiator des nun ansetzenden Feldzuges gegen mich. Das Wort »poisson« (»Fisch«) spielte auf meinen Mädchennamen an, der leider nicht besonders vornehm klingt. Die hinter meinem Rücken betriebene Verleumdungskampagne war Ausdruck von Neid und von einer doppelten Moral. Warum nur mißgönnte man dem König seine Geliebte, wo doch von zwanzig Adligen des Hofes fünfzehn nicht mit ihren Frauen, sondern mit Mätressen zusammen lebten?

Maria Leszczynska, gemalt von Nattier

Hinter verhohlener Hand wurde getuschelt. Mit Argusaugen begutachteten die Damen meine Toilette und meine Manieren. Jeder Staubkorn auf meiner Kleidung wurde zur Kenntnis genommen und meiner angeblich schludrigen »bürgerlichen« Erziehung angelastet, ebenso wie mein angeblicher Mangel an Bildung. Sie wußten ja nicht, daß der von ihnen verehrte große Dichter Crébillon (d. Ä.) mein persönlicher Lehrer gewesen war. Auch die Karikaturisten nahmen sich meiner an, stellten mich als einen auf der Schulter des Königs sitzenden Papagei dar oder als Fisch in einem Aquarium, das er anstelle seiner Frau mit ins Bett nahm. Das grenzte bereits an Majestätsbeleidigung! Die Presse konnte sich schon damals viel herausnehmen! Und da ich zu Beginn meiner Karriere zu Hofe nicht immer das korrekte Ver-

*Die junge
Pompadour*

halten einzunehmen wußte, lästerte man bald immer dreister über mein »bäuerliches« Benehmen. Respektlos verhielten sich auch meine Untergebenen: Ihre Demut trugen sie so affektiert mit kokettem Augenaufschlag zur Schau, daß niemand die hinter der äußeren Geste verborgene Verachtung übersehen konnte. Nicht einmal der König konnte und wollte diesem bösen Treiben Einhalt gebieten. Sein Herz war weich und kraftlos; nichts lag ihm ferner als Zivilcourage!

Zunächst schien es fast so, als würde ich mich gegen die Überzahl meiner Feinde nicht behaupten können, doch ich hatte auch einige Freunde, deren Macht diejenige meiner Gegner bei weitem übertraf. Da waren zum Beispiel die mit der Königin befreundeten Gebrüder Paris, bedeutende und mächtige Finanzmakler im damaligen Frankreich. Als sie sahen, daß ich die Sympathie der von ihnen sehr geschätzten Königin genoß, boten auch sie mir ihre Hilfe an. Mit ein wenig Raffinesse konnte ich auch den Leiter des zentralen Postbüros, Monsieur Janelle, für mich gewinnen. Ich versprach ihm, daß ich mich für seine Interessen beim König einsetzen wollte. Und da er wußte, daß niemand mehr Einfluß auf Ludwig ausüben konnte als ich, diente er mir von da an mit geradezu hündischer Ergebenheit. Mit Janelle hatte ich einen Triumph in meiner Hand, kontrollierte er doch die gesamte Korrespondenz der Monarchie. Die wichtigeren Briefe wurden von seiner Behörde genau überprüft. Es bedurfte nur eines Winkes, um ihm klarzumachen, daß von nun ab keine Briefe mehr mit gehässigen Attacken gegen meine Person von seiner Behörde weitergeleitet werden durften.

Als weitere Verbündete gewann ich den Marquis de Saint-Séverin, Feind meines späteren Hauptgegners des Kriegsministers d´Argenson, Marquis de Puisieux, etwas zwielichtiger Vertrauensmann der Finanzleute Paris, sowie den berühmten Marschall Belle-Isle, den ich - zugegeben – mit einigen gezielten Schmeicheleien für mich einzunehmen wußte. Bald witterten auch viele andere, daß es für sie sehr ungünstig sein würde, sich

gegen mich zu stellen. Plötzlich übertrafen sich alle in freundlichen Gebärden mir gegenüber. Keiner wagte mehr, die Mätresse des Königs zu beleidigen. Um meiner Macht einen würdigen Ausdruck zu verleihen, führte ich die strengen Regeln der Etikette wieder ein, die zu Zeiten des Sonnenkönigs, Ludwigs XIV., noch geherrscht hatten. Auch bei der Gestaltung meiner Empfänge und Audienzen ließ ich mich von Ludwig XIV. inspirieren. Bittsteller empfing ich in einem kahlen Raum in meinem hohen Lehnstuhl sitzend, während sie stehen bleiben mußten. Solche Maßnahmen waren notwendig, um am Hofe überhaupt ernst genommen zu werden.

Bald priesen mich die Gazetten als der zwischen der Sonne (Ludwig XV.) und dem Mond (Königin Maria) aufgegangene Stern. Immer mehr Gesandte anderer Völker zogen es vor, mit

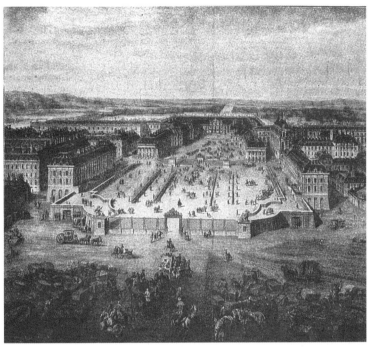

Versailles nach einer zeitgenössischen Vogelperspektive

der Marquise de Pompadour zu verhandeln statt mit dem jeweiligen zuständigen französischen Ministers. Während ich mit den hohen Herren tafelte, durfte mein Hofmeister Collin hinter mir stehend meine Serviette halten. Oft fuhr ich in meiner exquisiten Karosse mit ihrem Samtdach in die Wälder hinaus. In der Kapelle des Schloßes Versailles hatte ich mir über der Sakristei eine Bühne errichten lassen, nicht nur Schmuck, Gold und Silber sammelte ich, sondern auch Schlösser. Ich kaufte verfallene Burgen, Gehöfte, wie zum Beispiel das Landgut Crézy bei Dreux, und viele verkommene Residenzen auf, ließ sie restaurieren, und verlieh ihnen den Glanz von schmucken Lustschlößchen. Der Architektur galt meine größte Leidenschaft, so studierte ich die Werke der großen Meister – von Palladio bis hin zu meinem persönlichen Architekten Pierre Lassurance.

1748 veranstaltete ich zu Ehren des Königs ein Einweihungs-
fest für das gerade von mir renovierte Schloß La Celle, das nur
eine Meile von Versailles entfernt lag. Den Park hatte ich mit einer
aufwendigen Beleuchtungsanlage ausgestattet. Nur ausgesuchte
Gäste waren geladen, unter ihnen auch Kriegsminister d´Argen-
son und sogar Marineminister Maurepas, den Verfasser der
Spottgedichte auf mich. Nachtragend wollte ich niemals sein. Für
die Nacht hatte ich mir eine besonders romantische Vorstellung
ausgedacht: auf einer Waldeslichtung postierte ich einen Kinder-
chor, der den Gästen ein Ständchen gab. Später ließ ich in dem
sechs Hektar großen Park neben dem Versailler Drachentor
einen Tempel errichten, der von einem Adonis aus weißem Mar-
mor bewacht wurde.

Mein Einsatz für den Erhalt wichtiger französischer Kultur-
güter wurde bald überall bekannt und brachte mir viel Anerkennung ein. 1752 erhielt ich einen Brief von Denis Diderot. Darin
bat er mich, ihn gegen das von der Kirche geforderte Verbot seiner »Encyclopédique ou Dictionaire raisonné des sciences, des
arts et des métiers« zu unterstützen. Vor einigen Jahren waren
bereits seine »Pensées philosophique« als angebliches Teufels-
werk öffentlich verbrannt worden.

Mir schien es zunächst sehr gewagt, ein Werk zu verteidigen,
das in einen offensichtlichen Widerspruch zu den geheiligten
Doktrinen der Kirche stand. Andererseits fand ich Diderots
Pamphlet außerordentlich geistreich und unterhaltsam geschrieben – sicherlich in vielen Punkten provokativ, aber gerade deswegen hervorragend geeignet, den König geistig zu stimulieren, war
doch sein größtes Problem die Langeweile: Jenseits der starren
Formen des Zeremoniells wußte er niemals so recht, etwas mit
sich anzufangen. Er besuchte die Jagd, weil er sich nach Frischluft
und Bewegung sehnte; er liebte die Raffinessen der Erotik, und er
hatte die ersten fünf Mätressen aus ihren Diensten entlassen, weil
sie sich nicht nur in diesem Bereich als zu phantasielos gebärde-
ten. In jeder Weise wollte der König unterhalten werden, zeitwei-

se fühlte ich mich wie seine Scheherazade – immer mit dem Damoklesschwert der auch mir drohenden Entlassung über dem Kopf. Ohne mit den Wimpern zu zucken erzählte ich ihm die komischsten höfischen Histörchen, die skurrillsten Skandale und die lächerlichsten Anekdoten, bis ich ihn endlich so weit hatte, daß er lachte. Niemals durfte ich mich jedoch mit diesem Erfolg zufrieden geben, denn es wäre fatal für meine Position gewesen, ihn aus dem Hochgefühl des Gelächters zurückfallen zu lassen in das neblige Grau der Langeweile. Jeder Witz erschöpft sich, und um ihm nicht Gelegenheit zu geben, vom Lachen ins Gähnen hinüberzugleiten, sprang ich oft plötzlich mitten im Erzählen auf und schlug ihm z.B. vor, mit mir auf die Hügel von Meudon in mein Lieblingsschloß Bellevue zu fahren. Das war ein Werk meines Architekten Lassurance mit Statuen von Falconet, das er für mich in sechs Jahren für etwa drei Millionen erbaut hatte...

Wie ein Rad schlagender Clown tanzte ich um den König herum, um ihn bei Laune zu halten. Und von dieser meiner Aufgabe her als geistreiche Gesprächspartnerin des Königs, hatte ich auch für die zeitgenössische Literatur einen anderen Maßstab als die immer sich gleichbleibende, und darum tödlich langweilige,

Die Pompadour mit Ludwig beim Theaterspielen

191

Denis Diderot

Moral. Wenn katholische Messen den König aus dem Koma seiner permanenten Ennui hätten herausreißen können, hätte ich mit ihm sämtliche Kirchen Frankreichs besucht. Doch bei fast jedem Gottesdienst schlief er ein! Wie nur hätte ich in anbetracht dieser Tatsache die Zensur der Literatur den Bischöfen überlassen können, die nun wirklich alles andere als Meister der Inspiration waren?

Dagegen war es äußerst amüsant zu lesen, wie Diderot noch aus dem engen begrifflichen Korsett der Moral das Prinzip der Freiheit ableiten konnte. Der Hof sollte nicht »zum Grab der Nation« werden – wie mein Freund Voltaire einmal spöttisch anmerkte, geistreiche Brillanz sei hier durchaus ebenso notwendig wie sprühender Champagner. Allerdings dachten nicht alle Höflinge so freigeistig wie ich, so daß ich Monsieur Diderot an den Pariser Salon der Madame Geoffrin verwies, die dann auch tatsächlich das Erscheinen seiner »Enzyclopédique« mit einem Zuschuß von 100000 Talern unterstützte. Dieses Werk ist sehr provokativ, teilweise ketzerhaft. Da es sich aber um ein Buch handelt, daß zum Lesen ein hohes Maß an Intelligenz voraussetzt, konnte ich mir nicht vorstellen, daß es bei einer Auflage von nur 4250 Exemplaren im einfachen Volk größeren Schaden anrichten könnte.

Wenn ich dem König meine ständige Anwesenheit zugemutet hätte, wäre er meiner (wie auch seiner früheren Mätressen) über kurz oder lang überdrüssig geworden, denn er konnte es überhaupt nicht lange mit ein und demselben Ding (= Mensch) aushalten. Weil er mich nicht in erster Linie als »ausgedehnte Sache« (»res extensa« nannte Descartes die körperliche Welt), sondern vor allen Dingen als exotische Anregung genießen wollte, machte ich mich zeitweise rar, ließ mich manchmal wochenlang nicht mehr sehen, um ihm meine Besonderheit immer in Erinnerung zu halten. Für die Phasen der inneren Emigration kaufte ich mir in Paris das von Armand-Claude Mollet erbaute Hotel d'Évreux. Erst einunddreißig Jahre alt wirkte es innen bereits recht verwohnt. So beauftragte ich meinen Architekten Lassurance mit der umfassenden Erneuerung des Bauwerks. Im großen Salon ließ ich die Gesimse mit mythischen Figuren schmücken, Amor und Psyche tanzen im Liebesspiel; Herakles kämpft mit einem Löwen – und auch den Garten gestaltete ich mit vielen Springbrunnen, Grotten, Kaskaden und Labyrinthen wie ein magisches Theater.[4]

Der Architekt und Bildhauer Lassurance, der mit seinen Ideen fast alle meine architektonischen Projekte verschönte (übrigens schuf er später nach dem Tode von der Marquise de Pompadour für die im nächsten Kapitel porträtierte Katharina II. das bronzene Reiterdenkmal Peter des Großen – AdV), war mir auch sehr hilfreich bei der Gründung der Porzellanmanufaktur in Sèvres. Ich hatte den Ehrgeiz, eine französische Alternative zum Meißner Werk aufzubauen, die 1710 von August dem Starken gegründet worden war. Leider war es uns nicht möglich, das Geheimnis des Meißner Verfahrens zu enträtseln. Statt Meißners pate-dure (Hartporzellan) mußten wir uns mit dem weicheren Frittenporzellan zufrieden geben. (Erst 1768 – nach dem Tode der Pompadour – hatte man auch in Sèvres erkannt, daß zur Herstellung harten Porzellans Kaolin benötigt wird – AdV) Dieses unser Unvermögen hinderte mich nicht daran, Falconett den Auftrag zu erteilen, für meine Gärten Porzellanfiguren zu entwerfen; in einer Art »Gewächshaus« wurden von dem Künstler aus Gold, Silber und Porzellan geformte bunte Blumen öffentlich ausgestellt. Besonders gefiel mir seine Porzellanallegorie auf die »Freundschaft". Ansonsten gehört das hellblau und golden verzierte Tafel- und Kaffeeservice noch heute zum Markenzeichen meiner kleinen Fabrik in Sèvres.

Übrigens förderte ich damals auch Frankreichs internationalen Handel. So wenig ich selbst – wegen meiner Position am Hofe – reisen konnte, faszinierten mich doch die merkwürdigen Dinge, die die Seefahrer aus der Ferne mitbrachten, seltsame Amulette, nie gekostete Gewürze, schillernde fluoreszierende Stoffe, Statuen in allen Formaten, phantastische Schnitzereien und immer wieder Teppiche; von den chinesischen war ich besonders angetan. Aus lauter Begeisterung ließ ich mir nach einem Ölgemälde meines Lieblingsmalers Boucher (»Chinesischer Tanz«) in der Manufaktur von Beauvais kostbare Bildteppiche anfertigen. 1752 malte Boucher übrigens auch ein Bild von mir in feinen Pastellfarben: man sieht mich verträumt im Garten dahinschreiten, ein sehr anmutiges und dekoratives Werk, eine Erinnerung an die glücklichste Zeit meines Lebens. Noch heute kann ich mich mit diesem Werk identifizieren.

In den unterschiedlichsten Bereichen versuchte ich den König zu unterhalten. Zusammen mit Königin Maria Leszczynska veranstaltete ich musikalische Aufführungen, die meist im »Salon des Friedens« stattfanden. Vergeblich versuchte sie mit betont geistlicher Musik den König an seine religiösen Pflichten zu erinnern. Ich heiterte ihn dann wieder auf mit Opern des jüngst verstorbenen Komponisten Jean-Baptiste Lully, den Ludwig so sehr schätzte, daß er ihm den Titel eines »Maitre de la musique de la famille royale« verliehen hatte. Zu einem seiner Operaballette hatte mein geschätzter Freund Voltaire das Libretto geschrieben. Es handelte sich um eine Verklärung des Sieges, den das französische Heer am 11. Mai 1745 bei Fontenoy über die Union der

Die Marchise von Pompadour

Holländer, Österreicher und Engländer errungen hatte. Waren das noch glorreiche Zeiten gewesen! In diesem Stück stellte Voltaire Ludwig in Gestalt des römischen Kaisers Trajan dar, dem für seine Standfestigkeit und Rechtschaffenheit ein Ehrenplatz im

»Tempel des Ruhms« reserviert wird. Am Ende übertrieb Voltaire die Schmeichelei jedoch ein wenig, indem er seinen Trajan-Ludwig am Ende selbstverliebt zu den Vögeln sprechen läßt: »Répetez avec moi: ma gloire est immortelle!« Das war bereits keine Huldigung mehr, sondern blanke Ironie. Zum Glück merkte es der König nicht.

Übrigens hatte ich auch ein eigenes sehr exquisites Ensemble zusammengestellt in meinem »Theater der kleinen Appartements«. Herzog de la Vallière bot ich den Posten des Direktors an und als Schauspieler engagierte ich die »Höchsten der hohen Gesellschaft«, darunter Herzöge und Herzoginnen. Ich spielte oft selbst mit, und besonders meine Rezitationen und Deklamationen wurden gelobt. Einmal hatte ich einen besonders wirkungsvollen Auftritt als Olympia, der auch der von mir entworfenen Garderobe zu verdanken war: Ich trug u.a. einen Domino aus weißem Taft mit Blumen, Silbernetz und Fransen auf der Gürtelschärpe, einen Dolman aus kirschroten Atlas, bemalt mit Gold, bestreut mit Goldflitter und mit einem goldenen Kettenkreuz bestickt - und ein Kleid nach asiatischem Schnitt, aus dessen Taftrock aufgestickte Silberarabesken tausendfach aufblitzten, darüber hatte ich einen Mantel geworfen aus goldener Rohseide, mit wassergrünem Taft gefüttert, dazu eine Schleppe aus blauem Stoff, auf der Silbermosaik funkelte. Nach der Vorstellung rief mir der König begeistert in aller Öffentlichkeit zu:

»Sie sind die reizendste Frau, die es in Frankreich gibt.«

Über dieses Kompliment freute ich mich sehr, denn gewöhnlich war Ludwig sehr sparsam, ja geradezu knauserig mit Lobhudeleien. Sein Zuspruch ermutigte mich in meinem Wunsch, das Theater noch großartiger auszugestalten. Als mein Etat dann aber im Winter 1749 die ungeheuerliche Summe von mehr als eine Million Livres pro Jahr verschlang, wurde der König »geizig«, und ich mußte die Theateraufführungen stark reduzieren. Für diese Politik der Sparsamkeit hatte ich aber Verständnis. Immerhin verschlang mein Theater fast 10% des gesamten damaligen

Ludwig XV

Staatshaushalts, der darüber hinaus mit einem Defizit von 50% hoffnungslos verschuldet war. Um die Staatskasse zu füllen, ließ der König alle Adelsbriefe, die in den letzten 92 Jahren käuflich erworben worden waren, für ungültig erklären, so daß der »neue Adel« seine Titel noch einmal einkaufen mußte. Diese moralisch fragwürdige Maßnahme förderte nicht gerade das Vertrauen in die Regierung Ludwigs XV.

Einige Minister wollten nicht zur Kenntnis nehmen, daß ich durchaus bereit war, meinen Beitrag für eine Sanierung der Staatsfinanzen zu leisten. Sie hielten mich für ein »Luxusgeschöpf« und nahmen das als Vorwand, heftig gegen meine Person zu intrigieren. Dabei lebten sie selbst keineswegs bescheidener. Wortführer dieser Kampagne war wieder Marineminister Maurepas. Als wir eines Abends gemeinsam mit dem König und der Gräfin D`Estrades zu viert miteinander dinierten, stand Maurepas plötzlich auf, um das folgende Epigramm zu verlesen, dessen beleidigender Charakter unübersehbar war:

Die Marquise stellt viele Köder auf,
Ihre Züge sind fein, freizügig ihre Reize,
Unter ihren Schritten erblühen Blumen:
Aber leider sind diese Blumen weiß![5]

Ich habe nicht ganz begriffen, ob Maurepas mit den »weißen
Blumen«, die unter »meinen Schritten erblühen« sollten, aussagen wollte, daß ich dem Hof Verderben (»weiße Blumen« als
Symbol für den Tod) brächte. Deshalb lud ich den Minister am
nächsten Tag zu einem Gespräch unter vier Augen ein. Er kam.
Seine Antworten auf meine höflich gestellten Fragen waren von
einer Dreistigkeit, daß es mir die Sprache verschlug. Als ich wie
nebenbei bemerkte, daß er ja offensichtlich die Mätressen des
Königs nicht besonders schätzen würde, blickte er mir geradewegs mit ironischem Blick in die Augen, schwieg eine Weile und
entgegnete dann:
»Oh, nein, verehrte Marquise, ich habe sie immer geachtet und
werde sie immer achten, von welcher Sorte sie auch sein mögen.«
In das Wort »Sorte« legte er die gesamte Verachtung, die sich in
ihm angestaut hatte. Diese Dreistigkeiten konnte und wollte ich
nicht mehr dulden. Da ich wußte, daß der König - allein schon
wegen seines unentschlossenen Charakters - nur schwer zu einer
Versetzung des Ministers zu bewegen war, mußte ich zu theatralischen Mitteln greifen. Einige Wochen lang spielte ich ihm die
Verstimmte vor und beklagte mich bitter, daß er nichts gegen seinen Minister unternahm, obwohl Maurepas mit seinen vielen
öffentlichen Hetzschriften gegen mich als königliche Mätresse
auch den König selbst zumindest indirekt beleidigte. Als diese
Strategie nichts fruchtete, steigerte ich mich in eine Art Hysterie
hinein und erweckte in ihm Gewissensbisse. Alle Welt wüßte ja,
daß seine vorige Mätresse, die Herzogin von Chateauroux,
ermordet worden sei, und er hätte nichts dagegen getan. Wollte er
jetzt auch mich mit meinen Todesängsten alleine lassen, wo doch
die Feinde immer unverschämter würden? Da endlich ließ sich

Ludwig erweichen, Maurepas innerhalb einer Woche zu entlassen und nach Bourges zu versetzen.

Eigentlich war ich immer davon überzeugt gewesen, andere Menschen realistisch einschätzen zu können. Im Kriegsminister d´Argenson – den ich einst gutmütigerweise zum Schirmherr der neuen Militärschule gemacht hatte – täuschte ich mich aber ebenso sehr, wie in meiner »Freundin« und »vertrauten« Hofdame, der Gräfin d´Estrades, die ich jahrelang in die geheimsten Winkel meines Herzens hatte blicken lassen. Mir gegenüber verhielt sie sich immer so hingebungsvoll, so zuverlässig; sie lieh mir ihr Ohr, wenn ich Sorgen hatte und gab sich als die beste Freundin aus. Ich war völlig ahnungslos, daß sie mir schon seit Jahren die Rolle der »liebenden Freundin« nur vorspielte, in Wirklichkeit aber mich um meine Stellung beneidete – und nur darauf aus, in meinem Verhalten einen schwachen Punkt zu finden, um dann zustechen zu können. In ihren Augen hatte ich mir die Position der »maitresse en titre« erschlichen. Einer Freundin gegenüber soll sie mich einmal gar als ein »bürgerliches Kuckucksei im Kostüm der Hofdame« bezeichnet haben. Ich wußte auch nicht, daß sie zum Gespött der Hofleute geworden war, als sie irgendwann einmal versucht hatte, den König zu bezirpsen, er sie aber nur mit kaltem Blick von sich gestoßen hatte. Denn sie hatte sich selbst

Der Marquis d'Argenson

199

immer als die geeignete und zugleich standesgemäße Mätresse für den König sehen wollen, mußte dann aber erkennen, daß eine Bürgerliche mit »unedlem Blut« ihren Ehrgeiz zunichte machte.

Noch erstaunter war ich, als ich erfuhr, daß Kriegsminister d'Argenson, der mir bisher immer nur Anlaß gegeben hatte, an seine aufrichtige Freundschaft zu glauben, hinter meinen Rücken die neidische Gräfin als Komplizin in einem Komplott gegen meine Person engagierte. Er hatte nämlich von dem Haß meiner »Freundin« gegen mich erfahren. Hätte ich doch nur damals schon Seneca gelesen, dann wäre ich diesen liebenswert scheinenden Mitmenschen in meiner unmittelbaren Umgebung sicherlich skeptischer begegnet!

»Ein Unwetter droht, ehe es heraufzieht«, schrieb der römische Philosoph in seinen Briefen zum »glückseligen Leben«[6], »die Häuser krachen, ehe sie zusammenstürzen; der Rauch ver-

*Madame
de Pompadour*

kündet einen Brand voraus; das vom Menschen verursachte Verderben kommt hingegen oft ganz plötzlich und unerwartet. Es
verbirgt sich sorgfältiger, tückischer! Du irrst, wenn du den
Gesichtern derer traust, die dir begegnen. Sie haben die Gestalt
von Menschen, aber die Seele von wilden Tieren...«

Wie wahr doch erwies sich diese Warnung des großen lateinischen Lehrers von Kaiser Nero! Lauerten nicht Dämonen der
Mißgunst auch hinter der freundlichen Fassade meiner liebsten
Mitmenschen? Der Plan ihres Komplotts bestand darin, den
König mit der jungen koketten Madame de Choiseul-Romanet,
einer leichtfertigen, aber hochwohlgeborenen Kammerfrau, zu
verkuppeln, um ihn auf diese raffiniert scheinende Weise meiner
zu entfremden. Diese Intrige wurde 1753 gesponnen...

Da Ludwig kein Feind von Schönheit ist, ließ er sich zunächst
gerne umgarnen. Es schmeichelte ihn, von dem reizenden Biest
umworben zu werden. Natürlich wußte er nicht, daß die Kammerfrau von seinem Minister und meiner »Freundin« vorher
sorgfältig auf diesen Coup instruiert worden war. So ließ er sich
von Madame de Choiseul-Romanet zu einsamen Ausfahrten in
den nahen Wald verführen. Immer häufiger speisten sie zusammen im trauten tete-à-tete. Und tatsächlich schien es eine Zeitlang so, als würde Ludwig meiner Gegenwart nicht mehr bedürfen. Schon frohlockten die Intriganten!

Wie lüsterne Voyeure versammelten sie sich eines Nachts in
den Fluren zu den königlichen Gemächern. Mit offenem, üppig
aufgelöstem Haar und kaum bekleidet trat dann die Kammerfrau
erst um zwei Uhr morgens in Erscheinung, nachdem sie vorher
stundenlang den König in dessen privater Suite betört hatte. Ver-
schmitzt lächelte sie ihren Auftraggebern zu. Schon in der freudi-
gen Gewißheit, künftig an meiner Stelle die Position der neuen
»Maitresse en titre« einnehmen zu können, flüsterte sie den Ver-
schwörern mit erregter Stimme zu:

»Ja, es ist soweit, er liebt mich und ist glücklich. Sie wird fortgeschickt; er hat es mir versprochen.«

Es mag sein, daß sich der jede Art von Abwechslung begierig aufsaugende Ludwig die Chance nicht entgehen ließ, an einem solchen – fürwahr! - süßen Früchtchen kurzweilig zu naschen. Doch ein hübsches Gesicht alleine reicht noch nicht aus, um der Stellung einer königlichen Mätresse gewachsen zu sein. Ich kannte den König nur zu genau, um nicht zu wissen, daß er in wonnevollen Momenten bereit war, den Himmel auf Erden zu versprechen. Einige Stunden später - im nüchternen Zustand – erinnerte er sich dann meistens nicht mehr daran. So war es auch dieses Mal.

Die kesse Kammerfrau malte sich bereits in glühenden Farben aus, wie sie als siebente »maitresse en titre« das Szepter über Frankreich schwingen würde, und wähnte sich schon in einer Position, die ihr nicht zustand. Offenbar überschätzte sie ihren Einfluß auf den König, warum hätte sie ihm sonst so vermessene, ja geradezu unverschämte Forderungen gestellt? Sogleich wollte sie von seiner Majestät alle Ehren und Vorteile auf einem Schlage garantiert bekommen, die ich mir in jahrelanger Arbeit mühsam hatte erringen müssen. Kaum ein Außenstehender kann sich vorstellen, welche Mühen und wieviele schlaflose Nächte es mich gekostet hatte, die Aufmerksamkeit des Königs über eine exotische Nacht hinaus an mich zu binden! Ich bin genügend selbstbewußt zu wissen, daß er mich von Anbeginn an als eine attraktive Frau durchaus zu schätzen wußte. Aber, wie ich schon sagte, das schöne Gesicht alleine bietet nur kurzweiligen Genuß. Es war gerade der unermüdliche Einfallsreichtum meines Esprit, der ihn faszinierte. Trotz oder gerade wegen seines geistigen Phlegmas ist der König viel zu kultiviert, als daß ihn die schnöde Fleischlichkeit an sich längerfristig beglücken könnte. Immer sehnt er sich auch nach geistigen Herausforderungen, nach Anregungen, den steifen Trott des zeremoniell strukturierten Alltags phantasievoll und spielerisch zu durchbrechen. Nicht ohne Stolz kann ich bekennen, daß Ludwig weder eine meiner Vorgängerinnen, noch seine intimsten Freunde (seine Gemahlin schon gar nicht!) längere Zeit in seiner unmittelbaren Nähe duldete als mich. Dafür mußte ich mich allerdings auch absolut auf seine Launen einstellen, ihn gewähren lassen, wenn er seinen eigenen Gedanken nachging, mich immer wieder rar machen, um dann plötzlich überraschende Momente zu erzeugen, die ihn aus seiner Lethargie rissen. Auch bedurfte er immer wieder meines Rates zu den täglichen höfischen und politischen Angelegenheiten, die er nur als Last empfand und daher froh war, daß ich ihn tatkräftig in seinen politischen Pflichten unterstützte. Nur wegen meiner äußerst subtilen und zugleich ständig erfinderischen Einfühlsamkeit in das Wesen des Königs konnte ich mich überhaupt solange als seine Mätresse halten.

Es wird jetzt wohl niemanden mehr erstaunen, daß die ebenso charmante, wie ehrgeizige Kammerfrau für solche psychologischen Raffinessen überhaupt keinen Sinn hatte. Sie propagierte für sich sogleich das Recht der Hauptgeliebten und befremdete den König mit ihren unziemlichen Forderungen. Schon lief das Gerücht um, daß ich bei Ludwig in Ungnade gefallen wäre. Meine Feinde rieben sich die Hände.

Es war der Herzog von Choiseul, ein Verwandter der hochgeborenen Kammerfrau, der mir eines Tages einen schwärmerischen Brief des Königs zeigte, den dieser der Madame de Choiseul-Romanet nach der ersten Liebesnacht geschrieben haben sollte. Der Herzog hatte noch recht konventionelle sittliche Vorstellungen, und so war es ihm überhaupt nicht recht, sich seine Nichte als Mätresse – wenn auch eines Königs – vorzustellen, wie er überhaupt das Mätressenwesen als eine unmoralische Einrichtung ablehnte. Trotzdem kam er zu mir – der offiziellen Mätresse vom Dienst - vertraute mir den Brief an und bat mich um eine Intervention beim König. Ich beruhigte ihn, er möge sich nur noch ein wenig gedulden. Ludwig würde diese Komödie bald von selbst beenden.

So war es dann auch. Nachdem ich mir das Theater einige Wochen lang aus der Distanz heraus stillschweigend angeschaut hatte, fragte mich der König eines Tages, ob ich seiner überdrüssig geworden wäre, weil ich mich ihm gegenüber so reserviert verhielte. Ich lachte ihn an:

»Keineswegs, Majestät, ich beobachte nur, daß Ihr zur Zeit mit anderen Vergnügungen beschäftigt seid.« Und dann erlaubte ich mir nur noch einen Satz zu ergänzen:

»Eure neue Geliebte weiß allerdings manchmal nicht den rechten Ton zu treffen. Ist es nicht so?«

Er wurde nachdenklich und gab mir recht. Am nächsten Tag befahl er der Kammerfrau, sich vom Hofe zu entfernen und in ihre Heimatstadt Paris zurückzukehren. Das war das lakonische Ende einer Liebschaft, die wochenlang die Gerüchte des Hofes beschäftigt hatte. Meine Neider, die mich schon in der Verbannung wähnten, verstummten erschrocken über ihre Fehleinschätzung der Situation. Mir gegenüber verhielten sie sich künftig so devot wie niemals zuvor.

Zwei ganze Jahre lang ließ ich mir mit meiner Rache Zeit und wartete auf eine günstige Gelegenheit. Eines Abend besuchte mich wieder einmal meine alte »Freundin«, die intrigante Gräfin d'Estrades. Auf einem kleinen Tisch neben meinem Diwan lag offen ein persönlicher Brief des Königs, in dem er mir seine Meinung zu einer delikaten politischen Angelegenheit unverhohlen mitteilte. Kurz nach dem Besuch der Gräfin merkte ich, daß der Brief verschwunden war. In ihrer unstillbaren Neugier hatte sie das geheime Schreiben einfach mitgenommen. Die klügste Rache besteht darin, den anderen bei seinen eigenen Fehlern zu ertappen. Auf meinen Wink hin wurde der Brief in den Gemächern der Gräfin gefunden. Ludwig XV. zögerte nicht lange und unterschrieb einen lettre de cachet, der die Gräfin lebenslang von Versailles verbannte. Am Abend dieses 5. August 1755 durfte ich mir den süßlichen Genuß der Schadenfreude einmal zugestehen.

Irgendwie kränkte es mich sehr, daß meine familiäre Herkunft immer noch wie ein Makel an mir haftete und meinen Feinden Stoff für alle möglichen Beleidigungen bot. Um dieses Defizit für alle Zeiten auszutilgen, bewarb ich mich bei der Königin als Palastdame. Dabei gab es allerdings zunächst einige Hürden zu beseitigen, denn die Position der Palastdame verlangte traditionsgemäß absolute Ehrenhaftigkeit und charakterliche Makellosigkeit. Eigentlich erfüllte ich diese Voraussetzungen, hatte ich mir doch niemals etwas zuschulden kommen lassen, doch die »unsittliche« Trennung von meinem Mann wurde als Grund vorgebracht, mir die Stellung als Palastdame zu verweigern.

In meiner Verzweiflung beriet ich mich mit meinem Beichtvater, der schon seit jeher ein Interesse daran hatte, meine Seele für seinen Glauben zu gewinnen. Er riet mir, meinem Ex-Mann in einem Brief um Verzeihung und um Wiederaufnahme der Ehe zu bitten: Denn nur wenn wir unsere Sünden bereuen, würde uns vergeben werden. Ich schrieb den Brief und drückte meine Reue mit so herzzerreißenden Worten aus, so daß ich selbst fast den Tränen nahe war, als ich ihn noch einmal prüfend durchlas.

Nun, ich wollte natürlich keineswegs zu Monsieur d'Étioles zurückkehren und mußte darum mit allen Mitteln verhindern, daß er sich von meinem Brief in seinem Herzen erweichen ließ. Darum sandte ich nacheinander zwei mir ergebene Hofleute zu meinen Ex-Gatten, die ihn beide ausdrücklich davor warnen sollten, den Brief positiv zu beantworten, weil er den Zorn des Königs auf sich lenken würde, wenn er dessen Mätresse wieder als Ehefrau zurückfordern würde. Diese Warnung war so überdeutlich, daß sich Monsieur d'Étioles mit seiner Antwort beeilte. Schon längst habe er mir verziehen, versicherte er mir in seinem Brief, allerdings habe er nicht die Absicht, sein abwechslungsreiches Junggesellenleben gegen die Verpflichtungen eines Ehemanns einzutauschen.

Ich atmete auf. Nun konnte mir niemand mehr vorhalten, ich hätte mich böswillig von meinem Mann getrennt, weil er mich mit dieser Antwort ja offiziell und endgültig verstieß. Als ich das mit tränenden Augen dem König erzählte, erhob er mich sofort in die Stellung der Palastdame der Königin.

Es könnte der falsche Eindruck entstehen, als ob ich in jedem Sinn ein von Glück überreichlich gesegneter Mensch gewesen wäre, der alle seine Wünsche durchzusetzen imstande war. Um diese einseitige Sicht zu relativieren, möchte ich jetzt auch von einigen Niederlagen und Kümmernissen meines Lebens sprechen. Bisher hatte ich verschwiegen, daß ich aus der Ehe mit meinem Mann Charles-Guilleaume d'Étioles eine Tochter, Alexandrine, mitgebracht hatte, die inzwischen im Kloster Assomption erzogen wurde. Alexandrine war noch nicht neun Jahre alt, da fiel mir eines Tages am Hofe ein hübscher, etwa gleichaltriger Knabe – der kleine Comte de Luc – auf. Er war der uneheliche Sohn Ludwigs mit seiner zweiten Mätresse, der Marquise de Vintimille, und hatte dieselben ebenmäßigen Gesichtszüge wie der König. Diesen Comte de Luc hätte ich so gerne irgendwann mit meiner Tochter verheiratet, um aus ihr eine Prinzessin zu machen. Als ich jedoch mit dieser Bitte an den König herantrat, verfinsterte sich seine Miene. Er wollte davon nichts wissen, ja er empfand allein meine Bitte schon als einen Akt der Anmaßung. Immerhin hatte sein Sohn adliges Blut in seinen Adern, während meine arme Tochter nur ein einfaches Bürgermädchen war. Da half mir auch nicht meine neue Position als Palastdame der Königin. Die Hierarchie des Blutes ist unaustilgbar.

Langsam wächst mein Verständnis für die politischen Thesen des Philosophen Montesquieu, der hier am Hofe verständlicherweise stark angefeindet wird, weil er die Adelsprivilegien in Frage stellt, wenn er sich auch nach wie vor für eine konstitutionelle Monarchie einsetzt. Auch mein Freund Voltaire schätzt ihn sehr.

»Wären Sie nur um einige Jahre früher auf die Welt gekommen«, schrieb er einmal dem zwanzig Jahre jüngeren Montesquieu, »so wären meine Werke besser geworden.«[7] Dieses Lob war unüberbietbar! Voltaire war es auch, der mir gegenüber immer wieder warnend von den Gefahren sprach, die ein zügellosen und bedenkenlosen Gebrauch der Adelsprivilegien noch über die Monarchie bringen würde:

»Alles, was ich rings um mich herum geschehen sehe«, sagte er besorgt, »legt den Keim zu einer Revolution, die unfehlbar eintreten wird, wenn alles so weiter läuft wie bisher..«[8] Andeutungen des beginnenden Ungehorsams kündigten sich bereits in dem immer dreister gegen die Gesetze des Königs aufbegehrenden Parlament an. Sie forderten eine angeblich »gerechte Verteilung der Steuerlasten« und wollen sich doch nur selbst die Taschen mit Livres vollstecken. Auch der bisher immer mit völliger Steuerfreiheit gesegnete Klerus weigerte sich, seinen Anteil beizutragen für das Gedeihen Frankreichs. Draußen in Übersee wurde die französische Flotte von den Engländern vernichtend geschlagen, französische Kolonien in Amerika, Afrika und Indien wurden von den Briten besetzt, während sich die königlichen Soldaten tapfer dem Sturm der Preußen widersetzten und ihren Teil dazu beitrugen, Frankreich vor seinen Feinden zu schützen: Parlament und Klerus aber wollten nicht zur Kenntnis nehmen, daß auch sie auf den Schutz des Königs angewiesen waren. Durch ihren Ungehorsam fühlte sich sogar der Pöbel ermutigt, immer häufiger gegen die Gesetze zu revoltieren. Im Januar 1757 wurde auf den König ein Anschlag ausgeübt von einem gewissen – Robert Francois Damiens. Zum Glück wurde Ludwig nur leicht verletzt. Der Attentäter wurde gefaßt und nach der Folter hingerichtet.

Vielleicht war es ein Glück, daß meine Tochter den darauf folgenden Volksaufruhr nicht mehr miterlebte, der sich besonders auch gegen meine Person als angebliche »Königsdirne« richtete (dazu gleich mehr). An einem kühlen Herbsttag im Jahre 1754 mußte ich den bisher schrecklichsten Moment meines bisher so großzügig mit Glück gesegneten Lebens erleiden: Meine über alles geliebte Alexandrine starb an einer Lungenentzündung!

Auch mein einige Jahre jüngerer Bruder Francois-Abel bescherte mir viel Verdruß. Mit allen nur erdenklichen Mitteln hatte ich jahrelang versucht ihn zu fördern, bezahlte seine Bildungsreisen, überredete einige Minister, ihn in ihren Kabinetten anzustellen, wollte ihn zum Ritter des ehrwürdigen Ordens zum

Die Pompadour von Vanloo als Vestalin gemalt

Blauen Band« schlagen lassen, schrieb für ihn Empfehlungs-
schreiben an Persönlichkeiten im In- und Ausland, ja, vermittelte ihm gar eine Audienz beim Papst. Ich fühlte mich sehr
geschmeichelt, daß das geistliche Oberhaupt der Kirche dem
Bruder einer Mätresse diese Audienz tatsächlich gewährte ---

Was aber machte Francois-Abel aus all diesen Ehrungen und
Förderungen, die ihm gewährt wurden? Nichts, rein gar nichts!

Schüchtern und ein wenig ängstlich hörte er sich immer wieder meine wütenden Tiraden an, nur um sich dann stumm und unbelehrbar mit eingezogenen Schultern in sich selbst zurückzuziehen. Nicht einmal mit meinen Heiratsvermittlungen konnte ich ihn überzeugen. Er lehnte alle Kandidatinnen ab, die ich ihm vorschlug. Dann verliebte er sich in die Schwester der Comtesse de Seran, in eine ebenso unterkühlte, wie eitle Frau mit ständig wechselnden Affairen. Vor lauter Eifersucht fing er an zu trinken, am Hofe wurde schon wieder gespottet...

Nun bleibt mir nur noch mein alter guter Vater. Er war und ist der einzige, der mir das Gefühl der Geborgenheit und Sicherheit vermitteln kann, eine Art Urvertrauen, ein Angenommenwerden um meiner selbst willen – unabhängig von Name, Stand, Geld, Leistung oder Ruhm. Längst habe ich gelernt, daß es am Hofe zwar zeitweise Verbündete, aber keine Freunde gibt. Auch mein königlicher Gebieter und Geliebter kann mich jederzeit nach Gutdünken fallen lassen. Ein Freund war und ist er nicht. Auch wenn er nicht auf mich verzichten wollte, so war er mir deswegen doch niemals freundschaftlich verbunden. Er wollte mich behalten, wie einer, der an einer glitzernden Perle hängt, wenn ich aber aus der mir zugewiesenen Rolle gefallen wäre, hätte er mich sofort verstoßen.

Ja, bei allem äußeren Glanz, trotz der Macht, die ich mir erkämpft hatte, obwohl ich als Geliebte des Königs die höchste Stellung erreicht hatte, die eine Frau auch nur erreichen kann: Fürsten anderer Reiche hörten mich an – nicht meine Minister! An Ruhm überragte ich die Königin bei weitem! Viele Menschen küßten – im wörtlichen Sinne des Wortes - den Staub unter meinen Füßen --- --- --- Trotz all dieser unbeschreiblichen Privilegien, die ich genießen durfte, blieb ich im innersten Herzen ein einsamer und immer stärker verzweifelnder Mensch...

Noch immer fühle ich einen unauslöschlichen Schmerz im Gedenken an den unseligen Ausgang meiner Freundschaft zum Abbé de Bernis. Wenn ich vorhin gesagt habe, daß es am Versailler Hof keine Freunde gab, hätte ich ergänzen sollen: Mit Ausnahme des Abbé. Denn es gab kaum jemanden, der auch in Zeiten des Not, hingebungsvoller zu mir gehalten hätte. Als der Prinz von Conti dem König die Marquise de Coislin als neue Mätresse empfahl – und meine Stellung wieder einmal zumindest scheinbar in Frage gestellt war – setzte sich Bernis ohne Rücksicht auf sein Wohlergehen persönlich beim König für mich ein. Die Gefahr in Kauf nehmend wegen seines offenen Wortes die Ungnade Ludwig auf sich zu ziehen, bat er den König um seine eigene Entlassung, falls sich seine Majestät von mir, der Marquise de Pompadour, trennen wollte. Als ich von dieser ebenso mutigen, wie selbstlosen Tat hörte, brach ich in Tränen aus. Sogar der König war von dieser unerschrockenen Haltung Bernis' beeindruckt – verhielten sich doch sonst fast alle Höflinge ihm gegenüber als speichelleckerische Schmeichler. Ludwig versprach ihm, daß er selbstverständlich zu mir halten würde und sich von der Marquise de Coislin trennen würde. So geschah es. Ich sorgte dann später dafür, daß Bernis zum französischen Außenminister ernannt wurde.

Friedrich der Große

Ohne jetzt zu sehr in die Niederungen der Politik abzuschweifen, will und kann ich nicht verschweigen – und spätere Historiker werden es auch nicht als Ausdruck von Vermessenheit interpretieren, wenn ich an dieser Stelle sage, daß ich mit der von mir erdachten außenpolitischen Strategie europäische Geschichte – zwar nicht geschrieben – so doch verändert habe.

Seit 1525 - in den ruhmreichen Tagen des großen Richelieu unter Ludwig XIII. – hatten sich die Franzosen mit den Gegnern Habsburgs, den protestantischen deutschen Fürsten und Ständen, mit Preußen und mit den Türken verbündet, um dem österreichischen Großmachtbegehren zu begegnen. Als nun bekannt wurde, daß Friedrich II. mit England kooperierte, unserem Hauptfeind in Übersee, mit dem wir schon seit Jahrzehnten in Amerika, Afrika und Indien geradezu einen Weltkrieg führten, mußte das gesamte europäische Bündnissystem neu überdacht werden. Frankreich konnte es sich nicht leisten, gleich mit drei europäischen Großmächten – Preußen, England und Österreich – verfeindet zu sein. Da Preußen mit England kungelte, setzte ich mich persönlich dafür ein, daß der König und seine Minister das Verhältnis zu den Habsburgern neu überdachten. Es gab natürlich einigen Widerstand gegen meinen Plan eines »renversement des alliances« (eines Wechsels der Allianzen) – und ich will die Leser mit den Details nicht langweilen, aber meine Strategie wurde auch von der österreichischen Kaiserin Maria Theresia geteilt. Sie hatte es niemals akzeptieren können, daß Preußen im österreichischen Erbfolgekrieg das zu Österreich gehörende Schlesien besetzt hatte, und als sich nun die Kunde von dem neuen Bündnis zwischen Friedrich und England verbreitete, fühlte sich auch Österreich in die Enge getrieben.

Maria Theresia sandte den späteren österreichischen Außenminister Kaunitz als Gesandten an unseren Hof, wo ich ihn zu mehreren intensiven Unterredungen traf, die zu leiten mich Ludwig persönlich beauftragt hatte. Wir verstanden uns sehr gut miteinander, und Kaunitz brauchte mich gar nicht erst an die unverschämten und überheblichen Lästerungen Friedrichs über das königliche Mätressentum in Versailles zu erinnern, um mich davon zu überzeugen, daß ein Bündniswechsel zugunsten Österreichs für ganz Frankreich nur positive Folgen haben würde, besonders auch deswegen, weil dann die unter österreichischer Souveränität stehenden Niederlande für Frankreich keine Gefahr mehr darstellen würden. Es bedurfte einiger Überredungskünste, um auch den französischen König davon zu überzeugen, daß nur eine Veränderung des Bündnissystems das Gleichgewicht in Europa wiederherstellen konnte. Als dann gemeldet wurde, daß die Engländer nicht nur unsere Überseeflotte vernichtet hatten, sondern auch noch fast 50% unserer ausländischen Kolonien besetzt hielten, mußten selbst Skeptiker, wie mein Freund, der konservativ denkende Abbé de Bernis, ihren anfänglichen Widerstand gegen meinen Plan aufgeben – (an Bernis schätzte ich, daß er mir gegenüber niemals seine wahren Meinungen – bei Bewahrung seiner respektvollen und bescheidenen Haltung – verschwieg).

Der österreichische Staatskanzler Graf Kaunitz

Am 1. Mai 1756 durfte ich den größten Triumph meiner Karriere als Repräsentantin Frankreichs erleben: An diesem Tag nämlich wurde das von mir initiierte neue Verteidigungsbündnis zwischen Frankreich und Österreich unterzeichnet. Der neue österreichische Gesandte Graf Staremberg versicherte in einem persönlichen Brief an Kaunitz, daß dieses Bündnis nur durch meinen Einsatz zustandegekommen sei:

»Es steht fest, daß sie es ist, der wir alles verdanken...«

Kaum jemand kann sich das Ausmaß meiner Freude vorstellen, als mir Maria Theresia ein überaus wertvolles persönliches Geschenk überreichen ließ: Ihr mit kostbaren Steinen geschmücktes in Lackschreibzeug gefaßtes Porträt. Daß die Kaiserin mich trotz ihrer moralischen Vorbehalte gegen das Mätressentum auf diese Weise ehrte, bedeutete für mich die größte Anerkennung meines politischen Wirkens. Als der während des siebenjährigen Krieges von unseren Truppen bedrängte Friedrich später durch einen extra nach Versailles geschickten Eilboten mir persönlich – der von ihm so verachteten Mätresse Ludwigs, und nicht etwa irgendeinem Minister - einen Brief überreichen ließ, in dem er mich flehentlich darum bat, gegen eine fürstliche Belohnung Ludwig zum Friedensschluß mit Preußen zu bewegen, war mein Triumph kaum größer.

Kaiserin Maria Theresia

Leider endete dieser so erfolgreich im neuen Bündnis mit Österreich begonnene Krieg gegen Preußen überhaupt nicht unseren Vorstellungen gemäß. Besonders schmerzte mich die Niederlage der Armee des von mir protegierten Marchalls Soubise. Natürlich war ich verzweifelt über den schmählichen Ausgang dieses Krieges. Und es nahm mich schon sehr mit, daß sich meine in das Bündnis mit Österreich gesetzten Hoffnungen nicht erfüllt hatten. Am 15. April 1758 drückte ich meine Enttäuschung – nachträglich gesehen – vielleicht etwas zu krass aus:

»In ganz Europa entehrt und preisgegeben«, notierte ich in meinem Tagebuch, »durch das Bündnis Englands mit dem König von Preußen und vielleicht noch manch anderen, die nach unserer Vernichtung gieren: Das ist das exakte Gemälde unserer Lage...«[9]

Sehr gut konnte ich nachvollziehen, daß nach unserem Scheitern gegen Preußen auch mein Freund – der Außenminister Bernis – an dem Bündnis mit Österreich zu zweifeln begann – und wieder zu seinen alten konservativen Vorstellungen zurückzukehren neigte. Obwohl ich mir mit meiner Distanzierung von Bernis selbst am meisten weh tat, weil ich mir damit meinen vertrautesten Freund verschreckte, bei dem ich als einzigem im Alter hätte Trost und Geborgenheit finden können, mußte ich den Außenminister absetzen, weil er sich der offiziellen, von mir geleiteten Politik widersprach. Das ihm – dem treuen Freund - anzutun, war ungeheuer leidvoll für mich! Meine Verantwortung für Frankreich erlaubte es allerdings nicht, nach einigen wenigen Rückschlägen verzagten und eingeschüchterten Gemütern nachzugeben. Das eine können wir Franzosen nämlich von dem unerschrockenen Charakter Friedrichs lernen: In der größten Gefahr noch mutig dem Schicksal zu trotzen. Darin war der Preußenkönig ein Meister!

Ungerecht ist allerdings der Sturm der Entrüstung, der nun über mich losbrach. Moralische Vorurteile der Kirche verwoben sich mit volkstümlichen abergläubischen Motiven. Der Pöbel

Die Mätresse en titre

suchte nach einem Sündenbock für die Niederlage gegen Preußen, und da schien meine Person die geeignete Zielscheibe zu sein: Eine Hexe und Hure, die dem König Blut und Geld aussaugt, um sich persönlich auf Kosten der armen Bevölkerung zu bereichern: In dieser horrenden Vision sah man mich bereits auf dem Scheiterhaufen der Inquisition. Und als der König nach dem Anschlag das Attentat gegen ihn als Gottes Strafe für seinen sinnlich-sündigen Lebenswandel interpretierte, immer wieder tränenaufgelöst und voller Verzweiflung bei seiner Gemahlin, der Königin, um Verzeihung und Gnade bettelte, an mir – seiner Mätresse - verstohlen vorbeiblickte, wenn ich ihm zufällig über den Weg lief, da hatte ich das erste Mal in meinem Leben Angst, und ich begann mit der Arbeit an den ersten Entwürfen meines Testaments. Ludwig wollte auf einem Schlage ebenso moralisch werden wie seine Frau, um sich mit ihr von neuem wie in einem arkadischen Idyll von frommen Schäfer und tugendhafter Schäferin in sittlicher Zucht zu vereinigen. Im Grunde seiner zaghaften Seele war er ein Kind geblieben, das nun, nachdem das Feuer ausgebrochen war bei dem Menschen seine Zuflucht suchte, den es weggestoßen hatte, um nur unbehelligt zündeln zu können. Ich erinnere mich daran, wie er nach einer schweren Krankheit auch meine Vorgängerin, seine damalige Mätresse Herzogin von Chateauroux, aufgefordert hatte, den Hof mit Sack und Pack zu verlassen, weil er auch damals das Unheil (die Krankheit) als himmlische Strafe für die eigenen moralischen Vergehen gedeutet hatte.

Es wurde das Gerücht verbreitet, daß der Herzog von Choiseul (der Onkel der schon erwähnten Kammerfrau, die von d'Argenson als Köder bei seiner Intrige gegen mich eingesetzt worden war) zu mir ein Liebesverhältnis unterhielt. Als Indiz für diese Unterstellung wurde auf das überaus liebenswürdige Verhalten des Herzogs mir gegenüber verwiesen, als ob im Zeitalter des Rokoko männliche Galanterie nicht üblich gewesen wäre. Nein, das waren handfeste Verleumdungen, die darauf abzielten, meinen angeblichen Mangel an Würde beim König zu denunzieren. Eine Mätresse, die neben ihrem offiziellen Liebhaber keine anderen Affairen hatte, entzog sich der Vorstellungskraft der Leute. Weil ich eine Mätresse war – so das einhellige Vorurteil – mußte ich auch ein unmoralischer Mensch sein, eine lüsterne Frau, die jedem Mann ihre Zuneigung anbietet.

Ich kann nur an den guten Glauben und an das Verständnis der Leser appellieren, wenn ich hiermit bei der Ehre meines Vaters und in Gottes Namen versichere, daß ich neben meinem Mann und dem König niemals zu anderen Männern ein erotisches Verhältnis gepflegt habe. Hätte ich das getan, wäre ich sehr unklug gewesen, denn der Klatsch am Hofe ist berüchtigt. Es wäre mir niemals möglich gewesen, ein Liebesverhältnis zu wem auch immer zu verheimlichen. Wäre ich bei einem Akt der Untreue gegen den König entdeckt worden, hätte ich sofort meine außerordentliche Stellung verloren. Diese Stellung aber, die meinem Leben Bedeutung verlieh, hätte ich niemals auf's Spiel gesetzt! Ich gebe zu, daß der sanfte Bernis mit seiner überaus vorzüglichen Aufmerksamkeit meiner Person gegenüber, mich zeitweise süßen Versuchungen aussetzte, und nur mit äußerster Disziplin vermochte ich es, der sinnlichen Verlockung zu widerstehen. Im Nachhinein werden auch die Historiker konstatieren, daß es am ganzen Hofe niemanden gab, der tugendhafter und asketischer lebte als ausgerechnet die Mätresse des Königs, war doch das Laster damals geradezu eine Art bizarrer Kultus, mit dem man sich bei aller doppelten Moral zu brüsten beliebte.

Schon seit Jahren pflege ich auch zum König kein intimeres Verhältnis mehr. Ich bin seine geistreiche Unterhalterin, seine Scheherazade. Die Krankheit hat meine physische Erscheinung entstellt. Der Puder vermag das nicht zu kaschieren. Ich gebe zu, daß es mir oft sehr weh tut, wenn ich wieder einmal mit dem mitleidigen Blick des Königs konfrontiert werde. Längst werden seine unstillbaren sinnlichen Bedürfnisse von anderen Frauen gestillt, ohne daß dadurch meine Position als »maitresse en titre«

gefährdet wäre. Und es bedeutet für mich eine hohe Ehre, daß mir der König bei der Auswahl seiner Geliebten freie Hand läßt. Auf diese Weise kann ich zumindest indirekt, die zärtliche Gegenwart des Königs erleben, indem ich ihm Frauen zuführe, von denen ich weiß, daß sie in ihm die Glut der Leidenschaft zu erwecken vermögen...

Auch diese letzte Aufgabe ist mir nun versagt, seit ich gefesselt im Bett liege. Schon seit meiner Kindheit hatte ich Probleme mit der Lunge. Nun fällt mir das Atmen immer schwerer, und oft ringe ich nach Luft. Auch das Diktieren dieser Erinnerungen strengt mich sehr an. Und so befürchte ich, daß ich nicht mehr dazu komme, in einem Epilog aus meinem reichen Leben ein entsprechendes Fazit zu ziehen. Wieder muß ich Blut spucken. Ich kann nicht mehr. Gott ist mein Zeuge, daß ich mein gesamtes Leben Frankreich und dem König gewidmet habe. Das soll mein letztes Wort sein...

(Die Marquise de Pompadour starb am 15. April 1764 an Lungenkrebs. Sie wurde nicht einmal 43 Jahre alt. AdV.)

Anmerkungen zum fünften Kapitel

1 Voltaire. Oeuvres completes. zit. n. Simanyi 75
2 Tibor Simanyi. Madame de Pompadour. Eine Biographie. Düsseldorf 1979
3 zit. n. Simanyi 58
4 Über die Geschichte des Elysée-Palastes vgl. Poisson a.a.O.
5 zit. n. Simanyi 146
6 Seneca 193ff und 260ff
7 Voltaire zit. n. Friedell 633
8 Voltaire leicht abgewandelt zit. n. Friedell 645
9 zit. n. Simanyi 242

Katharina die Große
Das Negativ einer Geliebten

>»... als Voltaire einen Brief an Katharina mit ´der Sie Vergöt-
>ternde, der Priester Ihres Tempels´ schloß, antwortete sie
>ihm, sie wolle lieber nicht mit heiligen Katzen, Schlangen
>und Krokodilen gleichgestellt werden...«
>
>zitiert nach Vincent Cronin

In einem Buch über berühmte liebende Frauen darf die russische Kaiserin Katharina II. nicht fehlen, gerade weil sie von übel-
wollenden Zeitgenossen als Vamp denunziert wurde, obwohl
kaum ein anderer Zar oder Zarin weder vorher, noch nachher
pflichtbewußter und arbeitseifriger war als Katharina. Es gibt
auch kaum eine andere Persönlichkeit aus den europäischen
Königshäusern, die nicht nur ebenso literarisch und kulturell
gebildet war wie die russische Zarin, sondern auch vergleichswei-
se so viel geschrieben hätte wie Katharina. Täglich stand sie morgens um sechs Uhr auf und setzte sich an ihren Schreibtisch, um
sich einige Stunden lang ganz der literarischen Tätigkeit hinzugeben. Danach empfing sie ihre Sekretäre und Minister und widmete sich gewissenhaft und verantwortungsbewußt ihren Pflichten
als Kaiserin. Während ihre Vorgängerin, Zarin Elisabeth, den
Hauptsinn des Lebens in besinnungslosen Gelagen und in der
Ausstattung ihrer voluminösen Garderobe fand, war Katharina
von ihrer Veranlagung her eher stoisch und asketisch. Im Privatleben trug sie meist ein schlichtes, lose fallendes Kleid. Auch lebte
sie fast abstinent; Wein trank sie nur auf Verschreibung ihres
schottischen Arztes. Der Tagesablauf war streng geregelt: Und
wenn sie bei all den vielen Pflichten, denen sie sich unterwarf,
überhaupt noch Zeit für die Liebe fand, dann blieben dafür nur
noch knapp zwei Stunden von 21.00 Uhr bis 23.00 Uhr übrig.
Nicht einmal ihre Leidenschaft zum heißgeliebten Potemkin
konnte die Kaiserin davon abhalten, pünktlich um 23.00 Uhr -
alleine - zu Bett zu gehen.

Das alles war natürlich auch den Autoren bekannt, die wie zum Beispiel Leopold von Sacher-Masoch, Katharina als »Zarin der Lust« den staunenden Lesern als sadistische Hexe präsentierten. Hier blieb von der historischen Katharina nur noch der Name und die höfische Kulisse, um der wild wuchernde Phantasie des auf den Verkaufserfolg seiner Bücher schielenden Schriftstellers einen pikanten Rahmen zu geben.

Heute ist bei den Biographen und Historikern unbestritten, daß Katharina ihren Titel »die Große« zu Recht verdiente: Diese Zarin hat Rußland dem europäischen Geistesleben geöffnet, und mit ihren sorgfältig abgefaßten »Instruktionen«, einem hunderte Seiten umfassenden Gesetzwerk, hat sie dem Riesenreich erstmalig überhaupt eine Verfassung gegeben, womit sie zumindest indirekt einen Schritt zur Abschaffung der Leibeigenschaft vollzog. In einer 1811 für Alexander I. verfaßten Denkschrift würdigte der bedeutende russische Historiker N.M. Karamsin die Regierungszeit Katharinas in der folgenden Weise:

»Bei einem Vergleich aller bekannten Epochen der russischen Geschichte würde praktisch jeder zustimmen, daß die Epoche Katharinas für Rußlands Bürger die glücklichste war; praktisch jeder hätte lieber in ihr als in jeder anderen gelebt.«[1]

Diese Worte sprechen für sich. Ich möchte es dabei bewenden lassen. Wenn auf den folgenden Seiten das Privatleben Katharinas beleuchtet wird, sei ausdrücklich daran erinnert, daß damit nur ein ganz kleiner Ausschnitt aus der reichhaltigen Biographie dieser russischen Zarin präsentiert werden kann. Katharina die Große wird als das »Negativ einer Geliebten« vorgestellt, weil sie als eine der ersten emanzipierten Frauen sich nicht in die passive Rolle der »Geliebten« eines anderen fügen wollte, sondern sich selber jenseits aller Konventionen Geliebte hielt. Während Anne Boleyn zum Opfer der Launen ihres Geliebten wurde, konnte sich Katharina den männlichen Ansprüchen immer selbstbewußt entziehen. Sie verstand sich nicht als Objekt des männlichen Blickes, sondern gehört zu den wenigen Frauen der Weltgeschichte, die auch noch als Geliebte ihre eigene Identität bewahren konnten.

Eisiger Wind reißt an den Fensterläden. Durch viele kleine Ritzen dringt ein kalter Zug in das nur von einer Petroleumlampe beleuchtete Gemach. Einige mit rotem Damast überzogene Stühle stehen um ein großes altes Bett im Raum. Auf einem schlichten Holztisch befindet sich eine mit einem Tuch bedeckte Schüssel. Ansonsten ist das Zimmer leer, abgesehen von dem zerschlissenen alten Perserteppich, der die Holzdielen halb bedeckt. Im Bett liegt eine Gestalt, die der aufmerksame Blick als eine junge Frau identifiziert. Sie scheint krank zu sein. Das weiß-seidene Nachthemd bedeckt sie nur zum Teil. Unruhig wälzt sich die Leidende hin und her. Plötzlich stößt sie einen markerschütternden Schrei aus...

Eine Bedienstete stürzt ins Zimmer. Der zitternde Körper der Kranken bebt und bäumt sich auf. Eine Dienerin stützt sie und wischt ihr die Stirn. Dabei flüstert sie ihr beruhigende Worte zu.

»Wo bleibt die Hebamme! Es ist soweit!« ruft sie nach den anderen, die ihr beistehen sollen.

Einige Stunden später. Die Hebamme hält ein kleines Bündel in die Luft.

»Es ist ein Knabe, wohlgeformt und völlig gesund!«

Mit einem schwachen Lächeln streckt die Mutter die Arme nach dem Baby aus. Kurz darf sie ihr Söhnchen an sich drücken. Dann wird es ihr wieder weggenommen. Der Priester ist gekom-

Der Kreml in Moskau

men. Duft von Weihrauch erfüllt den Raum. Monotone russische Gebetsformeln begleiten den Ritus.

»Gesegnet sei der, der da kommt im Namen des Herrn!«

Der Priester wäscht die Füße des Säuglings. Dann erhebt er sich und breitet die Arme nach oben hin aus.

»Wir haben gesehen das wahre Licht; wir haben empfangen den Heiligen Geist...«

Nun fächelt er mit einem liturgischen Tuch dem Säugling Luft zu, als wolle er ihn mit dem Heiligen Geist umhüllen. Danach bekreuzigen sich alle Anwesenden. Weitere Gebete werden gesprochen. Die Mutter, die das Kind geboren hat, wird nicht gesegnet. Ihr Werk ist vollbracht. Sie wird nicht mehr gebraucht. Die Besucher verlassen den Raum, auch die Hebamme. Sie nimmt das in ein Tuch eingebundene Kind aus der Wiege in ihre Arme, um es Ihrer Hoheit Kaiserin Elisabeth persönlich zu überreichen. Es wird still in dem immer noch nach kaltem Weihrauch duftenden Gemach. Draußen heult ein herbstlicher September-Sturm. Immer noch kriecht der eisige Hauch durch die vielen kleinen Ritzen des Fensters. Fröstelnd zieht die junge Mutter die dünne Decke über ihren Kopf. Ihre Augen sind voller Tränen, die niemand sieht.

»Ich sah, daß ich hier einsam, ohne jede Gesellschaft und todunglücklich sein würde«, wird sie später in ihrem Tagebuch notieren. »Verlassen lag ich da auf einem schlechten, unbequemen Lager nach heftigen schmerzhaften Geburtswehen, ohne daß jemand es wagte, mich in mein zwei Schritt entferntes Bett zu tragen, denn ich selbst hatte nicht die Kraft, mich hinzuschleppen.«[2]

Großfürstin Katharina, die spätere Kaiserin von Rußland, erzählt von den Demütigungen, die sie als junge Mutter des Thronfolgers Paul Petrowitsch, erdulden mußte, der zur Freude des gesamten Hofes an diesem kalten 20. September 1754 in Petersburg geboren wurde. Katharina war gerade 25 Jahre alt. Nach einigen Fehlgeburten hatte sie erst im neunten Jahr ihrer Ehe mit dem leicht schwachsinnigen Karl Peter Ulrich von Holstein-Gottorp, genannt Großfürst Peter Fjodorowitsch, den besonders von Kaiserin Elisabeth erwünschten Thronfolger gebären können. Jahrelang waren sie und Peter den Schikanen der Kaiserin ausgesetzt gewesen. Weil Katharina zu ihrer geliebten Kammerdienerin Maria Schukowa zu »freundlich« gewesen sein soll, wurde diese versetzt. Auch das dralle finnische Kammermädchen Katharina Woinowa, das von der Großfürstin wie eine Freundin geschätzt wurde, wurde von der Kaiserin vom Hofe verbannt. Ebenso erging es dem Kammerdiener Schrejnow, der Katharina fünf Jahre lang offenbar »zu treu« ergeben gewesen war. Bis zur Geburt eines Thronfolgers sollte die Großfürstin in einer Art Isolationshaft leben. Immer wenn Katharina irgendeiner Person mit zu viel Freundlichkeit und Nähebedürfnis begegnete, wurde sie entfernt. Nicht einmal ihrer im fernen Paris lebenden Schwiegermutter, der Fürstin Johanna Elisabeth geborene von Holstein-Gottorp, durfte sie schreiben. Nur heimlich konnte sie einige Briefe aus dem Palast schmuggeln. So erfuhr sie auch erst einige Monate verspätet von dem Tod ihres über alles geliebten Vaters, des Fürsten Christian August von Anhalt-Zerbst. Aber auch die Trauer darüber wurde ihr nicht gegönnt.

»Ich führte ein Leben«, schrieb sie, »das zehn andere Frauen in den Wahnsinn getrieben hätte, und zwanzig andere wären an meiner Stelle gebrochenen Herzens gestorben.«[3]

Zarin Elisabeth von Rußland

Die ersten zehn Jahre ihrer Ehe mit Peter fühlte sie sich todunglücklich, obwohl sie ihrer stoischen Erziehung gemäß tapfer alle Tränen zurückhielt, weil sie »es immer für niedrig gehalten hatte, das Mitleid anderer zu erregen...« Die Heirat mit Peter, dem Thronfolger Elisabeths, war – wie in diesen Kreisen üblich – nicht aus Liebe erfolgt. Es war eine reine Zweckehe...

Die als Sophie geborene – später nach russischer Sitte in Jekaterina (= Katharina) umgenannte – Tochter des Fürsten Christian August von Anhalt-Zerbst wurde 1742 zur Prinzessin, als ihr Vater die Nachfolge seines verstorbenen Bruders Johann antrat und die Herrschaft über das nicht zu Preußen gehörende Fürstentum Anhalt-Zerbst übernahm. Damit war seine Tochter rechtmäßige Erbin der Herrschaft Jeverland in Niedersachsen, die im Hause Anhalt-Zerbst in der weiblichen Linie weitervererbt wurde. Schon als Elfjährige wurde sie dem ein Jahr älteren Peter Ulrich, Sohn des Herzogs von Holstein-Gottorp und späteren Zar von Rußland, als mögliche Braut vorgestellt. Damals war noch keine Rede davon, daß beide einmal als vermähltes Großfürstenpaar in Sankt Petersburg leben würden. Peter Ulrich wurde zu dieser Zeit noch als Erbe des Thrones von Schweden

Katharinas Eltern Christian August von Anhalt-Zerbst Dornburg und Johanna Elisabeth von Holsten-Gottorp

gehandelt. Das schien der Mutter der kleinen Sophie die richtige Partie für ihre Tochter. Doch Peter würdigte dem blassen Blaustrumpf keines Blickes. Ohnehin bezeichneten alle Leute Sophie als »häßlich«, und vor allen anderen hielt sie selbst sich für eine Ausgeburt der Abscheulichkeit.

Wegen ihrer Rückgratverkrümmung hatte der verzweifelte Vater sie als Sechsjährige einem Henker zur Behandlung gegeben. Nicht einmal im großen Preußen gab es einen Arzt, der Rückgratverkrümmungen zu behandeln wußte. Unter dem Siegel der Verschwiegenheit wurde der Henker von Stettin zu Rate gezogen, denn Gerüchte besagten, daß eben dieser Henker schon einmal einen Menschen von einer körperlichen Verformung geheilt haben sollte.

Etwas makaber war es schon, als Fürst von Anhalt-Zerbst mit seiner verschleierten Tochter nach Stettin fuhr, und sich zu einem nächtlichen Besuch bei dem Henker anmeldete. Tatsächlich fanden sie hier Rat. Jeden Abend – befahl der Henker – sollte eine nüchterne (!) Kammerzofe mit ihrem Speichel Sophies Rücken einreiben, um den »Dämon«, der Sophies Knochen in seinen Bann geschlagen hatte, abzulenken. Außerdem verordnete er seiner Patientin ein breites schwarzes Band, das um den Nacken, die linke Schulter und den linken Oberarm gezogen und am Rücken befestigt wurde. Über diesem Band sollte das Mädchen ein fest-

Zerbster Schloß

anliegendes Korsett tragen. Sophie trug es monatelang – ohne irgendeine Wirkung. Fast zwei Jahre lang quälte sie sich in dem Korsett, konnte weder tanzen, noch über Wiesen springen wie andere gleichartige Kinder. Dann irgendwann als Neunjährige war sie geheilt. Und sie vergaß niemals, daß ihr von einem einfachen Henker, von dem angeblich »niedrigsten« aller Menschen, ein neues Leben geschenkt worden war.

Während sie ihren Körper zu Hochleistungen trainierte – sie wurde eine leidenschaftliche Reiterin – ließ sich die angeschlagene Seele nicht so leicht kurieren. Wegen ihrer Rückgratverkrümmung hatte sich Sophie seit der frühen Kindheit als ein Krüppel gefühlt. Es wirkte nicht gerade besonders aufmunternd für das junge Mädchen, wenn ihre Mutter sie wieder einmal ermahnte, »mit Güte und Intelligenz wettzumachen, was ihr an Schönheit fehlte.« Der vorgesehene Bräutigam Peter schätzte an Sophie weder ihre vermeintliche Häßlichkeit, noch ihre Intelligenz. Bestenfalls war sie ihm gleichgültig.

»Er war eifersüchtig auf die Freiheit, die ich genoß, während er von Lehrern umringt war, und jeder seiner Schritte geregelt und gezählt war.«[4]

Sophies noch recht jung erscheinende Mutter fand er dagegen um so attraktiver, was Johanna geflissentlich ignorierte. Die Tochter hatte sich bereits als Zwölfjährige damit abgefunden, daß es in ihren Kreisen nicht darauf ankam, Gefühlen nachzugeben.

»Ich wußte, daß er eines Tages König von Schweden werden würde, und obwohl ich noch ein Kind war, schmeichelte mir der Titel einer Königin.«[5]

Also doch Gefühle! Aber keineswegs diejenigen einer sentimentalen Liebe, sondern vorerst nur eine gewisse berechnende Eitelkeit, und das, obwohl der fromme Vater immer wieder gemahnt hatte, daß die »Freuden der Welt« ihre »Schmerzen nicht Wert« seien, denn »wegen der Erbsünde« tauge »die Welt nicht viel«. Aber wenn das Schicksal Sophie schon mit »Häßlichkeit« gestraft hatte, wollte sie zumindest noch einen Rest an

Großfürst Peter

Freuden, nämlich Ruhm und Macht, für sich erlangen. So sehr sie ihren Vater liebte: In diesem Punkt war sie nicht bereit, seiner lutherischen Moral zu folgen.

Dann kam alles anders als erwartet. Der dreizehnjährige Peter wurde nicht nach Schweden, sondern nach Rußland gerufen – und zwar von seiner Tante mütterlicherseits, von keiner geringeren als von der russischen Kaiserin Elisabeth. Sie bestimmte ihn zu ihrem Nachfolger, weil er der einzige überlebende Enkel Peter des Großen war. Als Adept der Zarenposition mußte er auf die schwedische Krone ein für allemal verzichten. Die kinderlose und nur inoffiziell – heimlich – verheiratete Elisabeth adoptierte ihn und ernannte ihn zu ihrem Nachfolger. Von einer Heirat mit Sophie war nun keine Rede mehr. Trotzdem kannte der Jubel in der Familie des Fürsten von Anhalt-Zerbst keine Grenzen, als daraufhin Adolf Friedrich, Johannas Bruder und Bischof von Lübeck, zum Erben des schwedischen Thrones ernannt wurde. Damit war Johanna, Sophies Mutter, in den Rang der Schwester eines Königs erhoben, eine Tatsache, die dazu führte, daß dem kleinen Fürstentum Anhalt-Zerbst in der Weltpolitik plötzlich ein gewisses Gewicht verliehen wurde.

Als Peter in die unermesslichen Weiten Rußlands abgereist war, witterte der vierundzwanzigjährige und jüngste Bruder der

Mutter – Sophies Onkel – die Chance seines Lebens. Er verliebte sich in seine zwölfjährige Nichte und machte ihr einen Heiratsantrag. Sophie fühlte sich »wie vom Blitz getroffen«, erinnert sie sich in ihren Memoiren.

»Von Liebe verstand ich gar nichts und hatte nichts dergleichen bei ihm vermutet. Er sah, daß ich bestürzt war, und verfiel in Schweigen. Doch ich sagte: ´Sie sind mein Onkel und machen sich einen Spaß mit mir. Meine Eltern würden es nicht wünschen.´ ´Und Sie auch nicht´, erwiderte er. Dann rief mich meine Mutter, und an diesem Abend wurde nicht mehr über die Sache gesprochen.«[6]

Die Mutter schien gar nicht mal so abgeneigt von dem Gedanken an eine Verbindung ihres Lieblingsverwandten mit ihrer Tochter. Nicht einmal die Kirche hatte damals etwas gegen Ehen zwischen Verwandten ersten Grades einzuwenden. Warum sollte also der noch jugendliche Onkel seine Nichte nicht heiraten?

Jugendbildnis Katharinas

Die Verwandten hätten es aber lieber gesehen, wenn das Mädchen den ebenso intelligenten, wie charmanten Prinz Heinrich, den jüngeren Bruder des neuen preußischen Königs, - mit »keilförmiger Nase« und »Silberblick« - heiraten würde. Sie kannten sich bereits seit ihrer Kindheit und bei einem Menuett hatte Heinrich der Tochter Johannas seine Liebe gestanden. Obwohl die Mutter behauptete, daß ihre Tochter »häßlich« sei, fühlten sich trotzdem ansehnliche Männer wie auch Prinz Heinrich – Oberst im 35. Infanterie-Regiment mit musischer Begabung als leidenschaftlicher Violinenspieler – von dem jungen Mädchen angezogen. Doch diese Begabung half ihm nicht, seine angeborene Zaghaftigkeit und depressive Veranlagung zu überwinden.

»Er war ein schüchterner Liebhaber«, erinnert sich Sophie, »ganz in sich verschlossen; er aß und trank nichts, schlief nicht und verlor seine gute Laune. Ich wußte nicht mehr, was ich mit ihm anfangen sollte.«[7]

Der musische Prinz träumte von einer fernen Diotima oder Beatrice, die ihn aus ihren himmlischen Höhen zu sich heraufholt, um ihn dort zu bemuttern. Katharina (Sophie) war aber auch schon als Dreizehnjährige ein eher pragmatischer Typ, der mit beiden Beinen auf dem Boden stand. Die romantische Schwärmerei war ihr in diesem unschuldigen Alter noch völlig fern. Sie hatte wenig Verständnis für Anbeter, die sie zu einem ätherischen Wesen stilisieren wollten, zu einem Wesen, das sie weder war, noch beabsichtigte zu werden. Und so ließ sie den Prinzen »abblitzen", noch bevor sie überhaupt wußte, was sie ihm damit antat, denn bis dahin hatte sie selber noch niemals einen anderen Menschen geliebt – mit Ausnahme ihres Vaters. Den Vater bewunderte sie. Er war ihr ein Abgott, ein lebendiger Weiser ohne Rauschebart. Sie schätzte seinen Mut, seine Wahrheitsliebe und seine Aufrichtigkeit. Er war so ganz anders als die zu Tändeleien aller Arten neigende Mutter. Während Johanna – ähnlich wie die ihr wesensverwandten, ähnlichen Mütter – üppige Geselligkeiten veranstaltete, um sich selbst im Kreis berühmter Persönlichkeiten zu sonnen, zog sich der Vater lieber in die Stille seiner Gedanken zurück und überließ das Präsentieren seiner Frau.

Wie die jüngste Biographin Katharinas – Carolly Erickson - schreibt, waren deutsche Prinzessinnen im 18. Jahrhundert an ausländischen Höfen begehrt. Obwohl sie meist keine reiche Mitgift einbrachten, »konnte man doch wenigstens sicher sein, daß ihre Väter von den künftigen Schwiegervätern und Bräutigamen nichts Unerfüllbares verlangten – denn dafür waren sie viel zu unbedeutend.«[8] Und da auch Anhalt-Zerbst den Vorteil für sich verbuchen konnte, auf der europäischen Bühne eine eher unbedeutende Rolle zu spielen, tat Johanna alles, um ihre Tochter auf dem internationalen Heiratsmarkt gut zu plazieren. Besuche am Hofe des preußischen Königs Friedrich Wilhelm in Berlin, wie auch bei seinem Nachfolger Friedrich, gehörten zum Pflichtprogramm und machten sich bezahlt. König Friedrich II. soll Sophie als Heiratskandidatin für den am Petersburger Hof lebenden Peter wieder ins Spiel gebracht haben. Zu dieser Zeit war das Verhältnis zwischen dem preußischen König und der russischen Zarin einmal ungetrübt. Auch der Erzieher Peters, der schwedische Hofmeister Otto von Brümmen, der seinem Zögling nach Petersburg gefolgt war, erinnerte sich voller Wohlwollen an Sophie. Er war es auch, der in einem persönlichen Brief die Mutter und ihre inzwischen vierzehnjährige Tochter im Auftrag von Kaiserin Elisabeth an den russischen Hof einlud. Sophie fühlte sich hin- und hergerissen zwischen Begeisterung und Trauer, denn sie ahnte, daß der Abschied von Anhalt-Zerbst endgültig sein würde.

»In meinen geheimsten Innern«, schreibt sie später in ihrem Tagebuch, »hatte ich mich längst für Peter entschieden, denn von allen Verbindungen, die man für mich in Aussicht genommen hatte, war dies die glänzendste.«[9]

Andererseits fiel es der nicht gerade unberechnenden Tochter äußerst schwer, ihren über alles geliebten Vater zu verlassen. Der durfte Tochter und Mutter nicht nach Rußland begleiten, weil

*Großfürst Peter mit Katharina
als junges Ehepaar*

seine Anwesenheit als deutscher Fürst die Chancen seiner Tochter im national gesonnenen Rußland verschlechtert hätte. So geschah, was niemand mehr erwartet hatte: Nachdem Sophie vom Protestantismus zur russischen Orthodoxie konvertiert war und dort den neuen Namen Jekatarina (= Katharina, so hieß die Mutter von Kaiserin Elisabeth) angenommen hatte, stand nicht´s mehr einer Heirat mit dem russischen Großfürsten Peter im Wege. Die Hochzeit fand statt – allerdings erst knapp zwei Jahre nach Katharinas Ankunft in Petersburg.

In diesen zwei Jahren wurde ihr bald klar, daß sie ihren künftigen Gatten niemals würde lieben können. Peter war vom Charakter her ein sadistisches Scheusal: Er sah schwächlich und mädchenhaft aus und war geistig auf einer infantilen Stufe zurückgeblieben. Nicht nur Frauen gegenüber verhielt er sich respektlos und anmaßend. Dann langweilte er Katharina mit stundenlangen Ausführungen über neueste Strategien im Spiel mit seinen Zinnsoldaten. Zeitweise zwang er seine Bediensteten, Soldaten zu spielen. Als »General« kommandierte er sie bis zu ihrer totalen Erschöpfung hin und her. Einmal zelebrierte er die

Hinrichtung einer Ratte, weil sie zwei seiner Schildwachen aus Stärkemehl aufgefressen hatte, die »auf den Wällen Dienst« taten. Drei Tage hing das arme Tier am »Galgen« – zur »Abschreckung« aller anderen Ratten, die in ganzen Hundertschaften den Palast bevölkerten. Es ist nur ein Glück für den Leser, daß die seltsamen Gerüche des Palastes nicht auf schriftlichem Wege übertragbar sind!

Die Aussicht auf eine Ehe mit diesem ebenso naiven, wie obszön-sadistischen Mann, muß Katharinas Zuversicht bald stark eingetrübt haben, allein schon deswegen, weil russische Ehefrauen fast keine Rechte besaßen. »Wenn eine junge Frau heiratete, war es üblich, daß der Vater sie leicht mit der Peitsche berührte und dann die Peitsche an den Ehemann weitergab... Gab sie ihm nur den kleinsten Anlaß zum Mißfallen, hatte er alle Rechte auf seiner Seite. Die orthodoxe Kirche erlaubte es dem Mann, sich von seiner Frau zu trennen und sie in ein Kloster zu schicken. Der Rat des Dieners Roumberg an Peter, Katharina brauche wie jede Frau von Zeit zu Zeit einige Schläge auf den Kopf, entsprach den Konventionen.«[10] Angesichts solcher Verhältnisse gab es für Katharina nur einen Grund zur Heirat mit Peter – und für diesen Grund war sie bereit, alles zu erdulden: Die vage Aussicht, irgendwann einmal Frau des Zaren zu sein.

Kronprinzessin Katharina

»Je näher mein Hochzeitstag herankam, desto trauriger wurde ich, und sehr oft mußte ich weinen, ohne recht zu wissen weshalb...«[11]

Dann erkrankte Peter schwer an den Pocken und schwebte zwischen Leben und Tod. Zwei Monate lang durfte Katharina ihn nicht sehen. Als dann zur großen Freude aller im Februar 1745 die Genesung des Großfürsten verkündet wurde, und Katharina ihren Verlobten im Winterpalast wiedersah, wäre sie fast in Ohnmacht gefallen: Sein Gesicht war von Narben entstellt und angeschwollen. Über dem kahlgeschorenen Kopf trug er eine unkleidsame Perücke. Niemals zuvor hatte Katharina einen häßlicheren Menschen gesehen als diesen ihr versprochenen künftigen Gatten, dem die Pocken das letzte genommen hatten, was ein Zusammenleben mit ihm hätte erträglich erscheinen lassen: Seine äußerliche Attraktivität.

Bei der Trauung am 21. August 1745 verpflichtete sich Katharina in einem feierlichen Schwur, ihren Mann zu lieben, zu ehren und zu gehorchen, bis daß der Tod... Der Priester sprach seinen Segen aus und – besonders im Namen der Kaiserin – bat er Gott persönlich um reiche Nachkommenschaft für das großfürstliche Paar...

Die ersten Ehejahre entsprachen ganz den düsteren Ahnungen, die Katharina schon vor der Hochzeit nicht mehr hatten ruhig schlafen lassen. Daß der Gatte die Hochzeitsnacht an der Seite Katharinas schlafend verbrachte, mochte die Braut erleichternd zur Kenntnis genommen haben.

»Als er sich niedergelegt hatte, fing er an, mir davon zu sprechen, welches Vergnügen es wohl seinem Kammerdiener bereiten würde, uns beide im Bette zu sehen. Dann schlief er ein und schlummerte sehr behaglich bis an den nächsten Morgen. Frau Kruse versuchte später uns Eheleute auszufragen. Ihre Hoffnungen erwiesen sich aber als trügerisch. Und in dem Zustand verblieben die Dinge während der neun folgenden Jahre ohne die geringste Änderung.«[12]

Über das Intimleben der Eheleute ist damit fast alles gesagt. Die Kaiserin war darüber gar nicht glücklich. Sie wünschte einen möglichst männlichen Thronerben, und je länger sie darauf warten mußte, um so ungeduldiger und strenger wurde sie. Besonders mit Katharina kannte sie kein Erbarmen. Sie entfernte von ihr alle Menschen, zu denen sie einen freundschaftlichen Kontakt unterhielt. Auch ihren Dienern wurde es verboten, mit Katharina zu sprechen. Nur die Worte »ja« und »nein« waren ihnen erlaubt. Außerdem wurde der Großfürstin eine intrigante Anstandsdame zugeteilt, die der Kaiserin einen lückenlosen Bericht über Katharinas Benehmen abgeben sollte. Kaiserin Elisabeth hatte Maria Tschoglokowa für diesen delikaten Posten bestimmt, weil diese junge Frau ständig schwanger war. Und bestimmt hoffte die Kaiserin, daß diese Eigenschaft auch auf Katharina abfärben möge.

Unterdessen vergnügte sich Großfürst Peter mit seinen Spielzeugsoldaten. Besonders gerne quälte er seine Diener, indem er zum Beispiel während des Diners Wein über ihre Köpfe goß. Während der von ihm verabscheuten orthodoxen Gottesdienste fing er oft unvermittelt an laut zu kichern oder erzählte den neben ihm stehenden Würdenträgern schmutzige Witze. Katharina lernte es bald, sich völlig auf die Launen ihres geistig verwirrten Mannes einzustellen. Während andere über ihn lachten, nahm sie ihn ernst. Stundenlang war sie bereit, sich von ihm in die »geheimen Strategien« seiner Zinnsoldaten einführen zu lassen. Manchmal mußte sie für ihn in eine Holsteiner Uniform gezwängt vor der Tür »Schildwache« spielen. Peter liebte seine Holsteiner Heimat über alles. Irgendwann, erzählte er, würde er Holstein von den dänischen Übergriffen befreien. Mit den Zinnsoldaten probte er bereits den künftigen Krieg gegen Dänemark. Katharina mußte zuschaun` und ihren Mann bewundern. Heimlich gähnte sie dabei vor Langeweile.

Lange Zeit war Peter der einzige Mensch, mit dem sie überhaupt sprechen durfte. Obwohl sie die sadistischen Launen des

Großfürsten gegenüber seinen Untergebenen tief verachtete, schaffte sie es doch, ihm zumindest Respekt ihrer Person gegenüber abzuverlangen. Immer begegnete sie ihm in einer würdevollen Haltung. Ihre Zuwendung und Aufmerksamkeit war ebenso freundlich wie distanziert. Wenn auch - zum Ärger der Kaiserin - das gemeinsame Ehebett verwaist blieb, machte sich Katharina bei ihrem Mann bald als Ratgeberin unentbehrlich. Immer wenn Peter von der Kaiserin ausgescholten worden war, ließ er sich von Katharina trösten. Und indem sie ihn tröstete, gewann sie langsam sein Vertrauen.

»Er wußte, oder vielmehr er fühlte, daß ich der einzige Mensch war, mit dem er sprechen konnte, ohne daß man ihm jedes unbedeutende Wort als Verbrechen auslegte. Ich verstand seine Lage, und er tat mir leid. Deshalb gab ich mir Mühe, ihm jeden Trost zu geben, der von mir abhing.«[13]

Vielleicht war Peter schon allein deswegen Katharina gegenüber impotent, weil er instinktiv ihre geistige Überlegenheit spürte, ja sich vor ihrem ernsthaften Wesen in gewisser Weise fürchtete. Um sich vor ihr aufzuspielen, erzählte er ihr stunden-

Katharina als Großfürstin

lang von seinen angeblichen Liebesaffären, besonders für Hofdamen »reiferen Alters« konnte er sich entflammen. Nur wenn er viel getrunken hatte, vergaß er seinen Respekt. Dann konnte es schon mal vorkommen, daß er seine Frau schlug. Von allen Seiten fühlte sich Katharina gedemütigt. Oft war sie krank. Niemals weinte sie mehr als in den ersten Jahren ihrer Ehe mit Peter. Fast hätte sie sich das Leben genommen, wenn sie nicht Trost in der Philosophie gefunden hätte.[14]

Andere hätten sich in Selbstmitleid verloren, doch Katharina wäre niemals die mächtigste Frau der damaligen Welt geworden, wenn ihre Willenskraft nicht so stark gewesen wäre, und wenn sie nicht zugleich mit einem so großen Einfallsreichtum begabt gewesen wäre, der ihr auch später noch half, in schier ausweglosen Situationen eine Lösung zu finden, zum Beispiel als sie viel später – längst als Kaiserin von Rußland – in einen gefährlichen Zweifrontenkrieg mit Schweden und den Osmanen verwickelt war. Jetzt entdeckte sie die Bücher als Rettungsanker. Je trostloser die menschliche Umgebung um sie herum war, desto mehr vertiefte sie sich in Literatur und Geisteswissenschaften. Sie las Montesquieus »Größe und Niedergang Roms« und seinen »Esprit des lois«. Hier fand sie Argumente für eine Gewaltenteilung im Staate, die später auch ihre eigene Politik bestimmen sollte. Wieviel Muße sie hatte, bezeugt die Tatsache, daß sie Barres voluminöse achtbändige »Geschichte Deutschlands« in wenigen Wochen durchgelesen hatte. Für Pierre Bayles »Historisches-

Charles de Montesquieu

kritisches Wörterbuch« brauchte sie immerhin zwei Jahre, aber dann hatte sie dieses Monumentalwerk auch tatsächlich Zeile für Zeile studiert. Der Bildungshunger bot Katharina eine Möglichkeit, der vergifteten zwischenmenschlichen Atmosphäre zumindest zeitweise zu entfliehen. Und zugleich legte sie mit ihrem autodidaktischen Studium die Grundlage für die spätere Weisheit ihrer Regierungskunst. Besonders von den Schriften Voltaires war sie so angetan, daß sie mit dem berühmten französischen Schriftsteller eine umfassende Korrespondenz begann.

»Durch Zufall fielen mir die Briefe Madame Sévignés in die Hand, sie unterhielten mich sehr. Nachdem ich sie verschlungen hatte, begann ich die Werke Voltaires zu lesen und konnte damit nicht aufhören. Als diese Lektüre zu Ende war, suchte ich etwas Annäherndes, und da ich nichts dergleichen finden konnte, las ich in der Zwischenzeit alles, was mir unter die Hände kam...«[15]

Katharina liebte in ihrem Leben viele Männer. Aber zu keinem von ihnen fühlte sie eine so starke geistige Verwandtschaft wie mit Voltaire, obwohl sie den fünfunddreißig Jahre älteren französischen Denker niemals persönlich kennenlernte. Besonders sein Humor und sein Kampf gegen Vorurteile und religiöse Intoleranz wurden ihr zum Vorbild.

Francoise-Marie de Voltaire

»Voltaire, mein Meister, verbietet, die Zukunft vorauszusagen, weil diejenigen, welche es tun, gerne Systeme errichten, und die Erbauer von Systemen packen hinein, was paßt und was nicht paßt, was stimmt, und was nicht stimmt; und schließlich wird aus Eigenliebe die Liebe zum System, welches Starrsinn, Unduldsamkeit und Verfolgung hervorbringt – Drogen, vor denen mein Meister mich gewarnt hat.«[16]

Während sie von Voltaire lernte, die kritische Vernunft gegen obskure Beeinflussungen jeder Art einzusetzen, vermittelten ihr Tacitus´ »Annalen« Einblick in die Psychologie mächtiger Eliten. Dieses Werk über die Intrigen im frühen römischen Reich öffneten Katharina die Augen für das intrigante Treiben am russischen Hof der Kaiserin Elisabeth. Tacitus lehrte Katharina, daß sie in der schwülen Hofatmosphäre nur mit Raffinesse überleben konnte. Wenn sich Katharina auch immer wieder bemühte, den Launen der Kaiserin mit Freundlichkeit zu begegnen, verachtete sie im Grunde ihres Herzens den Tingeltangel, den diese Kaiserin um sich herum kultivierte. Die Regierungsgeschäfte überließ Elisabeth ihren Ministern. Verschwenderisch vergeudete sie staatliche Gelder für üppige Gelage und pompöse Feste. Ihrer Liebe für Trauben und Pfirsische ist es verdanken, daß sie eine

Parkansicht von Zarskoje Selo

Straße von Moskau nach Astrachan bauen ließ. In hemmungsloser Völlerei verschlang sie gepökeltes Schweinefleisch, französische Pasteten und kalorienreiches Gebäck. Kaum eine andere Kaiserin konnte sich an Korpulenz mit Elisabeth messen. Ihre Eitelkeit war so groß, daß alle diejenigen um ihre Existenz zittern mußten, die Ihrer Majestät nicht zu schmeicheln gewillt waren.

Katharina las auch Romane. Besonders liebte sie die französische Version eines katalanischen Ritterromans »Tiran le blanc« von Caylus. Die Geschichte handelt von einem stattlichen Ritter und Abenteurer, der sich in vielen Schlachten und Turnieren hervortut, die Türken aus Rhodos verjagt, in Alexandria vierhundert Sklaven befreit und schließlich die Tochter des byzantinischen Kaisers heiratet. Besonders pikant muß es der Leserin erschienen sein, daß Tiran mit seiner Geliebten noch vor der Hochzeit schläft. In Tiran findet die knapp zwanzigjährige Großfürstin ihren Helden, die Komplementärfigur zu ihrem eigenen verweichlichten Gatten, an den sie sich ein Leben lang gebunden hatte. Von Tiran, ihrem männlichen Ideal, durfte Katharina jedoch nur träumen, obwohl am Petersburger Hof immer wieder Verehrer ihre Nähe suchten, jedoch sofort vom Hofstab entfernt wurden.

Auch die Kaiserin mußte irgendwann einsehen, daß die Beziehung zwischen Peter und Katharina unfruchtbar bleiben würde. Jahrelang wurde das Paar in künstlicher Isolation gehalten. Das Resultat dieser Isolationshaft war jedoch, daß Katharina immer häufiger krank wurde und das Bett hüten mußte. Sicherlich hatten diese Krankheiten auch psychische Gründe. Von Kopf bis Fuß wurde Katharina untersucht. Die Kaiserin wollte ein für allemal Gewißheit haben, ob Katharina irgendeinen körperlichen Schaden hätte, wodurch eine Schwangerschaft verhindert werde. Wenn man einen solchen Schaden gefunden hätte, hätte man vielleicht die Ehe zwischen Peter und Katharina annulieren können. Doch die Ärzte stellten immer wieder fest, daß Katharina eine vollkommen gebärfähige Frau sei. Allerdings warnten sie, daß

Katharina in ihrem angeschlagenen physischen Zustand keineswegs einen Thronfolger gebären könnte. Wenn sie ihren Körper nicht durch Bewegung und frische Luft kräftigen würde, sei ihr Leben bedroht.

Diese Gründe überzeugten die Kaiserin. So ließ sie sich erweichen und erlaubte Katharina, ihrem Lieblingssport, dem Reiten, nachzugehen. Das nutzte die Großfürstin weidlich aus. Tagelang galoppierte sie mit ihrem Pferd über weite Felder und sumpfige Wiesen, beteiligte sich an der Hasenjagd und genoß die neue Freiheit in vollen Zügen.

»Offen gestanden machte ich mir überhaupt nichts aus der Jagd. Aber ich ritt leidenschaftlich gern. Je wilder ich reiten konnte, desto lieber war es mir. Es ging soweit, daß ich, wenn ein Pferd durchging, hinterherjagte und es zurückbrachte.«[17]

Während einer sommerlichen Jagd im Jahre 1749 lernte sie den dunkelhaarigen und kräftig gebauten Kyrill Rasumowskij kennen, den viel jüngeren Bruder Alexejs, des Geliebten der Kaiserin. Er war ein sehr gebildeter und welterfahrener junger Mann,

Katharina beim Ausritt

der in Königsberg und Straßburg studiert hatte und es in seinen jungen Jahren bereits zum Präsidenten der Akademie der Wissenschaften gebracht hatte. Obwohl er längst verheiratet war, war er besonders bei den Hofdamen sehr beliebt. Auch Katharina fühlte sich von seinem Charme und seiner Intelligenz angezogen. Mit ihm konnte sie wie mit keinem anderen ihre geistigen Interessen austauschen. Besonders genoß sie es, wenn er mit seiner sonoren Stimme aus Vergils »Äneis« rezitierte. Dann wieder lud sie ihn zur Jagd ein. Was dort in der freien Natur geschah, wird von den Historikern verschwiegen. Als die Kaiserin von dem heimlichen Techtelmechtel der beiden erfuhr, entfernte sie Kyrill vom Hofe und versetzte ihn als »Hetman« in die Ukraine.

*Kyrill
Rasumowskij*

Katharinas Einsamkeit dauerte diesmal nicht lange. Schon im Winter 1749/50 fand sie für Kyrill einen gleichwertigen Ersatz. Aber auch der Flirt mit dem schnittigen Gardeoffizier Sachar Tschernyschew, der die Großfürstin während der vielen Hofbälle immer wieder mit seinen Schmeicheleien umgarnte, dauerte nicht lange. Wie Kyrill entsprach auch Sachar ganz den heldischen Qualitäten, die Katharina in der Romanfigur des »Tiran le Blanc« zu ihrem Männlichkeitsideal erkoren hatte. Immerhin wußte Katharina diesmal raffinierter ihre Stelldicheins vor der Öffentlichkeit zu verbergen. Sachar war der erste Mann, dem die Großfürstin in ganzen 21 Briefchen ihre Leidenschaft unverhüllt gestand.

»Ich bin sehr froh, daß Sie Ihre Schnupftabakdose in meinem Zimmer vergessen haben, denn das gibt mir den Anlaß, diesen Brief zu schreiben und Ihnen zu sagen, daß ich Sie sehr innig liebe... Nur bitte ich Sie inständig, mich nicht zu quälen. Wir kommen schneller voran, wenn Sie alles mir überlassen, statt mich zu bedrängen, denn ich habe einen eisernen und sehr widerstandsfähigen Kopf. Sie mögen den Willen anderer brechen, doch nicht den meinen. Aber dieser Wille, wenn sich selbst überlassen, wird Wachs, sobald es darum geht, jemandem gefällig zu sein, den ich liebe. Und nun sagen Sie mir: Liebe ich Sie nicht? Können Sie daran zweifeln?«[18]

Nach dem Karneval 1750 mußte Sachar zu seinem Regiment zurück. Und das war das Ende dieser Liebe. Doch auch diesmal dauerte die Trauer über den Verlust nicht lange. Ein gutaussehender junger Mann mit einem länglichen Gesicht, schmachtenden dunklen Augen und einem kleinen Mund mit vollen Lippen trat ins Gesichtsfeld der Großfürstin. Es war der neue Kammerherr des Großfürsten, ihres Gatten, gerade sechsundzwanzig Jahre alt, und mit einer Hofdame Katharinas verheiratet, »deren besonderes Vergnügen darin bestand, Katharinas Pudel auf den Hinterbeinen gehen zu lassen, ihm Löckchen zu drehen und Wolljäckchen zu stricken.«[19]

Auch Sergej wußte der Großfürstin zu schmeicheln. Katharina fragte ihn, ob er sich denn der Verantwortung und Verpflichtung seiner Frau gegenüber nicht bewußt wäre. Sergej erwiderte mit Unschuldsmine, daß er mit seiner zerrütteten Ehe den Augenblick einer Verblendung teuer bezahlen müsse. Keine andere würde er mehr lieben als Katharina, die Großfürstin. Um ihre Liebe zu erringen, sei er auch bereit, sich von seiner Frau zu trennen.

»Aber ich bin doch auch verheiratet!« erwiderte Katharina.

»Und wie ich sehe, ebensowenig glücklich!« konterte Sergej.

»Unterstehen Sie sich, darüber ein Urteil abzugeben!« sagte Katharina mit einem warnenden Unterton in ihrer Stimme.

»Verzeihen Sie einem armen Sünder, wenn er in seiner verzweifelten Liebe nicht mehr den Ton des Schicklichen zu halten weiß. Aber wenn Sie es mir befehlen, werde ich künftig über die Leidenschaft, die Sie in mir erweckt haben, schweigen und Sie nicht mehr damit belästigen.«

Katharina erteilte Sergej kein Schweigegebot. Nur allzugerne ließ sie es sich gefallen, wenn Sergej anhub, von seinem »Lieblingsthema« (seiner Liebe zu Katharina) zu sprechen, wie einmal bei einem gemeinsamen Ritt, den die Großfürstin in ihrem Tagebuch beschreibt.

»Sergej paßte den Augenblick ab, als die anderen hinter den Hasen her waren, und näherte sich mir. Und ich hörte ihm geduldiger an als gewöhnlich. Er bat mich um die Erlaubnis, hoffen zu dürfen, daß er mir wenigstens nicht gleichgültig sei. Ich antwortete, ich könnte ihn nicht daran hindern, seine Einbildung spielen zu lassen. Dann zog er Vergleiche zwischen anderen Mitgliedern des Hofes und sich, zwang mich zuzugeben, daß er denen vorzuziehen sei, und schloß sogleich daraus, er werde schon bevorzugt. Ich lachte über alles, was er sagte, aber im Grunde meiner Seele mußte ich eingestehen, daß er mir recht wohl gefiel.«[20]

Geschickt wußte Katharina auch dieses Mal die Beziehung zu Sergej vor den anderen zu verheimlichen. Weil der Großfürst und sein Gefolge in blau-goldenen Reitjacken gekleidet war, steckte Katharina auch ihren ganzen Hofstaat, sich selbst und Sergej in das gleiche Kostüm, um sich auf diese Weise im Hofe unauffälliger bewegen zu können. Zu Katharinas großen Überraschung zeigte es sich aber bald, daß solche Vorsichtsmaßnahmen nicht mehr notwendig waren. Madame Tschoglokowa, die als immer neugierige Hofdame und Spitzel der Kaiserin über Katharinas Benehmen regelmäßig Bericht abstatten mußte, hatte natürlich längst gewittert, daß sich der Kammerherr des Großfürsten allzu häufig mit dessen Gattin traf. Sicherlich hatte sie die Kaiserin darüber informiert. Doch diesmal wurde Sergej nicht vom Hofe entfernt – wie seine galanten Vorgänger. In einigen geheimen Unterredungen mit Katharina signalisierte die Hofdame, daß sie dieses Mal beide Augen zudrücken wollte, falls das Verhältnis intimere Züge annehmen würde, denn so sehr auch die eheliche Treue üblicherweise streng beachtet werden müsse, gäbe es doch

Kaiserin Elisabeth
von Rußland

»zuweilen Situationen von höherer Wichtigkeit, welche eine Ausnahme von der Regel"21 zulassen würden. Der Kaiserin wäre es inzwischen gleichgültig, wer der Vater des ersehnten Thronfolgers sein würde. Wichtig sei nur, daß bald einer geboren werden würde. Kaum einige Wochen später war Katharina schwanger. Und fast jeder im Hofe wußte, daß die Ursache dieser Schwangerschaft nicht beim Großfürsten zu suchen sei.

Natürlich war Peter über die Untreue seiner Frau ungehalten, so sehr er selbst immer wieder großspurig mit eigenen Liebesaffären geprahlt hatte – und nicht nur geprahlt: Jeder im Hof wußte, daß er in Katharinas Kammerzofe Marfa Schafirowa verliebt war. Trotzdem bot ihm gemäß russischem Recht die offensichtliche Untreue seiner Frau die Möglichkeit, sich von ihr zu trennen und sie in ein Kloster einzusperren. Doch von dieser Möglichkeit machte er keinen Gebrauch, weil er Angst hatte, daß dann auch seine Impotenz öffentlich bekannt werden würde. Darum ließ er alle Welt im Glauben, daß er selbst Katharina geschwängert hatte. Zum Verdruß der Kaiserin erlitt sie eine Fehlgeburt. Nachdem Katharina etwa ein halbes Jahr später das zweite Mal ihr Kind verlor, wurde sie schwer krank. Währenddessen ließ sich Sergej, der Geliebte, kaum blicken. Er liebte nur gesunde, blühende junge Frauen. Mit der kranken Katharina konnte er nichts anfangen. Längst war es der Großfürstin zu Ohren gekommen, daß er mit anderen Frauen anbändelte. Trotzdem brauchte sie ihn jetzt mehr denn je, denn wenn sie nicht bald der Kaiserin einen Thronfolger in den Schoß legen würde, wäre ihre Stellung zu Hofe nicht mehr sicher. Welche fatalen Folgen die Gebäruntüchtigkeit einer Frau haben kann, hatten wir ja bereits am Fall der Anne Boleyn gesehen.

Also sucht Katharina nach ihrer schweren Krankheit wieder Kontakt zu Sergej, der sich nur mehr oder weniger willig darauf einläßt. Tatsächlich erweist sich dieser erneute »Kontakt« als erfolgreich: Am 20. September 1754 wird endlich der ersehnte Thronfolger geboren, Paul Petrowitch, der sich weit über den

Tod Katharinas hinaus selbst für den Sohn Peters halten wird, wie auch alle anderen russischen Untertanen. Nur einige Höflinge fragten hinter vorgehaltener Hand, wem denn wohl das dunkelhaarige Söhnchen mehr ähneln würde, seinem angeblichen Vater, dem blonden Peter, oder etwa Sergej Saltykow mit seinen buschigen schwarzen Haaren? Nach der Geburt – wir erzählten es schon – wurde Katharina der Säugling von der überglücklichen Kaiserin weggenommen. Erst einige Wochen später durfte Katharina das von der Kaiserin verhätschelte Baby einmal kurz wiedersehen.

»Aus lauter Sorgfalt wurde er buchstäblich erstickt. Er lag in einem sehr heißen Zimmer, ganz in Flanell gewickelt, in einer mit schwarzem Fuchspelz ausgeschlagenen Wiege und war mit einer wattierten Atlassteppdecke zugedeckt. Darüber lag eine mit schwarzen Fuchspelz gefütterte rote Samtdecke. Der Schweiß lief ihm über das Gesicht und den ganzen Körper herab. Das ist auch der Grund, daß er sich, als er größer war, beim geringsten Luftzug erkältete und krank wurde. Außerdem war er von einer großen Zahl alter Weiber umgeben, die aus lauter mißverstandener Fürsorge und Mangel an gesundem Menschenverstand ihm viel mehr körperliche und seelische Leiden zufügten, als daß sie ihm nützten.«[22]

Wohl als Ersatz für ihren Sohn schenkte die Kaiserin Katharina 100000 Rubel, die ihr aber gleich wieder weggenommen wurden, als sich der Großfürst beschwerte, daß er leer ausgeblieben sei. Dafür erhielt Katharina von der Kaiserin ein »ärmliches kleines Kollier mit Ohrgehängen und zwei elende Ringe, die ich mich geschämt hätte, meiner Kammerfrau zu schenken.«[23] Da Sergej Saltykow seine Rolle erfüllt hatte, wurde er zunächst nach Schweden und später nach Hamburg versetzt.

Wieder fühlte sich Katharina einsam. Vom einstigen Geliebten fühlte sie sich enttäuscht, weil er sich gerade während ihrer Krankheit und mehrfachen Schwangerschaften von ihr abgewendet hatte, um »anderen Vergnügungen« nachzugehen. Er war alles andere als der Held, den sie sich ersehnt hatte, eben nur »eine Fliege, die in einen Milchtopf gefallen ist«.[24] In ihrer Verzweiflung ließ sie sich sogar das erste Mal auf ihren »immer-noch-Gatten« Peter ein, dessen täppische Umarmungen ihr allerdings keine große Freuden bereiteten.

Unterdessen wurde gegen Katharina ein Komplott geschmiedet und zwar von einigen Beratern der Kaiserin, als deren maßgebliche Köpfe die mächtige Schuwalow-Sippe in Erscheinung trat. Peter Schuwalow besaß das russische Salz-, Tabak- und Thunfischmonopol. Alexander Schuwalow leitete die Geheime Staatskanzlei, der die geheime politische Polizei unterstellt war. Sein besonderer Auftrag war die Überwachung des großfürstlichen Haushalts von Peter und Katharina. Der jüngere Vetter der

beiden Brüder, der nur zweiundzwanzigjährige Iwan Schuwalow, war der neue Liebhaber und Günstling von Kaiserin Elisabeth. Weil die Schuwalows zu Frankreich besondere Geschäfts-
beziehungen unterhielten, sahen sie es gar nicht gerne, daß sich
Katharina mit Charles Hanbury-Williams, dem englischen Botschafter anfreundete und damit ganz offensichtlich antifranzösi-
sche Tendenzen unterstützte. Die Schuwalows wollten Katharina darum in ein Kloster abschieben. Sie setzten kompromittie-
rende Gerüchte in die Welt, und versuchten die Kaiserin zu überreden, den kleinen Paul als ihren eigenen Sohn anzunehmen.
Schließlich könne niemand beweisen, daß Katharina seine Mutter sei. Eine Zeitlang schien es so, als würde ihr Komplott erfolgreich verlaufen. Am Jahrestag der Krönung der Zarin durften

weder Katharina, noch Peter neben ihr beim Staatsdiner sitzen, wie es sonst üblich war.

Unterdessen konnte Katharina in dem einflußreichen dreiundsechzigjährigen Kanzler Alexej Bestuschew-Rjumin einen wertvollen Bundesgenossen gewinnen. Auch er bevorzugte die Beziehungen zu England und fühlte sich darum von seinem ehrgeizigen Vizekanzler Michael Woronzow bedroht, der wiederum ein enger Freund der Schuwalow-Sippe war. Katharina beherrschte inzwischen die Klaviatur des höfischen Intrigenspiels fast vollkommen, wie sie es bei Tacitus studiert hatte. Sie ließ sich keine Demütigungen mehr gefallen, sondern intrigierte nun ihrerseits gegen die Schuwalows.

»Ich machte sie lächerlich, wo ich nur konnte...«²⁵

Da die Schuwalows Katharina keine staatsfeindlichen Umtriebe nachweisen konnten, blieben ihre Attacken gegen die Großfürstin erfolglos, nicht aber die gegen Kanzler Bestuschew. Er wurde verhaftet und aller Ämter enthoben, die nun an seiner Stelle Vizekanzler Woronzow einnahm, weil er ohne Einverständnis der Kaiserin den geplanten Krieg gegen Preußen verzögert haben sollte. Als man der Großfürstin von seiner Verhaftung berichtete, wurde sie kreidebleich, denn wochenlang hatte sie mit dem Kanzler in schriftlicher Korrespondenz Pläne über die Nachfolgefrage der noch lebenden, aber kränkelnden Kaiserin geschmiedet, was einem Hochverrat gleichkam. Hätte Bestuschew nicht geistesgegenwärtig kurz vor seiner Verhaftung alle Briefe verbrannt, wäre Katharina niemals Kaiserin geworden.

Eine weitere Unschicklichkeit der Großfürstin bestand darin, daß sie sich einen polnischen Geliebten nahm. Denn – wie Biograph Vincent Cronin schreibt – hingen ihre Aussichten, jemals selbst den Thron besteigen zu können davon ab, inwieweit sie – die deutsche »Barbarin« – sich den russischen Gepflogenheiten anzupassen bereit war. Stanislaus Poniatowski war ein junger polnischer Edelmann, der durch seine tadellosen Pariser Manieren zu bestricken wußte. Außerdem war er außerordentlich gebildet, beherrschte sechs Sprachen und war ein geistreicher Unterhalter. Als Musterbild eines kultivierten Europäers entsprach er zwar weniger dem Heldenideal aus den Ritterromanen, aber seine Bildung ersetzte die fehlenden Muskeln mehr als ausreichend. Gegen den vornehmen polnischen Gesandten wirkte der hochmütige Sergej, der Katharina so sehr enttäuscht hatte, wie ein derber russischer Bauer. Bald vertraute die Großfürstin ihrem Tagebuch an:

»Ich schätze und liebe ihn mehr als die ganze übrige Menschheit.«²⁶

Das war ein authentischer Ausdruck von Katharinas Leidenschaft, die ebenso weit ausgreifend war wie die russische Tundra. Auch Kyrill, Sachar und Sergej hatte sie »mehr als die Menschheit« geliebt. Immer wenn sie liebte, liebte sie ganz, sah sie im Geliebten den Spiegel des Universums. Im Vergleich zu ihm versank alles andere im Staub des Gewöhnlichen. So sehr die spätere Kaiserin sich auch immer wieder zu einem von Voltaire geprägten Vernunftideal hingezogen fühlte, entsprach ihre Leidenschaft mehr dem Sturm und Drang des jungen Goethe. Diese Art von Leidenschaft steht ganz im Gegensatz zum mystischen Lebensideal eines Meister Eckeharts, der alle Menschen ebenso zu lieben auffordert wie sich selbst ohne Unterschied: »Solange du einen Menschen weniger lieb hast als dich selbst", schreibt der Mystiker, »hast du dich selbst nie wahrhaft lieb gehabt.«[27] Wie aber hätte Katharina die Schuwalows, die immer wieder gegen sie intrigierten, ebenso lieben können, wie den galanten polnischen Jüngling Stanislaus? Hätte sie Eckehart gelesen, wäre seine Philosophie der Liebe ihr wohl weltfremd erschienen. Katharinas Liebesideal entsprach eher demjenigen der viel späteren Existenzphilosophie des jungen Karl Jaspers, der die erotische Leidenschaft als einen Kampf beschreibt, als einen Kampf um eine dialogische Suche nach Identität, die nicht immer den gesellschaftlichen Konventionen entspricht.[28]

Im Dialog mit Stanislaus ging es allerdings weniger um Selbsterkenntnis, als viel mehr um französische Kunst und Literatur, über die der junge Geliebte bestens informiert war. 1757 wurde er zum Vater von Anna Petrowna, der allerdings nur ein sehr kurzes Leben beschieden war. Auch die Liebschaft mit Stanislaus war nur von kurzer Dauer.

Immer wieder zeigte sich Katharinas Gemahl Peter in aller Öffentlichkeit mit seiner neuen Geliebten, Jelisaweta, der Nichte des neuen Kanzlers Woronzow, dem Feind Bestuschews. Katharina war darüber empört, hatte sie doch bisher ihre eigenen Liebschaften in aller Heimlichkeit betrieben. Außerdem schien es ihr

so, als würde die hochnäsige Jelisaweta ihren Mann zu einer Scheidung drängen, um selbst die Gemahlin des künftigen Kaisers werden zu können. Immer wieder bezeichnete Katharina ihre Konkurrentin verächtlich als »Madame Pompadour«, eine Anspielung auf die berühmte Mätresse Ludwigs des Fünfzehnten.

Um Peter zu signalisieren, daß sie sich dieselben Freiheiten
herausnehmen könne wie er, besuchte sie mit ihrem Geliebten,
dem polnischen Edelmann, eine Theateraufführung. Mit ihm
zeigte sie sich nicht nur in der Loge, sondern tanzte dann auch
noch vor aller Augen eine ganze Ball-Nacht lang mit ihm.

Soviel Dreistigkeit wollte Kaiserin Elisabeth nicht dulden.
Madame Wladyslawa, seit neun Jahren vertraute und geliebte
Kammerfrau Katharinas, wurde fristlos entlassen. Als Katharina
die Kaiserin daraufhin unter Tränen bat, sie wieder nach
Deutschland zurückzuschicken, weil sie ja offensichtlich in
Ungnade gefallen wäre, ließ sich Elisabeth erweichen. Erstmals
kam es zwischen Kaiserin und Großfürstin zu einer vertrauten
Unterredung unter vier Augen. Diese Unterredung war aller-
dings nur mit Hilfe des Beichtvaters der Kaiserin zustande
gekommen. Da sich die Kaiserin monatelang geweigert hatte,

Altersbildnis der Zarin Elisabeth

Katharina eine Audienz zu gewähren, stellte sich die Großfürstin krank und teilte ihren Bediensteten mit, daß nur der Beichtvater ihr helfen könne, der gewöhnlich auch der Kaiserin Beistand gewährte. Ihm erzählte Katharina von ihren Absichten, Rußland zu verlassen, mit der Bitte, die Kaiserin davon in Kenntnis zu setzen. Letztere war darüber so schockiert, daß ihr endlich die Audienz gewährt wurde.

Elisabeth überzeugte sich von der Redlichkeit Katharinas und bat sie, in Rußland zu bleiben. Dafür stellte sie zwei Bedingungen: Erstens sollte sich Katharina mit ihrem rechtmäßigen Gatten Peter versöhnen. Zweitens sollte sie sich von Stanislaus trennen. Es sei für eine russische Großfürstin nicht schicklich, mit einem polnischen Katholiken auszugehen. An der Seite eines Polen würde Katharina niemals von den Russen als eine Respektsperson respektiert werden. Das verstand Katharina. Stanislaus wurde nach Polen zurückberufen, wo er später (1764) auf Betreiben Katharinas zum König ernannt wurde. Wieder einmal mußte sich Katharina von einem ihrer Geliebten trennen. Vielleicht hat sie Stanislaus tatsächlich »mehr als die Menschheit« geliebt, keineswegs aber mehr als die russische Krone, der zeitlebens ihre größte Liebe galt. Allmählich gewöhnte sich die russische Großfürstin an die Tatsache, daß zwischenmenschliche Liebesbeziehungen offenbar nur höchst relative Angelegenheiten sind.

In den folgenden Monaten schlossen Katharina und Peter einen Kompromiß: Katharina erklärte sich bereit, seine Geliebte zu dulden, insofern sie nicht weiter gegen sie intrigierte. Peter mußte versprechen, keine Scheidung zu wollen, die er ohnehin gegen den Willen der Kaiserin niemals hätte durchsetzen können. Außerdem erklärte er sich damit einverstanden, daß sich auch Katharina eigene Geliebte halten könne. Dem Willen der Kaiserin gemäß waren beide damit einverstanden, ihre Liebschaften vor der Öffentlichkeit verborgen zu halten.

Die Versöhnung mit Elisabeth geschah in letzter Minute. In der folgenden Zeit wurde die Kaiserin immer wieder von bedrohlich wirkenden Krankheiten heimgesucht. Weihnachten 1761 starb die russische Zarin, nachdem sie monatelang hartnäckig gegen den Tod angekämpft hatte. Einen Tag später verlas der Erzbischof von Nowgorod in der Palastkapelle den letzten Willen der Kaiserin. Ihr Neffe, Peter, wurde zum wahren und gesetzlichen Erbes des Thrones ernannt. Katharina war fast am Ziel ihrer Wünsche angelangt: Sie war nun die offizielle Gemahlin des Kaisers von Rußland. Niemand aber wußte, daß sie schon wieder schwanger war. Seit fünf Monaten trug sie das Kind eines Grigorij Orlows unter dem Herzen...

Zeitlebens war Katharina auf der Suche nach einem starken Mann gewesen, der ihr Schutz und Beistand gewähren konnte. Dieses Bedürfnis hing mit der Tatsache zusammen, daß ihre Position als Großfürstin angeschlagen war. Wer konnte garantieren, daß Peter nicht nach dem Tode der Kaiserin seine Macht als Zar dazu benutzen würde, sich von seiner ungeliebten Frau zu trennen, um die ehrgeizige Jelisaweta zu heiraten? Doch dann verbündete sich ausgerechnet die jüngere Schwester der Geliebten ihres Mannes – Jekaterina Daschkowa – mit Katharina. Sie war mit Fürst Daschkowa verheiratet, einem hohen Offizier der Garde. Und sie mochte ihre Schwester überhaupt nicht leiden, die ihr »liederlich", »aufdringlich«[29] und »geistlos« erschien, während sie sich selber schon in jungen Jahren ganz der Literatur

und Philosophie verschrieben hatte. Immerhin war sie stolze Besitzerin der damals größten Bibliothek der Hauptstadt. Besonders begeisterte sie sich für die Werke französischer Philosophen. Wen wundert es, daß sie in keinen anderen Menschen einen interessierteren Bundesgenossen fand als in Katharina? Mit ihr diskutierte sie die Thesen von Montesquieu, der sich dafür ausgesprochen hatte, durch Teilung der Gewalten in Exekutive und Legislative Gesetze zu schaffen, die unmittelbar der Wohlfahrt des Menschen dienen sollten. Fürstin Daschkowa war begeistert, als ihr Katharina erklärte, daß sie sich gegen die in Rußland immer noch praktizierte Leibeigenschaft einsetzen wollte, falls sie einmal an die Macht kommen würde. Dagegen wollte Peter Rußland eng an Preußen anbinden und den »Stock« des alten Friedrich Wilhelms einführen, dessen Bildnis er an einem Ring trug.[30] Dieser Anlehnung Peters an die Preußen standen nicht nur die Daschkowas ablehnend gegenüber. Schließlich stand Rußland bis zum Tode von Kaiserin Elisabeth mit Preußen noch im Krieg. Fast alle Würdenträger der russischen Armee fanden darüber

hinaus den von Peter zelebrierten Holsteinkult äußerst befremd-
lich. Schon seit Jahren ließ der Großfürst auf dem Petersburger
Hof ein Holsteiner Bataillon exerzieren, so daß bereits hinter der
Hand darüber spekuliert wurde, ob Peter als künftiger Zar Rußland an Holstein verkaufen wollte.

Einmal hatte die junge Jekaterina Daschkova Peter gegenüber
erklärt, daß sie die Todesstrafe abscheulich fände. Darüber war es
zwischen beiden zu einem heftigen Streit gekommen. Katharina
hatte Jekaterinas Partei ergriffen. Seitdem waren sie eng miteinander befreundet. Die fünfzehn Jahre jüngere Jekaterina verliebte sich in die Großfürstin und dichtete in ihrer Begeisterung auf
Katharina eine Lobeshymne, in der sie die Großfürstin zur künftigen »Retterin Rußlands« erklärte, eine gefährliche Äußerung.
Die nicht einmal volljährige Jekaterina ließ sich nicht davon
abbringen, noch zu Lebzeiten Elisabeths unter den mit ihrem
Mann eng befreundeten Generälen immer wieder für Katharina
zu werben. Wie es sich später herausstellen sollte, beeindruckte
diese Werbung der Siebzehnjährige selbst gestandene Generäle.
Noch bevor Peter zum neuen Zaren ernannt worden war,
schmiedete man bereits Pläne für seinen Sturz...

Bei den Daschkowas lernte die Großfürstin die Orlow-Brüder
kennen, die allesamt in der Garde hohe Posten bekleideten, unter
ihnen auch Grigorij, den »Helden von Zorndorf", wie ihn die

Grigorij Orlow

Historikerin Carolly Erickson bezeichnet[30], weil er diese Schlacht unter 20000 gefallenen Russen nicht nur lebend überstanden hatte, sondern noch dreifach verwundet sich geweigert hatte, ins Lazarett zu gehen. Achtzehn Jahre vorher hatte sein Vater die Machtübernahme Elisabeths aktiv mit unterstützt. Dieser Grigorij entsprach – nun wirklich – dem heldischen Ideal eines Mannsbildes, wie es in Katharinas Kopf herumspukte. Der Fünfundzwanzigjährige war ein gefeierter Kriegsheld, ein Draufgänger und Muskelmann, der seine überschüssigen Kräfte in Raufereien, beim Spiel und im Flirt mit Frauen verausgabte. Dem General der Artillerie, immerhin seinem unmittelbaren Vorgesetzten, hatte er die Frau ausgespannt, eine schöne Prinzessin, die ihn jedoch bald langweilte. Dieser Mann – schreibt Cronin – »roch nach Pulver, Leder und Bier«[31]. Solche Art offenkundiger »Männlichkeit« fehlte noch in Katharinas Liebhaber-Kollektion. Und so schwärmte sie bald von ihrem neuen Helden: »Ein Römer aus der goldenen Zeit der Republik, voller Mut und Großherzigkeit.«[32] Zwischen beiden »funkte« es in einem Akt spontaner Liebe. Dann irgendwann ab dem Sommer 1761 wurde die Leidenschaft heftiger und feuriger, gefährlich heiß. Noch lebte die Kaiserin – und schon wieder trug sich Katharina mit einem Kind herum, das nicht von ihrem Mann war. Dagegen schaffte es auch die ehrgeizige Jelisaweta Woronzowa nicht, von ihrem Geliebten, dem künftigen Zaren Peter, schwanger zu werden...

Während die totkranke Kaiserin noch im Sterbezimmer lag, besprachen Katharina, Orlow und verbündete Generäle Pläne, wie sie sich vor Peters Rache schützen könnten, falls er nach der Machtübernahme Katharina absetzen wollte. Die Freunde riefen Katharina zum sofortigen Sturz Peters auf, ein riskantes Unternehmen, das bei seinem Scheitern alle Rebellen der Todesstrafe zugeführt hätte. Katharina blieb – wegen ihrer Schwangerschaft - besonnen. Sie wollte sich mit ihrem gesetzlichen Gemahl im Guten einigen und ihn an die gemeinsam geschlossene Übereinstimmung erinnern.

Die Befürchtungen erwiesen sich als unnötig. Hätte sich Peter als neuer Zar seiner Mätresse Jelisaweta gegenüber weniger herablassend verhalten, hätte er sie öffentlich an seine Seite erhoben – und dadurch Katharina gedemütigt – wie ihre Namensvetterin, die erste Gemahlin Heinrich VIII. durch Anne Boleyn gedemütigt worden war – dann wäre alles anders gelaufen: Katharinas Existenz wäre ernsthaft bedroht gewesen. Und Jelisaweta Woronzowa hätte als neue Frau des Kaisers alle ihre Ziele erreicht. Es kam allerdings ganz anders. Kaum war Peter Zar geworden, explodierten seine eitlen Charaktereigenschaften. Nun war er endlich Herr im Lande und konnte willkürlich bestimmen, so wie er es schon immer gewollt hatte. Dafür brauchte er keine Frau, die es immer besser wissen wollte. Katharina war mit ihm psychologisch raffiniert umgegangen. Sie hatte ihm niemals direkt widersprochen, ihm immer das Gefühl vermittelt, daß sie ihn schätzte. Geduldig war sie auf alle seine Absonderlichkeiten eingegangen, hatte für ihn Soldat gespielt und seine Zinnsoldaten bewacht. Immer hatte sie ein offenes Ohr für ihn gehabt, niemals ihm ein spöttisches Lächeln gezeigt. Das ist der Grund weswegen Peter – noch als Zar – seine rechtmäßige Frau immer wieder als Ratgeberin aufsuchte und trotz seiner Eifersucht Katharina gegenüber immer ein gewisses Vertrauen bewahrte.

Jelisaweta dagegen war herrisch und ungeduldig. Sie stellte Ansprüche, wollte vom Zaren zur »ersten Frau Rußlands« gemacht werden, krittelte an ihm herum und vergaß die allerwichtigste Regel im Umgang mit eitlen Menschen: Den anderen zu loben und nochmals zu loben, selbst wenn es gar nichts zu loben gibt. Um diese psychologische Taktik beherzigen zu können, hätte Jelisaweta allerdings selber weniger eitel sein müssen als sie de facto war. So wurde Peter ihrer bald überdrüssig und nahm sich eine neue Geliebte. In ihrer maßlosen Selbstliebe tief gekränkt schrie die Verstoßene, daß ihr ehemaliger Geliebter, der Kaiser von Rußland, impotent sei. Es ist nicht bekannt, wie der

Zar daraufhin reagierte. Man weiß nur, daß er sich oft betrank und sich irgendwann wieder mit Jelisaweta versöhnte.

Am 11. April 1762 wird Katharina von ihrem zweiten Sohn Alexey entbunden. Grigorij ist der stolze Vater. Endlich kann Katharina ihre beiden Kinder selbst betreuen, während sie den inzwischen achtjährigen Paul Petrowitsch bisher nur wenige Male sehen durfte. Das ist vielleicht auch der Grund für das immer schwieriger werdende Verhältnis zwischen dem Zarewitsch und seiner Mutter.

Grigorij Orlow und seine Verbündeten drängten Katharina immer heftiger, gegen Peter zu intervenieren. Fast jede seiner Gesten und Entscheidungen wirkte auf die Mehrheit der Russen demütigend: So schob er den Akt der Krönung immer weiter hinaus, weil er von der orthodoxen Kirche, die die Zeremonie leitete, nichts hielt. Er beschloß ein Gesetz zur Enteignung der unzähligen orthodoxen Klöster, was ihm mit einem Schlage die gesamte Kirche zum Feind machte. Er brüskierte das russische Militär, indem er Holstein im Krieg gegen Dänemark unterstützen wollte und dem preussischen König Friedrich – der vor kurzem noch russischer Erzfeind gewesen war – liebedienerisch huldigte, ja er verbot die traditionellen russischen Uniformen und steckte alle Soldaten in blaue Preußenjacken. Das war die größte Demütigung für die russischen Soldaten. Schließlich hatte er – im Unterschied zu Katharina – auch keinen Respekt vor der toten Exkaiserin. Statt Trauer äußerte er schon kurz nach dem Staatsbegräbnis, an dem er mehr kichernd als weinend teilnahm, seine unverhohlene Freude über Elisabeths »Abgang in die Ewigkeit«.

Kurz und gut: In den Biographien ist nachzulesen, wie Katharina sich schließlich zum Aufstand überreden ließ, und auf welche Weise er zu einem erfolgreichen Abschluß gebracht wurde. Größten Anteil an dieser Revolution hatte Katharinas Geliebter Grigorij. Vielleicht hoffte er, nach Absetzung Peters selbst an dessen Stelle treten zu können? Vielleicht hatte er auch weniger eigensüchtige Motive. Jedenfalls wäre Katharina ohne seine tapfere und aktive Unterstützung niemals Kaiserin geworden. Das wurde sie beim Krönungsfest am 22. September 1862.

»Meine Natur ist so beschaffen«, schrieb Katharina einmal in ihrem Tagebuch, »,mein Herz ganz und vorbehaltlos einem Gatten zu schenken, der mir seine Liebe gibt.«[33] Da Peters geistiger Zustand alles andere als normal gewesen war, war das Verhältnis zu Katharina von Anbeginn an ungleich gewichtet. In seinen vielen Manien war Zar Peter nicht Herr seiner selbst. Er war ein Gefangener der Dämonen, die in seinem Gehirn tanzten. Darum war Katharina ihm auch immer eher wie eine Krankenschwester begegnet – und nicht als Ehefrau.

Grigorij hatte Katharina seine vorbehaltlose Leidenschaft und Liebe gezeigt. Im Sturz des Zaren hatte er für sie sein Leben auf's Spiel gesetzt. Sie liebte ihn. Und trotzdem hat sie ihn niemals geheiratet. Für diese »Enthaltsamkeit« lassen sich zwei Gründe nennen:

Zunächst war es für die neue Kaiserin ein großer Schock, als man ihr eine Woche nach dem Sturz des jungen Zaren dessen Tod meldet. Er war ganz offensichtlich von den Wachsoldaten ermordet worden, die dem Bruder ihres Geliebten Alexej Orlow unterstellt waren. Diesen Mord fand sie feige und brutal. Er widersprach ihren humanistischen Prinzipien. Obwohl der Tod des Ex-Kaisers offiziell mit einer »natürlichen Ursache« erklärt wurde, blieben die Gerüchte von seiner Ermordung hartnäckig bestehen, denn Peter III. war ein gesunder junger Mann in den besten Jahren gewesen.

Über Katharinas Geliebten Grigorij, dem sie den Titel eines Grafen verliehen hatte, wurde viel gespottet, und es gab viele Neider. Der britische Gesandte Lord Buckinghamshire schrieb nach London:

»Das Leben der Kaiserin besteht aus einer Mischung aus frivolem Amüsement und echter Hingabe an ihr Geschäft...«[34]

»Die Kaiserin zeigt Schwäche und Unbeständigkeit«, ergänzte der französische Hofbeobachter Breteuil, »wodurch es anderen leichtgemacht wird, sie auszunutzen.«

Das Wörtchen »andere« im Plural steht eigentlich für Grigorij Orlow. Direkt durften die Diplomaten die Dinge nicht beim Namen nennen. Diese Gerüchte von Orlows Dominanz über Katharina beinhalteten einen wahren Kern. Ihrem Brieffreund Friedrich Melchior von Grimm gestand die Kaiserin selbst, daß sie sich gerne der Führung Grigorijs unterwerfen wolle, ja, einer Heirat stünde kaum noch ein Hindernis im Wege. Gerne hätte Katharina ihre Verantwortung hinter den breiten Schultern eines starken Mannes versteckt. Doch es kam anders.

Die öffentliche Meinung war gegen diese Verbindung. Die Orlows genossen keinen guten Ruf in der Bevölkerung. Schon wurde behauptet, daß Katharina den magischen Künsten Grigorijs so weit verfallen sei, daß sie nur noch eine Marionette seiner Machtgier sei. Eines Tages bekam der Günstling der Kaiserin ein anonymes Paket. Der Inhalt bestand aus einem ausgehöhlten Käselaib, der mit Pferdemist und einem dicken Knüppel gefüllt war. Die Verschwörung einer Gruppe von Gardeoffizieren wurde aufgedeckt. Die Kaiserin gab ein »Manifest der Stille« heraus, das jegliches »unziemliches Gerede und das Verbreiten von Gerüchten betreffend der Regierung« verbot.[35] Trotzdem konnte sie den Adel damit nicht beeindrucken: Schon lästerte man, daß sie ja nur die einfache Tochter eines deutschen Soldaten sei, der sich »Fürst genannt« habe. Wie könne sie sich da anmaßen, das russische Reich zu führen?

In dieser labilen politischen Situation wäre eine Heirat mit dem Muskelprotz Orlow unklug gewesen. Sämtliche Ratgeber der Kaiserin legten ihr Veto ein. In lichten Momenten erkannte Katharina bald auch charakterliche Mängel an ihrem Geliebten, die ihn nicht geeignet erscheinen ließen für eine ewige Bindung. Einmal soll sie ihn ein »verzogenes Kind der Natur« bezeichnet haben, ein intelligenter junger Mann fürwahr, aber ebenso undiszipliniert und träge, der sich gerne extravaganten Ausschweifungen hingab. Ein Spieler und Genußmensch – und daher geradezu gegensätzlich zur eher stoischen und pflichtbewußten Mentalität der Kaiserin.

Nachdem sie alle Möglichkeiten kritisch erwogen hatte, beschloß Katharina, Grigorij als heimlichen Geliebten zu behalten, ihm aber keine offizielle Stellung an ihrer Seite zu geben. Er war darüber enttäuscht, wie er eifersüchtig reagierte, als Katharina ihren Ex-Geliebten Poniatowskij zum König Polens ernannte. Welche Verdienste hatte dieser Poniatowskij, fragte Orlow, daß sie eine solche Auszeichnung rechtfertigten, wo er selbst nur ein einfacher Graf blieb, obwohl Katharina seiner Meinung nach ohne seine Hilfe niemals Kaiserin geworden wäre? Grigorij schmollte. Weil schmollende Liebhaber gefährlich werden können, versuchte ihn Katharina mit großzügigen finanziellen Zuwendungen und der Vergabe von lukrativen Posten zu besänftigen. Das Verhältnis kühlte sich ein wenig ab, als man der Kaiserin erzählte, daß ihr Geliebter auch mit anderen Damen des Hofes offensiv flirtete. Solange dieses »Fremdgehen« nur die Sinne betraf, reagierte Katharina ungewöhnlich großzügig. Sogar als seine Liebeleien zum bevorzugten Thema des Klatsches wurden, bewahrte sie sich ihn als ihren »Liebhaber Nummer Eins".

Trotz seines dandyhaften Lebensstils war Grigorij keineswegs ein Taugenichts. Er war Katharina auch nach ihrer Machtübernahme noch ein sehr nützlicher Gehilfe. 1771 trug er mit seinen Maßnahmen wesentlich dazu bei, daß eine Epidemie eingedämmt wurde. Katharina ließ ihm daraufhin einen Triumphbogen errichten mit der Inschrift: »Dem Retter Moskaus von der Pest". Trotzdem suchte sie in den folgenden Jahren zu Grigorij immer mehr Distanz. Um seinem allzu ausgeprägten Nähebedürfnis zu entgehen, schickte sie ihn weit weg als Gesandten ins ferne rumänische Foscani, wo er mit den Türken verhandeln sollte.

Nachdem sich die Kaiserin von der allzu intimen Zuwendung des »bärenstarken« Grigorij befreit hatte, litt sie bald unter der ungewohnten Einsamkeit. Zwar betrieb sie die Staatsgeschäfte mit einem Fleiß und einer Gewissenhaftigkeit, wie sie von keinem russischen Zar vorher ausgeübt worden waren – und doch fühlte sie sich abends nach vollbrachtem Tagewerk leer. Wie

Denis Diderot

schon erwähnt stand sie morgens früh um 6 Uhr auf, vertiefte sich zunächst in ihre eigenen schriftstellerischen Aktivitäten, ließ sich gegen 11 Uhr im Ankleidezimmer frisieren, um dann ihre Sekretäre und Minister zu empfangen. Gegen 14 Uhr nahm sie einen kleinen Imbiß zu sich – sie lebte sehr spartanisch und fast abstinent. Den Nachmittag verbrachte sie lesend oder schreibend oder empfing ausgewählte Gäste – wie beispielsweise den französischen Philosophen Diderot oder Grimm. Nach einem bescheidenen Abendessen besuchte sie Theateraufführungen und nahm an kleinen formlosen Gesellschaften in der Eremitage teil. Manchmal spielte sie auch Karten und war gewohnt, die letzten zwei Stunden ihres streng geregelten Tages mit ihrem Geliebten zu verbringen, bis sie sich dann pünktlich um 23 Uhr schlafen legte.[36]

Nachdem Grigorij vom Hofe verbannt worden war, suchte sie sich einen anderen Liebhaber, um in den letzten beiden Stunden des Tages nicht alleine zu sein. Im September 1772 wurde Alexander Wassiltschikow für diese Rolle »engagiert«, ein achtundzwanzigjähriger Offizier der berittenen Garde, dessen zaghafte Schüchternheit zu Grigorijs cholerischem Temperament einen angenehmen Kontrast bildete. »Wenn er auch nicht geistvoll plaudern konnte, so hatte er doch soviel Geist, zur rechten Zeit schweigen zu können.«[37] Das war genau das, wonach sich Katharina in dieser Zeit sehnte. Als jedoch Grigorij mitgeteilt wurde, daß die Kaiserin in seiner Abwesenheit einen »Ersatz« gefunden hätte, ließ er alles liegen und eilte wütend in Richtung Petersburg. Katharina hörte davon, und da die Rückreise des eifersüchtigen Geliebten aus dem fernen Rumänien mindestens einige Wochen dauerte, fand sie noch die Zeit, sämtliche Schlösser in ihrem Palast auszutauschen. Kurz vor Petersburg mußte sich Grigorij vier weitere Wochen lang in Quarantäne begeben, weil er durch ein verseuchtes Gebiet gereist war. In dieser Zeit muß ihn wohl Katharina mit ihren Briefen einigermaßen beruhigt haben. Um ihn zu besänftigen, erhob sie ihn in den Fürstenrang, erhöhte seine Bezüge und schenkte ihm einige Güter. Grigorij ließ sich erweichen. Fortan verzichtete er auf die sinnliche Nähe der Kaiserin und bezeugte ihr ein letztes Mal seine Verehrung, indem er ihr den kostbarsten Diamanten der damaligen Zeit schenkte: Schah Jehan von Persien hatte ihn eigens schneiden lassen in Gestalt einer Rosette von dreieinhalb Zentimetern Länge. Katharina war tief gerührt, behielt den Diamanten aber nicht selbst, sondern übergab ihn dem Staat. Seitdem schmückte er die Spitze des russischen Zepters.

Die Liebschaft mit Alexander Wassiltschikow, dem »hübschen Offizier mit dem kleinen Horizont«[38], dauerte nicht lange. Seine Zärtlichkeiten konnten den geistigen Dialog nicht ersetzen, der

Grigorie Potijomkin

Katharina im Grunde immer wichtiger war als die bloße sinnliche Nähe. Auf der Suche nach einem neuen Geliebten erinnerte sie sich an eine böse Szene, die sich in ihrem Palast ereignet hatte. Eines Tages hatte Katharina einen jungen Kammerherrn empfangen, der ihr empfohlen wurde, weil er sich als tapferer Quartiermeister bei der berittenen Garde tatkräftig für ihre Machtergreifung eingesetzt hatte. Es handelte sich um Grigorij Alexandrowitsch Potemkin. Er war ein kräftiger, gutaussehender junger Mann, hochgewachsen, braunhaarig und selbstbewußt. Man hatte der Kaiserin gesagt, daß Potemkin mit der seltenen Begabung gesegnet sei, bekannte Persönlichkeiten des öffentlichen Lebens nachzuahmen. Katharina verlangte nach einer Kostprobe seines Könnens. Und Potemkin besaß die Unverschämtheit, den Tonfall Katharinas zu simulieren. Die Kaiserin aber hatte genug Selbstironie, um diesen Vortrag von der humorvollen Seite nehmen zu können. Grigorij Orlow, der damals noch der Günstling der Kaiserin war, ahnte, daß sich Katharina in diesen jungen Mann längst verliebt hatte. Als er sah, daß sich Potemkin der Kaiserin zu Füßen warf, ihre Hand mit Küssen bedeckte und ihr seine Liebe gestand, schäumte er vor Eifersucht. Er zitierte den ahnungslosen Potemkin in sein Büro und verprügelte ihn ebendort zusammen mit seinem Bruder. Rauhe Sitten im »heiligen« Petersburg!

Es dauerte noch einige Jahre, bis die Kaiserin wieder von Potemkin hörte. Diesmal wurde ihr von seinem heldenhaften Einsatz als Kommandeur der Kavallerie im Türkenkrieg berichtet. Bezeichnend sind die folgenden Worte aus dem ersten persönlichen Brief, den Katharina an Potemkin schrieb:

»Und wenn ich auch nicht weiß, ob Ihr Bombardement erfolgreich war, so bin ich doch gewiß, daß alles, was Sie unternehmen, nichts anderem zuzuschreiben ist, als Ihrer Ergebenheit für meine Person und für das teure Vaterland...«[39]

Tatsächlich diente der Chevalier in erster Linie der Kaiserin. Das Vaterland nahm nur den zweiten Platz ein. Katharina hatte endlich wieder einen »Helden« gefunden, den sie sobald wie möglich nach Petersburg zurückrief, um zu prüfen, »ob er wirklich die Neigung hatte, die ich gern bei ihm gesehen hätte.«[40]

Ich kam, ich sah und siegte! Mit diesen Caesarworten erstürmte Potemkin das Herz der Kaiserin, ohne daß es bedurft hätte, sie auszusprechen. In einem fließenden Kaftan aus weicher, schimmernder Seide betrat der Sieger des türkischen Feldzugs den Palast. Edelsteine funkelten an seinen schönen Fingern. Langes Haar hing über die Schultern. Mit seinem einem blinden Auge, das er nicht einmal hinter einer Binde versteckte, wirkte der Generaladjutant wie ein exotisches Wesen von einem anderen Stern. Schon hatte sich der Klatsch dieses Fremdlings angenommen.

»Sie ist verrückt nach ihm!« wurde getuschelt. »Welche Schande! Welche Sünde! Katharina die Zweite fällt einer verrückten Leidenschaft zum Opfer!«[41]

Und Katharina zerschmolz in der Glut ihrer Sehnsucht:

»Wie seltsam!« schrieb sie ihm. »Worüber ich immer gelacht habe – eben dasselbe widerfährt mir - , daß mich die Liebe zu Dir blind macht. Ich empfinde jetzt Gefühle, die ich früher für schwachsinnig, übertrieben, unvernünftig hielt. Ich kann meine blöden Augen nicht von Dir wenden; ich vergesse alles, was mir die Vernunft gebietet, und bin ganz benommen, sooft ich bei Dir bin.«[42]

Wie ein Backfisch schwärmt die Vierundvierzigjährige von dem zehn Jahre jüngeren Potemkin. Sie, die glühende Verehrerin Voltaires, die in ihrem Kampf gegen jeden Aberglauben immer die Vernunft als das hohe Prinzip geistiger Klarheit verteidigte, die sich in der Politik für Mäßigung und Gerechtigkeit einsetzte und in den Dramen von Corneille und Racine Trost für ihre Seele fand, diese von rationaler Kühle durchdrungene Frau verfällt jetzt ganz dem chaotischen Wirbel der Leidenschaft. Während bei dem französischen Dramatiker Pierre Corneille ein Liebesbegriff ohne Ehre nicht vorstellbar ist, während Racine den heroischen Gestalten seiner Tragödien noch im Abgrund der Seelen-

Voltaire

zerrüttung »Maß und Manieren«⁴³ zugesteht, überläßt sich Katharina – ohne jede Rücksicht auf die Etikette – dem Orkan ihrer erotischen Manie. Im fast kochendheißen Dampfbad tanzten sie und ihr Geliebter »wie übermütige Delphine« miteinander, gurrten und girrten gemeinsam wie übermütige Täublein, tollten sich plantschend herum, bespritzten sich, sanken dann erschöpft am Rande des Wassers in die von Dienern bereiteten Liegen und ließen sich dort mit Platten voller Fisch, Trauben, Wein und Konfekt bewirten.

Mit dem Literaturwissenschaftler Georg Hensel könnte man sagen: »Wer die unabweisbare Leidenschaft, die Raserei des Eros, so unabweisbar lebendig macht, der weiß, daß sie mit der Vernunft, dem Allheilmittel der Epoche, nicht aus der Welt zu schaffen ist.«⁴⁴ Die Aufbäumung der Vernunft gegen die Liebe muß mit schicksalhafter Notwendigkeit scheitern, wie in der selbstzerstörerischen Leidenschaft Phädras, der Heroine in der gleichnamigen Tragödie Racines: Ihre Verfallenheit an ihren Stiefsohn Hippolyth ist unabwendbar.

Man kann kaum glauben, daß die russische Kaiserin, die sich als nüchterne Strategin in stoischer Abhärtung gegen alle Demütigungen durch ihre Vorgängerin bewährt hatte, die eisern und zäh jeder Unbill getrotzt hatte – sei es Krankheit, sei es der Notwendigkeit den launenhaften Anwandlungen ihres schwachsinnigen Ehemanns in gelassener Haltung zu begegnen --- , es ist kaum vorstellbar, daß diese ebenso tapfere, wie unerschrockene Frau, die erste Emanzipierte ihres Jahrhunderts, nun auf dem Gipfelpunkt ihrer Macht, und nachdem sie mehrere Aufstände erfolgreich niederschlagen konnte, ja sogar das russische Hoheitsgebiet bis nach Alaska und kurz vor Konstantinopel hin erweitern konnte, zum Opfer einer Sentimentalität wird. So charakterisierten die aufgeklärten Geister ihrer Epoche die Liebe. Und obwohl Katharina ihre geistige Verfassung, in die sie die Leidenschaft zu Potemkin stürzt, präzise als »Delirium«[45] diagnostiziert, bleibt ihr dennoch – oder gerade weil sie ihren Zustand noch analysieren kann - ein Rest von Vernunft erhalten.

Während sich die »Feuerfrau« – wie Potemkin seine Geliebte zärtlich nannte – in »blinder Liebe«[46] zu verrennen schien, verfügte sie immer noch über genügend Selbstdisziplin, ihre politischen Geschäfte erfolgreich weiterzuführen. Immerhin wurde einige Monate nach Beginn der neuen Liaison der gefährlichste Aufrührer ihrer Regierungszeit, Pugatschow, besiegt. Letzterer hatte sich als wiederauferstandener, von der Kaiserin verfehmter Peter III., vom Volk feiern lassen und bedrohte nun mit seiner Armee von zigtausend Soldaten Moskau. Im März 1774 mußte er sich Katharina ergeben.

Besonnen zeigte sich Katharina auch dadurch, daß sie Potemkin zwar heiratete, ihm aber nicht die Ehre einer öffentlichen

Pugatschow

Feier zuteil werden ließ. Man ließ sich in aller Abgeschiedenheit in einem dunklen Vorort von Petersburg trauen. Neben den Trauzeugen war nur ein Handvoll Gäste zugelassen. Ansonsten wurde die Ehe geheim gehalten. Das war der erste Schlag, den Potemkin verkraften mußte, hatte der stolze General doch - wie schon sein Vorgänger Orlow - insgeheim gehofft, im öffentlichen Glanz neben Katharina als Kaiser von Rußland regieren zu können. Die meisten Historiker verschweigen diese Ehe »zur linken Hand«, obwohl Katharina nicht die erste Monarchin war, die einen solchen Ausweg praktiziert hatte.

Der zweite Brocken, der verdaut werden mußte, war die Tatsache, daß Katharina schon so viele Männer vor ihm gehabt hatte, und jederzeit die Gefahr bestand, daß sie sich wieder einen neuen Liebhaber – und wenn nur aus Zeitvertreib – nehmen konnte. Immer wieder quälte Potemkin seine Frau mit endlosen Fragen nach ihren früheren intimen Beziehungen.

»Du liebst es einfach zu streiten", erwiderte ihm die entnervte Kaiserin, »Ruhe ist etwas, das Deiner Natur zuwider ist.«

Schon nach einem Jahr kühlte sich Katharinas Leidenschaft merklich ab. Ihr Bedürfnis nach seiner Nähe verringerte sich von Tag zu Tag, je mehr sie sich von Potemkin bedrängt fühlte. Immer wieder bat sie ihn, sie ab 23 Uhr abends schlafen zu lassen, damit sie für die staatlichen Geschäfte des kommenden Tages gerüstet sei. Potemkin hätte es dagegen viel lieber gesehen, wenn sie ihm alle repräsentativen Pflichten überlassen und sich ansonsten nur noch um ihre Garderobe und um seine Gelüste gekümmert hätte. Zu einem hausfraulichen Dasein war allerdings jede andere Frau geeigneter als Katharina!

»Wir streiten immer über Macht, nie über Liebe«[47], brachte die Kaiserin den Grundkonflikt ihrer zweiten Beziehung auf den Punkt. Da sich Potemkin vernachlässigt fühlte, fing er bald an, sich zusätzlich anderen Frauen zu »widmen". Katharina war darüber wohl unterrichtet, doch sie beklagte sich nicht. Sie litt auch nicht still vor sich hin wie viele andere Frauen, denen ähnliches widerfährt, wußte sie doch, daß seine Affären auch mit ihrer eigenen Kühle ihm gegenüber zusammenhingen. Nur in dem kurzen, aber um so heftigeren Prolog ihrer Liebe, hatte der »Gatte incognito« die russische Kaiserin in leidenschaftlicher Glut gehalten. Je zudringlicher er wurde, je mehr er auch an ihrer politischen Macht teilhaben wollte, desto mehr wuchs in Katharina der Wunsch, sich von ihm zu distanzieren. Darum war sie ganz froh, als man ihr mitteilte, daß er auch mit anderen Frauen mehr als nur höfliche Worte austauschte.

Katharina hatte die für sie besonders unangenehme Erfahrung gemacht, daß jede wirkliche Liebe auch mit dem Zwang des Teilens verbunden ist. Das Sanskrit-Wort für »Liebe« lautet »snigdha«. Das heißt wörtlich übersetzt: »Anhaften, Kleben«. Wer liebt, bindet sich. Liebe wirkt wie eine Art Klebstoff, der die Liebenden aneinanderhaftet, »bis daß der Tod sie scheidet«. Dieser

Katharina II
Zarin von Rußland

einer jeden wirklichen Liebe eigentümliche »Klebstoff« war der russischen Kaiserin zuwider. Da sie sich weder an die herkömmliche passive Frauenrolle gewöhnen wollte, noch ihre Macht mit einem ihr »anhaftenden« Geliebten zu teilen bereit war, kam sie auf eine eigentümlich pikante Idee, die ihren Ruf für alle Zeiten ruinieren sollte.

Sie war imstande, ihre eigenen Probleme ebenso nüchtern, sachlich und kühl zu regeln, wie sie die Staatsgeschäfte erledigte. So stellte sie eine Autodiagnose zusammen, die sich in drei Punkten zusammenfassen läßt:

1. Eine gleichberechtigte Partnerschaft wollte die Kaiserin niemals eingehen.
2. Die mit der Distanzierung von Potemkin verbundene sinnliche Abstinenz konnte sie allerdings nicht lange aushalten. Die erotische Bedürftigkeit ließ sich nicht so einfach unterdrücken.
3. Da aber ein normaler Ehemann gewöhnlich mit seiner Frau mindestens die gleichen Rechte und - wenn auch oft weniger willig – die gleichen Pflichten teilen will, war der »Gatte« (Potemkin) der am wenigsten geeignete Liebhaber.

Die Frage lautete also: Wie ließen sich ihre sinnlichen Bedürfnisse befriedigen ohne einen Mann, der Ansprüche stellte?

Die Lösung für eine angemessene »Therapie« war bald gefunden: Mit einem untergebenen Diener wäre eine unverfängliche Love Story möglich – ohne den Klebstoff »Liebe« und den damit verbundenen Verpflichtungen. Da Potemkin bereits Affären mit anderen Frauen eingegangen war, fühlte sich die Kaiserin ermutigt, sich die gleichen Rechte herauszunehmen. Und doch wußte sie, daß sich Männer in der Regel – nicht nur zu ihrer Zeit – ungerne damit abfinden, wenn sich ihre Frauen einen Geliebten nehmen. Und so tat Katharina zunächst alles, um ihren Partner möglichst milde zu stimmen.

Es war für Potemkin schon kaum zu ertragen gewesen, daß er die
»Suite des Favoriten« der Kaiserin räumen mußte. Die Kaiserin ent-
schädigte ihn, indem sie ihm den wunderschön erneuerten Anitsch-
kow-Palais schenkte. Außerdem verlieh sie ihm im März 1775 den
fürstlichen Titel »Seine Durchlaucht« und ernannte ihn zu ihrem
ersten Stellvertreter. Das mußte für´s erste reichen, nein, nicht ganz:
Um in jeder Weise vor seiner Eifersucht gefeit zu sein, erlaubte sie
ihm, ihr persönlich einen geeigneten Liebhaber auszusuchen.

Sicherlich hatte es Potemkin zunächst als eine Zumutung empfunden, für seine Geliebte einen Liebesdiener ausfindig machen
zu sollen. Vielleicht überwog dann aber auch bei ihm die Berech-
nung, denn als Stellvertreter der Kaiserin hatte er immerhin die
zweitmächtigste Position im gesamten Reich zu verteidigen. Die
wollte er nicht auf´s Spiel setzen. Darum widersprach er nicht,
und am 2. Januar 1776 zog – von Potemkin geduldet - ein neuer
kaiserlicher »Privatsekretär«, der Pole Sawadowski, in die bis
dahin verlassene »Suite des Favoriten« ein.

Unterdessen hatte sich Potemkin in den Süden zurückgezogen. Als Vizekönig auf Reisen wollte er am Schwarzen Meer
Häfen anlegen und die dort ansässigen ethnischen Minderheitenn
mit der russischen Reichsidee vertraut machen. Immer wieder
sandte er Katharina Grüße und mehr oder weniger ironisch
gemeinte »gute« Wünsche an der Seite ihres Liebhabers. Offenbar gereichten diese Wünsche der Zarin nur als ein schwacher
Trost, mußte sie doch bald feststellen, daß der Pole Sawadowski
als Liebhaber ebenso langweilig war wie die zeremoniellen Verpflichtungen, die sie als Zarin über sich ergehen lassen mußte. Zu
allem Unglück verliebte sich der Pole in die Zarin und wollte
nicht mehr von ihrer Seite weichen. Als sie ihn grob zurückstieß,
brach er in Tränen aus und bat sie flehentlich, ihn niemals zu verlassen. Weinende Männer wirkten auf Katharina alles andere als
erotisch. Angewidert von seiner Schwächlichkeit trennte sie sich
von ihm und entbrannte wieder voller Sehnsucht nach ihrem
Helden, dem niemals weinenden Potemkin.

Simon Soritsch

»Ich brenne vor Ungeduld, Dich wiederzusehen", schrieb sie ihm. »Es kommt mir vor wie ein Jahr, daß ich Dich zuletzt gesehen habe. Ich küsse Dich, mein Freund, kehre gesund und glücklich heim, und wir werden uns wieder lieben...«[48]

Doch als dieser wieder nach Petersburg kam, waren die Tage der Leidenschaft gezählt. Bald fing das Spiel von vorne an. Wieder erwies sich Potemkin als zu besitzergreifend und wurde zum zweiten Mal fortgeschickt. Nun wählte sich die Kaiserin den neuen Kandidaten selber aus, der den langweiligen Polen ersetzen sollte. Ein gewisser Simon Soritsch war Katharina aufgefallen, weil er wie ein tollkühner Husar aussah – Abbild ihres alten Heldenideals, alles andere als ein Jammerlappen, aber doch war auch er nicht ohne Fehler:

Als ein leidenschaftlicher Spieler liebte er das Glücksspiel offenbar mehr als die Kaiserin. Das kränkte Katharina, denn sie wollte ja geliebt werden. Gab es denn keine Männer, die ohne Besitzansprüche und ohne Wehleidigkeit eine Frau lieben können?

Der zweite Fehler Simons bestand darin, daß er mit Potemkin ein Streitgespräch anfing, als dieser von seinem auswärtigem Dienst zurückkam. Das hätte er niemals tun dürfen: Der wutentbrannte Heimkehrer setzte den Liebhaber Katharinas auf Nimmerwiedersehen vor die Tür. Er solle »sich packen und sich eine andere Kaiserin suchen, die ihn so gut bezahlen würde.«[49] Katharina protestierte nicht dagegen.

Die folgenden Kandidaten wurden immer jünger. Sawadowskij war bereits zehn Jahre jünger gewesen, Simon war sechzehn Jahre jünger. Und Iwan Rimski-Korssakow – ein Vorfahre des späteren berühmten Komponisten – hätte Katharinas Sohn sein können: Der Altersunterschied betrug ganze fünfundzwanzig Jahre. Biograph Vincent Cronin glaubt, daß unbefriedigte Muttergefühle die Zarin in die Arme jüngerer Liebhaber trieb, denn ihr Sohn, der Thronfolger Paul, hatte zu seiner Mutter ein gespanntes Verhältnis, weil er glaubte, sie hätte seinen angeblichen Vater Peter ermorden lassen. (Bis zu ihrem Tod hielt sie ihn in dem Glauben, daß Peter sein Vater sei und nicht Saltykov...)

Iwan Rimski-Korssakow überzeugte die Kaiserin durch seine Schönheit. Sein »griechisches Profil« konnte sie begeistern. Außerdem war er auch ein guter Violinenspieler und – scheinbar - auch literarisch interessiert. Um seine Belesenheit der Kaiserin zu dokumentieren, bestellte er beim führenden Buchhändler von Petersburg gleich einen ganzen Pferdekarren mit Büchern. Auf die Frage des Buchhändlers, welche Bücher es denn sein sollten, antwortete Iwan:

Iwan Rimsky-Korssakow

»Das verstehen Sie besser als ich. Große Bücher unten, dann kleinere und so weiter bis oben – so wie in der Bibliothek der Kaiserin.«[50]

Diese Auskunft war ganz nach dem Geschmack des Buchhändlers, und er lieferte eine große Anzahl von Bibelkommentaren in wertvollen Ledereinbänden, für die er bisher keine Kunden hatte finden können. Katharina ließ sich von Iwans Schönheit immerhin fünfzehn Monate lang betören und sah über seinen Mangel an Bildung großzügig hinweg. Als sie ihn dann aber eines Tages in den Armen einer Gräfin erwischte, wurde er fristlos aus seiner »Favoritenstellung« entlassen, nicht ohne zu vergessen, ihn wegen seiner »treuen Dienste« großzügig zu beschenken, um sich auf diese Weise sein Schweigen zu erkaufen.

Iwan schwieg und auch sein Nachfolger Alexander Lanskoi, ein dreiundzwanzigjähriger Hauptmann der berittenen Garde. Die bald sechzigjährige Katharina fühlte sich bei ihm endlich mal wieder richtig glücklich. Sie schwärmte von ihm und nannte ihn »Stütze meines Alters«.[51] Für Lanskoi hätte sie fast das ganze Vermögen des Hofes verschleudert. Nicht nur schenkte sie ihm aus den staatlichen Schätzen Gegenstände im Werte von Millionen von Rubeln. Sie unterstützte ihn auch in seiner Liebe zur Musik, wählte für ihn die Lektüre aus und führte ihn in die politischen

Alexander Lanskoi

Geschäfte ein. Bevor es zu einem Eifersuchtsdrama mit Potemkin kommen konnte, erlag Lanskoi einer schweren Infektion.

Die Kaiserin war ebenso untröstlich, wie unersättlich. Lanskoi, »der junge Mann, den ich aufzog«, wäre ihre »Hoffnung für die Zukunft gewesen«, schrieb sie ihrem platonischen Freund Friedrich Melchior Grimm. Doch der ebenso sanfte, wie treue und zugleich immer dankbare Günstling wurde ihr diesmal vom Schicksal genommen.

Wieder mußte Potemkin den Kuppler spielen und für Ersatz sorgen. Lanskois Nachfolger, Alexander Mamonow, war kaum älter: Ein achtundzwanzigjähriger großgewachsener schwarzäugiger verwegener Offizier, wieder ein Mann nach dem Heldenklischee. Potemkin wußte, welche Attribute die Monarchin liebte. Und tatsächlich war die Kaiserin von dem neuen Günstling so sehr angetan, daß sie die Trauer über den vergangenen schnell vergaß. Mamonow besaß schließlich ebensoviel Witz und Esprit. Und es war ein Genuß, seinen Rezitationen aus den Werken Corneilles zuzuhören. Auch seine Zärtlichkeiten ließ Katharina gerne über sich ergehen.

Doch auch diesem Verhältnis war kein glückliches Ende beschieden. Irgendwann wollte der Geliebte nicht mehr den Bedürfnisbefriediger einer Frau spielen, die seine Großmutter

Alexander Manomow

hätte sein können. Die Jugend verlangte nach ihrem Recht. Und so begann er eine leidenschaftliche Affäre mit einer der Ehrendamen der Kaiserin, einer gewissen Darja. Diesmal konnte sich Katharina nicht so leicht von dem untreuen Kandidaten trennen. Diesmal war sie vom »Klebstoff« der Liebe infiziert. Und er fühlte sich von ihr nur noch angeödet. Es kam zu Szenen und tränenreichen Auseinandersetzungen. Mamonow machte anderen Bediensteten gegenüber keinen Hehl davon, daß er sich als ein »Gefangener« der Kaiserin fühlte. Irgendwann stellte er dann Katharina vor vollendete Tatsachen, verlangte seine Entlassung aus den Liebesdiensten und ihren Segen für seine Heirat mit Darja.

Mit zusammengebissenen Zähnen fügte sich die Kaiserin seinen Wünschen. Sie gab nicht nur ihren Segen, sondern schenkte dem Paar hunderttausend Rubel und einige ertragreiche Ländereien. Undank ist der Welt Lohn: es stellte sich heraus, daß die neue Frau Mamonows eine Klatschbase war, die sich damit großtat, daß ihr Mann der Geliebte der Zarin gewesen war. Sie setzte phantastisch ausgeschmückte »Erfahrungsberichte« aus erster Hand in Umlauf. Die Öffentlichkeit sog den Klatsch begierig auf.

Die Bizarrie des Liebeslebens der Kaiserin ließ in Rußland einen neuen Produktionszweig entstehen: Mitteilungsblätter für die höheren Stände – wir würden sie heute als »Regenbogenpresse« bezeichnen. Die wildesten Gerüchte wurden breit getreten. Katharina hätte in ihrer Unersättlichkeit ihre Liebesdiener gezwungen, Aphrodisiaka zu schlucken. Daran sei einer von ihnen – Lanskoi - gestorben. Sogar die Pariser Zeitung »Le Moniteur« berichtete »exklusiv« über die »Messalina des Nordens« – eine Anspielung auf die zügellose Gemahlin des römischen Kaisers Claudius.[52]

Der britische Botschafter Diplomat Sir James Harris nahm die Gerüchte zum Vorwand, um der britischen Regierung zu erklären, weshalb es ihm nicht gelungen war, den Beistand der

russischen Kaiserin im Kampf gegen die amerikanischen Koloni-
sten zu gewinnen.

Katharinas Hof, schrieb Harris, sei herabgesunken zu einem
»Schauplatz von Verderbtheit, Unzucht und Dekadenz«.[53] Auch
die österreichische Kaiserin Theresia konnte sich vor Empörung
kaum halten, hatte sie doch am eigenen Hof eine Keuschheits-
kommission eingesetzt, um gegen die Sünde des Ehebruchs vorzugehen. Die Zarin rächte sich auf ihre Weise – nicht an Theresia,
die sie nur als »Betschwester« verulkte, sondern an Darja, der
Frau des Exgeliebten. So heißt es in dem Bericht eines Beamten
der französischen Botschaft:

»Als Mamonow und seine Frau zu Bett gegangen waren,
erschien der Polizeichef in ihrer Wohnung und überantwortete
beiden sechs Frauen, die mit ihm gekommen waren. Nachdem
der Polizeichef das Ehepaar mit den sechs Frauen allein gelassen
hatte, ergriffen sie, die in Wirklichkeit sechs verkleidete Männer
waren, die schwatzhafte Dame, zogen ihr das Nachthemd aus
und versetzten ihr Stockschläge in Gegenwart ihres Mannes, der
niederknien mußte. Nach der Züchtigung betrat der Polizeichef
das Zimmer und sagte: ʹSo bestraft die Kaiserin eine erste Indis-
kretion. Für die zweite wird man nach Sibirien deportieren.ʹ«[54]

Unterdessen liebte Potemkin seine Kaiserin noch immer. In
seinen Anstrengungen, die Liebe der Zarin für sich zurückzuge-

winnen, übertraf er die Bemühungen der Kavaliere aller Zeiten vor ihm. Nicht nur daß er sich bereit gefunden hatte, aus Liebe zu Katharina, den Kuppler zu spielen: Im Jahre 1787 bereitete er der Kaiserin einen Triumphzug, der in seiner Kolossalität seinesgleichen sucht. Als der Dnjepr am 1. Mai schiffbar wurde, stieg Katharina an Bord von sieben, in Gestalt von Miniaturpalästen erbauten Galeeren, die wiederum nur den Mittelpunkt von achtzig weiteren Schiffen bildeten. »Kleopatras Flotte« brach auf in Richtung Süden. Jedes der Schiffe besaß »seinen eigenen Stab uniformierter Diener und sein eigenes, aus zwölf Musikanten bestehendes Orchester. Jedes verfügte über elegante Schlafzimmer mit bequemen Betten, Bettwäsche aus Taft und Schreibtische aus Mahagoni. In den Ankleide- und Wohnzimmern befanden sich mit prächtigen chinesischen Stoffen gepolsterte Diwane. Überall glänzte es von Gold und Silber.«[55] Täglich empfing die Kaiserin einen ganzen Sack voll von Briefen und Depeschen, den sie bis in den Nachmittag hinein bearbeitete. Abends veranstaltete sie literarische Wettbewerbe, Theateraufführungen, gesellschaftliche Rollenspiele und Diskussionsrunden. Immer wieder gab es Militärparaden mit tausenden von gut gedrillten Soldaten in glänzenden Uniformen. Nachts wurden riesige Feuerwerke veranstaltet, die die Berge ringsum meilenweit taghell erleuchteten.

Katharina 1787

Jedes Dorf, an dem die kaiserliche Flotte langsam vorbeiglitt, war von Potemkin neu aufgebaut worden, Ödland war in fruchtbares Ackerland verwandelt worden, und eine unabsehbare Menge von Menschen säumte die Ufer, um der Zarin zuzujubeln. Spötter meinten später, Potemkin hätte nur Fassaden errichtet, die sprichwörtlich gewordenen »potemkinschen Dörfer«. Nach Meinung von Vincent Cronin taten die Spötter dem Stellvertreter Katharinas unrecht:

»Die ´Potemkinschen Dörfer´ gehören ebenso wie der Satz von Marie Antoinette ´Wenn sie kein Brot haben, sollen sie Kuchen essen´ in den Papierkorb der Weltgeschichte.«[56]

Ziel des Triumphzugs war die von Potemkin eroberte Insel Krim. Gleichzeitig sollte die Kollossalität des gesamten Aufzuges zur Einschüchterung der Türken dienen.

Obwohl kein anderer Mann mehr für die russische Kaiserin hätte tun können, und obwohl sich Katharina durchaus dankbar zeigte, kam es nicht zu der von Potemkin erhofften »Wiedervereinigung«. Katharina hielt ihn weiterhin auf Distanz. Im Frühjahr 1789 nahm sich die Sechzigjährige einen neuen, etwa zwanzigjährigen Geliebten, den Hauptmann der Leibwache, Plato Subow, den sie sogleich zum »Adjudanten der Kaiserin« erhöhte. Auch in Subow sah die Kaiserin sowohl einen Ersatz für ihren Sohn, der sich ja von ihr abgewandt hatte, als auch den Geliebten.

Plato Subow

Ihr größter Ehrgeiz bestand darin, Subow zu einem Gelehrten heranzubilden. Sie unterrichtete ihn in Literatur, Philosophie und Sprachen. Außerdem las sie mit ihm gemeinsam Plutarchs Lebensbeschreibungen.

Potemkin, der dieses Mal nicht den Kuppler gespielt hatte, war außer sich vor Eifersucht. Obwohl er selbst einen ganzen Harem um sich herum kultivierte, und sich schon längst an die Liebschaften der Kaiserin gewöhnt hatte, empfand er es als einen Affront, daß sich Katharina dieses Mal den Geliebten selbst ausgesucht hatte. Alle seine Proteste blieben vergeblich. Potemkin mußte erkennen, daß er keinen Einfluß mehr hatte auf das Liebesleben der Kaiserin. Er war immerhin auch schon einundfünfzig – für Katharina ein alter Mann. Je älter die Zarin wurde, desto jünger mußten ihre Liebhaber sein. Es schien so, als wollte sie sich selbst durch die Jugend ihrer Geliebten verjüngen.

Potemkin hingegen verfiel der Depression. Er brannte buchstäblich aus, ergab sich dem Alkohol und entgegen dem Rat der Ärzte aß er völlig unkontrolliert schon zum Frühstück geräucherte Hamburger Gans und fetten Schinken, und schüttete sich mit Wein und Likör zu. Bei seinem letzten diplomatischen Auftreten in Jassy (Friedensgespräche mit den Türken) infizierte er sich mit der Malaria und starb wenige Wochen später. Als Katharina von seinem Tod hörte, soll sie »dreimal« in Ohnmacht gefallen sein: »Nun habe ich niemanden mehr, auf den ich mich verlassen kann[57]«, sagte sie, denn Subow besaß nicht die strategischen und diplomatischen Fähigkeiten von Potemkin. Er war ein ziemlich verwöhnter und arroganter Knabe, der die Gutmütigkeit der Kaiserin schamlos ausnutzte, ohne sich ihrer würdig zu erweisen. Und als die »Feuerfrau« einige Jahre später einem Schlaganfall zum Opfer fiel, war ihr unorthodoxes Liebesleben bereits zum Stoff literarischer Mythen geworden.

Dabei hatte kein anderer Zar und keine andere Kaiserin vor Katharina mehr für Rußland und seine Bevölkerung getan. Katharina hatte das russische Hoheitsgebiet in ihrer Regierungszeit

Katharinas Nachfolger
Zar Paul I

um etwa ein Drittel erweitert, sie hatte in vielen sozialen Reformen die Leibeigenschaft zwar nicht abgeschafft, aber doch erheblich gemildert, sie hatte überhaupt erst Kultur und Bildung ins Land gebracht. Allein in den letzten vierzehn Regierungsjahren wurden 400 neue Lehrer ausgebildet. Während es noch zu Zeiten von Zarin Elisabeth in ganz Rußland nur eine Handvoll Schulen gab, entstanden unter Katharina 350 neue Schulen mit 790 Lehrern und 20000 Schülern, darunter 2000 Mädchen.[58]

Als Katharina 1762 den Thron bestieg, gab es fast keine Krankenhäuser und Waisenhäuser. Dreißig Jahre später hatte jede russische Stadt mindestens ein Krankenhaus. In ihrer Zeit wurden Theater gegründet, ja es entstand eine rege literarische Aktivität, an der die Kaiserin selbst nicht unbeteiligt war. Denn neben ihren Regierungsgeschäften, die sie äußerst gewissenhaft betrieb, war sie eine eifrige Schriftstellerin und hinterließ ein sehr umfangreiches und vielseitiges Werk – von politischen Traktaten bis hin zu eigens inszenierten Schauspielen und Komödien.

Auch wirtschaftlich blühte Rußland unter Katharinas Führung auf: »Von 1794 bis 1798 beliefen sich Rußlands jährliche Ausfuhren auf siebenundfünfzig Millionen Rubel, dreimal soviel wie in dem Jahr, als Katharina den Thron bestieg; und sie übertrafen die Einfuhren um achtzehn Millionen.«[59]

Diese Leistungen bezeugen, daß der absonderliche – und von vielen Zeitzeugen als »unmoralisch« bewertete - Lebenswandel der Kaiserin ihre politischen und sozialen Verdienste nicht zu trüben vermochte. Biograph Vincent Cronin widerspricht darum auch all denen, die meinen, daß Katharina den Titel »Die Große«, der ihr als einzige Frau neben acht Männern verliehen wurde, nicht verdienen würde. Als man der Kaiserin diesen Titel schon 1767 angeboten hatte, wehrte sie bescheiden ab: »Ich will es der Nachwelt überlassen«, sagte sie, »unparteiisch zu beurteilen, was ich getan habe.«[60]

*Katharinas Enkel
der spätere Zar
Alexander I
um 1785*

283

1 zitiert nach Madariaga, 365
2 Katharina die Große, Memoiren 278f
3 Katharina, zit. n. Cronin 90
4 Katharina, Memoiren 55
5 K. zit. n. Cronin 27
6 ebd. 28
7 ebd. 29
8 Erickson 20
9 Zit. n. Cronin 30
10 Erickson 68f
11 Katharina, Memoiren 108
12 ebd. 111
13 Katharina zit. n. Erickson 111
14 K. zit. n. Cronin 90
15 K. zit. n. Fleischhacker 16
16 K. zit. n. Cronin 387
17 K. zit. n. Erickson 124
18 K. zit. n. Cronin 100
19 Cronin 102
20 K. zit. n. Cronin 103
21 ebd. 106
22 Katharina, Memoiren 281f
23 ebd. 282
24 Cronin 115
25 ebd. 119
26 K. zit. n. Cronin 127
27 Meister Eckehart, Deutsche Predigten und Traktate 214
28 Jaspers 119ff
29 Erickson 214
30 Cronin 152
31 Erickson 215
32 Cronin 154

33 ebd.

34 ebd. 171

35 Erickson 291

36 ebd. 295

37 Madariaga 354f

38 Cronin 251

39 ebd. 258

40 K. zit. v. Cronin ebd. 257

41 ebd. 258

42 Erickson 350

43 K. zit. n. Erickson ebd.

44 Hensel 247

45 ebd. 249

46 K. zit. n. Erickson 350

47 ebd.

48 ebd. 366

49 K.zit. n. Cronin 270

50 ebd. 313

51 ebd. 314

52 K. zit. n. Erickson 377

53 Cronin 347

54 Ericksonn 374

55 zit. n. Cronin

56 Erickson 396

57 Cronin 310

58 ebd. 343

59 Madariaga 196

60 Cronin 361

61 ebd. 373f.

Regine Olsen und Sören Kierkegaard
Warum eine Frau nicht mit Gott konkurrieren kann...

»Die höchste sittliche Schönheit entdecken wir doch immer in den einfachsten, anspruchslosesten Handlungen der Menschen.«
                                                        Thomas Morus

»Es war einmal ein reicher Mann, der hatte sehr viele Schafe und Rinder. Und es war ein armes Mädchen, die hatte nur ein einziges Schäflein, das fraß aus ihrer Hand und trank aus ihrem Becher. Du, lieber Sören, warst der reiche Mann, reich an aller Herrlichkeit der Erde, ich war die Arme, die nichts hatte als ihre Liebe. Du nahmst sie, und du opfertest das Wenige, das ich besaß. Von Deinem Eigenen wolltest Du nichts opfern. Es war ein reicher Mann, der war sehr egoistisch mit seinem Besitz. Und es war ein armes Mädchen, die mußte sich hüten, in ihrer Liebe zu ihm nicht selber zugrunde zugehen. Dieses Mädchen war ich, die von Dir so arg getäuschte Regine Olsen.«[1]

Vor langer, langer Zeit schrieb ich diese Worte, kurz nachdem mich mein Verlobter Sören Kierkegaard verlassen hatte.

Es war im Mai 1837, ich war gerade vierzehn Jahre alt, als ich ihn traf. Wie ein Blitz schlug er in mein Leben ein. Ich wußte nicht, wie mir geschah. An einem sonnigen Nachmittag wurden meine Eltern, Geschwister und ich von Familie Rördam zu einem geselligen Beisammensein bei Kaffee und Kuchen eingeladen. Mit Bolette, der Tochter des Hauses, war ich befreundet. Etwas älter als ich hatte sie rote, zu einem Knoten hochgebundene Haare und ein Stupsnäschen.

Obwohl mich Bolette häufig neckte und von oben herab als kleines Mädchen behandelte – sie war ziemlich eitel und arrogant – bewunderte ich sie trotzdem sehr, weil sie mir in so vielen Dingen voraus zu sein schien. Zum Beispiel war sie bereits verlobt mit Peter Köbke, einem Kandidaten der Theologie. Diese Verlobung schien sie nicht besonders ernst zu nehmen. Mir gegenüber stellte sie sich als unendlich erfahren dar; sie hätte ja schon so viele Verehrer gehabt, und neuerdings würde ein gewisser Sören Kierkegaard, Sohn eines reichen Kaufmanns, ein Auge auf sie werfen. Bisher hätte sie ihm noch die kalte Schulter gezeigt, allerdings überlegte sie, ob er nicht eine bessere Partie wäre als ihr Verlobter, der aus ärmeren Verhältnissen stammte.

In meiner naiven Bewunderung für Bolette begriff ich nicht, daß meine Existenz für die hochnäsige Tochter der Familie Rördam nur eine Bedeutung hatte: Angesichts meiner Nichtigkeit ihre eigene Bedeutsamkeit besonders zu konturieren.

Trotzdem fand sie jeder liebenswert. Ihr vor kurzem verstorbener Vater – Pfarrer Thomas Rördam – hatte ihr jeden Wunsch von den Lippen abgelesen. Mit ihrem roten Schmollmund hatte sie ihn sogar dazu überreden können, den Klavierunterricht abzusetzen, weil er ihr »zu anstrengend« war. Die Blicke junger Männer wußte sie wie ein Magnet auf sich zu ziehen. Zugegeben – sie war recht hübsch. Und ich litt unermeßlich - zu Recht oder zu Unrecht - weil ich mich viel weniger schön empfand. Blaß und schmächtig sah ich aus, geradezu mager, ein hageres Mädchen mit zwei langen geflochtenen Zöpfen, Sommersprossen und – ich gestehe es nur ungern – auch der unreinen Haut eines Backfisches.

Sören Kierkegaard

An diesem sonnigen Nachmittag war auch ein etwa vierundzwanzigjähriger junger Mann geladen: Sören Kierkegaard, Sohn des stadtbekannten reichen Kaufmanns Michael Pedersen Kierkegaard. Als der elegant gekleidete, stolze Jüngling in der Garderobe seinen Spazierstock abstellte, tuschelten die Mädchen am Kaffeetisch. Gitte, meine andere, gleichaltrige Freundin, flüsterte mir zu: »Sieh mal, wie verliebt Bolette Sören anschaut!«

Tatsächlich war Bolette sonderbar still geworden, und ihr Gesicht schien errötet. Auch ich konnte mich dem Charme des galanten jungen Mannes kaum entziehen. Mit einigen wenigen gezielten witzigen Bemerkungen hatte er sofort die Aufmerksamkeit der Gesellschaft auf sich gelenkt.

»Sie kennen doch alle meinen liebenswürdigen Diener«, erzählte er. »Heute morgen gab ich ihm den Auftrag, die Wäsche zur Wäscherei zu bringen. Gewöhnlich ist er recht zuverlässig, aber manchmal schwebt er mit seinen Gedanken in anderen Regionen. Auf der Suche nach einer Wäscherei, sah er ein Schild mit der Aufschrift: ´Hier wird gemangelt!´ Als er mit dem Wäschekorb eintrat, sagte der Besitzer: ´Sie sind hier falsch, junger Mann, hier wird nicht gemangelt. Das Schild steht nur zum Verkauf!´ Da hatte er doch tatsächlich ein Antiquitätengeschäft mit einer Wäscherei verwechselt!«[1] Alle lachten.

Dann wurde eifrig darüber diskutiert, ob es rechtens sei, eine Verlobung aufzulösen. Frau Rördam erklärte mit Bestimmtheit, daß das gegen Gott und daher eine Sünde sei. Eine Verlobung sei ein Versprechen für die Ewigkeit. Darauf Sören:

»Liebe Frau Rördam, offenbar kennen Sie nicht den Unterschied zwischen einer Verlobung und einer Heirat. Die Verlobung ist doch nur ein Versprechen darauf, sich eventuell - nach einer gewissen Probezeit - das Versprechen auf die Ewigkeit geben zu können, also nichts weiter als nur ein Versprechen auf ein Versprechen.«

»Ich verstehe Sie nicht ganz!« erwiderte Frau Rördam irritiert, die ja nicht wie Sören die hegelsche Dialektik studiert hatte.

»Sie haben doch ein Dienstmädchen, nicht wahr, Frau Rördam?» fuhr Sören fort.

»Gewiß doch!«

»Dann hatten Sie doch zunächst auch mit dem Dienstmädchen eine Probezeit vereinbart, bevor Sie sie fest angestellt hatten?«

»Ja, natürlich, aber eine Verlobung ist doch kein Arbeitsverhältnis...«

»Wie bei einem Arbeitsverhältnis handelt es sich um einen Vertrag, und wie bei der Probezeit eines Arbeitsverhältnisses besteht der Verlobungsvertrag gerade darin, daß er gebrochen werden darf, ja muß, wenn es sich zeigt, daß die Verlobten nicht zueinander passen. Denn eine Verlobung ist zunächst nichts weiter als ein Versprechen auf Zeit.«

»Dann möchte ich mich mit Ihnen allerdings niemals verloben, Sie gottloser Mensch!» rief Frau Rördam empört aus. »Sie ziehen ja wirklich alles Heilige in den Schmutz!«

»Ich gestehe...«, lächelte Kierkegaard überlegen und blickte Frau Rördam treuherzig in die Augen. »Ich gestehe, daß es mir - nicht nur wegen meiner Gottlosigkeit - niemals in den Sinn kommen würde, mich mit Ihnen zu verloben, gnädige Frau. Gerade wegen meiner Sündhaftigkeit könnte ich mit Ihrer Unschuld niemals konkurrieren. Schließlich wäre es wohl allzu vermessen, Gott persönlich zu einem Duell fordern zu wollen, oder? Denn alle Anwesenden werden sicherlich zustimmen, wenn ich behaupte: Niemals könnte meine Wenigkeit mit dem Herrgott konkurrieren, den Sie ja viel mehr zu lieben scheinen als Ihren seligen Mann.«

Über diese arge Taktlosigkeit lachte die ganze Runde unfreiwillig laut auf. Der neben Frau Rördam sitzende Notar Sörensen strich sich nervös über seine grau melierten Schläfen. Die Wangen der gnädigen Frau Gastgeberin waren hochrot angelaufen. Der Klatsch hatte das Intimleben der stadtbekannten Witwe des verstorbenen Pfarrers schon in ganz Kopenhagen breit getreten. Die dänische Hauptstadt war halt nur eine »Kleinstadt«, wie sie Sören immer wieder spöttisch nannte. Jeder wußte, daß Herr Sörensen nicht nur in seiner Funktion als Notar im Hause Rördams willkommen geheißen wurde.

Von konventionellen Floskeln hielt Sören gar nichts; er gefiel sich als Bürgerschreck. Provokation und Spott mischten sich mit einer feinsinnigen Ironie. Seine rhetorische Beredsamkeit und seine dialektische Spitzfindigkeit wurden von vielen gefürchtet. Auch an diesem Nachmittag sprach er unaufhörlich. Die Worte strömten aus ihm wie aus einer unversiegbaren Quelle. Seine Rede war in hohem Maße fesselnd, voller geschliffener, überraschender Wendungen. Nur dann und wann - in wenigen Momenten, wenn er einmal aufhörte zu reden, wanderten seine dunklen Augen suchend durch den Raum, um an einem Punkt eine Weile ruhend zu verharren. Mir schoß das Blut ins Gesicht. Denn dieser ruhende Punkt war nicht etwa die in den Jüngling verliebte Bolette, sondern ich, die schmächtige, kleine, erst vierzehnjährige Regine Olsen. Verlegen schaute ich zu Boden.

Längere Zeit sahen wir uns nicht mehr. Nur ab und zu begegneten wir uns auf der Straße, denn Kierkegaard war ein Mensch,

Kopenhagen 1844

der das Spazierengehen ebenso liebte, wie andere das Ballspiel. Schon als kleiner Junge wurde er von seinem Vater zum »Ambulieren» verführt. Sie schlenderten allerdings nicht draußen durch die Gassen der dänischen Hauptstadt, sondern simulierten nur den Spaziergang, indem sie in der guten Stube hin und hergingen. Das war natürlich nicht sehr gesund. Etwas mehr frische Luft hätte Sören bestimmt gut getan. Auch in seinem mehr als dreißig Bände umfassenden Gesamtwerk spielt die Natur nur ein Schattendasein. Sie scheint bei ihm überhaupt nicht zu existieren --- .

Existieren? Gemäß der Lehre des Begründers des Existentialismus - und das war Sören Kierkegaard - kann nur ein Mensch existieren, weder die Amsel, noch die Eiche am Wegesrand, denn zum Existieren gehört das Bewußtsein des Herausgehobenseins aus dem gewöhnlichen Einerlei der Dinge. Darum finden wir in Sörens Werk auch kaum Naturbeschreibungen. In ähnlicher Weise ignorierte auch Sokrates die Natur. Sokrates war übrigens Sörens großes griechisches Vorbild. An dem griechischen Philosophen liebte Kierkegaard die hintergründige Ironie, der Sören später in seiner Dissertation ein Denkmal setzte...

Vater und Sohn kümmerten sich nicht um die muffige Luft beim Spaziergang im Wohnzimmer. In ihrer Phantasie grüßten

Sokrates

sie die Vorübergehenden; imaginäre Wagen lärmten an ihnen vorbei und übertönten des Vaters Stimme. Während sie über Gott und die Welt philosophierten, verspeisten sie die leckeren Küchlein der Kuchenfrau, die natürlich nur in der Einbildung existierten. Es schien fast so, als wollte Sörens Vater seinem Sohn eintrichtern, daß er die ganze Welt auch in seiner eigenen Phantasie finden könnte, und daß die Welt da draußen darum eigentlich überflüssig sei. Diese Erziehung förderte maßgeblich Sörens später zutage tretendes schriftstellerisches Talent, aber auch eine gewisse Weltfremdheit, die ihn später immer mehr in den Wahn trieb, ein »Auserwählter« zu sein...

Längst war der Sohn mündig geworden, doch die Abhängigkeit zum Vater war dadurch keineswegs aufgehoben. Der junge Student fühlte sich von seinem Vater bevormundet, besonders in finanzieller Hinsicht wurde Sören an der kurzen Leine gehalten. Kaufmann Michael Pedersen Kierkegaard war ein gottesfürchtiger Protestant, der gerade auch wegen seiner materiellen Anspruchslosigkeit ein stattliches Vermögen erwirtschaftet hatte. Als strenggläubiger Protestant wollte er auch die Kinder, und besonders Sören, seinen »Benjamin«, zu einem bescheidenen Lebensstil erziehen. Das gefiel dem Sohn ganz und gar nicht. Allzu sehr lockten ihn das flotte Leben in den Kaffeehäusern, elegante Kleider, das Theater, Spazierfahrten in teuren Kutschen usw. Dann und wann rauchte er sogar exquisite Zigarren. Da ihm der Vater diesen teuren Lebenswandel nicht bezahlen wollte, machte er Schulden. Als Sohn des stadtbekannten wohlhabenden Tuchhändlers gaben ihm die Kaufleute »bargeldlos« alles, was er haben wollte.

Dieses dem Vater verschwiegene Leben auf Kredit verursachte in dem Jüngling ein schlechtes Gewissen, so daß sich der nicht gerade geschäftstüchtige Sören nach Arbeit umschaute, um durch eigene Anstrengungen seinen Schuldenberg abzubauen. Einige Monate lang bemühte er sich sogar und gab Lateinunterricht in Michael Nielsens Schule. Aber diese Lehrtätigkeit langweilte ihn in hohem Maße. Er empfand sie als eine seiner nicht zumutbare Zeitverschwendung, so daß er es bald wieder aufgab, selber Geld verdienen zu wollen...

Über mein eigenes Leben zu dieser Zeit gibt es nichts Interessantes zu berichten. Als Tochter des Etatsrats Olsen, des Kontorchefs der staatlichen Hauptfinanzkasse, lebte ich nicht gerade in ärmlichen Verhältnissen. Allerdings wurde ich sehr streng erzogen und besuchte das evangelische Lyzeum. Als ich Sören bei den Rördams das erste Mal kennenlernte, bewunderte ich seine Schlagfertigkeit und Redegewandheit. Heimlich genoß ich es, wie leichtfertig und elegant er die Erwachsenen auszutricksen vermochte, die für mich – dem vierzehnjährigen Mädchen – bis dahin unanfechtbare Autoritäten gewesen waren. Gleichzeitig war mir dieser wendige Jüngling auch irgendwie unheimlich. Ich hatte Angst vor ihm, weil ich ein Interesse für mich spürte, dem ich nicht gewachsen war. Ihm gegenüber fühlte ich mich minderwertig und nichtig. Was sollte ihm auch schon eine noch nicht konfirmierte Vierzehnjährige entgegensetzen können? Weshalb interessierte er sich überhaupt so sehr für dieses unbedarfte Wesen, das ich damals war? Warum suchte er sich nicht eine

Regine Olsen

gleichaltrige, ihm ebenbürtige Studentin? Wollte er an mir seine Macht ausspielen?

Nun, auf der äußerlichen Ebene passierte zunächst gar nichts. Wir sahen uns ab und zu, alle paar Wochen etwa, auf der Straße bei Spaziergängen, beim Einkaufen oder beim Kirchgang. Sören schien mich nicht weiter zu beachten, ja er ignorierte mich sogar demonstrativ. Offenbar hatte er mich längst schon wieder vergessen. Um so mehr bestimmte der erste durchdringende Blick, den er mir bei den Rördams zugeworfen hatte, meine Einbildungskraft. Unruhige Träume weckten mich nachts – immer wieder schauten mich Sörens tiefblaue Augen an, als wollten sie mit ihrer unerbittlichen Neugier mein Herz zerschneiden. Ich kann nicht leugnen, daß der Sohn von Kaufmann Michael Pedersen Kierkegaard in mir einen bleibenden Eindruck hinterlassen hatte. In diesem Eindruck mischten sich Angst und Faszination. Gerade wegen dieser Angst war es ein Glück, daß noch einige Jahre vergingen, bis wir einander erstmals näher kamen.

Viele Jahrzehnte später erfuhr ich aus Sörens Nachlaß, daß er mich damals keineswegs vergessen hatte, sondern stets an mich dachte, ohne es sich jemals anmerken zu lassen. Er war schließlich mit viel größeren Problemen konfrontiert, die ihn immer mehr in einen unausweichlichen Strudel hineinrissen. Vater Michael Pedersen Kierkegaard war ein streng gottesfürchtiger Mann. Als in diesen Jahren ein Mitglied seiner Familie nach dem anderen starb, glaubte er, daß Gott ihn wie Hiob mit einem Fluch auf die Probe stellen und zugleich strafen wollte.

Schon 1822 war die älteste Tochter, Maren Christine, 25-jährig, gestorben. Am 10. September 1832 starb die zweitälteste Tochter, Nicoline, 33 Jahre alt. Im September des folgenden Jahres verschied Sörens ältester, erst zweiundzwanzigjähriger Bruder Niels Andreas, der in einer Handelslehre gewesen und nach Amerika ausgewandert war. Am 30. Juli 1834 starb Sörens Mutter und im selben Jahr, am 29. Dezember, die letzte Tochter, Sörens Lieblingsschwester, Petrea im Alter von 33 Jahren.

Nach diesen vielen Todesfällen blieben dem Vater nur noch zwei Söhne übrig: Der 1805 geborene Peter Christian und der zehn Jahre jüngere Sören. Der Tuchhändler war fest davon überzeugt, daß sich an ihm das Schicksal Hiobs wiederholen würde – und er als alter Mann alle seine Kinder überleben würde. Für ihn stand das Todesdatum seiner letzten beiden Söhne fest: Peter Christian sollte 1838 sterben, Sören hatte Frist bis 1847, denn Gott hatte dem Vater eingeflüstert, daß auch Sören und Peter Christian nicht älter als 33 Jahre alt werden würden. Um Gottes Zorn zu mildern, gab der Vater der Kirche großzügige Spenden.

Es stellt sich natürlich die Frage, was Gott an diesem frommen Mann auszusetzen hatte, daß er ihn mitleidslos - wie seinen treuen Knecht Hiob im Alten Testament - den Launen des Teufels überließ. Anders gefragt: Welche Schuld glaubte der Vater begangen zu haben, die so unverzeihlich gewesen sein muß, daß ihn solche Angst vor der Strafe Gottes plagte? Sören beließ es in seinen

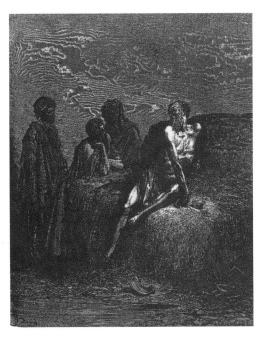

*Hiob auf dem
Aschenhaufen
A.T., dargestellt
von Gustave Doré*

Tagebüchern, wie ich es Jahre später lesen konnte, bei bloßen Andeutungen. Da heißt es zum Beispiel, daß sein Vater als zehnjähriger Knabe Gott einmal geflucht haben soll, weil er in seiner Kindheit unter Hunger und Kälte zu leiden hatte. In den darauffolgenden Jahren wurde Michael von der Angst verfolgt, daß Gott ihn für diesen Fluch strafen würde. Doch Gott strafte ihn nicht, sondern demütigte ihn, indem er ihn später in seiner Eigenschaft als Kaufmann mit Reichtum und materiellem Erfolg überschüttete. Zeitlebens konnte Michael Pedersen Kierkegaard seine wirtschaftliche Unabhängigkeit nicht genießen, weil er sie nur als einen hämischen Fluch Gottes empfand, der ihn reich werden ließ, nur um ihn dann irgendwann in einen um so tieferen Abgrund hinabstürzen zu lassen. Erst als ich älter war, wurde mir bewußt, in welch einer fatalen seelischen Verstrickung sich Sörens Vater befunden hatte. Kein Wunder, daß er sein Leben lang von ständigem »Furcht und Zittern« geplagt wurde - angesichts dieses allmächtigen, sein Geschöpf in einer geradezu sadistischen Weise heimsuchenden Gottes. Dieses jede innere Gemütsruhe verhindernde und daher für das Seelenheil des Menschen gefährliche Gottesbild vermittelte der Vater seinen Söhnen, insbesondere Sören, dem er schon sehr früh (fast) alle seine Ängste und Sorgen anvertraute.

Es gab noch einen gewichtigeren Grund für die Angst des Vaters. In Sörens Schrift »Schuldig? – Nicht schuldig?« ist eine mythische Geschichte eingeflochten über Periander, dem Tyrannen von Korinth. Diese Erzählung gibt – wenn auch nur in einer sehr indirekten Weise – Aufschluß über das Verbrechen, das der Vater begangen haben muß – wenn wir seine Gottesfurcht nicht nur als ein psychotisches Trauma ohne jeden realen Hintergrund interpretieren wollen.

»Als Periander Tyrann wurde, zeichnete er sich durch Milde aus, durch Gerechtigkeit unter den Reichen und durch Weisheit unter den Verständigen. Er hielt sein Wort und ließ den Göttern eine Bildsäule errichten, die er ihnen versprochen hatte. Sie war

Periander von Korinth

allerdings bezahlt mit den Schmuckstücken der Frauen, die er verführt hatte. Kühn waren seine Unternehmungen und dies war sein Motto: ʹFleiß schafft alles!ʹ Aber unter dieser Milde glomm der Brand der Leidenschaft, und die Worte der Leidenschaft verbargen den Wahnsinn seiner (Un)taten. So wird erzählt, daß er in strafwürdigem Umgang mit seiner Mutter Gratia gelebt hatte, da er wohl noch nicht von sich selbst das schöne Wort gehört hatte: ʹTu nicht, was verschwiegen werden mußʹ.«[1] Hatte ich diese Moral nicht auch öfter von meinem Vater gehört?

In der Fortsetzung der Erzählung wird geschildert, wie der jüngste Sohn vom Vater als sein Nachfolger auserkoren wird, weswegen ihn der ältere Bruder aus Neid töten läßt. Es besteht kein Zweifel, daß Sören dabei an sich selbst, dem jüngsten, und an seinen Bruder gedacht hatte. Demnach wäre die Geschichte von Periander ein Gleichnis für das Schicksal des Vaters, der auch eine große Sünde auf sich geladen haben muß, andernfalls wäre seine höllische Angst vor Gottes Strafe nicht erklärbar. Über diese Sünde des Vaters hat Sören niemals direkt gesprochen, er erwähnt sie in den Tagebüchern immer nur chiffriert als »das große Erdbeben«. Auch nachdem ich bereits erwachsen war, hatte ich mit dieser Metapher Schwierigkeiten.

Es gibt aber genügend Hinweise darauf, daß diese Sünde des Vaters sich auf seine zweite Frau, Sörens Mutter, bezogen haben muß. Erstaunlicherweise erwähnt Sören seine Mutter in seinem gesamten Werk mit keinem einzigen Wort, nicht einmal in den Tagebüchern und auch nicht in seinen Briefen. Dieses Schweigen ist äußerst ungewöhnlich, zumal Sören über seinen Vater mindestens einige hundert Male spricht. Hat er sich seiner Mutter wegen geschämt?

Es besteht kaum ein Zweifel, daß Michael Kierkegaard seine erste Frau, die »hochgeliebte Gattin«, als seine wirkliche Gemahlin ansah, und die zweite Ehe als einen sündigen Akt der Untreue gegen sie empfand. Nach dem Tod seiner ersten Frau soll Sörens Vater einmal den Pfarrer aufgesucht und ihm 200 Reichstaler in die Hand gedrückt haben. Das war damals mehr als das Monatsgehalt des Pfarrers. Mit dieser üppigen Spende wollte Sörens Vater sein arg belastetes Gewissen erleichtern.

Die Hochzeit der zweiten Ehe fand am 26. April 1797 statt. Daß das Zustandekommen dieses Ehebundes nicht gerade dem moralischen Ideal der Kirche entsprach, bezeugt die Tatsache, daß schon vier Monate später das erste Kind geboren wurde. Sörens Mutter war also bereits vor der Heirat schwanger gewesen. Warum aber hat Sören über seine Mutter niemals gesprochen? Hat er sie nicht geliebt? Diese Frage ist kaum zu beantworten. Es bestehen aber Indizien dafür, daß Sörens Vater seiner zweiten Frau die Ehe aufgezwungen hatte – und vielleicht nicht nur das...

Sörens Mutter lebte zunächst als Dienstmädchen schutzlos im Hause Kierkegaards und war von ihrem Herrn, dem Kaufmann Michael Kierkegaard, völlig abhängig. Es ist zu vermuten, daß der Tuchmacher noch während seiner ersten Ehe ein Verhältnis mit dem Dienstmädchen begonnen hatte. Als sie dann schwanger wurde und seine Frau gestorben war, blieb ihm nichts anderes übrig, als sie zu heiraten.

Falls sich die Dinge tatsächlich so zugetragen haben sollten, wäre der Schuldkomplex des Vaters kein unlösbares Rätsel mehr. Aus seiner Sicht hatte er sich einer doppelten Sünde schuldig gemacht: Zunächst der Untreue gegenüber seiner ersten Frau, für deren Tod er sich gerade wegen dieser Untreue mitverantwortlich fühlte. Außerdem mußte er sich auch Sörens Mutter – dem Dienstmädchen – gegenüber schuldig fühlen, falls er ihr tatsächlich Gewalt angetan hatte.

Nur dieses doppelte Schuldgefühl kann das extreme Ausmaß seiner Sühnebereitschaft erklären, so daß er sogar seinen Reichtum mehr als eine Bürde, denn als Gottes Segen verstand. Dieser Schuldkomplex ging soweit, daß der »zweite Abraham« – wie sich der Vater insgeheim gesehen haben muß - auch seine Söhne in sein schweres Schicksal einweihte und Sören, den jüngsten, als seinen »Isaak« Gott opfern wollte, nicht im wortwörtlichen, sondern in einem übertragenen Sinne: Sören sollte die Schuld seines Vaters mitsühnen. Für den Vater war es selbstverständlich, daß er wie Hiob alle seine Söhne, also auch Sören, überleben würde, denn darin bestand Gottes Strafe, ihm alle Söhne zu nehmen. Falls er aber entgegen aller Vorsehung trotzdem vor Sören sterben würde, dann sollte sein jüngster Sohn als sein Vertreter Gottes Strafe auf sich nehmen.

Als ich später mit meinem Mann Fritz Schlegel – lange nach Sörens Tod – auf den Virgin Islands stationiert war, verfiel ich bald einem Dolce Farniente, aus dem mich nur die Lektüre religionsphilosophischer Schriften zeitweise herausreißen konnte. Diese Lektüre ermöglichte mir erst ein Verständnis für das verzwickte theologische Weltbild von Sörens Vater, das sich an alttestamentarischen Begriffen orientierte, wozu auch der Glaube an Gottes Fluch gehörte, an einen Fluch, der sich in der Phantasie des Vaters über mehrere Geschlechter hin erstreckte, wie der rachsüchtige jüdische Gott ja auch die Kinder Kains bis in alle Ewigkeit aus dem Paradies verstoßen hatte.

Dem geradezu symbiotischen Verhältnis zu seinem Vater konnte der Sohn sich nur zeitweise entziehen. Namentlich in seiner Studentenzeit opponierte er trotzig und wählte einen Lebensstil, der in einem diametralen Gegensatz stand zur fundamentalistischen Moral des Vaters. Statt fleißig zu studieren und sich am Wochenende in die Einsamkeit frommer Andacht zurückzuziehen, gerierte sich der Studiosus als Lebemann. Ist Sören auch als Begründer eines existentialistischen Monologismus in die Geschichte eingegangen, schloß er sich in der Universität das einzige mal in seinem Leben einer Clique an. Sie nannte sich »Die Fünferbande«.

Zu ihnen gehörte auch Hans Christian Andersen, dessen Schriften Sören später mit beißendem Spott überzog, weil sich Andersen angeblich einem allzu optimistischen – und darum »naiven« – Lebensgefühl hingegeben haben soll. Der dänische Märchenerzähler war laut Sören nichts weiter als ein »Flenner, von dem versichert wird, daß er ein Genie sei«. Diese Kritik fand ich ziemlich überzogen. Trotzdem waren beide in ihrer je eigenen Weise Genies und zugleich diametrale Gegensätze. Kierkegaard wuchs in einem reichen Bürgerhaus auf und studierte jahrelang sorgenfrei. Andersen begann sein Leben dagegen in der Gosse. Mit siebzehn besuchte er eine Provinzschule, wurde von seinen Mitschülern und von einem sadistischen Lehrer gequält, bis sich ein Gönner namens Jonas Collins seiner erbarmte, und es ihm

Hans Christian Andersen

ermöglichte, sich privat auf das Abitur vorzubereiten. Je mehr Kierkegaard später verfehmt wurde, je heftiger die Pressekampagnen gegen den »Ketzer« (Sören) agierten, desto mehr wurde Andersen als großer dänischer Dichter hofiert und als Liebling der Gesellschaft herumgereicht.

Zurück zur »Fünferbande«: Statt dem puritanischen Christengott huldigten Sören und seine Komplizen in nächtlichen Gelagen dem Gott des Rausches. Man gefiel sich in allen möglichen Ketzereien, gab sich betont subversiv und unangepaßt, verspottete die braven Bürger der »Kleinstadt Kopenhagen« und betrank sich bis zur Besinnungslosigkeit. Sörens Aufzeichnungen aus dieser Zeit sprühen vor rebellischer Wut. Besonders die Spießbürger werden auf's Korn genommen:

»Ihre Moral ist ein kurzer Inbegriff der verschiedenen Polizei-Plakate; das wichtigste ist ihnen, ein nützliches Mitglied des Staates zu sein und im Club Abendbetrachtungen zu halten; sie haben nie das Heimweh nach einem unbekannten, fernen Etwas gefühlt, nie das Tiefe, das darin liegt, gar nichts zu sein, zum Stadttor hinauszuspazieren mit vier Schilling in der Tasche und einem dünnen Rohrstock in der Hand, sie haben keine Ahnung von der Lebensanschauung (die ja eine gnostische Sekte zu der ihrigen macht): die Welt durch die Sünde kennenzulernen, und doch sagen sie auch, man muß sich in der Jugend austoben. Wenn sie von Kindererziehung reden, so verstehen sie unter wohlerzogenen Kindern dressierte Äffchen.«

Sörens Vater war über den ungezügelten Lebensstil seines unbändigen Sohnes entsetzt. Demütig war er bereit, die sittliche Entartung des – zur Buße bestimmten – Jüngsten als einen weiteren Bestrafungsakt Gottes anzunehmen. Nur mit finanziellem Druck konnte er Sören ein wenig dirigieren, denn er wußte ganz genau, daß sein Sohn den vagen Traum vom wilden Landstreicherleben »mit nur vier Schilling in der Tasche« niemals wahr machen würde. Dazu war er viel zu sehr verwöhnt, eben selbst nur einer von vielen Spießbürgern.

Kein Vater kann seinen Kindern eigene Erfahrungen abnehmen. Auch Sören mußte für sein ausschweifendes Leben teuer bezahlen. Eines Nachts wurde der bereits volltrunkene junge Student von seinen Kommilitonen in ein Bordell geschleppt. Die Erinnerung an diesen Vorfall stellte sich erst sehr langsam - einige Wochen später - ein. In Sörens Tagebuch las ich:

»Es ist recht sonderbar, auf welch wunderliche Weise etwas längst Vergangenes plötzlich ins Bewußtsein hervorspringen kann, z.B. die Erinnerung an etwas Unrechtes, dessen man sich kaum im Augenblick der Tat bewußt wurde – Blitze, die ein großes Gewitter ankündigen. Sie steigen nicht herauf, sondern springen recht eigentlich hervor mit einer ungeheuren Kraft, und erheben Anspruch auf Gehör.«

Die väterliche Sünde bezeichnete Sören als »großes Erdbeben«. Hier spricht er von einem »großen Gewitter«. Die Entsprechung dieser Metaphern ist nicht zufällig. Denn der fatale Vorfall im Bordell sollte Sörens Leben ähnlich prägen wie das »große Erdbeben« des Vaters Leben veränderte: Er holte sich die Syphillis...

Entgegen aller Prophezeiungen, wie sie der greise Tuchhändler – Sörens Vater – als Hiob II. von Gott selbst glaubte in nächtlichen Wahrträumen empfangen zu haben, starb der Zweiundachtzigjährige vor seinen beiden Söhnen in einer milden August-

Sören Kierkegaard, Holzschnitt

nacht. Trotz der Warnungen seines Arztes hatte er ein Brechmittel eingenommen, das ihm nun zum Verhängnis wurde. Damit löste sich der Hiob-Mythos in Luft auf. Trotzdem fand Sören gleich eine neue Erklärung, die auch diesem Tod – wie schon den Toden seiner Mutter und Geschwister – eine heroische Wendung gab:

»Mein Vater starb Mittwoch, den 8., nachts zwei Uhr. Ich hatte mir so innig gewünscht, daß er noch einige Jahre leben sollte. Und ich betrachte seinen Tod als das letzte Opfer, das er seiner Liebe zu mir brachte; denn er ist nicht von mir weggestorben, sondern für mich gestorben, damit, wenn möglich, noch etwas aus mir werden kann. Von allem, was ich von ihm geerbt habe, ist die Erinnerung an ihn, sein verklärtes Bild – mir das Kostbarste und das, was ich vor der Welt am heimlichsten zu halten trachte - . Er war ein vollgetreuer Freund.«

Auch vor mir, seiner angetrauten ehemaligen Verlobten, hat Sören dieses innige Verhältnis zu seinem Vater verborgen gehalten. Hätte ich damals mehr darüber gewußt, hätte ich womöglich ganz anders reagiert! Aber ich war noch viel zu jung und unerfahren, und wäre der dahinter stehenden Problematik sicherlich nicht gewachsen gewesen.

Auffällig an diesem Kommentar des um seinen Vater trauernden Sohns ist der ausgeprägte Solipsismus: Sören sieht nur sich selbst. So sehr er sonst als Dialektiker die Argumente hin und her wendet, flüchtet er hier ins Dogma der Verklärung. Selbstverständlich ist der Vater nur für ihn gestorben. Daß noch ein älterer Bruder existiert, wird einfach ignoriert, obwohl der Vater das Erbe an beide Söhne gleichberechtigt verteilt hatte. In Sörens verklärender Stilisierung wird der tote Vater zum Nachfolger Christi, der um seines Sohnes willen stirbt, »damit aus ihm noch etwas werden kann«, wie auch Jesus für die Menschheit starb, damit aus ihr etwas werden kann.

Diese Art von »Gleichzeitigkeit« zwischen Vater und Sohn, deren Beziehung nach dem Tode des Vaters tiefer wurde als

jemals zuvor, entspricht Sörens späteren Ideal von der »Gleich-zeitigkeit« des jeweils gläubigen Menschen mit Jesus Christus, dessen Nachfolge angetreten werden soll. Das Christentum bestand für Sören niemals in der abstrakten Befolgung bloßer Bibelworte, ebensowenig galt ihm der kirchliche Gottesdienst als besonders christlich, sondern nur in der unmittelbaren inneren Begegnung des jeweils Einzelnen mit Jesus Christus, vollzog sich das Mysterium seines Glaubensideal. Das gläubige Ich soll sich mit Jesus Christus »gleichzeitig« machen, soll in den heiligen »Augenblick« der Vergegenwärtigung eintreten, um direkt aus dem lebendigen - nicht historischen - Christuskontakt heraus zu handeln. Diese Art einer geradezu magischen »Gleichzeitigkeit« - über den Abstand von fast 2000 Jahren hinweg - war die existentielle Form gelebter Frömmigkeit. In vergleichbarer Weise versetzte sich der Sohn auch mit dem im Himmel wachenden Vater (als Christusersatz) in einen Zustand der Gleichzeitigkeit. So sehr hatte ich meinen Vater niemals überhöht, obwohl auch er ein sehr autoritäres Auftreten hatte.

Kurz: Nachdem der Vater gestorben war, fühlte sich Sören mit ihm in einer Weise verbunden wie niemals zuvor. Während er zu Lebzeiten des Tuchhändlers gegen die väterliche Anspruchshaltung revoltiert und demonstrativ das Leben eines Müßiggängers geführt hatte, wandelte er sich nach dem Tode des Vaters um 180 Grad. Nun setzte er sich hin und büffelte für das Examen, um des Vaters Willen genüge zu tun. Nach weniger als zwei Jahren hatte er seine Dissertation über den »Begriff der Ironie« fertiggestellt.

»Als mein Vater noch lebte, disputierten wir oft darüber und ich konnte meine Behauptung, daß ich kein Examen zu machen brauche, verteidigen. Aber nach seinem Tod habe ich auch seine Rolle in der Debatte übernehmen müssen und kann mich nicht länger behaupten. Ich muß es (nun) einfach für Gottes Willen halten, daß ich für das Examen lerne...« vertraut Sören, der Jünger seines Vaters, dem eigenen Tagebuch an. Der Vater hatte ihm immerhin ein stattliches Vermögen hinterlassen, das ihn in die Pflicht nahm und mit einem Schlage aller finanzieller Sorgen entledigte.

Diese innerliche Fixierung an den Vater wirkte sich in besonderer Weise auch auf Sörens Verhältnis zu mir aus. Für Sören Kierkegaard kam an erster Stelle Gott oder Jesus. An zweiter Stelle der Vater. Und erst danach alles andere, also auch ich, die Freundin und Verlobte. Diese mir damals unbekannte Konstellation sollte unsere Beziehung in einer fatalen Weise beeinflussen.

Nach unserer ersten Begegnung im Frühling 1837 hörte ich lange Zeit nichts mehr von ihm. Zwar trafen wir uns ab und zu auf den Straßen oder beim sonntäglichen Kirchgang, aber er schien mich dabei völlig zu ignorieren. Ich meinerseits blickte immer verschämt zu Boden oder tuschelte eifrig mit meinen Freundinnen, wenn ich seiner auch nur von weitem gewahr wurde. Erst viel später habe ich aus seinem Nachlaß erfahren, daß Sören meiner schon lange vor unserer Verlobung im September 1840 gedachte. Am 2. Februar 1839 schrieb er mir in seinem Tagebuch einen niemals abgeschickten Brief:

»Du meines Herzens Herrscherin, ´Regina´, verborgen in der tiefsten Geheimkammer meiner Brust, in meinen lebenvollsten Gedanken, dort, wo es ebenso weit ist zum Himmel wie zur

Hölle – unbekannte Gottheit! – Überall, in jedem Mädchenant-litz sehe ich Züge Deiner Schönheit, aber mir scheint, daß ich alle Mädchen haben müßte, um von all ihrer Schönheit gleichsam die Deine auszuscheiden; daß ich die ganze Welt umschiffen müßte, um den Erdteil zu finden, den ich vermisse, und den doch die tief-ste Heimlichkeit meines ganzen Ichs polarisch andeutet; – und im nächsten Augenblick bist Du mir so nahe, so gegenwärtig, so mächtig meinen Geist erfüllend, daß ich mir selbst in verklärtem Licht erscheine und fühle, daß hier gut sein ist. Du blinder Gott der Liebe! Du, der Du ins Verborgene siehst, was willst du mir kundtun? Werde ich finden, was ich suche – hier in dieser Welt? Soll ich die Konklusion aller exzentrischer Prämissen meines Lebens erleben? Werde ich Dich in meine Arme schließen – oder lautet der Befehl: Weiter?«

Hätte ich diesen Brief als damals Fünfzehnjährige erhalten, hätte ich mich wohl von seinem Inhalt überfordert gefühlt und hätte bestimmt nicht darauf geantwortet. Die ganze Verworren-heit von Sörens Charakter deutet sich hier bereits an. Er, der nur einmal in seinem Leben eine Reise unternahm (nach Berlin), ansonsten bei aller Polemik gegen Kopenhagen immer ein treues Kind seiner Stadt blieb, ausgerechnet er will »die ganze Welt umschiffen«, um die ihm gemäße Frau – sprich: Regine Olsen – zu finden. Das waren nichts weiter als literarische Edelsteine, die sich - wenn man sie unterm Mikroskop prüft – als hohle Glasper-len entpuppen. Kurzum: Unverbindliches Pathos! Schon die letzten Sätze dieses ersten Pseudobriefes deuten die spätere Distanzierung an: »Werde ich finden, was ich suche – hier in die-ser Welt... Oder lautet der Befehl: Weiter?« Nein, Sören war nicht geschaffen für ein Leben im Dialog mit einem realexistierenden Menschen! Seine »Beziehungen« pflegte er mehr innerhalb seiner eigenen inneren Phantasmagorien, wobei der reale Andere außen vor blieb und nur als Anstoß für seine Innerlichkeit fungierte. Eine Tagebuchaufzeichnung vom 20. Juli desselben Jahres bestätigt diese Interpretation:

»Deshalb finde ich so wenig Freude am Dasein; denn wenn ein Gedanke in meiner Seele erwacht, tut er es mit einer solchen Energie; in einer so übernatürlichen Größe, daß ich mich recht eigentlich daran verhebe, und die ideale Anticipation ist für mich so weit davon entfernt, daß ich daraus eher zu ohnmächtig hervorgehe, um das der Idee Entsprechende zu finden, zu unruhig und sozusagen zu sehr in den Nerven erschüttert, um mich darin auszuruhn.«

Auch »in der Liebe« ergreift ihn eine »heimliche Angst, ein Ideal mit der Wirklichkeit verwechselt zu haben«. Meinte er mit diesem Ideal sein Bild von mir? Und war er so naiv, nicht zu erkennen, daß das reale Sein im Leben sich immer von den idealen Gespinsten des Kopfes unterscheidet? Welch ein überheblicher Gedanke, im Leben das reine Ideal finden zu wollen, wo doch schon der weise Platon den Himmel als den wahren Ort der Ideenwelt gekennzeichnet hatte! Im Leben können wir uns den Idealen doch immer nur annähern! Aber Kierkegaard war in seine ideale Welt so sehr verbissen, daß er sich darin großtat, die Welt zu beklagen, weil sie nicht dem Ideal entsprach.

So machte er es mit der Kirche, so auch mit mir. Als er merkte, daß auch unsere – wie jede zwischenmenschliche – Beziehung von alltäglichen Verrichtungen »überschattet« wurde, zog er sich

Platon

307

von mir zurück, um nur noch dem Dialog mit seinem inneren Gott zu huldigen! Als er erkannte, daß die reale Kirche seinem Ideal nicht entsprach, verspottete er sie in maßlosen Sentenzen, verglich die Pastoren mit »Menschenfressern«, warf ihnen vor, daß sie für ihren Dienst an der Allgemeinheit ein stattliches Einkommen beziehen, während er selbst vom ebenso stattlichen Erbe seines Vaters zehrte und niemals die Härte eines Brotberufes auf sich genommen hatte, geschweige denn jemals in seinem Leben Geschirr gespült hätte: Solche niedrigen Aufgaben übernahmen selbstverständlich seine Diener.

Während er bereits an meiner Idealität zu zweifeln begann, war er für mich nach wie vor ein unerreichbar scheinender geistiger Heros! Ich vergötterte ihn, wie ich niemals mehr einen Menschen vergöttert habe. Welch´ ein überschäumendes Glück, als ich dann eines Tages im Sommer 1840 seinen ersten Brief an mich in der Hand hielt, dem eine kostbare Umhängekette aus roten Edelsteinen entfiel.

»Meine Regine!

Wie schön kleidet ein bedeutungsvoller Blick ein Angesicht, wie bezaubernd ist ein Auge, welches jeden Wink versteht? Es ist, als läse der eine mit den Augen, was der andere schriebe mit den Augenlidern! Jedoch das Auge hat seine Grenze, und des Augenlides Schrift kann man auf Abstand nicht lesen, man versteht sie alleine in der Nähe...«

»Meine Regine!« – Welch eine Frechheit lag in diesem vorangestellten Possessivpronomen, ausgesprochen von einem Mann, den ich nur vom Sehen, vom »Augenklimpern« her, kannte! Aber damals ignorierte ich diese Dreistigkeit, denn irgendwie war es für mich selbstverständlich, daß ich nur ihm gehören könnte – und sollte. Ja, seine Briefe entzückten mich. In ihrer knappen Poesie waren sie mir wie Kleinode, die ich in einem kleinen Schmuckkästchen aufbewahrte.

Im Juli 1840 trafen wir uns zufällig in Lyngby bei einem Konzert. Ich war wie immer einfach und bescheiden gekleidet, in einem grauen Kleid und weißer Bluse. Sören dagegen stolzierte in schwarzem Anzug, weißen Manschetten und einem Zylinder. Offenbar wollte er mit seiner betont eleganten Kleidung die angeborene Anomalie seiner Buckligkeit kaschieren. Wir saßen nebeneinander auf der Bank und hörten Arien aus Mozarts »Zauberflöte« und »Don Giovanni«. Sören lauschte hingerissen mit geschlossenen Augen. Mir selber traten bei Taminos Flötenspiel Tränen in die Augen --- , ich wußte nicht warum, denn eigentlich drückt diese Musik doch eine Stimmung der Fröhlichkeit aus...

Eines liebte ich an Kierkegaard: Auf alle meine Fragen wußte er stets eine Antwort, und zwar keine beliebige Antwort, sondern jede seiner Antworten war in geheimnisvoll klingende Worte gekleidet, die das ganze Mysterium seiner Weisheit erahnen ließen. Jede seiner Antworten ging schwanger mit neuen Fragen und trieb die Reflexion auf diese Weise ins Unendliche. Mit Kierkegaard zu sprechen war ein Abenteuer, wie ein Sokrates trieb er mich im dialektischen Frage- und Antwortspiel dazu, Zeit und Stunde zu vergessen.

Karikaturen über Kierkegaard aus dem »Corsaren«

»Die See des Geistes ist zuweilen stürmisch«, meinte Sören lächelnd. »Und am schönsten sind nicht solche Gespräche, in denen die Antworten bereits fest stehen, sondern solche, die hinter den Antworten immer neue Fragen entdecken und auf diese Weise hinter allen begrifflichen Schablonen das philosophische Staunen erwecken.«

Nach dem Konzert fragte ich ihn, ob er mir den Grund dafür sagen könnte, daß ich bei Taminos Flötenspiel weinen mußte. Wieder war Sören um keine Antwort verlegen.

»Deine Traurigkeit wurde durch eine dialektische Figur erweckt, die Taminos Flötenspiel zugrundeliegt. Das Flötenspiel ist nur scheinbar fröhlich. Im Zustand des Rausches, der Tamino erfaßt hat, ist das Individuum nur scheinbar glücklich, denn dieser Rausch ist ein unbewußter, der mit dem Nichtwissen verknüpft ist. Nichtwissen kann nur zeitweise ein Glück vorgaukeln. Das Wesen des Nichtwissens ist aber die Traurigkeit. Denn Nichtwissen bedeutet ein sehnendes Sich-Verzehren nach Wissen, das nur im Moment einer geistigen Schläfrigkeit betäubt werden kann. Nun kommt noch ein zweites Moment hinzu, die die tiefe Gespaltenheit von Taminos Seele offenbart: Als Ziel der Entwicklung der Zauberflöte ist die eheliche Liebe gesetzt. Darin liegt der Grundfehler des Stückes; denn das eheliche Ideal ist ein rein sachliches, der sich in einem juristischen Akt erfüllt. Ein solcher Akt entspricht den Verträgen, die Kaufleute miteinander schließen, ist also in keiner Weise weder poetisch, noch musikalisch. Eben darum entstand in dir das Gefühl der Traurigkeit. Weil Deine Sehnsucht nach dem festen Gehäuse der Ehe nicht mit der wilden Freiheit der erotischen Sehnsucht korrespondiert. Nur die erotische - im Ungefähren verschwimmende - Sehnsucht aber beinhaltet ein musikalisches Motiv...«

Ich weiß nicht, ob ich Sörens Ausführungen damals verstanden habe. Auch heute habe ich Zweifel, ob diese Dialektik in sich stimmig war. Hat Kierkegaard nicht in seiner Schrift von der

»ästhetischen Gültigkeit der Ehe« das ästhetische (und das ist zugleich auch das musikalische) Moment der Ehe zu retten versucht? Heute – Jahre nach dem Tod Kierkegaards – wird mir klar, warum seine Worte damals meine Traurigkeit noch verstärkten. Denn eines verstand ich, daß Sören mit dieser Aussage die Ehe verspottete, die ich bisher immer als ein christliches Mysterium aufgefaßt hatte, als das höchste Ziel meines Lebens. Es machte mich traurig, daß der einzige Mensch, von dem ich mir einen Heiratsantrag so sehnlich wünschte, die Lebensform der Ehe als eine unmusikalische Bagatelle degradierte.

Später las mir Sören aus Platons »Symposion« vor. Er war bereit, mir das Buch zu leihen. Vielleicht konnte mir Platon in meiner Verwirrung weiterhelfen, denn dieses Buch – so versicherte Sören – handelte von der Liebe. Und fühlte ich nicht in mir eine innere Bewegung, die vielleicht mit dem Namen »Liebe« identifiziert werden könnte? In der Verworrenheit meiner Empfindungen suchte ich nach Klarheit...

Diese »Leihgabe« war für Sören gleichsam die Eintrittskarte in mein Elternhaus. Denn nun gab es einen offiziellen Grund, ihn persönlich einzuladen. Meine Eltern mochten die Kierkegaards, und so hatte ich kaum Schwierigkeiten, meinen Vater dazu zu überreden, Sören zu einem Nachmittagskaffee einzuladen. Nach dem offiziellen Geplauder mit meinen Eltern durften wir uns in mein Mädchenzimmer zurückziehen. Da gestand ich dann Sören, daß mich Platon keineswegs aus meiner Verwirrung heraushelfen konnte. Denn das höchste Ziel der Liebe ist bei Platon nicht die Zweisamkeit zweier Mensch in einem ewigen Bund, sondern das einsame Streben nach Weisheit. Das gefiel mir gar nicht, denn ich wollte mein Leben nicht in Einsamkeit verbringen, sondern mein Schicksal in Glück und Unglück mit einem anderen Menschen teilen. Diesmal sprach Sören ganz anders. Er sprach von der Ehe als dem höchsten Stadium der Liebe. Keine flüchtige Leidenschaft, so Sören, könne den tiefen Ernst eines gemeinsamen Bekenntnisses zur Zweisamkeit ersetzen.

»Wieviel reicher ist doch das eheliche Bekenntnis zueinander, das mit einer öffentlichen Verpflichtung verbunden ist, als das nur erotische unverbindliche Spiel! Im erotischen Spiel bleibt jeder in den Grenzen seiner Einsamkeit gefangen. Insofern die eigentliche Trennung zwischen den Begehrenden fortbesteht, ist das Wesen der Erotik die Melancholie, was am treffensten in der Don Juan – Gestalt ausgedrückt wurde. Unruhig jagt Don Juan von einer Rose zur nächsten. Immer wieder zerstört er die Schönheit ihrer kurzen Blüte und kommt in seiner unsteten Sehnsucht niemals zur Ruhe. Ein Ehemann dagegen bekennt sich mit seinem ganzen Herzen zur Geliebten. Indem er den heiligen Bund eingeht, verpflichtet er sich vor Gott, und zieht damit die göttliche Unendlichkeit in seine irdische Liebe hinein. Das eheliche Jawort hallt nicht nur in dem kurzen Flakkern des verführerischen Augenblicks – der im Nu zerstoben ist wie Asche, ein Glühen in wesenloser Phantasie. Nein, das eheliche Jawort erklingt in der Ewigkeit des Bewußtseins, in der Ewigkeit der Ewigkeit unter der erhabenen Weite des göttlichen Firmaments.«

Mit strahlenden Augen sah ich Sören an. In diesem Moment kannten meine Liebe und Bewunderung keine Grenzen mehr. Fast hätte ich auch das Gebot der Schicklichkeit verletzt, indem ich ihn vor lauter Begeisterung umarmt hätte...

Einige Tage später traf ich Sören wieder. Er stand vor unserer Haustür und wollte mich besuchen. Meine Eltern waren gerade verreist. Eigentlich durfte ich keinen Herrenbesuch empfangen. Dieser Konvention widersetzte ich mich aber und lud Sören ein, mit mir ins Haus zu kommen. Dort setzte ich mich ans Klavier, um ihm ein Mozartmenuett vorzuspielen. Er aber unterbrach mich, fiel zu meinen Füßen und bekannte mit ungewöhnlich stotternder Stimme:

»Ach, meine verehrte Regine! Was kümmert mich die Musik. Sie sind es, die ich suche und zwei Jahre lang gesucht habe!«

Diese Worte – so sehr ich sie mir auch gewünscht hatte - erzeugten in mir einen unendlichen Taumel der Verlegenheit. Betroffen sah ich zu Boden und erwiderte kein Wort.

Am nächsten Tag sprach Sören lange mit meinem Vater. Dann hielt er mit feierlichen Worten um meine Hand an. Vater hatte nichts dagegen einzuwenden, denn Sören stammte aus einer wohlhabenden Familie. Ich konnte mit fester Stimme nur ein einziges Wort herausbringen. Dieses Wort lautete: »Ja!« Allerdings bezog es sich zunächst nur auf eine Verlobung mit Sören, und das war ja, wie ich aus Sörens Vortrag wußte, nur eine Zeit der Probe...

Über die Feierlichkeiten der Verlobung möchte ich mich an dieser Stelle nicht weiter auslassen. Die Erinnerung daran ist auch fünfzig Jahre später noch zu schmerzhaft. Nach der Verlobung lief das Leben weiter, als wäre nichts geschehen. Wie vorher sahen wir uns auch jetzt nur sporadisch. Sören entschuldigte sich damit, daß er ein Schriftsteller sei, der viel Zeit für sich selber braucht. Jeden Mittwoch erhielt ich von ihm einen seiner poetischen Briefe, die mir aber keinen Ersatz für die entzogene Zweisamkeit bieten konnten. Je mehr er mir huldigte, desto skeptischer wurde ich, ob die hohen Worten nicht eine ganz anders geartete Realität nur verhüllten.

»...weder Tod noch Leben, weder Engel noch Fürstentümer noch Gewalten, weder Gegenwärtiges noch Zukünftiges, weder Hohes noch Tiefes, noch keine andere Kreatur könnte mich scheiden von Dir noch Dich von mir. Dein S.K.«

Das schrieb mein Verlobter ungefähr zwei Monate nach unserer Verlobung, nachdem wir uns schon vierzehn Tage lang nicht mehr gesehen hatten. Je beschwörender seine Worte wurden,

Kierkegaard bei der Arbeit

desto größer wurde mein Unbehagen. Ich habe später alle meine eigenen Briefe vernichtet, weswegen ich jetzt nicht aus meinen Antworten zitieren kann. Es handelte sich um flehentliche Bitten, mit ihm, meinem Auserwählten, den ich über alles in der Welt liebte, endlich ein ordentliches Leben zu Zweit zu führen und möglichst bald zu heiraten. Irgendwann im November 1840 schrieb mir Sören, wie als ob er sich entschuldigen wollte:

»Meine Regine,
Noch in diesem Augenblick denke ich an Dich, und wenn es Dich bisweilen dünkt, daß ich mich Dir entziehe, so geschieht das nicht, weil ich Dich minder liebe, sondern weil es mir eine Notwendigkeit geworden ist, in gewissen Augenblicken allein zu sein...«

»In gewissen Augenblicken« – ich mußte laut auflachen, als ich diese Worte las, denn die »Augenblicke« waren für Sören offenbar schon damals eine Ewigkeit: Wenn man sich monatlich nur einmal sieht für einen flüchtigen »Augenblick«, dann mußten mir die vielen Augenblicke des restlichen Monats, in denen ich von meinem Verlobten getrennt lebte, nur um so länger erscheinen. Doch sogleich tröstete er mich:

»Deswegen bist Du keineswegs ausgeschlossen aus meinen Gedanken, vergessen, im Gegenteil! Du bist recht lebendig zur Stelle!«

»...recht lebendig zur Stelle!« Die Betonung dieser Worte lag offenbar auf »recht"! Denn tatsächlich existierte ich für Sören nur noch in seiner Phantasie. Von meiner konkreten leiblichen Existenz wollte er schon kurz nach der Verlobung nichts mehr wissen. Wie sollte ich es zum Beispiel interpretieren, daß er in einem anderen Brief die Schlußformel »`Dein Dich aufrichtig liebender und Dir ganz ergebener S. K« in Anführungszeichen setzte? Sollte das ein bösartiger Akt seiner wohl bekannten Ironie gewesen sein? Offenbar zweifelte er daran, daß ich ihn jemals in einem tieferen Sinne verstehen könnte, denn für ihn war und blieb ich immer nur ein einfaches, naives Mädchen:

>>Meine Regine!
Es ist Sonnabend, und ich komme nicht zu Dir. Da meine Stimme doch, wie laut ich auch bei mir reden wollte, zu schwach wäre, Dein Ohr zu erreichen...«

Als ich diese Worte las, wäre ich fast wahnsinnig geworden vor Wut! Aber ich liebte und bewunderte ihn damals so sehr, daß die Wut bald umschlug in demütige Bettelei: Ich sehnte mich so sehr, von ihm auch als ein geistiges Wesen anerkannt zu werden, darum schickte ich ihm ein Gedicht, das ich mit viel Mühe für ihn geschrieben hatte. Er ging gar nicht darauf ein, ignorierte es einfach, ja, er schrieb mir eine Woche lang gar keinen Brief, was mir einen doppelten Stich versetzte. Erst vierzehn Tage später durfte ich die folgenden gedrechselten Sätze lesen, die schon beinahe ans Sarkastische reichten:

>>Meine Regine!
Du hattest vielleicht (...) erwartet, eine werdende Erinnerung in Gestalt eines Briefes zu empfangen. Dies ist nicht der Fall gewesen, nimm darum diese Zeilen entgegen, welche, wer weiß es, vielleicht bald Repräsentant einer entschwundenen Zeit sein werden. Daß Du einen Brief von mir erwartest, ist schön, zumal, wenn diese Erwartung nicht heftige Unruhe ist, die beruhigt werden muß, sondern ein heiliges stilles Sehnen, welches nicht den äußerlichen Erweis verzehrt, um sich daran gleichsam zu sättigen, sondern ihn wie Maria (Luk. 2.19) tief im Herzen bewahrt, ihn nicht verzehrt, weil es sich selber zu ernähren vermag. (...) Freiheit ist das Element der Liebe. Und ich bin davon überzeugt, daß Du mich zu hoch in Ehren – hälst, um in mir einen Kammer-

Eines der schönsten Porträts Kierkegaards

junker vom Dienst zu sehen, der mit der Gewissenhaftigkeit
eines Buchhalters die Dienstgeschäfte der Liebe verrichtete… Ich
bin dessen gewiß, meine Regine ist viel zu poetisch, um in dem
Ausbleiben eines Briefes einen Mangel an ´pflichtschuldiger Auf-
merksamkeit´ zu erblicken…«

Erst viel später erkannte ich in diesen Worten den Zynismus,
den Sören auch seinem »Verführer« in den Mund legte, wie Kierkegaard das »Tagebuch des Verführers« ja nur deswegen
geschrieben hatte, um mir und meiner Familie einen Schrecken
einzujagen. Mit einer akribischen Exaktheit beschrieb er hier das

»wissenschaftliche Experiment« eines jungen Mannes, der sich in monatelanger Geduld einem jungen Mädchen nähert, bis es zu ihm Vertrauen faßt. Als sie ihn beginnt zu lieben, ja sich ihm in der Nacht nach der Verlobung mit Leib und Seele ergeben will, da verläßt er sie, weil sein Ziel nur der Akt der körperlichen Verführung gewesen war, nicht aber die beständige Liebe.

Auch die folgenden Worte aus einem Brief vom Neujahr 1841 können im Nachhinein nur als Zynismus gedeutet werden:

»Meine Regine!

Gott gebe Dir ein frohes neues Jahr: Viel Lächeln und wenig Tränen! Ich sende Dir hiermit ein Taschentuch. Ich habe es unter Dein Kopfkissen legen lassen. Solltest Du einmal plötzlich erwachen, von einem schmerzlichen Träume geängstigt, vermagst Du dann nicht die Tränen zurückzuhalten, so trockne sie ab mit diesem ´leinenen Tuch´...«

War Sören Kierkegaard ein verkappter Sadist? Auch seine Religiosität hatte ja durchaus sadistische Züge. Immer wieder gerierte er sich mir gegenüber als ein »Prediger in der Wüste«. Wie ja auch die oben zitierten Briefstellen belegen, daß er in mir nur das dumme, unbelehrbare Mädchen sah, niemals eine auch nur annähernd gleichberechtigte Partnerin. Was ich ihm noch heute vorwerfe, ist seine ungeheure Arroganz mir seiner jüngeren Verlobten gegenüber. Immer sprach er mit mir von oben herab. Er genoß es sichtlich, von mir bewundert zu werden. Seiner Rhetorik konnte ich damals noch rein gar nichts entgegensetzen. Ich spürte nur ein immer stärker wachsendes Unbehagen, daß besonders durch seine mir schon damals widerwärtig erscheinende Religiosität veranlaßt wurde. Vielleicht war das auch der Punkt, der ihn zur Distanzierung veranlaßte, denn wenn wir uns stritten, dann nur in religiösen Angelegenheiten.

Als er mich eines Tages zum wiederholten Male über die Bedeutung der Geschichte von Abraham und Isaak belehren wollte, wurde mir übel. Für eine Weile vergaß ich all meine Liebe zu ihm und stieß nur heftig die folgenden Worte hervor:

»Bitte laß mich in Ruhe mit deinem Abraham!«

Das muß ihn tief getroffen haben. Andererseits war es für ihn nur die Bestätigung dafür, daß ich die »tieferen Seiten« seiner Seele niemals verstehen würde, und daher auch die »Probezeit« der Verlobung nicht »erfolgreich« würde überstehen können: Immer war er es, der mich prüfte wie ein Oberlehrer! Niemals ging er auf meine Bedürfnisse ein, die ich mit ihm zusammen einen ganz normalen Alltag als Mann und Frau leben wollte. Nein, das normale bürgerliche Leben behagte ihm ganz und gar nicht, fühlte er sich doch als ein von Gott Auserwählter, der meilenweit »über den Philistern» stand. Und offenbar hegte er den Ehrgeiz, mich aus meiner »philisterhaften Verstrickung« zu »befreien", um mit ihm in den Himmeln seiner Phantasie zu segeln. So sehr mich aber seine phantastischen Gedanken auch immer wieder zu bestricken vermochten, war mir die reine »Idealität« der Liebe, die er immer wieder glühend beschwor, zu wenig: Ich suchte nach der Konkretion und Bewährung der Zweisamkeit im Alltag, dem er entfloh.

Erst viel später bin ich mir darüber bewußt geworden, was mich an seiner Religiosität abstieß: Es war der offenkundige Sadismus seiner Glaubenslehre, die sich besonders in seinem Werk »Furcht und Zittern« aufzeigen läßt. Das ganze Buch kreist nur um das Thema der Bereitschaft Abrahams, seinen Sohn Isaak um Gottes willen zu schlachten. Gott hat Abraham im Traum befohlen, ihm an Stelle eines Widders seinen einzigen Sohn zu opfern. Ohne jemals an diesen widerwärtigen Befehl zu zweifeln und sich vielleicht zu fragen, ob nicht ein Teufel ihm diesen Mord befiehlt, verläßt Abraham eines Tages mit Isaak sein Haus, um ihn auf einem Berg wie ein wilder Heide seinem »Gott« zu opfern. Kierkegaard legitimiert diese Bereitschaft zum Mord als den Akt einer »Suspension des Ethischen«, denn als »Einzelner« erhebt er sich über das »Allgemeine« der Moral.

*Rembrandt,
der Engel verhindert
die Opferung Isaaks*

Nicht einmal mit seiner Frau Sara spricht Abraham über seine Absicht, den Sohn, den sie geboren hat, zu töten. In seinem selbstgefälligen Glaubenswahn mißachtet er die Anliegen anderer Menschen. Weil er sich von »Gott« auserwählt fühlt - als »Einzelner« und »Einziger«, ist er bereit, die scheußlichste Untat zu begeben, nur um von seinem »Gott« geliebt zu werden. Isaak und Sara dienen diesem Glaubenswahn nur noch als fügsame Instrumente. Zwischen Abraham und Sara gibt es keinen Dialog mehr. Er entreißt ihr den Sohn, und ist bereit, ihr damit einen unendlichen Schmerz zuzufügen. Warum spricht er nicht mit ihr?

Kierkegaard behauptet, daß Abraham »nicht sprechen kann«, »denn das, was alles erklärt, kann er nicht sagen, nämlich, daß es eine Prüfung sei, wohl zu merken, solch eine, bei der das Ethische die Versuchung ist.« Das klingt nicht gerade überzeugend, denn was Kierkegaard seinen Lesern erklären kann, wird Abraham wohl seiner Frau auch sagen können! Er fürchtet nur, daß sie seinen Absichten nicht beistimmen wird. Das ist der eigentliche

Grund für sein Schweigen. An diesem Beispiel zeigt sich deutlich, wie unaufrichtig Kierkegaard argumentiert!

Das Ethische beruht auf dem Gebot »Du sollst nicht töten!« Eben dieses Gebot gibt Kierkegaard als eine »Versuchung« aus, weil es angeblich dem Gehorsam Gott gegenüber im Wege steht. Abraham will seinem Gott »unbedingten« Gehorsam leisten, selbst dann, wenn dieser Gott ihm befiehlt, der Ethik entgegen zu handeln und das Furchtbarste zu tun. Heute kann ich darin nur noch einen Akt religiöser Eitelkeit erkennen, eine Form unvorstellbaren religiösen Hochmuts eines »Einzelnen«, der seine eigene Auserwähltheit zelebriert – und dafür bereit ist, über Leichen zu gehen.

Auch wenn ich damals, als ich das erste Mal dieses Buch las, nur ein dumpfes Gefühl des Schreckens verspürte, den ich noch nicht wie heute artikulieren konnte, hat es meine Liebe zu Sören sehr ernüchtert. Noch wollte ich an seine edle Seele glauben, aber im Innersten wußte ich bereits, daß ich mit einem solchen Mann, dessen einzige Leidenschaft im bedingungslosen Glauben an einen schrecklichen Dämon namens »Gott« bestand, keine Ehe würde führen können. Dieser »Gott« war ein Sadist, dessen »Prüfungen« die Menschen zu Spielbällen in seinem bösartigen Spiel degradierten: Und das alles um des »Absurden« willen! »Er glaubte in Kraft des Absurden!«

Auch wenn ich äußerlich noch verzweifelt meine Liebe zu Sören retten wollte, wußte ich bereits tief im Innern, daß ich keinen Mann lieben konnte, der den Glauben an das Absurde über alles andere in der Welt stellt und darin noch den Inbegriff der Bedeutsamkeit vermeint zu sehen. Wenn es sich nur um den ästhetischen Spleen eines Künstlers gehandelt hätte, der um seiner kreativen Freiräume willen, sich das Recht zur Verrücktheit herausnimmt, hätte sich vielleicht noch ein Weg der Gemeinsamkeit gefunden.

Aber Sören war nicht nur ein Künstler, er war ein Fanatiker, der bereit gewesen wäre, alles für seine Lehre zu opfern, selbst

Eine der zahlreichen Skizzen Kierkegaards

wenn er immer wieder scheinbar bescheiden bekannte, daß es ihm selber an Kraft und Mut mangeln würde, den Weg Abrahams zu gehen. In dem Phantasma seiner Einzigartigkeit war kein Platz für ein aufrichtiges (und auch selbstkritisches) Zwiegespräch mit einem anderen Menschen. So sehr er auch im zweiten Teil seines »Entweder – Oder« die »ästhetische Gültigkeit der Ehe« verteidigt hatte, verrät schon dieser ironische Titel, daß er die Ehe als einen gemeinsamen Weg der Verantwortlichkeit in einem liebenden Dialog zweier gleichberechtigter Existenzen nicht würdigen wollte und konnte. Der tyrannische »Gott« seines Vaters hielt ihn am Gängelband und wollte ihn nicht mit einem einfachen Menschen namens Regine teilen.

Obwohl ich nur noch mit Worten verzweifelt unsere Beziehung zu retten versuchte, war mein Inneres bereits von tiefen Zweifeln zernagt. Das hat Sören gar nicht erkannt, weil er in seinem Monologismus nur noch die Reflexe seiner eigenen verwirrten Seele auf alles andere – also auch auf mich – projizieren konnte, und es ihm an jeglicher Einfühlsamkeit fehlte, sich in die ganz andere Gestimmtheit eines anderen Menschen hineinzuversetzen.

Weil er nicht sah oder nicht sehen wollte, daß ich mich innerlich bereits von ihm distanziert hatte, versuchte er mir mit einer abstrusen »Didaktik« zu »helfen«, mich von ihm zu trennen. So reiste er für mehrere Monate nach Berlin, um dort u.a. Vorlesungen des Philosophen Schelling zu hören. Über gemeinsame Bekannte lies er mir indirekt mitteilen, daß er unter den Studen-

Friedrich Wilhelm Schelling, Zeichnung von Friedrich Tieck um 1805

tinnen einige schöne Exemplare gefunden habe, die seine Neugier erweckt hätten. Damit wollte er mich schockieren, obwohl für mich die Lektüre seines Abraham-Buches viel entsetzlicher gewesen war.

Gegen Abraham war der Verführer im ersten Teil von »Entweder – Oder« geradezu harmlos. Der »Verführer« war nur ein Opfer seiner sexuellen Triebe. Im Abraham-Buch (»Furcht und Zittern«) verschrieb sich Kierkegaard einem grausamen Moloch. Diese religiöse Besessenheit war für mich viel schwerer zu verkraften, als die Eitelkeiten eines Mannes, der die Wirkungen seiner Männlichkeit glaubte »unter Beweis« stellen zu müssen.

Wie schon erwähnt wird gemunkelt, daß sich Sören noch vor unserer Bekanntschaft als Student bei einem nächtlichen Bordellbesuch die Syphillis geholt haben soll, und daß er – der edle Kavalier – wegen dieser scheußlichen Krankheit es nicht verantworten konnte, mit mir eine intime Beziehung einzugehen. Er hat mit

Regine Schlegel

mir darüber niemals gesprochen, vielleicht schämte er sich zu sehr. Aber ich kann mit Sicherheit sagen, daß ich mit einer solchen Geschlechtskrankheit leichter fertig geworden wäre, als mit dieser religiösen Irrlehre, von der Sören besessen war.

Daß Sören glaubte, wie Isaak sein Leben den Befehlen seines toten Vaters opfern zu müssen, konnte er mir natürlich ebensowenig vermitteln. Er wußte genau, daß ich dafür kein Verständnis aufgebracht hätte. Und genau das hat er mir niemals verziehen. Darum quälte er mich mit seinen ironischen Schriften. Darum spielte er mir den flotten Lüstling vor, der es mit jedem Mädchen auf der Straße treibt. Darum sorgte er dafür, daß ich mich schließlich voller Abscheu von ihm abwandte, und den zärtlichen Huldigungen meines späteren Mannes, Fritz Schlegel, nachgab, den ich 1847 heiratete. Ihn begleitete ich einige Jahre später nach Übersee, auf die Virgin Islands, wo er eine diplomatische Karriere ausübte.

Ich war froh und glücklich, in der Ferne die Wunden meiner ersten großen Liebe heilen zu können. Darum bat ich auch meinen treu sorgenden Mann, alle Briefe Sörens an den Absender zurückzuschicken. Autisten schreiben viel, ein Dialog ist mit ihnen nicht möglich.

Zugegeben, diese Beichte der Regine Schlegel, geborene Olsen, ist reine Fiktion. Regine hatte sich mit Äußerungen über ihre intimen Empfindungen im Hinblick auf Sören Kierkegaard zeitlebens zurückgehalten. Auch die – in Kierkegaards Gesamtausgabe dokumentierten einzigen beiden Briefe Regines – geben keine Auskünfte über die Gefühle der einstigen Geliebten. Die Briefe wurden 1856 – fünfzehn Jahre nach der Trennung – an Kierkegaards Neffen Henrik Lund geschrieben. Sören war längst gestorben. Als Nachlaßverwalter hatte Lund Regine Aufzeichnungen und Dokumente ihres verstorbenen Ex-Verlobten zugeschickt, in denen er sein persönliches Verhältnis zu ihr beschrieben hatte. In ihren beiden Antwortbriefen bedankt sich Regine in höflicher

Form. Es wird deutlich, daß sie sich in der Fremde auf den Virgin Islands zu langweilen scheint: Ihr Mann hat ständig zu tun, sie aber ist ohne jede Aufgabe. Dann brechen die Briefe plötzlich mitten im Satz ab. Offenbar wurden sie zensiert, so daß uns die wahren Gefühle der Regine Schlegel weiterhin verborgen bleiben werden.

In dem oben dargestellten fiktiven Bekenntnis habe ich mich in die Empfindungswelt des halbwüchsigen Mädchens Regine versucht hineinzuversetzen. Ich habe aus ihren Augen die Beziehung zu Kierkegaard dargestellt. Da ihre sämtlichen Briefe (offenbar von ihr selbst) vernichtet wurden, konnte ich nur von den Tatsachen ausgehen, die aus den vielen Biographien Kierkegaards allgemein bekannt sind. Weiterhin ist es eine Tatsache, daß Regine sämtliche nach der Trennung von Sören an sie gerichtete Briefe, in denen er ihr seine ewige Liebe immer wieder versicherte, unbeantwortet gelassen hatte. Sören Kierkegaard hatte nach Regine tatsächlich keine andere Frau mehr, und er hat seiner Ex-Verlobten zeitlebens vorgeworfen, daß sie für sich den einfachen Weg einer Heirat mit einem »biederen« Mann gewählt hatte, statt den schwierigen Weg ihrer ersten Leidenschaft (der Liebe zu Sören) zu gehen.

Ich konnte mir nicht vorstellen, daß der Groll in dieser gescheiterten Beziehung nur auf Seiten Kierkegaards bestand. Und die von den Biographen aus der Sicht Kierkegaards mitgeteilte Perspektive, wonach die Trennung nur von Sören betrieben wurde, nicht aber von Seiten Regines, erschien mir zu einfach. Schließlich hatte sie kurz entschlossen Fritz Schlegel geheiratet und damit ihr Verhältnis zu Kierkegaard aktiv abrupt beendet. Auch Regine muß über die Entwicklung dieser ihrer ersten großen Liebe sehr verbittert gewesen sein. Im Versuch, mich in ihre Empfindungswelt einzufühlen, habe ich die möglichen Gründe für diese Verbitterung rekonstruiert.

Regine war in der Rolle der Semele, die sich von dem sehr viel älteren, intellektuell überlegenen Kierkegaard, den sie bewun-

derte wie Semele Zeus, zum Narren gehalten fühlte. Er trieb mit
ihr ein Spiel, das sie lange Zeit nicht durchschaute. Er beließ es bei
indirekten Andeutungen – und vermied es zeitlebens, wirklich
aufrichtig über die eigentlichen Hintergründe seines Verhaltens
zu sprechen. Die bis in die Heuchelei reichende Ironie seiner Briefe muß sie zutiefst verletzt haben. Der Entschluß, den auf der geistigen Ebene sehr viel langweiligeren Fritz Schlegel zu heiraten,
beweist sowohl ihren Realitätssinn, als auch ihren Wunsch nach
einer konkreten Beziehung zu einem Mann, der ihr nicht nur geistige Anregungen, sondern auch einen gewissen Schutz versprechen konnte. Kierkegaard hatte ihr Bedürfnis nach Geborgenheit
niemals befriedigt. Im Gegenteil ließ er sie immer im Unklaren
über die zukünftige Entwicklung ihres Verhältnisses zueinander.

Für Kierkegaard war Regine eine Art »Beatrice«, die seinen
idealen Projektionen Nahrung gab. In dieser Rolle wollte er sie
belassen. Während Dantes Beatrice glücklicherweise vorzeitig
gestorben war – so daß er sie zeitlebens idealisieren konnte, ohne
auf einen realexistierenden Menschen eingehen zu müssen, konnte Kierkegaard die Tatsache nicht verkraften, daß Regine als ein
konkreter Mensch mit eigenen Bedürfnissen und Forderungen
lebte. Er suchte nicht nach einer realen Frau, sondern nur nach
einer Idee von Weiblichkeit als Anstoß für seine geistige Produktivität. Schon die ersten Tagebuchaufzeichnungen Kierkegaards
über seine innere Beziehung zu Regine belegen den aus seiner
Sicht rein ideellen Charakter dieses Verhältnisses:

»Mein Unglück ist überhaupt, daß ich mich zu der Zeit, da ich
mit Ideen schwanger ging, am Ideal versah; deshalb gebäre ich
Mißgestalten und deshalb entspricht die Wirklichkeit nicht meiner brennenden Sehnsucht – und Gott gebe, daß es nicht auch in
der Liebe der Fall sein wird, denn auch dort ergreift mich eine
heimliche Angst, ein Ideal mit einer Wirklichkeit verwechselt zu
haben...«

Diesem Ideal konnte und wollte Regine nicht entsprechen. Mit
Sörens »Gott« wollte sie nicht konkurrieren. Sie wußte genau,

daß sie immer nur im Schatten dieses von Kierkegaard angebete-
ten Dämons stehen würde, denn Sören liebte die toten Geister
mehr als die hier und jetzt Lebenden.

Anmerkungen zum siebten Kapitel

Es versteht sich von selbst, daß der fiktive Charakter dieses
Kapitels keine wissenschaftliche Studie ersetzen soll. Anmerkun-
gen fallen daher nicht an. Die verwendete Literatur ist in der
Bibliographie aufgeführt.

Lou Andreas-Salomé
Die biestige Geliebte Nietzsches und Rilkes

*»Entweder heiratet mein Sohn das Mädchen, oder er wird
verrückt, oder er erschießt sich.«*
Franziska Nietzsche, Mutter von Friedrich Nietzsche

*»Ich bin Erinnerungen treu für immer; Menschen werde ich
es niemals sein.«*
Lou Andreas-Salomé

Durch das immer dichter werdende Gestrüpp stolpert eine
junge Frau auf der verzweifelten Suche nach einer Lichtung. Um
sie herum zirpt, gurrt und wispert es. Schon bricht die Dämme-
rung herein. Die Angst, sich in diesem unheimlichen Dschungel
zu verirren, schnürt der jungen Frau das Herz zusammen. Wie
lebendige Wesen scheinen Lianen nach ihr zu greifen. Mit ihren
Beinen verfängt sie sich in einem Dornenbusch und fällt zu
Boden. Sie versucht aufzustehen, doch ein stechender Schmerz
durchzuckt die Glieder. Da spürt sie plötzlich den Schatten eines
mächtigen Tieres über sich gebeugt, das sie umfaßt und sich mit
seinem ganzen Gewicht auf sie legt. Sie will um Hilfe schreien.
Doch ihre Stimme versagt. Mit einer letzten Anstrengung versucht sie die Bestie von sich zu stoßen. Ihre Hände greifen nach
dem Hals des Ungeheuers und drücken zu. Ein lautes Röcheln ist
zu vernehmen...

Es war nur ein Traum. Lou liegt auf ihrem Ruhebett – offensichtlich eingenickt. Allein das Röcheln will nicht aufhören. Also
doch kein Traum? Sie öffnet die Augen. Voller Entsetzen sieht sie,
daß sie mit ihren Händen den Hals ihres Mannes Fred (Friedrich
C. Andreas) zusammendrückt. Er liegt auf ihr, um sie »in schneller, spontaner Handlung zu erobern«.[1]

»Willst du mich denn umbringen?« schreit Fred außer sich –
noch immer nach Luft schnappend, als Lou ihn endlich freiläßt...

Diese Szene mutet an wie aus dem schlüpfrigen Roman über
eine Femme fatale. Sie hat sich tatsächlich so zugetragen. Zugege-

ben: der Inhalt des Traumes ist reine Erfindung. In der ihrem »Lebensrückblick« eigenen Diskretion erzählt Louise (»Lou«) Andreas-Salomé nichts von seinem Inhalt, obwohl sie sich als praktizierende Psychoanalytikerin in späteren Jahren auch mit der freudschen Traumdeutung befassen wird. Fakt ist, daß sie noch während des Traums nach dem Hals ihres Mannes griff und ihn würgte, während er versuchte, sie im Schlaf zu umarmen.

Obwohl frei erfunden, ist der dem Sinn nach rekonstruierte Inhalt des Traumes so abwegig nicht. Der Orientalist Friedrich C. Andreas bot fürwahr manchen Anlaß für exotische Träume: Immerhin lebte er mehr als sechs Jahre lang - bis 1882 - in Persien, wo er sich nicht nur in die philologische Feldforschung verschiedener regionaler Dialekte vertiefte, sondern auch in der Reptilienforschung[2] ein beachtliches Wissen erwarb. Zunächst war er mit einer vom deutschen Staat finanzierten Expedition als Sprachwissenschaftler mitgenommen worden, erkrankte dann aber an Cholera und wurde erst nach einigen Monaten gesund, als seine Kollegen bereits wieder nach Deutschland abgereist waren. Auf eigene Kosten blieb Andreas dann noch sechs weitere Jahre zu Forschungszwecken in Persien und mußte sich mit manchen merkwürdigen Tätigkeiten den Lebensunterhalt verdienen, nicht nur mit Gelegenheitsjobs. Als praktizierender Heilpraktiker erwarb er sich zum Beispiel bald einen legendären Ruhm. Mit der ungewöhnlichen Rezeptur einer aus orientalischem Pfeffer gewonnenen Medizin soll er einen Fürsten aus Beludschistan von einer Geschlechtskrankheit geheilt haben.[3]

Als er dann wieder nach Berlin zurückgekehrt war, richtete er sich seine Wohnung wie einen orientalischen Basar ein: mit bunten Wandteppichen, assyrischen Bandreliefs, exotischen Figuren auf den Treppengesimsen und Regalen und einigen ausgestopften Reptilien, die von den Wänden glotzten. Hölzerne Götter dienten als Petroleumleuchter. In ihrem warmen Schein warfen die im Raum stehenden Statuetten unheimliche Schatten. Diese Kulisse konnte tatsächlich zu manchen phantastischen Träumen animieren.

Lou`s Mutter Louise v. Salomé, geb. Wiem

Die äußere Erscheinung von Lous erstem und einzigem Ehemann verstärkte diesen Effekt noch: Mit seinem dichtem Bart, dem von schwarzem Haar eingerahmten klaren dunkelbraunen Augen wirkte er wie ein Wesen von einem anderen Stern, ebenso fremdartig wie anziehend. Und in dem schwarzen Kaftan, den er oft trug, sah er aus wie ein afrikanischer Vogel.[4] Die bürgerlichen Nachbarn im Berliner Randbezirk beliebte er mit ungewöhnlichen Verhaltensweisen zu erschrecken. Einmal soll er sich nachts nackt »wie ein seine Beute beschleichendes Raubtier»[5] an sein Haus herangeschlichen haben, um die Wachsamkeit seines Welpen zu erproben. Ein andermal soll er vorm Morgengrauen durch perfekte Imitation von Vogelstimmen die noch schlafenden Drosseln und Amseln in seinem Garten aufgeschreckt haben.

Irgendwie muß dieser ungewöhnliche Mann eine bezwingende Ausstrahlung gehabt haben: Trotz ihrer stark entwickelten psychoanalytischen Begabung konnte sich Lou ihre Gefühle zu ihm auch später niemals ebenso klar erklären wie die bis in letzte Verästelungen dargestellten Gründe für ihre geistig-sinnlichen Beziehungen zu und mit anderen Menschen, insbesondere Männern. In ihrem »Lebensrückblick« bezeichnet sie ihre Heirat lakonisch als Ergebnis eines »Zwanges«, unter dem sie »den nie mehr zurückzunehmenden Schritt» (der Eheschließung) getan haben will.[6] Dann fügt sie die ebenso schwerwiegende, wie vieldeutbare Bemerkung hinzu: »Er (dieser Schritt) trennte mich... von mir selbst.«[7]

*Lou mit
ihrem Vater
Gustav
v. Salomé*

Es erscheint kaum glaublich, daß ausgerechnet die wie keine
andere Frau ihrer Zeit sich selbst reflektierende Lou Andreas-
Salomé, Äquivalent einer vollendet emanzipierten Frau des
beginnenden 20. Jahrhunderts, bewußtloses Opfer eines dämonischen Mannes gewesen sein soll. Der für alltägliche Ehen keineswegs übliche Würgegriff der Frau um den Hals des zum Sprung
bereiten Gatten bezeugt kein unbeachtliches Maß an Aggressi-
vität. Am Vorabend der Verlobung war es zu einer weiteren
außergewöhnlichen Szene gekommen, über die Lou im »Lebens-

rückblick« in der ihr eigenen halb ironischen Weise – fast wie über etwas außerordentlich Belangloses - berichtet:

»Später fiel mir oft ein, wie am Vorabend unserer Verlobung beinahe ein trügerischer Schein des Mörderischen auf mich hätte fallen können. Mein Mann trug, für abendliche Heimgänge in seine damals sehr entlegene Wohnung, ein kurzes, schweres Taschenmesser bei sich. Es hatte auf dem Tisch gelegen, an dem wir uns gegenüber saßen. Mit einer ruhigen Bewegung hatte er danach gegriffen und es sich in die Brust gestoßen. Als ich, halb von Sinnen auf die Straße stürzend, von Haus zu Haus nach dem nächsten Wundarzt auf der Suche..., über den Unfall befragt wurde, hatte ich geantwortet, jemand sei in sein Messer gefallen. Während der Arzt den auf den Boden gesunkenen Bewußtlosen untersuchte, machten ein paar Silben und seine Miene mir seinen Verdacht deutlich, wer hier das Messer gehandhabt haben mochte. Zweifelhaftes blieb ihm, er benahm sich aber in der Folge diskret und gütig...«[8]

Für den Biographen H.F. Peters bestimmte dieser Selbstmordversuch Lou, »seinen Heiratsantrag anzunehmen«[9] - offenbar aus reinem Mitleid. Dem steht entgegen, daß zum Zeitpunkt der Tat die am nächsten Tag geplante Verlobung ja längst beschlossene Sache war. Das Mitleidsmotiv greift demnach zu kurz. Schließlich hätte Lou ja auch Friedrich Nietzsche aus Mitleid heiraten können, der sie mindestens ebenso inbrünstig begehrte wie Friedrich C. Andreas und ihr mehrere Heiratsanträge machte. Das

Die junge Lou v. Salomé

Argument, daß Andreas die junge Frau »zur Heirat gezwungen« habe, ist ebenfalls nicht überzeugend. Wie sollte man auch eine so selbstständige Frau wie Lou zu irgend-etwas »zwingen« können? Wahrscheinlicher ist, daß hier zwei äußerst willensstarke Menschen aufeinandertrafen: Der »Zwang«, den Lou von ihrem künftigen Mann ausgehen fühlt, beruhte einerseits auf seiner exotischen Aura, die sie im wahrsten Sinne des Wortes - auch gegen die Stimme ihrer Vernunft - »in den Bann« schlug; Lou selber spricht von seiner »suggestiven Gewalt«. Andererseits hatte Andreas aus seinem langen Asienaufenthalt despotische Charakterzüge angenommen, die – zumindest in der ersten Zeit der Bekanntschaft mit Lou – hitzige Auseinandersetzungen veranlaßt haben. Der Selbstmordversuch bezeugt, daß Fred bereit war, im Kampf um Lous Liebe alles auf´s Spiel zu setzen. Es kam allerdings noch hinzu, daß Fred in den ersten Jahren ihrer Bekanntschaft sehr unter mangelnder beruflicher Anerkennung litt. Als er später eine Professur in Göttingen erlangte, wurde er Lou gegenüber tolerant wie kaum je ein Ehemann zu dieser Zeit.

Welche Gründe können einen Bräutigam dazu bewegen, sich am Vorabend der Verlobung ein Messer ins Herz zu stechen? Friedrich C. Andreas alias Fred verdankt sein Leben nur einem fast kurios anmutenden Zufall: Die Klinge des Messers konnte das Herz nur deswegen nicht verletzen, weil es durch den Druck noch während des Stichs zusammenklappte und deswegen eine zwar recht tiefe, aber nicht lebensgefährliche Fleischwunde hinterließ. Wenn es sich bei diesem Ereignis um einen Selbstmordversuch gehandelt haben sollte, muß der zweite Teil des Wortes: »-versuch« klein geschrieben werden. Es war kein Selbstmordversuch, sondern ein kalt beabsichtigtes Attentat auf sich selbst! Den Anlaß dafür bot eine Frau, die sich selbst nicht für einen Vamp hielt: Lou Andreas-Salomé!

Was war das für eine Frau, die nicht nur diesen Mann zu extremen Aktionen trieb? Paul Rée - Lous langjähriger zu platonischer Abstinenz verurteilter Freund - stürzte sich einige Jahre nach ihrer Trennung eben dort vom Felsen, wo er mit Lou fünfzehn Jahre vorher die glücklichsten Tage seiner trostlosen Existenz erlebt hatte. War auch das ein Zufall oder nur ein Unfall? Daß der »Unfalltod« Rees - wie die damals noch recht laue Presse dieses tragische Ereignis interpretierte - ausgerechnet an diesem symbolschwangeren Ort geschah, den der ehemalige Freund

Lou Andreas
Salomé
als junge Frau

*Lou
von.
Salomé
Paul Rée
und
Friedrich
Nietzsche
1882*

fünfzehn Jahre lang niemals wieder betreten hatte, erscheint nicht besonders »zufällig«. Als Philosoph und Nihilist war Paul Rée ein Mann mit einem kristallscharfen Verstand, der allem, was er tat, einen besonderen Ausdruck verlieh. Seine Taten konnten als mehr oder weniger versteckte Zeichen gedeutet werden. Wenn er sich auch nicht mit dem größten Verstellungskünstler aller Zeiten - mit Friedrich Nietzsche - in der Raffinesse der Maskierungen messen konnte, gehörte er doch immerhin zum engsten Freundeskreis von Nietzsche, den er so gut kannte, wie kaum ein anderer. Ein obskurer Traum, den Lou - dieses Mal persönlich und in voller Offenheit - erzählt, wirft eher noch Reisig in das Feuer der

Spekulation zugunsten der These, daß es sich bei Rées »Fall« vom Felsen um einen Freitod - als späte Reaktion auf die Abweisung durch Lou - gehandelt haben muß. Der Nihilist und rationale Skeptiker Paul Rée wollte niemals Opfer sein von irgendwelchen Launen eines Schicksals, das sich ab und zu auch einmal die Maske eines Weibes aufsetzt. Daß er Lous sinnliche Neigungen seiner Person gegenüber trotz bestem geistig-seelischem Verstehen nicht erwecken konnte, interpretierte er für sich selbst sicherlich nicht nur als Beleg für die offensichtlich manchmal bestehende Zusammenhanglosigkeit von geistig-seelischer Nähe und sinnlicher Leidenschaft (war sie doch bei ihm vorhanden!), sondern die Nichtannahme seiner sinnlichen Zuneigung durch seine geliebte Freundin, mit der er immerhin jahrelang in einer Wohnung zusammengelebt hatte, war für Rée die größte Demütigung seines Lebens, besonders, als ihm Lou eines Tages plötzlich erklärte, einen anderen Mann (Friedrich Carl Andreas) heiraten zu wollen. Lous Traum bestätigt diese Interpretation:

»Ich befand mich in Gesellschaft unserer Freunde, die mir froh entgegenriefen, Paul Rée sei unter ihnen. Da musterte ich sie, und als ich ihn nicht herausfand, wandte ich mich zum Garderobenraum, wo sie ihre Mäntel hingehängt hatten. Mein Blick fiel auf einen fremden Dickwanst, der hinter den Mänteln ruhig, mit zusammengelegten Händen dasaß. Kaum noch erkennbar war sein Gesicht vor überquellendem Fett, das die Augen fast zudrückte und wie eine fleischerne Totenmaske über die Züge gelegt war. ´Nicht wahr´, sagte er zufrieden, ´so findet mich niemand.´«[10]

Dieser Traum bezeugt den Minderwertigkeitskomplex, den Rée - offenbar wegen seiner vermeintlichen Häßlichkeit - Lou gegenüber hatte. Welcher andere Grund konnte Lou daran gehindert haben, diesen Menschen, mit dem sie sich wie mit keinem anderen verstand, der sich um sie nicht nur sprichwörtlich »in guten und in schlechten Zeiten« sorgte, zu heiraten? Nein, Lou wollte mit Rée nur als Bruder zusammenleben. Zusammenleben? Als sie ihren späteren Mann Fred kennenlernte, führte sie mit Rée bereits seit Jahren einen gemeinsamen Haushalt. Es kümmerte Lou nicht im geringsten, daß die Leute über diese angebliche »wilde Ehe« tuschelten. Hätten sie gewußt, daß sie einige Jahre vorher Rées Freund Nietzsche den Vorschlag gemacht hatte, mit ihm und Rée gemeinsam in trauter »Dreieinigkeit« eine gemeinsame Wohnung zu beziehen, hätte der Klatsch sicherlich

Friedrich Carl Andreas und Lou, Verlobungsbild 1886

keine Grenzen mehr gekannt. Das von Nietzsche inszenierte Foto, das ihn und Rée als »Gäule« vor einen Karren gespannt zeigt, auf dem die Peitsche schwingende Lou steht, bezeugt die Tatsache, daß sowohl Nietzsche, als auch Ree sich von Lou gedemütigt fühlten. Dieses Foto bot übrigens die Vorlage für das berühmte Zitat aus dem »Zarathustra«:

»Gehst du zu Frauen, vergiß die Peitsche nicht!«[11]

Nachdem die ménage à trois mit Nietzsche und Ree gescheitert war, wollte Lou dasselbe Modell fünf Jahre später (1887) mit ihrem platonischen Lebenspartner Paul Rée und dem Heiratsbewerber Friedrich C. Andreas ausprobieren. Als Fred um ihre Hand anhielt, stellte sie ihm das Ultimatum, daß er im Falle einer Eheschließung ihren Freund Paul als dritte Person in der künftigen gemeinsamen Wohnung akzeptieren müsse. Blind vor Liebe erklärte sich Fred sogar bereit, auf diese ungewöhnlichen Forderungen der Geliebten einzugehen - (wenn auch sein Selbstmordversuch am Vorabend der Verlobung die Spannungen dokumentiert, die die Erpressung Lous in ihm erzeugte). Rée spielte dieses Mal allerdings nicht mit. Seinen alten Freund Nietzsche hätte er gerade eben noch akzeptiert in dem von Lou gewünschten Kommunikationsmodell à la pythagoräischem Lehrsatz, auch schon deswegen, weil er sich ziemlich sicher war, daß Lou auch seine erotischen Annäherungsversuche abgewehrt hatte. Einen ihm völlig fremden Mann - wie Friedrich C. Andreas, der dann womöglich auch noch das Bett mit der Frau teilte, die er selber liebte, konnte er dagegen niemals dulden...

Dabei war Lou keineswegs ein berechnendes Biest, indem sie etwa aus reiner sadistischer Lust die sie begehrenden Männer gegeneinander ausspielen wollte. Sie war nicht einmal naiv, denn auch in ihrem Jahrzehnte später geschriebenen »Lebensrückblick« hält sie ihre Handlungsweise weder für moralisch verwerflich, noch ist sie bereit einzugestehen, daß ihre Forderungen, ihre männlichen Freunde arg strapazieren mußten. Lou hatte für ihr Verhalten eine philosophische Begründung, die ihr nicht gerade

(Baruch) Benedictus Spinoza

einfach zu realisierendes Kommunikationsideal bezeichnet. Getreu der von ihrem Lieblingsphilosophen Spinoza übernommenen pantheistischen Einstellung, der gemäß alles in der Welt auf eine Wurzel zurückzuführen sei, war ihr die Moral einer »ausschließlichen« - das bedeutet: andere ab- und ausgrenzenden Liebe - undenkbar und kein zu erstrebendes Lebensideal, sondern purer »Egoismus zu zweit«, der nur »im Verhältnis zum (gemeinsamen) Kinde überwunden« ist.[12] Wer sie liebte - davon war sie überzeugt - mußte auch alle anderen lieben, die sie liebten, wie sie ja selbst auch bereit war, ihre eigene Liebe auf verschiedene Personen aufzuteilen. Wer das nicht ertragen konnte oder wollte, mußte eben für sich die Konsequenzen ziehen - und Distanz halten. Man konnte und durfte sie nicht für das immer subjektive Glücks- oder Unglücksempfinden anderer verantwortlich machen...

Schon von ihrer Kindheit im kosmopolitischen Petersburg her war es Lou gewohnt, mehr als nur ein männliches Wesen permanent um sich zu haben. Da war einmal der über alles geliebte Vater, Gustav von Salomé. Im Generalstab Alexander II. diente er als Inspekteur der russischen Armee, ein Gentleman von Geblüt, willensstark und fest verwurzelt im reformierten Glauben seiner französischen Vorfahren, dabei von teilweise hitzigem Temperament. Dieser Vater war in sein kleines Töchterchen so stark vernarrt, daß seine Frau Louise, Lous Mutter, darauf eifersüchtig reagierte. Der mächtige und gütige, manchmal aber auch strenge Vater prägte das Gottesbild des Mädchens. Gott mußte ebenso großzügig und gütig sein wie der Vater: eine Art »Allesversteher«, der immer für sie da sein wird und niemals etwas von ihr fordert, ein Supergott, wie ihn weder der Abraham des Alten Testaments, noch Jesus kannte: Abraham mußte Gott den eigenen Sohn opfern; Jesus starb am Kreuz mit den Worten: »Mein Gott, warum hast du mich verlassen?« Mit Lous Kindergott ließ sich dagegen reden. Ihm erzählt sie nachts im Dunkeln »freigebig und unaufgefordert - ganze Geschichten.«[13]

Auch in den fünf älteren Brüdern (von denen zwei frühzeitig verstarben) lernte Lou das andere Geschlecht als das »beschützende« lieben. »Das brüderliche Zusammenwirken von Männern war mir im Familienkreise als jüngstem Geschwister und einzigem Schwesterchen auf so überzeugende Weise zuteil geworden, daß es von dort aus dauernd auf alle Männer der Welt ausstrahlte; wie früh oder spät ich ihnen auch noch begegnete: immer schien mir ein Bruder in jedem verborgen.«[14] Gönnerhaft umsorgten die leiblichen Brüder ihre »kleine Schwester, deren Launen man verstehen und verzeihen mußte.«[15] Lou hatte tatsächlich einige Launen. Sie war ein unbändiges Kind und liebte es, mit ihren Brüdern zu toben. Einmal mokierte sich einer ihrer Brüder, sie würde sich zu wenig damenhaft benehmen. Über diese Kritik war sie so aufgebracht, daß sie ihm ein Glas mit heißer Milch entgegenschleuderte, an der sie sich allerdings nur selbst verbrannte. Die Brüder reagierten auf solche Wutausbrüche stets gelassen.

Lou war also daran gewöhnt, von den männlichen Wesen ihrer näheren Umgebung fast bedingungslos verstanden zu werden. Männer waren ihre - in Analogie ihres Kindergottes - alles verstehende und alles verzeihende Brüder. Wenn sich ein Mann dieser Rollenzuweisung künftig verweigerte, fiel Lou aus allen Wolken. Da sie bereits von ihren Brüdern mit Aufmerksamkeit verwöhnt worden war und andere Mädchen schnell als mögliche Konkurrentinnen entlarvt wurden, orientierte sich Lou mehr am männlichen Geschlecht. Ihr Verhältnis zur pingeligen deutschstämmigen Mutter war dementsprechend stets gespannt. Die Mitschülerinnen bezeichnete sie verächtlich als »Schnatternde Gänse!«[16] Sie fühlte sich zu Höherem berufen...

Da traf sie - kaum siebzehnjährig - ihr großes Idol, den aus Holland stammenden reformierten Pastor Hendrik Gillot, den sie bald liebte »wie die heilige Therese den Herrn Jesus geliebt

Hendrik Gillot

hatte.«[17] Auch in diesem Pastor verehrte sie den Beschützer. Dar-überhinaus war sie von seiner Weisheit überwältigt. Im Unterschied zum dogmatischen Konfirmationslehrer konnte sie Gillot auch die kritischsten Fragen stellen. Immer konnte sie gewiß sein, daß der so viel Ältere jede ihrer Regungen ernst nahm.

Zunächst hatte sie ihn schriftlich um eine persönliche Unterredung gebeten - nicht aus »religiösen Skrupeln«, sondern aus dem Bedürfnis, den Prediger, der sie so sehr faszinierte, menschlich näher kennenzulernen. Fortan wurde er zu ihrem persönlichen Lehrer. Lange verheimlichte sie es der Mutter, daß sie von nun ab einige Monate lang fast täglich Gillot besuchte - nicht zum Stelldichein, sondern zum Privatunterricht, den er ihr kostenlos verabreichte, weil die inbrünstige Verehrung des Teenagers den nicht gerade uneitlen Priester schmeichelte. Unter seiner Leitung studierte sie vergleichende Religionsgeschichte, lernte Buddhismus und Hinduismus kennen, vertiefte sich in den Aberglauben primitiver Gesellschaften, beschäftigte sich mit Symbolik, Riten und Problemen des Dogmatismus. Schließlich las der Lehrer mit ihr gemeinsam Texte von Kant, Kierkegaard, Rousseau, Voltaire, Descartes. Leibniz, Fichte und sogar Schopenhauer.

Gillot führte das Mädchen in die geistige Welt ein. Lou erwies sich in einer sehr eigenständigen Weise gelehrig. Immer wieder überraschte sie den Pastor mit außergewöhnlichen Ideen, zum Beispiel mit dem provozierenden Vorschlag, seine nächste Sonntagspredigt einmal nicht von einem Bibelzitat ausgehen zu lassen, sondern von der Aussage eines großen deutschen Dichters. Der neugierig gewordene Pastor ließ Lou daraufhin seine Predigt schreiben. Lou wählte als Thema das Goethe-Wort: »Name ist Schall und Rauch«. Nachdem Gillot am folgenden Sonntag Lous Text als Vorlage für seine Predigt verwendet hatte, bekam er prompt einige Tage später von Seiten des sehr orthodox fühlenden holländischen Gesandten einen Verweis, weil er kein Zitat aus der Bibel zur Grundlage seiner Predigt genommen hatte.

Als dann Lous Vater starb, erwies sich der Geistliche als einfühlsamer Tröster. Einmal soll sie auf seinen Knien sitzend das Bewußtsein verloren haben. Für Lou war Gillot ein alles umfassender Gottmensch, er war ihr nicht nur Lehrer, sondern auch Vaterersatz und Bruder, ein immer verständnisvoller Freund und über alledem der große selbstlose Beschützer. Was sie in ihrer kindlichen Traumwelt nicht wahrnehmen konnte (und wollte), war die Tatsache, daß Gillot trotz seines aufrichtigen Bemühens kein Heiliger war. Obwohl er fast übermenschliche Kräfte anwandte, um seine keineswegs nur platonischen Empfindungen für das attraktive Mädchen im Zaum zu halten, konnte er nicht verhindern, daß sich die Gefühle bald in wirkliche Liebe verwandelten. Wenn der Pastor nicht bereits verheiratet gewesen wäre und Vater zweier Kinder, wäre es ganz im Einklang mit der öffentlichen Moral gewesen, als Gillot - von der Inbrunst des Teenagers verzückt - dem Mädchen eines Tages einen Heiratsantrag machte. Lou reagierte entsetzt auf dieses allzumenschliche Bedürfnis, nicht aus moralischen Gründen, sondern weil ihr »Gott« (= Gillot) durch das mit dem Heiratsantrag dokumentierte allzu männliche Begehren entweiht wurde. Der »Gott« fiel von seinem Thron hinab in die gewöhnliche bürgerliche Ordnung. Mit den Worten Lous:

»Als der entscheidende Augenblick unerwartet von mir forderte, den Himmel ins Irdische niederzuholen, versagte ich. Mit einem Schlage fiel das von mir Angebetete mir aus dem Herz und Sinnen ins Fremde. Etwas, das eigene Forderungen stellte, etwas, das nicht mehr nur den meinigen Erfüllung brachte, sondern diese im Gegenteil bedrohte, ja die mir gerade durch ihn gewährleistete geradegerichtete Bemühung zu mir selbst umbiegen wollte und sie der Wesenheit des Andern dienstbar machen - hob blitzähnlich den Anderen selber für mich auf. In der Tat stand ja damit ein Anderer da: jemand, den ich unter dem Schleier der Vergottung nicht deutlich hatte erkennen können«, versucht Lou als reife Dame fast sechzig Jahre später eine Erklärung zu finden für ihr sonderbares Verhalten Gillot gegenüber.[18]

Brüsk bricht die Siebzehnjährige die Beziehung zu dem Priester ab: Ein Gott, der einen Menschen heiraten will, kann ihr kein Gott mehr sein, besonders auch deswegen, weil der »Handanhalter« zum Zeitpunkt des Heiratsantrages ja selber noch verheiratet ist. Enttäuscht beschließt Lou, ihre Heimatstadt Petersburg zu verlassen, um - begleitet von der Mutter als Anstandsdame - in Zürich zu studieren. Möglichst schnell möchte sie den Vorfall vergessen. Das Thema »Heirat« ist ihr seitdem verleidet.

Vielleicht konnte das Mädchen die abrupte Trennung von Gillot nicht verkraften. In jedem Fall ist es schwer, einen Gott zu verlieren, dessen Bedeutung im kindlichen Bewußtsein das All ersetzt. Noch während der Reise in der ratternden Eisenbahn erkrankte Lou ernsthaft. Nach wochenlangen Aufenthalten in Schweizer Kurorten verordnete der Arzt einen Klimawechsel. Kurz entschlossen reisten Tochter und Frau von Salomé im Januar 1880 nach Rom. Gottfried Kinkel, Professor für Kunstgeschichte, bedauerte sehr, daß seine Lieblingsstudentin Lou, Zürich wieder verlassen wollte. Um seine Erkenntlichkeit zu zeigen, gab er Lou einen persönlichen Brief an seine in Rom lebende alte Jugendfreundin, Malwida von Meysenbug, indem er sie bat, sich der jungen Russin anzunehmen.

Malwida von Meysenbug war eine damals international bekannte Frauenrechtlerin. Mit den ehemaligen Führern der Revolution von 1848 war sie noch immer eng verbunden. Die ältere Dame war mit Richard Wagner befreundet, dessen Musik für sie ein neues Zeitalter ankündigte. Über Wagner lernte sie den jungen Professor für Altphilologie, Friedrich Nietzsche, kennen, der damals noch zu den glühendsten Verehrern des Komponisten gehörte. Sein Buch »Geburt der Tragödie« hatte sie mit Begeisterung gelesen. Außerdem schätzte sie Nietzsches Klavierspiel. Da sie wußte, daß er unter schrecklichen Migräneanfällen litt, lud sie ihn und seinen Freund Paul Rée regelmäßig zu sich nach Rom zur Erholung ein. Auf diese Weise lernte auch Lou Friedrich Nietzsche kennen. Zunächst aber machte sie die Bekanntschaft mit

Der junge Friedrich Nietzsche

dem jungen Philosophen Paul Rée, der in einem kleinen Büchlein mit dem Titel »Psychologische Betrachtungen« die Welt als eine pure Illusion charakterisiert hatte. Kant sei ein Träumer, wenn er hinter der Welt der Erscheinungen noch ein geheimnisvolles »Ding an sich« vermute...

Dieser bekennende Nihilist hatte gerade sein ganzes Geld in Monte Carlo verspielt - und dadurch sich seine gute Laune nicht trüben lassen, als Lou ihn das erste Mal sah. Der zweiunddreißigjährige »Paolo« - wie Malwida ihren Schützling liebevoll nannte - war der Sohn eines preußischen Gutsbesitzers. Von der knapp zwanzigjährigen, wegen ihrer Lungenentzündung noch etwas bläßlich wirkenden Lou war er sofort begeistert. Als »Kavalier« durfte er Lou ins Hotel begleiten, und da sie sich soviel zu erzählen hatten, wurden aus dem wenige Minuten langen Weg mehrere Stunden.

Paul Rée - wie viele andere Männer nach ihm - hatte noch niemals vorher eine Frau getroffen, mit der sich so gut diskutieren ließ. Besonders über religiöse Fragen stritten sie leidenschaftlich miteinander. Lou hatte zwar ihren Kindergott verloren, doch nach wie vor glaubte sie an etwas Höheres. Hinter den äußerlichen Lebensvorgängen war für sie ein unergründbares Geheimnis verborgen. Rée bestritt das: Für ihn war das Leben nur ein mechanischer Prozeß, den es restlos aufzuklären gelte. Obwohl sie sich auf der philosophischen Ebene keineswegs einigen konnten, verliebte sich Paul so heftig in seine neue Freundin, daß er ihr schon nach wenigen Tagen einen Heiratsantrag machte. Lou lehnte ab. Neben Gott wäre Gillot ihre einzige und letzte große Liebe gewesen, bekannte sie dem zerknirschten Freund. Für einen sterblichen Liebhaber sei kein Platz mehr in ihrem Herzen. Der atheistisch empfindende Rée hatte für diese Begründung überhaupt kein Verständnis. Er fühlte sich nur abgelehnt und wollte sofort abreisen. Lou aber hatte wiederum für seine belei-

Richard Wagner

digte Reaktion kein Verständnis. War es nicht möglich, mit einem Mann eine reine Freundschaft ohne Hintergedanken zu pflegen? Lou erzählte dem Freund ihren Traum von einer »angenehmen Arbeitsstube voller Bücher und Blumen, flankiert von zwei Schlafstuben und - zwischen uns hin und her gehend, Arbeitskameraden, zu heiterem und ernstem Kreis geschlossen.«[19]

Dieses Ideal einer Wohngemeinschaft einem höheren geistigen Ziel zustrebender Freunde erfüllte Lou fast bis an ihr Lebensende. Es war eine ganz harmlose Idee, die aber in der puritanischen Zeit Ende des 19. Jahrhunderts nur mißverstanden werden konnte. Mit ihrem Ansinnen eine geistige Kommune zu gründen widersprach Lou allen Konventionen, denen gemäß das Hauptziel eines jungen Fräuleins darin zu bestehen hatte, sich möglichst schnell einen geeigneten Ehemann zu suchen, um mit ihm eine Familie zu gründen. Das lag Lou, die ihr Leben lang kinderlos blieb, allerdings völlig fern. Da es für sie zu dieser Zeit - von der »älteren Dame« Malwida von Meysenbug einmal abgesehen - keine Freundinnen gab, mit denen sie sich geistig austauschen konnte, blieben für die potentielle Wohngemeinschaft nur Männer als mögliche Mitbewohner. Paul Rée war als der erste Kandidat bereits angenommen. Konnte er darauf nicht stolz sein?

Friedrich Nietzsche, gezeichnet von Edvard Munch

Tatsächlich sah Rée in dieser Idee eine Möglichkeit, Lou noch ein wenig länger sehen zu dürfen. Da sie aber offensichtlich mit ihm alleine keine Wohnung beziehen wollte, schlug er seinen Freund Nietzsche als den »Dritten im Bunde« vor. Lou war einverstanden und wollte Nietzsche sofort kennenlernen. Um die Neugier seines Freundes zu erwecken, schrieb ihm Rée, daß er eine hochbegabte junge Russin kennengelernt hätte, die Nietzsches geistige Schwester sein könnte. Der Philosoph antwortete postwendend:

»Grüßen Sie diese Russin von mir: Ich bin nach dieser Gattung Seelen lüstern. Ja, ich gehe nächstens auf Raub danach aus... Ein ganz anderes Kapitel ist die Ehe. Ich könnte mich höchstens zu einer zweijährigen Ehe verstehen...«[20] Schon bevor Nietzsche Lou überhaupt gesehen hat, denkt er bereits über eine mögliche Ehe nach...

Die erste Begegnung findet im Petersdom statt: Ohne seinen Freund Rée zu beachten – geschweige denn zu begrüßen, stürmt Nietzsche sofort auf das ihm noch völlig unbekannte Mädchen zu, macht vor Lou eine tiefe Verbeugung und fragt sie:

»Von welchen Sternen sind wir einander zugefallen?«[21]

Lous Eindruck von Nietzsche ist zwiespältig: Gefesselt ist sie von seiner »verschwiegenen Einsamkeit«. Zugleich fühlt sie sich von seinem gekünstelt wirkenden Pathos abgestoßen. Einige Tage später bittet Rée seine Freundin um eine persönliche Unterredung. Der verdutzten Lou teilt er mit, daß Nietzsche ihn gebeten habe, in seinem Namen um ihre Hand anzuhalten. Lou lacht laut auf: Ist der Professor zu schüchtern, sie selbst zu fragen? Rée fühlt sich ziemlich unbehaglich in der ihm aufgezwungenen Rolle. Nur wenn Lou Nietzsche heiraten würde, versucht er umständlich zu begründen, würde ihre Mutter die Erlaubnis für ein Zusammenleben zu dritt geben.

Eine merkwürdige Logik! Und wie demütigend für Paul, der ja selbst in Lou verliebt ist und nun von seinem Freund als Heiratsvermittler benutzt wird! Die junge Russin lehnt ab: Offenbar wolle Nietzsche sie nur deswegen heiraten, um den bürgerlichen Schein zu wahren. Solche Konzessionen an das Spießbürgertum passen nicht gerade zu seiner Freigeisterei, derer er sich sonst so sehr rühmt.

Nietzsche scheint die Abfuhr gut zu verkraften. Nur zum Schein geht er auf das gemeinsame Ansinnen ein, im nächsten Winter in Wien eine Wohngemeinschaft zu dritt – auch gegen den Willen von Lous Mutter - zu gründen. In Wirklichkeit möchte er Lou für sich alleine gewinnen: Seine Begeisterung für das junge Mädchen kennt keine Grenzen mehr, als er ihre Gedichte liest, die – wie er glaubt – von ihm selber hätten stammen können:

»Jahrtausende zu sein! Zu denken!
Schließ mich in beide Arme ein:
Hast Du kein Glück mehr mir zu schenken ---
Wohlan --- noch hast Du Deine Pein.«[22]

Einen vergleichbar heroischen Enthusiasmus glaubt Nietzsche nur noch in seinem eigenen Herzen zu erkennen: Lou erscheint ihm als Schwester seines Geistes. Nur sie wird ihn aus seiner tiefen Einsamkeit erlösen können, an der er so sehr leidet, --- glaubt er...

Dann sehen sie sich wieder: In dem kleinen Städtchen Orta an einem See mit der landschaftlich berückenden Insel San Giulio. Die Kirche mit der prächtigen Kanzel aus schwarzem Oira-Marmor des elften Jahrhunderts und die feierliche Stille der Landschaft erzeugen in Lou und Nietzsche eine andächtige Stimmung, die dem weniger zur Frömmigkeit neigenden Rée eher unheimlich anmutet, so daß er diesen Ort schleunigst verläßt. Nietzsche triumphiert. Rées Flucht erscheint ihm als Beweis, daß sein Freund die tieferen Empfindungen Lous nicht nachvollziehen kann.

Statt als »Dreigestirn« wandern Lou und Nietzsche nun in trauter Zweisamkeit den ganzen Nachmittag auf den »Monte

Sacro« und sind sich so nahe, wie sie einander niemals mehr sein werden. Was sie dabei erleben, wird immer unbekannt bleiben. Mit großer Sicherheit aber ist es an diesem heiligen Ort auch zu intimeren Berührungen gekommen. Es ist jedenfalls wenig glaubwürdig, wenn Lou im Alter ihrem Nachlaßverwalter Ernst Pfeiffer gegenüber bekennt: »Ob ich Nietzsche auf dem Monte Sacro geküßt habe - ich weiß es nicht mehr!«[23] Diese Vergeßlichkeit einer Frau, die fast jeden Tag ihres Lebens (auch ganz banale Alltäglichkeiten) exakt protokolliert hat, wirkt suspekt. Wenn sie Nietzsche wirklich nicht geküßt hat, hätte sie - die den Klatsch überhaupt nicht liebte - jede zweideutige Aussage mit Sicherheit vermieden. Auch daß Freund Paul Rée ihr wenig später ein »ungeheures General-Pardon« gewährt[24], muß ja irgendeinen Grund gehabt haben. Und weshalb taucht in Nietzsches Notizbüchern immer wieder der Satz auf: »Die Lou in Orta war ein anderes Wesen (als die spätere, sich von N. distanzierende Lou - AdV.)«?[25]

Wieder einmal hatte die russische Studentin mit dem Feuer gespielt. Für sie war der sinnliche Moment mit Nietzsche nur ein argloses Spiel, eine kurzweilige genießerische Vertiefung der geistigen Innigkeit, die von beiden in diesem Augenblick gefühlt worden war. Eine jede Verlängerung des Moments der Verzückung in die Banalität des bürgerlichen Alltags hinein, wäre

Mutter und Sohn Nietzsche

Lou wie eine Entweihung vorgekommen. Für sie war Liebe nicht berechenbar - und Leidenschaft schon gar nicht.

Um so mehr irritierte und verwirrte sie die Reaktion der Umgebung: Ihre Mutter war verärgert, daß sie nicht zeitig wieder von ihrem Ausflug mit Nietzsche heimgekehrt war. Paul schmollte in unausgesprochener Eifersucht. Und Nietzsche überraschte Lou mit einem - dieses Mal persönlich - überschwenglich vorgetragenen (zweiten) Heiratsantrag. Über ihrem Kopf hinweg hatte er bereits Pläne für eine »gemeinsame Zukunft« geschmiedet, was Lou eher befremdete. Wieder gab sie ihm einen Korb: Sie wolle niemals heiraten, sagte sie, sondern nach einem eigenen, freien Entwurf ihr Leben gestalten. Außerdem dürfe aus ihrem Bund Paul Rée nicht ausgeklammert werden. Wenn Nietzsche seine persönlichen Bedürfnisse zurücknehmen könnte, wäre sie gerne bereit, mit ihm und Rée das Experiment einer geistigen Lebensgemeinschaft zu dritt zu versuchen. Das war keine totale Zurückweisung.

Lou wollte nichts weiter als eine philosophische Arbeitsgemeinschaft, mußte dann aber später feststellen, daß Nietzsche offenbar zu wenig Philosoph war, um sich auf Dauer von den Instinkten seiner allzumännlichen Brunst lösen zu können. Seinen Freunden gegenüber wollte Nietzsche allerdings nicht zugeben, daß er auch eine sexuelle Verbindung zu Lou suchte. So schrieb er in einem Brief: »... es war nichts in dieser Liebe, was zur ´Erotik´ gehört.« Das war nicht sehr glaubwürdig. Später - nach dem Bruch mit Lou - verklärte er seine erotischen Sehnsüchte in seinem ganz noch im Banne der russsichen Studentin geschriebenem »Zarathustra«:

»O meine Seele, ich wusch die kleine Scham und die Winkeltugend von dir ab und überredete dich, nackt vor den Augen der Sonne zu stehen...«[26]

Allein, die Lou blieb angezogen....

»...O diese verfluchte flinke, gelenke Schlange und Schlupfhexe! Wo bist du hin? Aber im Gesicht fühle ich von deiner Hand zwei Tupfen und rote Klexe!«[27]

Anspielung auf das gemeinsame Erlebnis am Monte Sacro?

»Ich bin es wahrlich müde, immer dein schafichter Schäfer zu sein! Du Hexe, habe ich dir bisher gesungen, nun sollst du mir - schrein! Nach dem Takt meiner Peitsche sollst du mir tanzen und schrein! Ich vergaß die Peitsche nicht? - Nein!«[28]

Aus diesen Worten spricht ein Mann, der sich von der Frau, die er liebt, gedemütigt fühlt. Hier taucht auch wieder die Peitsche auf, die man meist von einer anderen Stelle her in Erinnerung hat:

»Du gehst zu Frauen? Vergiß die Peitsche nicht...«[29]

Vielleicht sollte man diese so oft mißverstandenen Worte des so arg gepeinigten Nietzsche nicht zu übel nehmen. Lou war nun wirklich kein Unschuldsengel. Sie hat Nietzsche mit ihrer -

Georg Ledebour

sicherlich nicht berechnenden - Koketterie bis auf's Blut gereizt. Die alte weise Dame Malwida von Meysenbug jedenfalls fühlte sich genötigt, der unbändigen Studentin einige mahnende Worte mit auf den Lebensweg zu geben:

»So fest ich von Ihrer Neutralität (gegenüber Nietzsche - AdV.) überzeugt bin, so sehr sagt mir die Erfahrung eines langen Lebens und die Kenntnis der menschlichen Natur, daß es (das Zusammenleben zu dritt - AdV.) nicht gehen wird, ohne daß ein Herz grausam dabei leidet im edelsten Fall, im schlimmeren ein Freundschaftsbündnis zerstört wird.«[30]

Malwida sollte recht bekommen: Nach nur einigen wenigen Monaten war das Freundschaftsbündnis zwischen Nietzsche und Lou zerstört.

Es würde zu weit gehen und den gesetzten Rahmen sprengen, die dramatische Entwicklung dieser Beziehung bis in alle Einzelheiten zu zerlegen, da diese Affaire - aus Lous Perspektive - ja nur ein Vorspiel für ihre späteren Liebesbeziehungen darstellt. In ihrem Jahresrückblick 1882 wird Nietzsche mit keinem Wort erwähnt.[31] So sehr Lou auch von diesem Verhältnis profitiert hat - besonders später, als sie mit eigenen Publikationen über den inzwischen berühmt gewordenen Philosophen ein Stück seines Ruhmes mit ernten konnte - , floh sie doch instinktiv vor seinem besitzergreifenden und zur Cholerik neigenden Charakter. Vom despotischen Element in Nietzsche fühlte sie sich abgestoßen. Darum mußte sie ihn um so mehr meiden, je mehr er sie bedrängte. Schließlich kam noch hinzu, daß Nietzsches Schwester Elisabeth aus rasender Eifersucht gegen die »russische Hexe« eine öffentliche Haßkampagne inszenierte. Sie - die später aus ihrem Bruder einen Popanz machte und sein gesamtes Werk nach Gutdünken verfälschte - wollte allen Ernstes die preußische Polizei auf Lou und ihren Freund Rée hetzen, weil sie in Berlin einer unziemlichen Wohngemeinschaft frönten. Es ehrt Nietzsche, daß er sich - trotz seines Zorns über Lous Verhalten - von den Intrigen seiner Schwester distanzierte.

Wegen der Besitzansprüche Nietzsches konnte das Ideal der »Dreieinigkeit« nicht verwirklicht werden. Lou bezieht mit Rée alleine 1883 eine gemeinsame Wohnung in Berlin und lebt dort fünf Jahre lang mit ihrem platonischen Freund zusammen, der für sie wie ein Bruder ist. Der Klatsch der Leute über diese »wilde Ehe« und auch die Intrigen von Nietzsches Schwester, die wüste Gerüchte verbreitet, ignoriert Lou mit vornehmem Schweigen. Sie genießt das freie Leben in Berlins Künstlerkreisen. Der monatliche Wechsel von ihrer Mutter bewahrt sie vor existentiellen Sorgen. So hat sie hinreichend Muße, an ihrem ersten Roman »Im Kampf um Gott« zu schreiben, der auch eine indirekte Verarbeitung ihrer Erlebnisse zwischen Rée und Nietzsche beinhaltet. Er wird später unter dem männlichen Pseudonym Henri Lou erscheinen und große Beachtung finden.

In Berlin lernte Lou die wichtigsten Persönlichkeiten des geistigen Lebens der deutschen Hauptstadt kennen, fast durchweg Männer, die sich - wie sollte es auch anders sein - gleich reihenweise in die junge Dame aus Petersburg verliebten. Da war der Indologe Paul Deussen - übrigens ein Freund von Nietzsche, dessen Liebe zu Lou schon beim Lesen ihres Buches »in hellen Flammen entbrannte.«[32] Der später berühmte Soziologe Ferdinand Tönnies umwarb Lou ebenso leidenschaftlich wie der Dozent für experimentelle Psychologie Hermann Ebbinghaus. Lou ließ sich das gerne gefallen, besonders auch schon deswegen, um Rées eifersüchtige Reaktion auszukosten.

Einmal soll sie sich von einem jungen Mann einen Wecker unter der Bedingung ausgeliehen haben, »daß er es als Heiratsversprechen ansehen dürfe, wenn sie den Wecker nicht bis zu einem bestimmten Tag zurückgeben werde. Prompt vergaß sie Termin und Bedingung und amüsierte sich köstlich, als ein niedergeschlagener Rée sich von ihr verabschieden wollte, da sie ja nun die Frau eines anderen werde.«[33] Ein anderes Mal schwärmte sie Rée gegenüber von Nietzsches »schönem Mund». Als Rée erstaunt meinte, daß Nietzsches Mund ja hinter dem buschigen

Schnurbart gar nicht zu erkennen sei, entgegnete Lou lächelnd: »Ja, aber wenn er den Mund auftut (und wie oft habe ich mit ihm gesprochen!), sehe ich doch seine Lippen genau.«[34] Rée stellte daraufhin tagelang quälende Überlegungen an, ob Lou nicht vielleicht doch Nietzsche geküßt hätte, während sie ihm einen solchen sinnlichen Genuß bisher versagt hatte. Besonders demütigend war es für Rée, daß man ihn im Freundeskreis als »Lous Ehrendame« bezeichnete. Seine »platonische Freundin« fand das komisch und lachte ihn aus. Diese Neckereien bezeugten den leicht sadistischen Charakter der jungen russischen Dame. Vielleicht hatte Nietzsche ja so unrecht nicht, als er Lou einmal eine

Lou Andreas Salomé um 1900

»blonde Bestie« nannte mit dem »Charakter einer Katze«, die sich »als Haustier verstellt.«[35]

Ein besonderer Akt psychischer Grausamkeit bestand in dem zu Beginn dieses Kapitels bereits erwähnten Ultimatum, das Lou ihrem künftigen Mann - Friedrich C. Andreas - stellte. Er müsse akzeptieren, daß sie auch nach der Heirat noch mit ihm und ihrem Freund Rée zusammenleben wollte. Die fixe Idee einer »Wohngemeinschaft zu dritt« rumorte noch immer im Kopf des blonden Fräuleins. Während Andreas diese Bedingung blind vor Leidenschaft akzeptierte, zog Rée nun endgültig die Konsequenzen. Von einem Tag auf den andern war er plötzlich auf Nimmerwiedersehen verschwunden. Lou fand das unerhört traurig. Aber sie ließ es dabei bewenden und schickte sich in die Ehe mit Andreas.

Der Ehemann hätte nun frohlocken können, war er doch den Rivalen los. Im Juni 1887 findet in Berlin-Tempelhof die standesamtliche Trauung statt. Obwohl Lou sich schon seit Jahren als aus der Kirche ausgetreten betrachtet, will sie eine zusätzliche kirchliche Trauung. Die Pikanterie besteht darin, daß sich die Braut ausgerechnet von ihrem Jugendschwarm, dem Petersburger Priester Gillot, trauen lassen will, von dem Mann, den sie vergötterte, der sie liebte und ihr Eintritt verschaffte in die Welt des Geistes, dem sie einen Korb gab, als er als erster in einer unendlichen Reihe um ihre Hand anhielt. War die Sechsundzwanzigjährige zu dieser Zeit immer noch so naiv, daß sie nicht erkannte, welche Demütigung es für Gillot bedeuten mußte, als abgewiesener Freier die ehemalige Geliebte nun mit einem anderen trauen zu müssen? Hielt sie ihn immer noch für einen »Gott«, von dem sie Erhabenheit über das allzumenschliche Verliebtsein erwartete? Oder wollte sie ihn bewußt quälen? Vielleicht wollte sie sich aber auch dafür rächen, daß Gillot ihr vor Jahren einen zurechtweisenden Brief geschrieben hatte, nachdem sie ihm provozierenderweise mitgeteilt hatte, daß sie beabsichtige, mit Nietzsche und Rée in einer Wohngemeinschaft zusammenzuleben...

356

Natürlich lehnt es der Priester ab, sich als Traupfarrer in dieser Weise funktionalisieren zu lassen. Er müßte dafür schließlich auch noch eine lange beschwerliche tagelange Reise von Petersburg nach Holland auf sich nehmen, denn seine ehemalige Schülerin hat sich nun mal in den Kopf gesetzt, daß die Trauung in Holland stattfinden soll. Lou läßt sich von dieser Weigerung nicht die Laune verderben. Im Gegenteil greift sie nun zum Mittel der Erpressung. Wenn Gillot sie nicht in Holland trauen wolle, dann würde sie eben in Petersburg im Familienkreise hei-

Lou um 1900

raten. Dort sei er als derjenige, der sie konfirmiert hatte, auch verpflichtet, die Trauung durchzuführen. Daraufhin telegraphiert Gillot sofort zurück: »Komme Holland.«[36] Es wäre nämlich zu einem Skandal gekommen, hätte er an Lou und ihrem Mann in Petersburg öffentlich die Trauung vollzogen, war doch seine Liebe zu Lou einst ein bedeutendes Klatschthema gewesen...

Offenbar konnte das blonde Biest immer ihren Kopf durchsetzen, so auch gegenüber Fred, ihrem Gemahl. Kaum verheiratet konfrontiert sie ihn mit einer weiteren Zumutung. Seelenruhig teilt sie ihm mit, daß sie nicht beabsichtige, ihm die »ehelichen Rechte« im Bett zu gewähren. Fred geht zunächst auch auf diesen Wunsch seiner über alles geliebten Frau ein, wohl in der Hoffnung, daß sie irgendwann ihre Meinung ändern würde. Doch auf die Büchse der Pandora namens Hoffnung sollte niemand sich verlassen...

Zu Beginn dieses Kapitels wurde schon berichtet, daß sich Fred eines Abends auf die schlafende Lou stürzt, offenbar in der Absicht, sich sein Recht zu holen. Angesichts der Tatsache, daß er sich von Lou in seinen berechtigten Wünschen hingehalten fühlt, mit seiner Frau auch intimere Stunden genießen zu können, kann man ihm diesen gewaltsamen Annäherungsversuch nicht unbedingt als Ausdruck krimineller Energien anlasten. Der Akt wird auch gar nicht brutal durchgeführt, sondern endet in dem Moment, als Lou instinktiv ihren Mann mit einem Würgegriff abwehrt. Fred gibt resigniert auf. Dieser Frau fühlt er sich nicht gewachsen.

Als Lou in ihrer offenherzigen Art dann auch noch eine Liebschaft anfängt mit dem Schriftsteller und Politiker Georg Ledebour, entwickelt sich ihre Ehe mit Fred zur strindbergschen Hölle. Wie fühlt sich ein Ehemann, dessen Frau ihm die sexuelle Zuwendung verweigert, die sie einem anderen gewährt? Obwohl tief gekränkt will Fred nicht in die Scheidung einwilligen, die ihm seine Frau auf seine Klagen hin kalt anbietet. Vielleicht will er sie auch deswegen nicht gehenlassen, weil nur noch die faktische

Tatsache des Verheiratetseins der einzige Trumph gegen Lou zu sein scheint. Immer wenn Lou auf Scheidung drängt, erwidert Fred einsilbig:

»Ich kann nicht aufhören zu wissen, daß Du meine Frau bist.«[37]

Der neue - und vielleicht erste wirkliche - Geliebte Lous - Georg Ledebour - hat gerade eine Gefängnisstrafe wegen Majestätsbeleidigung abgesessen. Seine offene, andere Menschen provozierende Art stößt bei der russischen Femme fatale auf Gefallen. Am ersten Tag ihrer Bekanntschaft begutachtet Ledebour Lous Hände, um seine Freundin daraufhin im schroffen Tonfall zu fragen:

»Warum tragen Sie keinen Trauring?«[38]

Ihre Verlegenheit mit einem Lächeln kaschierend antwortet Lou, daß sie und ihr Mann die Ringe zu besorgen vergessen hätten. Ledebour findet das unschicklich.

»Das muß man aber!«

Immerhin durfte er jetzt annehmen, daß er auf diese sogenannte Ehe nicht besonders viel Rücksicht zu nehmen brauchte. Einige Tage später - an einem Herbstabend 1891 - sagt er zu Lou:

»Sie sind keine Frau. Sie sind ein Mädchen.«[39]

Georg Ledebour, nach 1900

Das war frech! Lou fühlt sich durchschaut. Man hätte annehmen können, daß sie diese taktlose Bemerkung als einen zudringlichen Eingriff in ihre Intimsphäre zurückgewiesen hätte. Das Gegenteil war der Fall. Ledebour imponierte ihr. Endlich einmal war da ein Mann, der ihr einen Widerstand bot. Das reizte sie und war letztlich der Grund, warum sie ihm gegenüber die Prüderie aufgab. Die Katze heischte nach einer Dressur.

Während Ledebour als stahlharter Mann Nietzsches Ansprüchen eines Übermenschen nahekommt, fängt Fred an zu weinen, als sie ihm offen und schonungslos von ihrer Zuneigung zu Georg erzählt. Offenbar rührt dieses Weinen etwas in ihrer Seele an. Fast wie in einem Lore-Roman heißt es in ihrem Tagebuch, daß sie ihren Mann nicht ansehen durfte, um nicht auch selber loszuheulen.[40] Es liest sich wie eine Szene aus Shakespears Tragödie, wenn Lou schreibt, daß sie hätte »aufschreien können vor Empörung dagegen, daß sie (Fred und Lou - AdV.) einander nicht helfen konnten.«[41] Am Ende bleibt ein »pressender Schmerz in der Mitte der Brust.« Und da sie nun einmal ihre Liebschaft mit Georg nicht aufgeben möchte, beschließt sie in selbstloser Anteilnahme, »auch ihren Mann durch ihr ganzes Wesen etwas von diesem Gesegnetsein (durch Ledebour) spüren zu lassen.«[42] Denn muß er nicht auch glücklich sein, wenn nur sie glücklich ist? Um ihm die totale Anteilnahme an ihrem Glück zu ermöglichen, stellt sie ihm eines Tages bei einer Vernissage in Friedrichshagen ihren Geliebten vor. Biographin Cordula Koepke beschreibt die Wirkung dieser psychologischen Operation:

»Erschreckend und Bedrohliches verheißend sind die Veränderungen in Gesicht und Wesen von Andreas. Sein hilflos drohender Blick, das Erbleichen der Lippen, die heisere Stimme - sie weiß, was das bedeutet und muß Entsetzliches befürchten... Inzwischen wird das Abendessen aufgetragen, und Lou denkt unausgesetzt an die Messer neben den Tellern. Sie weiß, daß ein Unglück geschehen kann, wenn ihr Mann die letzte Kontrolle über sich verliert...«[43]

Die Tragödie nimmt ihren Lauf. Und mitten drin fungiert Lou als die scheinbar unbeteiligte Anteil nehmende Chronistin. Hat die spätere – praktizierende – Psychoanalytikerin und Schülerin Freuds etwa dieses Seelendrama bewußt inszeniert, um mit den Reaktionen der Seele (auch ihrer eigenen) in Grenzsituationen zu experimentieren?

Wie es sich für ein echtes Drama gehört, droht Fred sich das Leben zu nehmen. Noch ist Lou die fatale Klappmesserepisode in Erinnerung. Sie weiß, daß ihr Mann mit solchen Drohungen nicht spaßt. Das Tragische einer Tragödie besteht darin, daß die Hauptfigur in einen unlösbaren Seelenkonflikt gerät und davon zerrieben wird. In diesem Drama ist natürlich Lou Andreas-Salomé die Hauptperson. So muß sich das Zentrum des Konflikts in ihrem Herzen abspielen. Hatte sie einige Wochen vorher noch ihren Mann das Ultimatum »Scheidung oder Akzeptanz des Geliebten« gestellt, gibt sie sich jetzt »ratlos« und »verzweifelt« und äußert zumindest in ihrem Tagebuch die Bereitschaft, »mit ihm zu sterben«.

Kann man diese theatralischen Gebärden ernst nehmen? Ledebour reagiert mit dem natürlichen Egoismus des Geliebten. Es mutet fast komisch an, wenn er auf Lous Absichtserklärung hin, mit ihrem Mann in den Tod gehen zu wollen, lakonisch erwidert, daß er darin »keinen Liebesbeweis für sich« (Ledebour) entdecken könne[44]. Lou antwortet, daß sie nur dann mit ihrem Mann zusammen aus dem Leben scheiden wolle, wenn Ledebour diesem Plan seine Zustimmung geben würde. Der Geliebte wird »autorisiert«, über Leben und Tod des Ehepaares Andreas-Salomé zu entscheiden. Das Drama geriert sich als Posse. Natürlich verweigert Ledebour seine Einwilligung in diesen absurden Plan.

Die Tragödie, die sich nur durch den gemeinsamen Tod vollendet hätte, schlägt nun endgültig um in eine Farce. Das perpetuum mobile des Beziehungstheaters kehrt wieder zum Ausgangspunkt zurück. Lou erinnert sich plötzlich wieder daran, daß sie sich von Fred scheiden lassen wollte. Und obwohl ihr Mann als Professor eigentlich nicht an mangelnder Intelligenz leidet, weiß er auf diese Drohungen wiederum nur in tonloser Einsilbigkeit mit dem schon zitierten Satz zu antworten: »Ich kann nicht aufhören zu wissen, daß du meine Frau bist.« Der Zirkel hat sich geschlossen. Amen.

Das absurde Spiel endet mit der Verabschiedung des Liebhabers. Ledebour muß gehen. Biographin Cordula Koepke begründet diese überraschende Entwicklung der Ereignisse mit einem Erkenntnisprozeß, der sich im Gehirn der »blonden Bestie« abgespielt haben soll:

»Lou weiß jetzt, daß sie mit ihrer Heirat eine Verantwortung für ihren Mann übernommen hat, und daß sie sich nicht einfach entziehen kann.«[45]

Diese »Erkenntnis« spielt sich offenbar nur im Kopf der Biographin ab. Besonders in ihren jungen Jahren hat sich Lou dagegen gewehrt, für andere Menschen – besonders für ihre bis dahin älteren Liebhaber - »Verantwortung« übernehmen zu müssen, ihnen etwa die Furcht vor der Einsamkeit abnehmen zu wollen. Klammernde Männer, die nicht auch unabhängig von ihr lebensfähig waren, hat Lou verachtet. Für eifersüchtige Ausfälle hatte sie überhaupt kein Verständnis. Sie kannte selbst keine Eifersucht, weil sie sich von der Welt geliebt fühlte. Sie war es gewohnt, im Mittelpunkt der Aufmerksamkeit zu stehen. Ja, es wurde ihr zuweilen zuviel. Darum betont sie in ihrem »Lebensrückblick« immer wieder die Bedeutung der Einsamkeit:

»Heißt ´Freundsein´ hier doch das beinahe Beispiellose, das die stärksten Gegensätzlichkeiten des Lebens überwindet: dort zu sein, wo Beiden das Gottgleiche ist, und die gegenseitige Einsamkeit zu teilen - um sie zu vertiefen, - so tief, daß man im Andern sich selber erfaßt als aller menschlichen Zeugung Hingegebenen. Der Freund bedeutet damit den Schützer davor, jemals Einsamkeit zu verlieren an was es sei - ja auch noch Schützer vor einander.«[46]

Lou konnte sich in ihrem Verhalten, ihren »Brüdern« gegenüber immer auf diese Leitsätze ihrer Ethik berufen. Indem sie dem eifersüchtigen - bis zur Hysterie reichenden - Ausfällen ihrer Männer nicht nachgab, also auch niemals bereit war, für sie »Verantwortung« zu übernehmen, bewahrte sie ihre Liebhaber davor, »jemals ihre Einsamkeit zu verlieren«.

Offenbar muß auch Ledebour seine »innere Stärke und Klarheit«[47] im Umgang mit der widerspenstigen Geliebten bald verloren haben. Weil sich Lou hartnäckig weigerte, sich von ihrem Mann zu trennen, fing nun auch der »starke« Ledebour an zu nörgeln. Er fragte sie, ob sie niemals daran gedacht habe, was geschähe, wenn er an diesem Konflikt zerbrechen würde. Lou lacht laut auf: Daran habe sie tatsächlich nie gedacht; er würde ihr gleichgültig sein, wenn er wegen einer Frau zugrundeginge.[48] Die zunehmende Wehleidigkeit und unbeherrschten Ausfälle auch des scheinbar starken Ledebours haben Lou deutlich gemacht, daß sich nichts ändern würde, wenn sie ihren Mann verläßt. Darum entscheidet sie sich, bei ihm zu bleiben.

Wieder war sie es, die ihm Bedingungen stellte: Sie würde ihre Beziehung zu Ledebour nur dann aufgeben, wenn Fred ihr völlige Freiheit in ihrem Privatleben gewähre. Sie würde ihm dann dieselben Rechte zugestehen. Offenbar machte er davon bald auch Gebrauch, denn seine von Lou persönlich ausgewählte Haushälterin Marie brachte später zwei uneheliche Kinder zur Welt. Da sich ihm seine eigene Frau verweigerte, kann man ihm diese Eskapaden nicht übel nehmen.

Lou indes genoß die durch den Pakt mit ihrem Mann gewonnene Freiheit in vollen Zügen. Das »Bauernopfer« Ledebour hatte sich gelohnt. Frau Andreas - wie sie nun häufig genannt wurde - unternahm in den nächsten fünfzehn Jahren fast jedes Jahr mehrmonatelange Reisen, zunächst nach Paris, dann nach Wien und München. Auf diesen Reisen lernte sie die Elite der damaligen Kultur kennen. Der wachsende Ruhm Nietzsches stellte sie in den Mittelpunkt der Aufmerksamkeit. Es gab kaum jemanden, der nicht darum gegeben hätte, die geheimnisvolle Freundin Nietzsches kennenzulernen, zumal sie inzwischen auch als Nietzsche-Expertin hervorgetreten war. Ihre Nietzsche-Monographie49 wurde zwar kein Bestseller, aber doch ein heute noch von der Fachwelt respektiertes Werk. In Paris kommt es zu einem Techtelmechtel mit Frank Wedekind, dessen Drama »Frühlings Erwachen« gerade herausgekommen ist. Schon am ersten Abend folgt Lou seiner Einladung, ihn auf sein Zimmer zu begleiten. Was sich dort ereignete, kann nur vermutete werden. Überliefert ist nur, daß Wedekind Lou am nächsten Tag einen »Entschuldigungsbesuch« abstattete.[50]

Ernster zu nehmen war da schon der gemeinsame Urlaub mit ihrem Landsmann, dem Arzt Dr. Ssawelij, in die Schweiz. Lou charakterisiert ihn als einen »feinen Gefährten«. Die Affaire - wenn es denn eine war - dauert einige Wochen. Immer wieder kehrt Lou von ihren Reisen ins traute Heim zu ihrem Mann zurück. Oft kehrte sie unangemeldet heim, wie einmal im Oktober 1894, tief in der Nacht:

»Ich ließ mein Gepäck am Bahnhof, fuhr hinaus und ging den stillen Weg über die dunklen Felder ins Dorf. Ich spürte den Herbst im Blättersinken und im stürmischen Wind, ohne was zu sehen. In Paris war noch Sommer gewesen. Im Dorf schlief alles, nur bei meinem Mann brannte die scharfe Lampe, die er zur Benutzung der Bücher auf den hochreichenden Regalen braucht. Ich konnte von der Straße seinen Kopf deutlich erkennen. In der Tür steckte, wie immer, der Drücker, ich trat sehr leise ein. Da schrie der Lotte-Hund im Zimmer gell auf - sie erkannte mich am Schritt... In dieser Nacht zu Hause gingen wir nicht schlafen...«[51]

Dieser Auszug aus Lous »Lebensrückblick« klingt wie ein Idyll, wie ein nostalgisches Stilleben. Es wird einem warm ums Herz beim Lesen. Nach ihren halbjährigen Streifzügen durch die europäischen Metropolen kehrt die Abenteuerin erschöpft zurück nach Hause, vom ständig sich verändernden Glanz und Glimmer der Erlebnisse zurück in eine bescheidene, stille Welt, die sich immer gleichbleibt, und eben deswegen Geborgenheit schenkt.

»Ich putzte die blakende Lampe und schlich mich in den Wald. Da hingen dichte Morgennebel in den Bäumen. Ein geflecktes Reh glitt lautlos durch die Föhren weiter. Ich zog Schuh und Strümpfe aus (was man in Paris nicht kann) und wurde sehr froh.«[52]

Immer wieder kehrt Lou zu ihrem Mann zurück, obwohl sie sich täglich kaum sehen. Lou ist eine Frühaufsteherin. Später - wenn Fred an die Göttinger Universität berufen sein wird - wird Lou im oberen Stockwerk des Hauses leben, während Fred unten von der Haushälterin versorgt wird. Er schläft bis weit in den Nachmittag hinein. Abends hält er seine Kollegs mit den Studenten im eigenen Studierraum, um dann noch bis zum frühen Morgen seinen Forschungsarbeiten nachzugehen. Für vertrauliche Stunden mit seiner Frau bleibt da kaum Zeit. Trotzdem gewöhnen sich beide so sehr an diesen gemeinsam abgesprochenen Lebensstil, daß sich zwischen ihnen eine langsam wachsende Vertrautheit einstellt.

Inzwischen ist Lou sechsunddreißig Jahre alt, ist durch Erfahrungen reifer und abgeklärter geworden und hat die jugendliche Unbändigkeit zwar nicht abgelegt, so doch unter Kontrolle. Am 12. Mai 1897 lernt sie in München einen jungen Mann kennen, der bereits einige Gedichte veröffentlicht hat: Der Dichter mit den nach hinten gekämmten Haaren, dem schmalen Gesicht und dem Schnurrbart über vollen Lippen heißt René Maria Rilke. (Erst viel später wird er seinen Namen in »Rainer« umändern, weil Lou das französische »René« zu weibisch findet...)

In der Schilderung der weiteren Entwicklung der nun beginnenden Affaire könnten wir uns eigentlich kurz halten, weil das Schema von Lous Liebesbeziehungen ja inzwischen bekannt ist und sich tatsächlich auch im Falle Rilke zu wiederholen scheint. Der Unterschied besteht nur darin, daß Lou nun erstmals einem viel jüngeren Mann gegenübersteht. Der Altersunterschied beträgt fünfzehn Jahre.

Der Dichter verliebt sich sofort in die Schriftstellerin. Schon vor der persönlichen Bekanntschaft hatte er ihr anonyme Briefe und Gedichte geschickt, allerdings nur deshalb, weil er die Bekanntschaft zu berühmten Persönlichkeiten suchte. Die Spontaneität seiner lyrischen Verehrung, mit der der Zweiundzwanzigjährige Lou nun zu beglücken sucht, ist unvergleichlich. Zwar hatte auch Nietzsche sie umworben, aber doch viel drängender, unduldsamer, während Réne sein Begehren nur in indirekter Form mitzuteilen gewußt hatte. Ledebours Werben geschah aus einer vornehmen Distanziertheit heraus und bestand in einer höflichen Zuvorkommenheit, die seine teilweise provozierenden Bemerkungen abfedern sollten. Wedekind war in seinen Werbemanövern der einfallsloseste. Ohne viel Umstände fragte er Lou in direktester Weise, ob sie mit ihm schlafen wolle, wofür er sich am nächsten Tag entschuldigte. Rilke dagegen stellte weder Forderungen wie Nietzsche, versteckte seine Gefühle nicht wie Rée, und befleißigte sich auch keiner vornehmen Distanziertheit wie Ledebour oder unvornehmen Direktheit wie Wedekind: Einem Kinde gleich schüttete er Lou sein Herz aus und widmete ihr unzählige Gedichte und Liebesbriefe:

»Ich will Du sein. Ich will keine Träume haben, die Dich nicht kennen und keine Wünsche, die Du nicht erfüllen willst oder kannst. Ich will keine Tat tun, die dich nicht preist... Jetzt will ich Du sein. Und mein Herz brennt vor Deiner Gnade, wie die Ewige Lampe vor dem Marienbild.«[53]

Andere Frauen hätten sich vor einer solchen totalen Zuwendung entsetzt zurückgezogen, nicht so Lou Andreas-Salomé. Ihr schien es ganz offensichtlich zu gefallen, von dem Jüngling wie ein Marienbild verehrt zu werden. In Lou hatte der Dichter – im Unterschied zu Dante - eine lebendige Beatrice gefunden, die bis zu einem bestimmten Grade bereit war, als seine Muse zu fungieren. Rilke aber schwelgte demütig in der »süßen Sklaverei«.[54] Immer wieder nennt er sie »meine Kaiserin«. Seine Zuwendung trägt durchaus masochistische Züge.

> »Lösch mir die Augen aus: ich kann dich sehn,
> wirf mir die Ohren zu: Ich kann dich hören,
> und ohne Füße kann ich zu dir gehen,
> und ohne Mund noch kann ich dich beschwören.
> Brich mir die Arme ab, ich fasse dich
> Mit meinem Herzen wie mit einer Hand,
> halt mir das Herz zu, und mein Hirn wird schlagen,
> und wirfst du in mein Hirn den Brand,
> so werd´ich dich auf meinem Blute tragen«.[55]

»Rilke«, Bronzebüste von Huf

Man darf nicht verkennen, daß sich trotz solcher Unterwerfungsallüren die Beziehung zu Lou auf Rilke sehr konstruktiv auswirkt. Lou ist nicht nur die musenhafte Geliebte. Weil sie seine Genialität als Dichter erkennt, tut sie alles, um seine geistige Begabung zu fördern. Sie wird zu einer strengen Lehrerin. Und tatsächlich entwickelt sich Rilkes Dichtkunst in der »Lou-Phase« zwischen 1898 und 1901 von wolkigen traumartigen Ergüssen hin zu meisterhaft gestalteten lyrischen Kompositionen. Es ist Lou hoch anzurechnen, daß sie ihre Macht über den Jüngling nicht blind ausspielt, sondern in einer für ihn sehr konstruktiven Weise anzuwenden versteht.

Zwei Rußlandreisen stehen vor ihnen. Bei der ersten werden sie von Lous Mann Fred (Spitzname: »Loumann«) begleitet, der in dem schmächtigen Jüngling keinen Rivalen glaubt erkennen zu können. Rilke bereitet sich auf die Rußlandreisen wie ein Besessener vor. Täglich übt er stundenlang russisch und liest bis spät in

Der junge Rilke

die Nacht hinein russische Literatur. Vor der zweiten Reise, die sie dieses Mal alleine unternehmen wollen, besuchen sie Lous langjährige Freundin Frieda von Bülow. Die beklagt sich in einem Brief an eine Bekannte bitter über die Wortkargheit ihrer Gäste:

»Von Lou und Rainer hab´ ich bei diesem sechswöchigen Zusammensein äußerst wenig gehabt. Nach der längeren russischen Reise, die sie im Frühjahr (inkl. Loumann) unternommen, hatten sie sich mit Leib und Seele dem Studium des Russischem verschrieben und lernten mit phänomenalem Fleiß den ganzen Tag: Sprache, Literatur, Kunstgeschichte, Weltgeschichte, Kulturgeschichte von Rußland, als ob sie sich für ein fürchterliches Examen vorbereiten müßten. Kamen wir dann bei den Mahlzeiten zusammen, so waren sie erschöpft und müde, daß es zu anregender Unterhaltung nicht mehr langte.«[56]

Sicherlich gab sich Rilke deswegen so intensiv den Rußlandstudien hin, weil er hoffte, Lou zur Scheidung bewegen zu können, wenn er sie dazu überredete, mit ihm künftig in ihrer alten Heimat zu leben. Immer wieder hatte sie ihm gegenüber zu verstehen gegeben, wie sehr sie das Land ihrer Geburt liebte, und daß sie sich manchmal in Deutschland wie eine Fremde fühlen würde. Doch je extremer sich Rilke seiner geradezu fanatisch kultivierten Liebe zu Rußland hingab, desto mehr fühlte sich Lou beunruhigt. Seiner Hingabe haftete etwas Exaltiertes an. Irgendwann erkannte sie, daß seine Begeisterung für Rußland nur die Projektion seiner Liebe an sie selbst war. Dieser Projektion war etwas Zwanghaftes eigen. Rilke tat bereits so, als würden sie beide bald in Rußland als ein Paar leben...

Als er dann auch noch immer häufiger psychischen Wahnvorstellungen verfiel und von irrationalen Ängsten geplagt wurde, wurde es Lou bewußt, daß sie auf die Dauer für Rilke nicht die Verantwortung übernehmen konnte und wollte. Einmal blieb er während eines Spaziergangs vor einer Akazie plötzlich stehen und behauptete, an ihr nicht vorbeigehen zu können, weil ihr etwas Böses anhaften würde. So sehr Lou ihn auch davon zu überzeugen suchte, daß die Akazie ein ganz gewöhnlicher Baum sei, ließ er sich von seinem Wahn nicht abbringen. Sie mußten umkehren.

Lou wurde plötzlich bewußt, daß bei einer sofortigen Trennung von Rainer die Gefahr bestand, daß er Selbstmord begehen würde. Noch immer litt sie unter heimlichen Schuldgefühlen wegen des merkwürdigen Todes von Rée, der im Oberengadin abgestürzt war, gerade dort, wo er mit Lou den »schönsten Sommer seines Lebens« verbracht hatte. Daß dieser Tod ein purer Unglücksfall gewesen sein soll, glaubte Lou nicht. Um so achtsamer wollte sie nun mit Rilke umgehen, der sich wie ein Kind in ihre Hände begeben hatte. Dieses Mal war sie die ältere, und das war auch ein Grund, weshalb sie sich Rainer gegenüber - das erste Mal überhaupt – auch fürsorglich verhielt. Ihre Freundin Frieda von Bülow bezeichnete Rilke übrigens als Lous »Schüler«.[57] Der noch jugendliche Boris Pasternak und spätere Autor von »Doktor Schiwago« hielt Lou für Rilkes »Mutter oder ältere Schwester«.[58]

Man hat Lou vorgeworfen, daß es fahrlässig gewesen sei, überhaupt noch eine zweite Rußlandreise – dieses Mal ohne Begleitung ihres Mannes – mit Rilke zu unternehmen, obwohl sie schon vor dieser zweiten Reise sich von dem jünglingshaften Geliebten trennen wollte. Hätte aber Lou die Reisepläne plötzlich abbrechen können, nachdem sie sich gemeinsam mit Rainer so intensiv darauf vorbereitet hatte? Seine Augen glitzerten, immer wenn er über die geplante Reise sprach. Wäre der Schock dann nicht viel größer gewesen? So nahm sich Lou vor, sich während der Reise behutsam von ihrem Geliebten zurückzuziehen, ihm zwar weiterhin als Freundin und Ratgeberin zur Seite zu stehen, nicht aber mehr als Geliebte.

Am 7. Mai 1900 bestiegen sie in Berlin den Zug Richtung Moskau. Ein Besuch bei Tolstoi wird zur peinlichen Angelegenheit. Da sie unangemeldet kommen, wird ihnen ein sehr frostiger Empfang bereitet. Tolstoi selber gibt sich zwar für zehn Minuten

die Ehre, ist aber geistesabwesend und zerstreut. Als Rilke sich ihm als Dichter vorstellt, erwidert der Greis mit dem weißen Rauschebart grimmig, er sollte sich besser mit nützlicheren Beschäftigungen abgeben. Besonders beeindruckt ist Lou von der gemeinsamen Schiffahrt auf der Wolga. In der Weite und Unendlichkeit der Landschaft sieht sie einen Spiegel ihrer eigenen Seele. Sie fühlt sich ganz wie zu hause. In Variation eines Rilke-Gedichts an sie dichtet Lou:

»Bist Du auch fern: ich schaue Dich an,
bist Du auch fern: mir bleibst Du doch gegeben ---
Wie eine Gegenwart, die nicht verblassen kann.
Wie meine Landschaft liegst Du um mein Leben.

Hätt ich an Deinen Ufern nie geruht:
Mir ist, als wüßt ich doch um Deine Weiten,
Als landete mich jede Traumesflut
An Deinen ungeheuren Einsamkeiten.«[59]

Die großen Buchstaben der Possessivpronomen (Dein, Du usw.) scheinen anzudeuten, daß dieses Liebesgedicht einem Menschen gewidmet ist. Dieser Mensch kann nur Rilke sein. Doch das ist nicht der Fall. Im Gegenteil bezeugt das Gedicht einen Ausdruck der Entfremdung von Rainer. Während Rilke in seine Rußlandbegeisterung Lou (als seinen Spiegel) immer mit einbezieht, kommt er in dem von Lou geschriebenen Gedicht nicht vor: Diese Lyrik verklärt den Fluß der Wolga, der als das eigentliche »Du« angesprochen wird. Indem sie ihre eigene »Traumesflut« am Gestade »seiner Einsamkeiten« landen läßt, bekundet sie ihr Bedürfnis, mit der Wolga alleine sein zu wollen – ohne Begleitung eines anderen Menschen, der sich wie ein Störenfried zwischen ihr intimes Rußlanderlebnis drängt. Von Rilke fühlt sich Lou in dem eigenen authentischen Wahrnehmen ihrer alten Heimat abgelenkt. Seine gekünstelt wirkende Idealisierung Rußlands empfindet sie immer mehr als Dissonanz.

Dann mieten sie sich eine Isba, ein kleines Bauernhaus, um einige Tage lang mit den Wolgabauern das einfache und bescheidene Leben zu teilen. Rilke hatte sich sehr darauf gefreut, endlich mit der teuren Freundin in der Stille der weiten Landschaft alleine sein zu können, etwa so wie einst in einer Bauernkate in Wolfratshausen, wo sie sich das erste Mal innig geliebt hatten. Doch diese Idylle läßt sich nicht wiederholen. Lou gibt sich zugeknöpft und distanziert. In Petersburg möchte sie ihre Familie besuchen, die aber bereits zum Sommersitz nach Finnland aufgebrochen ist. Lou nimmt die Chance wahr und reist alleine ihren Angehörigen nach, während der ahnungslose Rilke alleine im Hotel auf sie wartet. Als sie nicht zurückkehrt, heult er wie ein vom Frauchen verlassener Hund und schickt einen bitterbösen Brief hinterher, dem er sogleich einen Widerruf folgen läßt. Ihm ist bewußt geworden, daß sich von nun an ihre Wege trennen. Lou hat es geschafft, ihn während dieser Rußlandreise langsam von sich zu entfremden, ohne daß er daran zerbricht. Zwar wartet er noch treuergeben im Petersburger Hotel, bis sie von der Begegnung

mit Mutter und Brüdern zurückkehrt, um dann mit ihr gemeinsam die Heimreise ´gen Deutschland antreten zu können, vielleicht auch mit der Hoffnung, die alte Nähe während der Zug-
fahrt wiederbeleben zu können. Doch die Trennung ist unwiderruflich.

In Berlin verabschiedet sich Rilke fast hastig, räumt seine
wenigen Habseligkeiten zusammen und folgt der Einladung
eines Freundes nach Worpswede, wo er bald heiraten wird. Eine
Zeitlang scheint es so, als wäre der Bruch total. Doch als Rilke
auch in Worpswede von Liebeskummer gequält wird, nimmt er

den Kontakt zu Lou wieder auf, die nunmehr nicht mehr seine Geliebte ist, sondern nur noch Ratgeberin und distanzierte ältere Freundin, eine Rolle, die sie gerne einzunehmen bereit ist, weil sie sich nun nicht mehr bedrängt fühlen muß.

Lou Andreas-Salomé hat – auch im Verhältnis zu Rilke – immer wieder ihre Freiheit gesucht. So untreu sie auch im physischen und geistigen Sinne ihrem Mann gewesen sein mag, gerade weil er ihr – nach der Dramatik der ersten Jahre – die Freiheit schenkte, hat sie ihn bis zu seinem Tod (1930) niemals verlassen. Immer wieder kehrte sie zu ihrem Mann zurück, zu ihm, mit dem sie ein gemeinsames Haus teilte, bei dem sie auch in späten Jahren noch Ruhe und Frieden fand -- ohne zudringliche Anmaßung. Die innere Unabhängigkeit wollte Lou für niemanden und nichts aufgeben.

Sie war eine Frau, die in ihrer unorthodoxen Lebensweise zum »Original« wurde. Daß sie daran nicht zerbrach, und auch nicht Zuflucht suchte in der wehleidigen (bloßen) Anklage einer frauenfeindlichen Gesellschaft, macht sie heute noch zum Vorbild vieler Frauen, die aus den konventionellen Zwängen fixierter Rollenzuweisungen Befreiung suchen. Andererseits hat sich Andreas-Salomé immer stromlinienförmigen Ideologien – auch der feministischen – verweigert. Eben darum gehört sie zu den

Rilkes Frau Clara Westhoff

eigenständigsten, originellsten und kreativsten Frauen des neun-
zehnten und zwanzigsten Jahrhunderts. Ihr literarisches Werk
wird im Unterschied zu Rilkes immer noch wenig beachtet, dabei
war sie seine geistige Lehrerin!

Wie in einem Epilog, der das Thema noch einmal verkürzt auf-
greift, sollen nun noch drei weitere Geliebte dieser besonderen
Frau erwähnt werden, um noch einmal den typischen Verlauf
ihrer Liebschaften zu illustrieren.

Von einem gewissen Dr. Friedrich Pinele (genannt: »Zemek«)
ließ sie sich noch während der »Rilke-Phase« physisch und psy-
chisch behandeln. Diese Betreuung berührte auch intimere
Bereiche. Der anspruchslose Zemek strahlte Ruhe und Gemüt-
lichkeit aus. Seine einfach gestrickte Seele war unkompliziert. Bei
ihm fand Lou Ruhe und konnte sich von der anstrengenden Safa-
ri in Rilkes psychischem Dschungel erholen. Aber auch das Verhältnis zu Zemek verlief nicht spannungsfrei. Als Lou von ihm
schwanger wurde – vermutlich das einzige Mal überhaupt, war
guter Rat teuer: Wie sollte sie das ihrem Mann beibringen?
Zemek brachte seine schwangere Geliebte erst einmal im Haus
seiner Mutter unter. Dort kam es zum Eklat: Die Mutter weigerte sich, »eine Frau« bei sich aufzunehmen, die offenbar »den Tod
eines Mannes« (gemeint war Rée) auf dem Gewissen hatte.[60] Es
kam zu heftigen Szenen. Entgegen den Rat seiner Mutter wollte
Zemek um jeden Preis Lou heiraten und wollte schon nach Berlin reisen, um Fred über Lous Schwangerschaft aufzuklären und
von ihm die Scheidung zu fordern. Lou jedoch erklärte, daß ihre
Ehe unauflösbar sei, ob sie nun schwanger sei oder nicht. Einige
Tage später verlor sie ihr Kind, angeblich, weil sie beim Apfel-
pflücken von einer Leiter stürzte...

Auch mit dem schwedischen Psychoanalytiker Paul Bjerre,
der sie mit Sigmund Freud bekannt machte, unterhielt Lou ein
Liebesverhältnis. Das Techtelmechtel hielt nur kurze Zeit an,
weil Lou Bjerres theoretische Distanzierung zu Freud nicht gut-
heißen konnte. Schließlich verliebte sich noch der hochbegabte,

sechzehn Jahre jüngere Freud-Schüler, Victor Tausk, in die inzwischen Einundfünfzigjährige. Das Verhältnis ähnelte demjenigen zu Rilke: Auch Tausk war ein hochunglücklicher Mensch, eine problematische und im Grunde lebensunfähige Gestalt. Lou fühlte sich auch in dieser Beziehung wieder eher in ihren mütterlich-fürsorglichen Instinkten angesprochen. Darüber hinaus liebte sie die philosophischen Gespräche mit dem jünglingshaften Geliebten, in dessen Geist eine »Urkraft« zu wirken schien. Als Lou erreicht hatte, daß Tausk von Freud, der ihn zunächst wenig beachtete, in seiner beruflichen Entwicklung gefördert wurde, brach sie die Beziehung ab. Obwohl sie für die Karriere ihres Geliebten sehr nützlich gewesen war, konnte sie nicht verhindern, daß er an seiner emotionalen Fixierung erstickte. Ähnlich wie Rée schleppte er die Gedanken an Lou noch jahrelang mit sich herum, bis er – fast demonstrativ – eine Woche vor der geplanten Hochzeit mit einer anderen Frau Selbstmord beging.

Nachdem Lou die Todesnachricht ihres Ex-Geliebten überbracht worden war, schrieb sie Freud (der ihr später ein wichtiger Freund, Ratgeber und Lehrer – jedoch niemals Geliebter – war) die folgenden lakonischen Worte:

»Armer Tausk. Ich hatte ihn lieb. Glaubte, ihn zu kennen: und hätte doch nie, nie an Selbstmord gedacht.«[61]

(Abkürzung: LAS = Lou Andreas Salomé)

1 Koepke 159
2 Peters 200
3 ebd.
4 ebd. 197
5 LAS, LR 194
6 ebd. 199
7 ebd.
8 ebd. 203
9 Peters 204
10 ders. 195 zit. LAS 115
11 Nietzsche, Zarathustra 71
12 LAS, Erotik 118
13 LAS, LR 14
14 ebd. 43
15 Peters 27
16 ebd. 37
17 ebd. 51
18 LAS, LR 29
19 ebd. 76
20 zit. n. Peters 89f
21 ebd. 98
22 LAS, LR 40
23 zit. n. Koepke 83
24 Peters 106
25 ebd.
26 Nietzsche, Zarathustra, Das andere Tanzlied 251
27 ebd.
28 ebd.
29 ebd. 71

30 zit. n. Peters 116
31 ebd. 156
32 zit. n. Koepke 127
33 Peters 176
34 zit. n. Peters 177
35 Podoch 92
36 Koepke 133
37 Peters 205
38 Koepke 161
39 ebd.
40 ebd. 162
41 zit. Koepke ebd.
42 ebd. 163
43 ebd. 164
44 ebd. 165
45 ebd. 168
46 LAS, LR 38
47 Koepke 170
48 ebd. 169
49 LAS, Nietzsche a.a.O.
50 Koepke 177
51 LAS, LR 104
52 ebd.
53 zit. n. Peters 255
54 ebd.
55 Rilke, Sämtl. Werke Bd. 1, 313
56 zit. n. Peters 277
57 ebd. 276
58 ebd. 285
59 LAS, LR 73
60 Peters 323
61 zit. n. Peters 355

Simone de Beauvoir und Jean Paul Sartre
Von der Beständigkeit einer Liebe ohne Treue

> »Die Frau ist das Andere, das sich annektieren läßt und doch das Andere bleibt. Dadurch aber ist sie so unerläßlich notwendig für das Glück des Mannes und seinen Triumph, daß man sagen kann: wenn sie nicht existierte, hätten die Männer sie erfunden.«
>
> Simone de Beauvoir

Paris an einem warmen Spätsommertag irgendwann 1929. Auf einer Bank im Jardin du Luxembourg nahe beim Medicibrunnen sitzen eine junge grazile Frau und ein kaum älterer, etwas untersetzt wirkender junger Mann vertieft in eine erregte Diskussion. Offenbar handelt es sich um Studenten der Sorbonne.

»Alles Lebendige hat seine Berechtigung«, erklärt die Studentin. »Darum sollte man auch alle Lebensformen in gleicher Weise achten.«

»Nein«, widerspricht der junge Mann entschieden. »Es gibt unterschiedliche Bewußtseinsstadien. Wer sämtliche Lebensformen gleichermaßen achtet, droht sich selber zu verlieren. Er zerfließt im Strom der Dinge. Sein Für-Sich-Sein löst sich auf.«

»Kann ich nicht aber aus der Distanz heraus die Menschen lieben? Auch dann, wenn ich deren Vorstellungen nicht teile, ohne meine eigene Identität aufgeben zu müssen?«wendet die Studentin ein.

»Du wirst offenbar noch immer von unbewußten christlichen Dogmen beherrscht. Wer befiehlt dir, alle Menschen lieben zu müssen?« erwidert der Student. »Die Lehre von der Nächstenliebe ist doch nur ein idealistisches Relikt, das uns der persönlichen Konturen berauben soll. Diese Lehre setzt die Existenz eines Gottes voraus, der alle Seinsformen umgreifen soll und unser Denken angesichts der Schrecken in der Welt in einer beruhigenden Hängematte einschläfert. Du mußt Stellung beziehen und darfst nicht das Risiko scheuen, von den anderen nicht verstanden zu werden.«

»Wie aber können die Menschen lernen, friedvoll zusammen zu leben, wenn sie nicht den Pluralismus der Lebensformen achten lernen?«

»Ist nicht ein Friede um jeden Preis nur ein fauler Friede? Kannst du etwa die Mutter deiner Freundin Zaza lieben, die ihre Tochter zumindest indirekt wegen ihres diktatorischen Verhaltens in den Tod getrieben hat?«

»Nein, ich liebe sie nicht. Aber ist es darum verkehrt, sich wenigstens um ein Verständnis auch solcher Personen zu bemühen?«

»Verstehen ist nicht notwendig identisch mit Liebe. Und wenn wir etwas begriffen haben, müssen wir uns nicht mit dem Verhalten identifizieren, das wir in seinem Sosein begreifen. Verstehst du das?«

»Nicht ganz...«

»Wenn du jemanden liebst, bedeutet es, daß du dich mit ihm identifizierst, du bejahst ihn in seinem gesamten Sein. Andernfalls könntest du ihn nicht lieben. Ist das soweit klar?»

»Ja!«

»Gut, dann brauche ich nur noch die logische Schlußfolgerung aus deinem Wunsch zu ziehen, die ganze Welt lieben zu wollen. Demnach willst du dich mit allen Lebensformen in der Welt gleichermaßen identifizieren. Ich behaupte dagegen nur, daß das unmöglich ist, mit anderen Worten, es ist eine Form der Unaufrichtigkeit, weil es in der Welt immer etwas geben wird, was du nicht akzeptieren kannst, selbst dann, wenn du dich darum bemühst, es zu akzeptieren...«

So etwa könnten die beiden Studenten miteinander diskutiert haben. Obwohl die junge Frau tapfer ihre Lehre von der allgemeinen Menschenliebe verteidigt und dafür auch gute Gründe vorbringen kann, erweist sich ihr männliches Gegenüber als rhetorisch und dialektisch geschulter. Am Ende fühlt sich die Studentin völlig verwirrt. Die Fundamente ihres bisherigen Denkens stürzen in sich zusammen.

Dieser Abend im Jardin du Luxembourg war der Prolog zu einer Liebe, die sich wie kaum eine andere Beziehung zwischen einem Mann und einer Frau des 20. Jahrhunderts - allerdings nur im geistigen, nicht im physischen - Sinne als fruchtbar erweisen sollte. Es handelt sich um Simone de Beauvoir und Jean-Paul Sartre.

In dieser Begegnung wurde das Wagnis einer totalen Offenheit auf sich genommen, ohne sich von herkömmlichen Konventionen einschränken zu lassen. Mit den Worten von Karl Jaspers gestaltete sich die Beziehung dieser Menschen als ein »liebender Kampf« im Ringen um die Entfaltung der je eigenen Identität.

»Kampf kann Ausdruck eines Prozesses der Intensivierung des Verstehens in Liebe sein«, schrieb Jaspers zehn Jahre vor der ersten Begegnung von Simone und Jean-Paul und bestätigte damit indirekt die Warnung Sartres vor einer alles egalisierenden

Karl Jaspers 1942

381

Nächstenliebe. »Wer in gleichgültiger Lieblosigkeit existiert, ist für Toleranz allen Lebensstellungen gegenüber, wenn sie ihn selbst in Ruhe lassen. Wer liebt, kämpft in Verstehen unter Distanzlosigkeit, Aufdringlichkeit; aber wenn er auch intolerant ist, ist er es ohne Gewalt, ohne Machtwillen, denn nur im gegenseitigen Infragestellen bei Erhaltung eines gleichen Niveaus, nur im geistig-seelischen Kampf kann das Ziel des Verstehens... erreicht werden.«[1]

Während in diesem Konzept einer bedingungslosen Kommunikation die Liebenden sich laut Jaspers in einem gemeinsamen Kampf um eine höhere transzendente Wahrheit miteinander solidarisieren, geht es Sartre eher um ein Komplott der Liebenden gegen die Welt. Bei Jaspers wird die Identität der Liebenden offen gehalten für eine unfaßbare Transzendenz. Bei Sartre verschwören sich die Liebenden miteinander und bilden in ihrer Innigkeit eine Art Sekte, die alles andere von sich abstößt - oder im eigenen Bannkreis verschlingt.

»Geliebtwerden wollen heißt (hier), sich jenseits jedes von Anderen aufgestellten Wertsystems stellen wollen, und zwar als die Bedingung jeder Wertung und als die objektive Grundlage aller Werte.«[2]

Diese Worte aus Sartre Hauptwerk »Sein und Nichts« wurden wesentlich bestimmt durch die Erfahrung mit Simone de Beauvoir. Den Ausgangspunkt ihrer Beziehung markiert das Gespräch im Park, das den ersten, von Sartre diktierten Ansatz der Entwicklung einer gemeinsamen freien Ethik gegen die übernommene Moral der Welt bildet, die sich z.B. im christlichen Konzept der Nächstenliebe - aber auch der Treue in der Ehe - als ein zu überwindendes Hindernis präsentiert.

»In gewisser Hinsicht bin ich, wenn ich geliebt werden soll, der Gegenstand durch dessen Vollmacht die Welt für den Anderen existieren wird; in anderer Hinsicht bin ich die Welt.«[3]

Das Projekt der Beziehung zwischen Sartre und Beauvoir soll die Welt im Dialog gleichsam neu erschaffen. Der jeweils Geliebte wird zum Ersatz für die Welt. Die Welt wird unwichtig angesichts der Relevanz des Geliebten. Eine solche kompromisslose Haltung setzt die Bereitschaft der Partner voraus, sämtliche in der Gesellschaft gültigen Wertmaßstäbe in Frage zu stellen, zur Tabula Rasa zu werden, um dann aus der existentiellen Kommunikation heraus ein neues Wertesystem zu schaffen.

Es stellt sich die Frage, ob dieser Wunsch nach einer Solidarisierung der Liebenden - auch gegen die Welt - in der Konkretion der Beziehung zwischen Sartre und Simone de Beauvoir gelingen konnte, und ob in diesem Verhältnis das Prinzip der Gleichrangigkeit der Liebenden beachtet wurde.

In den letzten Jahrzehnten wurde daran immer wieder gezweifelt. Namentlich von feministischer Seite erfuhr diese Beziehung eine kritische Beurteilung. Die von Jaspers geforderte Niveaugleichheit wurde in Frage gestellt. Feministische Interpretinnen nahmen es zum Beispiel Simone übel, daß sie sich allzu schnell bereit fand, das geistige Übergewicht Sartres anzuerkennen. Bereits in ihrer Tagebuchaufzeichnung über das erste tiefere Gespräch mit Sartre im Luxembourggarten drückt sie ihr eigenes Minderwertigkeitsgefühl aus.

»Zum erstenmal in meinem Leben fühlte ich mich geistig von einem anderen beherrscht... Ich bin dessen, was ich denke, nicht mehr sicher, ja nicht einmal mehr sicher, überhaupt zu denken.«[4]

*Die Universität
Sorbonné*

Feministische Interpretinnen lesen solche Worte gar nicht gerne: Schreibt so eine gleichberechtigte Partnerin oder nicht eher eine Frau, die sich in die Abhängigkeit eines vermeintlich geistig überlegenen Mannes begibt? Andererseits könnte man Simones Selbsteinschätzung auch als Ausdruck seelischer Größe deuten, denn sind nicht Menschen, die es nicht nötig haben, immer »die erste Geige« spielen zu müssen, irgendwie reifer als die eitlen Vortänzer?

Im Kontrast zu dieser von den Feministinnen kritisierten Aussage steht eine andere Tagebuchaufzeichnung der Studentin:

»Wir sprachen von unendlich vielen Dingen, vor allem aber über ein Thema, das mich mehr als jedes andere interessierte, nämlich über mich. Wenn andere Leute mein Wesen zu deuten behaupteten, so taten sie es, indem sie mich als einen Annex ihrer eigenen Welt betrachteten. Nun hatte ich jemanden gefunden, der meinen Platz in meinem eigenen System zu respektieren suchte, er begriff mich im Lichte meiner Werte und Projekte.«[5]

Schon zu Beginn der Beziehung zwischen Jean-Paul und Simone tut sich ein Konflikt auf, der sich in dem Widerspruch zwischen Bestätigung und Verwirrung offenbart. Einerseits fühlt sich die Studentin von ihrem Kommilitonen verstanden wie von keinem anderen Menschen, andererseits beugt sie sich dem Diktat seines Denkens und ordnet sich ihm unter. Hat die ambivalente Struktur in der Beziehung dieser beiden Persönlichkeiten jemals eine Lösung gefunden? Auf der Suche nach einer möglichen Antwort widmen wir uns zunächst den biographischen Hintergründen des Lebensentwurfes der Simone de Beauvoir...

Zu ihren Eltern hatte Simone ein zwiespältiges Verhältnis. Als Kind wurde sie vom Vater (Georges) verhätschelt. Er sang der Dreijährigen Lieder vor und spielte mit ihr, während sich die streng gläubige Mutter (Francoise) schon früh der moralischen Erziehung der »Tochter aus gutem Hause« widmete. Sorgsam kontrollierte sie die Bücher, die man dem Mädchen in die Hand

Die Eltern Françoise und Georges de Beauvoir. Links Simone mit Schwester Hélène

gab. Außerdem studierte sie eifrig katholische Erziehungsbücher, denn weder Simone, noch ihre jüngere Schwester Hélène, sollten jemals vom Pfad der Tugend abweichen. Unter der Anleitung der Mutter waren neben dem sonntäglichen Kirchgang täglich zwei Gebetsstunden Pflicht.

Während Francoise ganz im Fundamentalismus ihrer religiösen Einstellung aufging und zu schrillen Wutausbrüchen neigte, wenn die Kinder ihren Vorstellungen nicht genügten, war Georges eher ein Individualist und Gemütsmensch, den nichts aus der Ruhe bringen konnte. Fast in allen Punkten war er anders als seine Frau, so auch in seiner demonstrativen religiösen Passivität, die Ausdruck seiner verkappten atheistischen Einstellung war. Er galt »als ein sehr leichtsinniger Mann, der, vor dem Krieg, die gesellschaftliche Komödie mitgespielt hatte - ein Jurist, der nicht viel arbeitete, ein Mann, der sich gerne amüsierte, ein echter boulevardier«[6] - kurz: vom Charakter her das glatte Gegenteil der immer pflichtbewußten Mama. Während sie die Rolle der strengen Erzieherin übernahm, war Vater Georges in seine (ältere) Tochter Simone geradezu vernarrt. Er verwöhnte die Vierjährige und las ihr jeden Wunsch von den Augen ab, weswegen nach Meinung der Verwandten der Charakter des Kindes verdorben wurde: Was auch immer die Kleine wollte, wurde ihr gewährt. Und wenn ihr mal ein Wunsch ausgeschlagen wurde, wußte sie die Eltern zu erpressen, indem sie einfach die Luft anhielt, bis ihr Gesicht dunkelrot anlief, oder sich selber zum Erbrechen brachte, woraufhin die strapazierten Eltern bereit waren nachzugeben.

Hélène und Simone

386

Nachdem Simone eingeschult worden war, nahm auch Vater Georges Verhalten seiner Tochter gegenüber strengere Züge an. Es lag ihm viel daran, ihren Verstand zu bilden. Später beklagte sich Simone, daß der Vater in ihr nur den »Geist« gesehen hätte.

»Ich kann mich nicht daran erinnern, je bei meinem Vater auf dem Schoß gesessen zu haben«, lesen wir in den Memoiren. »Ich habe mich höchstens mal zu ihm hochgereckt, um ihn auf die Wange zu küssen, aber das war alles. Ich glaube nicht, daß er mich je umarmt hat. Er kümmerte sich um unsere geistige Entwicklung, mehr nicht. Wir hatten weder eine seelische, noch eine physische Beziehung zu ihm...«[7]

Andererseits sah noch die Zehnjährige in ihrem Vater einen älteren Freund, der sie mit der größten Hochachtung behandelte und ihr frühzeitig ein »Gefühl von der eigenen Bedeutung« vermittelte, besonders dann, wenn er mit ihr Bücher von Jules Verne oder James Fenimore Cooper las, und sie nach ihrer eigenen Meinung dazu befragte. Schon die Zwölfjährige träumte von einem künftigen Ehemann, dessen Aussehen keine Rolle spielen sollte, aber intelligent sollte er sein »wie Papa«. Die herrschsüchtige Mutter blieb dagegen für Simone zeitlebens eine Art Anti-Frau, die sie sich niemals zum Vorbild nehmen wollte. In alle Angelegenheiten mischte sich Francoise ein. So verbot sie dem Teenager zum Beispiel »alle Bücher, in denen von vorehelicher Verliebtheit die Rede war«.[8]

Je älter Simone wurde, je mehr sie begann, sich eigene Gedanken zu machen, desto kritischer wurde auch ihre Haltung zum Vater. Nun glaubte sie zu erkennen, daß Georges keineswegs ihrem Ideal von einem geistigen Mann genügen konnte. Allzu bieder und konventionell erschienen ihr seine zum Konservatismus neigenden Anschauungen. Während sie mit der in einem strengen Puritanismus befangenen Mutter kein offenes Wort austauschen konnte, während Simone alle möglichen Tricks anwenden mußten, um Francoises mißtrauischer Obhut zu entkommen, behandelte der Vater seine ältere Tochter mit wachsendem

Desinteresse. Je mehr sich Simone ihren intellektuellen Interessen zuwandte, desto befremdeter reagierte der Vater, der wohl unbewußt spürte, daß die Tochter seinem autoritären Zugriff - gerade durch das von ihm selbst erweckte kritische Bewußtsein - entwachsen war. All seine Aufmerksamkeit bezeugte er nun Hélène, der jüngeren Tochter, weil sie viel hübscher sei als Simone, eine Bemerkung, die die ältere zutiefst kränkte.

»Mein Vater verhielt sich mir gegenüber immer so widersprüchlich. Ihm habe ich es zu verdanken, daß ich eine Vorliebe für das intellektuelle Leben entwickelte, obwohl sein eigener Geschmack fast von Anfang an sich völlig von dem meinen unterschied. Er war sehr stolz darauf, daß seine Tochter so gut in der Schule war, aber gleichzeitig mochte er eigentlich keine Intellektuellen, die er als Freidenker bezeichnete. Er war zwar froh über meine intellektuelle Begabung, aber gleichzeitig sollte ich auch hübsch und häuslich sein, eben eine richtige höhere Tochter...«[9]

Dabei gehörten die Beauvoirs längst nicht mehr zu den »höheren« Ständen, als Simone das Pubertätsalter erreichte. Wegen der russischen Revolution hatte Vater Georges fast sein gesamtes Vermögen verloren, das er vor dem Krieg in russische Eisenbahn- und Bergbauaktien investiert hatte. Das Geld war so knapp, daß der Vater eines Tages seinen beiden Töchtern verkündete:

»Ihr, meine Kleinen, werdet euch nicht verheiraten, ihr müßt fleißig arbeiten, damit ihr eine gute Berufsausbildung bekommt!«[10]

Eine Mitgift konnte und wollte Georges nicht zahlen. Also gewöhnte sich Simone schon frühzeitig an den Gedanken, niemals heiraten zu können. Später wurde aus der Not eine Tugend.

Doch bevor Simone für sich die Ehelosigkeit als ein erstrebenswertes Ideal entdeckte, wurde sie von einem jungen Mann fast in eine inzestuöse Verbindung getrieben. Vetter Jacques schien ein Auge auf seine Cousine geworfen zu haben. Merkwürdigerweise hatte die Mutter einmal keine moralischen Bedenken, obwohl es sich bei dieser Kombination um eine Verwandtschaft zweiten Grades handelte. Francoise tat alles, um die Verbindung ihrer Tochter zu Jacques zu fördern. Sie lud ihn ins Haus ein und erlaubte ihr sogar, mit ihm unbeaufsichtigt auszugehen. Da Jacques Eltern sehr vermögend waren, hoffte sie, ihre Tochter ohne Mitgift freigeben zu können. Auch Simone ließ sich vom Heiratstraum anstecken. Der weltgewandte, einige Jahre ältere Jacques erschien ihr als der perfekte Kandidat. Seine »ungeheure Belesenheit« imponierte ihr. Und er »verblüffte sie mit allerlei Klatschgeschichten über die Künstler und Schriftsteller am Montparnasse«, die er sogar persönlich zu kennen schien. Von Jacques lernte die Neunzehnjährige einen Blick für ausgefallene Aspekte der Malerei zu entwickeln.

»Monet liebte ich nicht, Renoir schätzte ich mit Vorbehalt, bewunderte aber Manet und über die Maßen Cézanne, weil ich in seinen Bildern das Niedersteigen des Geistes in das Herz der Empfänglichen sah.«[11]

Zu dieser Zeit fühlte sich Simone noch als die Verkörperung eines »reinen Geistes«. Die katholische Erziehung wirkte nach.

Philosoph Sartre

Der Körper sollte dem Geist gehorchen. Dieses Motto bestimmte auch die Beziehung zu Jacques. An eine körperliche Vereinigung durfte erst zum Zeitpunkt der Heirat gedacht werden. Im Widerspruch zu dieser Moral spürte Simone ein Gefühl der Enttäuschung in sich aufsteigen, weil Jacques überhaupt keine Anstalten machte, das sinnliche Tabu schon vorzeitig zu brechen.

»Auf eine merkwürdige Weise fühlte ich mich durch Jacques in Frage gestellt. Wenn die physische Liebe nur ein unschuldiges Spiel war, so hatte er keinen Grund, sich ihm zu entziehen; dann aber konnten unsere Gespräche nicht viel Gewicht für ihn haben neben der fröhlichen und berauschenden Gemeinsamkeit mit anderen Frauen; ich bewunderte die Höhe und Reinheit unserer Beziehungen; tatsächlich waren sie unvollständig, fade, entsinnlicht, und der Respekt, den Jacques mir entgegenbrachte, war (nur) eine Folge der konventionellen Moral. Ich fiel in die undankbare Rolle einer kleinen Cousine zurück.«[12]

So begnügte sich das Paar damit, zigarrettenpaffend »entsinnlichte« Diskussionen über die neueste Literaturtheorien zu führen und gemeinsam Theateraufführungen zu besuchen, ohne die Dunkelheit für heimliche Intimitäten zu nutzen, wie es den Träumen der Backfische sonst entspricht. Keine Umarmung, kein Kuß, nicht einmal verstohlene schmachtende Blicke wurden ausgetauscht, obwohl das Thema »Heirat« als moralische Forderung ständig in der Luft lag: Die Beziehung beschränkte sich auf den theoretischen Diskurs.

»Da gab es Vorstellungen, Beziehungen, Sichtweisen, die vorher in meiner wohlgeordneten kleinen Welt keinen Platz gehabt hatten, und die weder meine Eltern noch irgendwer, den ich sonst kannte, je akzeptieren würde. Ich war ganz überwältigt von all diesen Büchern, die er mir zu lesen gab.«[13]

Offenbar fühlte sich der Heiratskandidat von Simones Mutter, die immer wieder auf eine baldige Eheschließung insistierte, unter Druck gesetzt. Je mehr sich Simone in ihn verliebt zeigte, desto stärker wurden seine Rückzugstendenzen. Oft ließ er sich einfach verleugnen, während seine Geliebte stundenlang und vergeblich auf dem Treppenabsatz vor dem Haus seiner Familie auf ihn wartete. Stets suchte Simone den Grund für seine Unzuverlässigkeit bei sich selbst: Vielleicht hielt er sie für zu dumm oder zu häßlich? Hatte nicht der Vater ihr immer wieder zu verstehen gegeben, daß sie nicht nur wegen der fehlenden Aussteuer niemals einen Mann finden würde? Sie begann »Marie Claire« zu lesen, um mit den kosmetischen Tips der Zeitschrift ihre äußere Erscheinung zu verbessern. Außerdem vertiefte sie sich in das Studium der von Jacques empfohlenen Literatur, um bei der nächsten Begegnung besser »mitreden« zu können.

In ihrer grenzenlosen Bewunderung neigte sie dazu, den einige Jahre älteren Jurastudenten maßlos zu überschätzen. Im Grunde war Jacques nur ein Blender, der aus den Büchern einige Zitate auswendig gelernt hatte, um sich damit vor den anderen brüsten zu können. In seinem Studium zeigte er sich als höchst unbegabt. Zweimal fiel er durch das Juraexamen. Trotzdem blieb er für Simone ein »geistiger Heros«.

Madame de Beauvoir
mit ihren Töchtern

Als der Teenager eines Tages von Jacques´ Familie zum Abendessen eingeladen wurde, kam es zum Eklat. Francoise war davon überzeugt, daß Jacques ihrer Tochter an diesem Abend einen Heiratsantrag machen würde. Stundenlang wartete sie auf Simones Rückkehr ins Elternhaus. Als die Tochter um Mitternacht immer noch nicht zurück war, war Francoise am Ende ihrer Geduld. In panischer Angst, daß Simone von Jacques »geschändet« würde, eilte sie zum Boulevard du Montparnasse vor das Haus der Eltern von Jacques. Dort angekommen brüllte sie draußen vor der Haustür so laut, daß alle Nachbarn es hören konnten: »Germaine, gib´ mir meine Tochter zurück!« Dieser peinliche Vorfall konnte die Familie von Jacques nicht davon überzeugen, daß eine Ehe ihres Sohnes mit Simone für die Familie vorteilhaft wäre, wo doch die Beauvoirs nicht einmal eine Aussteuer zahlen wollten.

Weder Simone noch ihre Eltern ahnten, daß Jacques längst einem anderen Mädchen versprochen war, einem Mädchen, das er kaum kannte, dessen Eltern aber eine beträchtliche Mitgift beisteuern konnten. Simone erfuhr davon erst viel später durch eine Freundin. Mit einem Schlag zerplatzten alle Träume.

»Kaum waren wir alleine, gaben wir beide, meine Schwester und ich, unserer Verblüffung freimütig Ausdruck. Langsam wanderten wir in Paris umher, tief betrübt, den Helden unserer Jugend in einen berechnenden Bourgeois verwandelt zu sehen.«[14]

Hélène und Simone als Teenager, ungefähr 1924

Das Schicksal des »Helden« erfüllte sich schneller als gedacht: Jacques setzte sechs Kinder in die Welt, fühlte sich aber in der Ehe unglücklich. Bei einer waghalsigen Spekulation verlor er fast sein gesamtes Vermögen. Daraufhin sah man ihn fast nur noch in den Bars von Montparnasse. Der Alkoholismus schlug ihn in den Bann. Als ihm daraufhin die Arbeitsstelle gekündigt wurde, setzte seine katholische Frau eine gerichtliche Trennung durch und wies ihn aus dem Haus. Völlig verwahrlost starb der Sechsundvierzigjährige als Clauchard und Tagelöhner irgendwo in der Gosse an »völliger Entkräftung.«

Drei Jahre lang hatte Simone gehofft, Jacques zu heiraten. Seine Hinhaltetaktik und Unzuverlässigkeit trugen wesentlich dazu bei, daß sie immer stärker am Konzept der Ehe zu zweifeln begann. Schon relativ früh hatte sie seine charakterlichen Schwächen erkannt, und fühlte sich trotzdem innerlich an ihn gebunden.

»Er begnügt sich damit, schöne Dinge zu genießen, und ist dem Luxus und dem angenehmen Leben zugetan; er ist nur darauf aus, sich wohl zu fühlen. Ich aber möchte, daß mein Leben sich in einer verzehrenden Leidenschaft erfüllt. Ich muß handeln, mich verausgaben und Pläne verwirklichen: Ich brauche ein Ziel im Leben, ich will Schwierigkeiten meistern und es schaffen, ein Buch zu schreiben. Ich bin nicht für ein Luxusleben gemacht. Ich könnte mich niemals mit den Dingen zufriedengeben, die ihm genügen.«[15]

Es ist seltsam, daß sich auch heute noch viele junge Mädchen innerlich an unreife Männer binden, die sie nur ausnutzen. Bei Simone lag ein Grund für diese fatale Abhängigkeit von Jacques in der mangelnden Anerkennung, die sie seit ihrer Pubertät von Seiten ihres Vaters Georges erfuhr. Er kritisierte sie ständig. Nichts konnte sie ihm recht machen. Für ihn war sie eine »verlorene« Tochter - und immer wieder bemängelte er abschätzig ihre angebliche »Häßlichkeit«. Die Folge solcher Äußerungen war, daß Simone immer stärker einem Minderwertigkeitskomplex verfiel. Da sie ihrem künftigen Partner nicht einmal eine Mitgift würde bieten können, war sie fest davon überzeugt, daß kein anderer außer Jacques sich jemals für sie interessieren würde.

Die Art und Weise, wie Georges seine Frau behandelte, konnte in der Tochter den Glauben an das Heil in der Ehe nicht gerade stützen. Immer wieder kam der Vater nachts nicht nach Hause zurück. Bald wußte es jeder, daß er sich in dieser Zeit mit Dirnen vergnügte. Als ihn die erboste Francoise einmal zur Rede stellte, erwiderte er lachend, sie solle das Leben doch nicht so ernst nehmen.

Das Schicksal von Simones Freundin Zaza ließ die Zwanzigjährige dann endgültig an den Sinn der Ehe zweifeln. Zaza war die Tochter eines Mathematikers, dessen Frau, eine strenge Katholikin, sich in besonderer Weise um die Moralerziehung ihres Kindes kümmerte. Mit ihrem Mann lebte sie nur aus »Pflicht« zusammen. Offen sprach sie darüber, wie »grauenvoll« die Hochzeitsnacht mit ihm gewesen wäre. Die Sexualität kannte sie nur als eine »widerliche Angelegenheit«. Bei der Erziehung Zazas kontrollierte sie streng ihre Beziehungen. Jahrelang konnte sich die Tochter mit Simone nur heimlich treffen, weil Simones Familie wegen der zeitweisen Arbeitslosigkeit von Georges nach Meinung von Zazas Mutter nicht mehr »gesellschaftsfähig« war. Trotzdem hatte Zaza zu ihrer Mutter eine fast symbiotische Beziehung. Und es war schon eine große Leistung an Selbstständigkeit, daß sie trotz des Widerstands der Mutter den Kontakt zu Simone aufrecht erhielt. In Fragen der Auswahl männlicher Partner wagte Zaza nicht, sich den mütterlichen Wünschen zu widersetzen.

So verhielt es sich auch mit ihrer Beziehung zu dem später berühmt gewordenen Philosophen Maurice Merleau-Ponty, dem Begründer der französischen Phänomenologie. Simone hatte sich mit Merleau-Ponty über Glaubensfragen zerstritten. Während sie sich in ihrer Revolte gegen die Doppelmoral ihrer katholischen Erziehung immer stärker mit einem atheistischen Standpunkt solidarisierte, wollte Maurice die Religion nicht aufgeben.

Sie hatten sich in der Ecole Normale Superieur kennengelernt. Wegen seines unbeirrten Festhaltens am Glauben wurde Maurice von den Kommilitonen als »Tala«, das bedeutet »Frömmler«, verspottet. Zaza aber verliebte sich in den feinsinnigen jungen Mann bei einer Bootsfahrt auf einem der Seen des Bois de Boulogne. Und auch Maurice fühlte sich zu Zaza stark hingezogen. In einer heftigen Diskussion solidarisierten sich beide miteinander gegen Simone. Letztere hatte keinen Hehl daraus gemacht, daß sie viele Menschen abscheulich fände und sie wegen der Borniertheit der Leute sich nur unter wenigen Freunden wohl fühlen könne.

»Ich kann nicht ertragen«, empörte sich Maurice, »daß Ihre Sympathie sich auf einen so engen Kreis beschränkt. Wie kann man leben, ohne alle Menschen mit einem Netz der Liebe zu umspannen?«[16]

Auch Zaza sah die höchste erstrebenswerte Kunst darin, alle Menschen gleichermaßen lieben zu können, sogar ihre Mutter, von der sie ständig drangsaliert wurde. Zaza und Maurice fühlten

Jean-Paul Sartre

sich wie von einer durch Gott gestifteten Seelenverwandtschaft miteinander verbunden. Doch Madame Le Coin, Zazas Mutter, stellte sich gegen diese Verbindung. Obwohl Zaza ihrer Mutter nicht zu widersprechen wagte, entschloß sie sich zu einer heimlichen Verlobung mit Maurice, um dann nach seinem Militärdienst vielleicht den Eltern das Einverständnis für eine Heirat abringen zu können.

Eines Tages erhielt Simone von Zaza einen merkwürdigen Brief, in dem sie die geheimnisvolle Frage stellte, ob man Kinder für die Sünden der Eltern büßen lassen dürfe. Simone konnte sich keinen Reim darauf machen, doch ihre Freundin gab sich verschlossen. Zaza schien sich immer tiefer in einer Depression zu verstricken, je länger sich ihr Verhältnis hinzog, ohne daß Maurice bei ihren Eltern um ihre Hand anhielt. Vielleicht wagte er es nicht, weil er wußte, daß Zazas Eltern gegen ihn waren?

Simone, die um die seelische Stabilität ihrer Freundin fürchtete, suchte eines Tages Maurice auf, und stellte ihn zur Rede, ob er denn mit Zaza nur ein böses Spiel treiben würde. Er begründete sein zögerliches Verhalten damit, daß er noch nicht heiraten

Simone, 1. Reihe ganz links. Zaza mittlere Reihe ganz rechts

könne, weil er sich um seine verwitwete Mutter kümmern müsse. Dafür hatte Simone überhaupt kein Verständnis. Sie hielt ihn schlichtweg für feige und unreif. Als sie einige Zeit später die Freundin wieder traf, war sie von ihrem elenden Aussehen schockiert. Dunkle Ringe unter den Augen, fahle Haut und völlig abgemagert wirkte sie wie ein Gespenst. Wirres Zeug sprechend, an den Fingernägeln kauend brach Zaza immer wieder in ein hysterisches Lachen aus, das in einem nicht enden wollenden Weinkrampf versiegte. Einige Tage später erhielt Simone von Madame Le Coin einen Brief: Zaza sei ganz plötzlich an einer Meningitis verstorben...

Erst einige Jahre nach der Veröffentlichung des ersten Teiles ihrer Memoiren, in der sie die Schuld an Zazas Tod hauptsächlich Merleau-Ponty und ihren in einer fixen Moral geistig erstarrten Eltern zugeschrieben hatte, erfuhr Simone über den Hintergrund dieses tragischen Endes ihrer besten Freundin die Wahrheit. Maurice hätte sich nichts schöneres gewünscht, als Zaza heiraten zu dürfen. Madame Le Coin, Zazas Mutter, hatte aber einen Detektiv beauftragt, Erkundungen über die Familie des Heiratskandidaten einzuholen. Dessen Auskünfte waren schockierend. Maurice war gar nicht der Sohn des Mannes seiner Mutter, dessen

Simone als Studentin

Name er trug. Sein wirklicher Vater war ein angesehener Professor der Sorbonne, der eine Zeitlang der Geliebte seiner Mutter gewesen war. Für alle aufrechten Katholiken war das ein Skandal. Und natürlich durfte Zaza einen solchen »Bastard« nicht heiraten. Daß aus diesem unehelichen Sohn einer der berühmtesten französischen Philosophen des 20. Jahrhunderts werden würde, konnte damals natürlich niemand ahnen, aber selbst das hätte Zazas Eltern nicht gnädig gestimmt, denn philosophische Bücher durfte ihre Tochter ohnehin nicht lesen...

»Die Welt ist das, was ich wahrnehme«, schrieb der Philosoph später, »aber ihre absolute Nähe wird, sowie man sie prüft und ausdrückt, auf unerklärliche Weise auch zur absoluten Distanz.«[17]

Spricht sich in diesem paradoxen Grundsatz der Philosophie Merleau-Pontys nicht auch seine erschütternde Erfahrung mit derjenigen Frau aus, die er wie keine andere geliebt hatte? Die »absolute Nähe« zu Zaza wurde zur »absoluten Distanz«. Simone versuchte die Tragik dieser Geschichte in mehreren Entwürfen künstlerisch zu verarbeiten. Das Thema Heirat war für sie erledigt. Zazas Tod trug wesentlich dazu bei, daß Simone von nun an grundsätzlich bereit war, traditionellen Bindungen und Konventionen mit einer fundamentalen Skepsis zu begegnen. Damit war sie »reif« für die Begegnung mit einem ihrer Kommilitonen, einem gewissen Jean-Paul Sartre.

Im März 1928 bestand Simone die Philosophie-Klausur mit Auszeichnung. In den Pflichtfächern Ethik und Psychologie war sie die Zweitbeste - hinter Sartre und vor Merleau-Ponty. Sartre war ihr schon seit längerer Zeit aufgefallen, aber er schien völlig unzugänglich. Zusammen mit zwei Kommilitonen (Paul Nizan und René Maheu) hatte er um sich einen hermetisch verschlossenen Kreis gebildet, der durch sein unorthodoxes Verhalten auffiel. Man verständigte sich in einer Art Privatcode und verspottete die bürgerliche Einstellung der Mitstudenten. Es wurde gemunkelt, daß Sartre - der Anführer dieser Gruppe - nicht nur ein handfester Trinker sei, sondern auch ein Weiberheld, obwohl seine untersetzte physische Erscheinung eigentlich alles andere als beeindruckend war.

Der »Einstieg« in diese Clique gelang Simone erst über die Bekanntschaft mit René Maheu. Letzteren bewunderte sie wegen seiner ebenso respektlosen, wie kritischen Äußerungen den akademischen Autoritäten gegenüber. Auf Initiative von Simone lernten sich beide in der Mensa kennen. Sie faßte all ihren Mut zusammen und setzte sich einfach an seinen Tisch. Als ob sie sich schon Jahre lang kennen würden, fingen sie an, miteinander über Hume und Kant zu diskutieren. Fortan trafen sie sich regelmäßig.

Vielleicht hatte sich Maheu in die inzwischen recht attraktiv gewordene Studentin verliebt, obwohl er längst verheiratet war, was ihm offenbar gleichgültig war. Seine Frau hielt er jedenfalls sorgsam von seinen studentischen Ausschweifungen fern. Ebenso sorgte er dafür, daß es nicht zu einer Begegnung zwischen sei-

Imanuel Kant um 1768

ner neuen Freundin und Sartre kam. Merkwürdigerweise gab er Simone den männlichen Spitznamen »Castor«, wobei fraglich ist, ob die Anspielung an die mythischen Söhne von Zeus - Kastor und Pollux - zufällig oder gewollt war.

Einmal begegnete Simone den drei Kommilitonen im Park. Maheu tat so, als würde er sie nicht kennen und entfernte sich rasch mit der Gruppe. Ein anderes Mal teilte ihr Maheu mit, daß Sartre mit ihr gerne ins Kino gehen wolle, was er (Maheu) gar nicht gerne sähe. Er bat sie deshalb darum, Sartres Wunsch zu ignorieren. Obwohl von Seiten des verheirateten Maheu überhaupt keine Ansprüche bestanden, fühlte sich Simone durch seine Eifersucht geschmeichelt. Sie schickte darum ihre Schwester Hélène zum Rendezvous mit Sartre. Offenbar war Sartre darüber so sehr enttäuscht, daß er sich Hélène gegenüber sehr einsilbig verhielt. Sie bezeichnete ihn später als einen »Langweiler«.

Sartre ließ nicht locker. Als Maheu eines Tages nicht zur Vorlesung erschien, nutzte er die Gelegenheit und überreichte Simone eine eigenhändig erstellte Zeichnung. Sie stellte Leibniz dar - umringt von allegorischen Monaden im Evaskostüm. Sartre hatte

Simone de Beauvoir 1948

in Erfahrung gebracht, daß Simone zu dieser Zeit gerade an ihrer Examensarbeit über den deutschen Philosophen Leibniz schrieb. Einige Wochen später ließ er seine Kommilitonin zu einem Leibnizreferat in seiner privaten Arbeitsgruppe einladen. Die Zusammenkunft fand in Sartres Studentenbude statt.

»Ich war etwas aufgeregt, als ich Sartres Zimmer betrat«, schrieb Simone später, »Ich glaube, in der Nacht davor habe ich kein Auge zugetan. Ich bereitete mich so intensiv auf diese erste Arbeitsgruppe vor, als sollte ich an jenem Tag schon die Prüfung ablegen. Ich hatte schreckliche Angst, daß sie mich nur für ein dummes kleines Mädchen halten würden, das kaum etwas wußte und nicht ordentlich denken konnte.«[18]

Das »dumme kleine Mädchen« bestand die »Prüfung«. Von nun an wurde sie von Sartres Kollegen als gleichberechtigte Partnerin anerkannt. Es war ein kleiner Kreis von Studenten, die sich ganz dem anarchistisch-subversiven Kampf gegen die bürgerlichen Konventionen hingaben. In Sartres Bude herrschte eine bewußt kultivierte Unordnung. Überquellende Aschenbecher, unabgewaschenes Geschirr, auf dem Boden zerstreute Zeitschriften und Bücherstapel, ein ungemachtes Bett, ein mit Papieren übersäter Schreibtisch und Wände, die mit Sartres satirischen Skizzen vollgespickt waren. Jede Ordnung wurde als Ausdruck einer bürgerlichen Zwangsmoral abgelehnt. In den Diskussionen versuchte man sich gegenseitig im Spott über die spießbürgerliche Gesellschaft zu überbieten. Die Religion, wie auch alle Formen des Idealismus wurden auf dem Scheiterhaufen eines gnadenlosen Sarkasmus geopfert.

»Ihre Sprache war aggressiv, ihr Denken kategorisch, ihre Gerechtigkeit kannte kein Einspruchsrecht. Sie trieben Spott mit den schönen Seelen, den edlen Seelen, allen Seelen schlechthin, mit den Seelenzuständen, dem Innenleben, dem Wunderbaren, dem Mysterium, den Eliten; bei jeder Gelegenheit bekundeten sie - in ihren Reden, ihrer jeweiligen Haltung, ihren Scherzen - die Überzeugung, daß die Menschen keine Geister, sondern Bedürfnissen unterworfene und in ein brutales Abenteuer hineingestellte Körper seien... Ich begriff rasch, daß der Welt, in die mich meine neuen Freunde entführten, etwas Rohes nur deshalb anhaftete, weil sie nichts bemäntelten; sie verlangten im Grunde nichts weiter von mir, als daß ich wagte, was ich immer gewollt hatte, nämlich der Wirklichkeit ins Gesicht zu sehen. Ich brauchte nicht lange Zeit, mich zu entscheiden.«[19]

Obwohl sich Maheu in den nächsten Tagen besonders um seinen »Castor« bemühte, mußte er bald erkennen, daß er das Spiel gegen Sartre verloren hatte. Als er dann auch noch als einziger der Clique die Prüfungen an der Sorbonne nicht bestand, verließ er voller Scham Paris, um sein Glück anderswo zu versuchen.

»Von jetzt an werde ich mich um Sie kümmern«[20], erklärte Sartre seiner Kommilitonin, die sich in den »Bürgerschreck« längst unwiderruflich verliebt hatte. Damit begann die Freundschaft des berühmtesten Paares des 20. Jahrhunderts.

Inzwischen hatte Simone bei ihrer Großmutter ein separates Zimmer bezogen, so daß sie künftig unbewacht von den Eltern nach Hause kommen konnte, wann sie wollte. Aber auch die Eltern mußten sich wohl oder übel damit abfinden, daß Simone nun einen festen Freund hatte. Als die ganze Familie Beauvoir einmal auf dem Lande in Simones Ferienparadies der Kindheit, Meyrignac, verweilte, kam eines Tages plötzlich Sartre aus Paris angereist. Eine Zeitlang konnte Simone seine Ankunft vor der Familie geheimhalten. Da er nicht viel Geld hatte, schmuggelte sie ihm täglich Brot, Käse und Obst vom Mittagessen nach draußen und verbrachte ansonsten mit ihm den ganzen Tag in den Feldern. Dort sollen sie sich das erste Mal auch auf der physischen Ebene geliebt haben.

Als die Anwesenheit Sartres nicht mehr verborgengehalten werden konnte, versicherte Simone ihren Eltern, daß sie zusammen mit ihrem Kommilitonen an einer philosophischen Abhandlung arbeitete. Vater Georges wollte das nicht glauben und stellte Sartre zur Rede, wobei er ihn aufforderte, möglichst bald wieder abzureisen, denn er sei kein geladener Gast. Simones antiautoritär denkender Freund aber erwiderte, daß er diesem Wunsch leider nicht Folge leisten könne, da er mit Simone »wichtige philosophische Grundlagenforschung« zu erstellen habe. Georges war fassungslos über Sartres Respektlosigkeit und ignorierte künftig diese Beziehung. Verbittert darüber, daß er von seiner Tochter nicht mehr als Autorität akzeptiert wurde, reagierte er immer gereizter und konnte es nicht unterlassen, dann und wann Simones Privatleben bitterböse zu kommentieren:

»Du bist eine alte ausgetrocknete Pflanze«, soll er sie einmal angebrüllt haben. »Du bist zu alt, um noch denken, geschweige denn ein anständiges Buch schreiben zu können. Aus dir wird nie mehr werden als die Hure dieses Wurms« - gemeint war Sartre.[21]

Um den Konventionen Genüge zu tun, machte der »Wurm« seiner Geliebten sogar einen Heiratsantrag, obwohl er niemals einen Hehl daraus gemacht hatte, daß er die Institution der Ehe als eine Erfindung von Spießbürgern verabscheute. Simone, die auch Jean-Paul weiterhin »Castor« nannte, wollte nicht zu Spießbürgern gehören und lehnte ab. Sartre mußte wohl Kreide gegessen haben, denn nun versuchte er plötzlich überzeugende philosophische Gründe für die Ehe geltend zu machen. Immerhin hätte ja schon Sören Kierkegaard eine Lanze für diese Lebensform gebrochen - und überhaupt würden auch wirt-

Sommerhaus Beauvoir,
Ort der ersten Liebe
für Simone und Jean-Paul

schaftliche Gründe für eine Heirat sprechen. Da Sartre zu dieser Zeit (1929) seinen Wehrdienst ableistete, hätte er bei einer Heirat mehr Sold bekommen. »Castor« aber hatte noch das tragische Schicksal ihrer Freundin Zaza vor Augen - und auch in ihrem Bekanntenkreis gab es keine glückliche Ehe. Darüberhinaus hatte sie noch ganz bürgerliche Gründe für ihre Ablehnung, denn Sartres Eltern hätten bestimmt eine Mitgift gefordert, die wollte und konnte Simones Vater nicht zahlen. Und auch Kinder wollte die Einundzwanzigjährige nicht haben.

»Ich sagte Sartre einfach, daß ich mich nicht unbedingt reproduzieren wollte, und da ich ihn ja hätte, auch keine Miniatur von ihm oder einen Ersatz für ihn brauchte.«[22]

Um ihrer Beziehung trotzdem einen legalen Anstrich zu geben, schlossen sie miteinander einen »Zwei-Jahres-Pakt«. Während dieser Zeit sollte »von den Freiheiten, ... die wir uns theoretisch zugestanden, ... kein Gebrauch gemacht werden. Und wir schlossen einen weiteren Pakt: weder würden wir einander je belügen noch etwas voreinander verbergen.«[23]

Sie schworen einander nicht ewige Treue, aber sie verschoben »eventuelle Seitensprünge bis in die fernen Dreißiger.«[24]

Später stellte sich allerdings heraus, daß dieser Pakt, wie jedes andere Versprechen im Widerspruch stand zu der weltanschaulichen Haltung, die namentlich von Seiten Sartres eingenommen

Jean-Paul Sartre

wurde. Dieser Haltung entsprach ein konsequenter Amoralismus.

»Was man klassisch als ´Moral´ bezeichnete, interessierte keinen von uns beiden. Von der École Normale hatte Sartre den lapidaren Satz mitgebracht: ´Die Wissenschaft ist das Loch in der Luft, die Moral die Luft im Loch.´ Pflicht und Tugend bedeuten die Unterwerfung des einzelnen unter Gesetzen, die außerhalb seiner selbst stehen. Die Freiheit war (daher) unsere einzige Richtschnur.«[25]

Können Menschen, die sich in dieser Weise offen zu einer amoralischen Lebensanschauung bekennen, überhaupt einen glaubwürdigen Vertrag miteinander schließen? Welche Gewähr bie-

Beauvoir arbeitet wie üblich im Café de Flore 1945
Sie sollte die berühmteste Schriftstellerin ihrer Zeit werden

tet mir ein Amoralist, dem die eigene Freiheit das höchste Prinzip ist, daß ich mich auf seine Treue zu mir - auch in schwierigen Zeiten - verlassen kann - wie natürlich auch vice versa? Diese Frage hätte sich schon Faust stellen müssen, als er mit Mephisto paktierte. In ihrer Autobiographie schränkt Simone de Beauvoir auch sogleich die Verläßlichkeit des »Paktes« ein, indem sie konstatiert:

»... nichts würde dieser Allianz den Rang ablaufen; aber sie durfte weder in Zwang, noch in Gewohnheit ausarten.«[26]

Sollte damit gesagt sein, daß der Vertrag in dem Moment gebrochen werden kann, wenn eine Seite ihn als eine lästige Gewohnheit interpretiert? Simone schweigt sich darüber aus. Sie handelt aus der »erprobten Gewißheit« heraus, daß sie sich »auf Sartres Wort verlassen konnte.«[27]

Sartre hat später in seinem Hauptwerk »Das Sein und das Nichts« darauf hingewiesen, daß alle Verträge - auch der Heiratsvertrag - in einer Liebe nichts taugen, denn »wer würde sich mit einer Liebe begnügen, sie sich als reine, dem Vertrauen geschwo-

Sartre-Geliebte
Bianca
und Beauvoir

rene Treue darbietet? Wem wäre es recht, wenn er hören müßte: 'Ich liebe dich, weil ich mich freiwillig verpflichtet habe, dich zu lieben, und weil ich mein Wort nicht brechen will; ich liebe dich aus Treue zu mir selbst´? So verlangt der Liebende den Schwur und ist über den Schwur unglücklich.«[28]

Das Prinzip der Gleichrangigkeit der Partner, das ja die Voraussetzung einer jeden Vertragsschließung ist, wird von Sartre in seinem 1943 veröffentlichten 800-Seiten-Opus ebenfalls als unmöglich verworfen.

»Wir können uns niemals konkret auf den Boden der Gleichberechtigung stellen, das heißt auf einen Boden, wo die Anerkennung der Freiheit Anderer die Anerkennung unserer Freiheit durch den Anderen nach sich ziehen würde.«[29]

Es würde an dieser Stelle zu weit führen, die philosophischen Hintergründe darzustellen, die eine solche Einstellung plausibel machen könnten. Hier soll nur die Merkwürdigkeit festgestellt werden, daß Sartre ungefähr zehn Jahre nach seiner Diskussion mit Simone de Beauvoir im Jardin du Luxembourg die Unmöglichkeit einer gleichberechtigten Beziehung ontologisch zu begründen sucht. Nicht einmal eine »beständige Haltung« - so behauptet der Existentialist in seinem Hauptwerk - sei anderen gegenüber möglich, also auch keine Vertragsschließung, die ja immer eine Beständigkeit im Sinne einer gegenseitigen Verläßlichkeit voraussetzt. Es scheint so, als würde Sartre nachträglich das völlige Scheitern seiner Beziehung zu Simone de Beauvoir bekennen, denn alle 1929 anvisierten Ideale einer freien Lebensgemeinschaft - ohne Rücksichtnahme auf bürgerliche Ideale - setzten ja die Gleichberechtigung der Partner voraus.

Auch Simone de Beauvoir hat später in ihren Schriften die Prinzipien der Lebensgemeinschaft mit Sartre indirekt in Frage gestellt. So problematisiert sie in ihrem Roman »Die Mandarine von Paris« zum Beispiel die Selbstverpflichtung zu einer absoluten Offenheit dem Partner gegenüber, an der sie im Verhältnis mit Sartre selber immer gelitten hatte.

»Anne, deren Klugheit ich in jenem Absatz billige, rät ihrer Tochter Nadine, dem jungen Mann, den sie liebt, nicht zu gestehen, daß sie ihm untreu war. Nadine hat gar nicht die Absicht, ihm ein Geständnis zu machen. Sie will nur seine Eifersucht erwecken. In vielen Fällen bedeutet sprechen nicht nur mitteilen, sondern handeln. So tun, als übe man auf den anderen keinerlei Druck aus, wenn man ihm eine indiskrete Wahrheit verpaßt, ist Betrug.«[30]

Schon vor dem Vorschlag, miteinander einen Pakt zu schließen, hatte Jean-Paul seiner Freundin von seinen vielen früheren Affairen erzählt. Und er hatte versucht, seine Beziehung zu Simone als eine außerordentliche Beziehung von flüchtigen Verhältnissen abzugrenzen:

»Bei uns beiden«, versicherte Sartre seiner neuen Partnerin, »handelt es sich um eine notwendige Liebe, (aber) es ist unerläßlich, daß wir auch die Zufallsliebe kennenlernen.«[31]

Sartre hat sich zeitlebens zur Polygamie bekannt. Obwohl er selber immer wieder eifersüchtig reagierte, wenn sich ihm eine seiner »Zufallsgeliebten« entzog, gab es seiner Theorie nach keinerlei Grund für Simone, eifersüchtig zu reagieren, wenn er sich neben der »notwendigen« Beziehung noch einige »zufällige« Geliebte hielt. Denn das eine war ja mit dem anderen gar nicht

Beauvoir und Sartre mit dem Ehepaar Vian im Café Procope 1951

vergleichbar: Sartre war der festen Überzeugzung, daß ein Mensch dem anderen niemals alles bedeuten könnte. Zu Simone bestand eine »notwendige« Beziehung, d.h. beide Partner bedurften einander zur jeweiligen geistigen Identitätsfindung. Der Eros spielte hier nur die Rolle einer willkommenen Zugabe. Das Entscheidende war die geistige Beziehung.

Die Qualitäten der »notwendigen Liebe« bestehen in den Werten der Konstanz, des gegenseitigen Verständnisses, des Vertrauens, der Bereitschaft, einander zuzuhören und sich ehrlich miteinander auseinanderzusetzen.

Auch Simone ließ sich bald davon überzeugen, daß die »notwendige Liebe« nicht alle Wünsche des Menschen erfüllen kann: Das Abenteuer, die Spontaneität und die Entdeckungslust, die mit dem flüchtigen Reichtum der Begegnung mit anderen Wesen verbunden ist, konnte von der »notwendigen Liebe« zu nur einem Partner nicht ersetzt werden.

»Warum sollten wir freiwillig auf die Skala der Überraschungen, der Enttäuschungen, der Sehnsüchte, der Freuden verzichten, die sich uns anboten?« fragte Simone und bestätigte damit Sartres These von der Möglichkeit, »notwendige« und »zufällige« Lieben parallel zueinander zu kultivieren. Und es stellte sich bald heraus, daß das im gemeinsamen Pakt enthaltene Versprechen, mindestens zwei Jahre lang auf das Ausleben der »zufälligen Liebe« zu verzichten, uneinhaltbar war...

Simone mit Elle Wright in New York

Schon ein Jahr später konfrontiert Jean-Paul seine Freundin mit gleich zwei »zufälligen« Affairen, deren Verlauf er Simone akribisch protokollierte, denn beinhaltete der Pakt nicht die absolute Offenheit? Eine der von Sartre ausgewählten Damen hieß Simone Jolivet. »Castor« - wie Sartre seine »notwendige« Freundin immer noch nannte - konnte ihre Namensvetterin nicht leiden, um so weniger, je mehr Jean-Paul von ihr erzählte. Vergeblich versuchte »Castor«, ihre Eifersucht im Zaun zu halten. Als Sartre ihr genüßlich auseinandersetzte, daß »Simone Nr. 2« eine »sehr unbefangene Einstellung zur Sexualität« habe und darüberhinaus auch noch äußerst gebildet sei - immerhin las sie oft Nietzsche ganze Nächte lang hindurch, wandte sich »Castor« stumm ab mit Tränen in den Augen. Ein Sexhäschen hätte sie ihrem polygam veranlagten Freund noch gegönnt, eine intelligente neue Gespielin konnte sie nur als Konkurrentin im Kampf um den untersetzten Sartre auffassen. Es kam allerdings nicht zu

Simone
in ihrem Arbeitszimmer

einem Ringkampf der beiden Frauen. Denn die Affäre verglühte, kaum daß sie begonnen war.

Nun lernte Sartre eine gewisse Madame Morel kennen, deren Lebensstil ihn beeindruckte. Gerne weilte er in ihrer »Atmosphäre diskreter Eleganz«, nippte während ihrer zahlreichen Empfänge am »englischen Tee aus zarten Porzellantassen« und gab sich mit Wonnen dem von der Madame inszenierten geistreichen Gesellschaftsklatsch hin. Simone (de Beauvoir) fühlte sich in dieser Salonkultur irgendwie unbeholfen und plump. Sartre verhielt sich sicherlich nicht weniger plump, aber weil er so geistreich erzählen konnte, wurde er von Madame Morel den Gästen als »Exot« präsentiert. Offenbar soll sie den Paradiesvogel (= Sartre) auch in ihre intimen Gemächer geführt haben, jedenfalls fühlte sich Simone schon wieder vernachlässigt. Besonders demütigend empfand sie Sartres exakte Schilderungen seiner Eskapaden, die sich die »notwendige« Freundin auch noch mit einem »komplizenhaften Verständnis« anhören sollte.

Als dann der gemeinsame Studienkollege Pierre Guille eines Tages im Februar 1931 Simone fragte, ob sie ihn alleine bei einer Rundreise durch Frankreich begleiten wolle, während Sartre noch beim Miltär diente, sagte sie sofort zu. Während dieser gemeinsamen Ferien sollen sich beide auch physisch näher gekommen sein. Gegenüber Sartre schwieg sich Simone darüber aus, obwohl sie sich im Pakt zu absoluter Offenheit verpflichtet hatte. Aber war er nicht ohnehin schon längst von Sartre gebrochen worden?

Simone Beauvoir,
inzwischen anerkannt und berühmt

Für Politik interessierte sich das Paar zu dieser Zeit noch nicht. Während »draußen« die Weltwirtschaftskrise die Menschen in Atem hielt und Hitler mit seinen braunen Horden das Nachbarland beunruhigte, diskutierten Simone und Jean-Paul seelenruhig über ihre existentiellen Befindlichkeiten, vergnügten sich im Quatier Latin oder debattierten über die neuesten Bücher.

»Ich blieb von dem bürgerlichen Idealismus und Ästhetizismus durchdrungen. Vor allem machte mein schizophrener Glücksfimmel mich blind gegenüber der politischen Realität. Mit dieser Blindheit war nicht nur ich geschlagen, fast die ganze Epoche litt darunter. Heut staune ich fassungslos, daß wir jene Ereignisse - das, was 1933 in Deutschland geschah - relativ gelassen zur Kenntnis nahmen... Die politischen Artikel langweilten mich zu Tode, ich konnte sie nicht durcharbeiten.«[32]

Inzwischen hatte Simone in Rouen eine Stelle als Lehrerin angenommen. Sie unterrichtete Philosophie und Literatur. Die Schülerinnen waren von dem undogmatischen Stil ihrer neuen Lehrerin begeistert. Mit Mademoiselle de Bauvoir konnten sie auch über ihre persönlichen Probleme diskutieren. Die Eltern hatten darüber eine ganz andere Meinung, denn der »unsolide Lebensstil« der Lehrerin bot bald Stoff für wilde Gerüchte. Mit ihren Freunden verbrachte Simone die Wochenenden meist in Paris. Aus Gründen der Sparsamkeit verzichtete sie meist auf ein Hotelzimmer und genoß das Nachtleben der französischen Metropole in vollen Zügen. Meist taumelte sie dann montags früh erschöpft und unausgeschlafen aus dem Zug, um in diesem Zustand dann im Unterricht zu erscheinen.

Mit einer ihrer Schülerinnen befreundete sich die kaum zehn Jahre ältere Lehrerin schnell an: Olga Kosakiewicz war die Tochter einer Französin, die als Gouvernante in Rußland den Sohn eines wohlhabenden Gutsbesitzers geheiratet hatte. Nach dem Philosophie-Baccalauréat sollte sie Medizin studieren. Mit einem provokanten Aufsatz über Kant erregte sie Simones Aufmerksamkeit, woraufhin sie Olga in ihren Pariser Freundeskreis einführte. Sartre verliebte sich sofort in das attraktive Mädchen und schrieb ihr leidenschaftliche Briefe, so daß sich Simone wieder einmal überflüssig vorkam. »Seine Wünsche und Bedürfnisse hatten Vorrang«, konstatiert die Biographin Deirdre Bair, »und sie fand sich damit ab.«[33]

Die Liebschaft zwischen Olga und Jean-Paul entwickelte sich sehr kompliziert, weil sie seine ebenso hoffnungslose, wie blinde Leidenschaft raffiniert für eigene Zwecke auszunutzen imstande war, bis sie sich schließlich von ihm distanzierte. Das aber ist ein Thema für sich. Im Grunde wäre unser Kapitel über Simone de Beauvoir in ihrer Eigenschaft als Sartres Geliebte bereits an diesem Punkt beendet: Denn von diesem Zeitpunkt an kann das Verhältnis zwischen den beiden »eigentlich« nicht mehr als eine Liebschaft bezeichnet werden. Sartre brauchte sie nur noch als Ratgeberin und ständige Vertraute für seine stets wechselnden Affären, außerdem war sie ihm sehr nützlich für das Lektorieren seiner beginnenden literarischen Produktion, wohingegen sie seine Dienste sehr viel weniger in Anspruch nahm. Schon bald mußte sich Simone eingestehen:

Bei Freunden

»Wenn ich sagte, ´wir sind eins´, war es eine Ausflucht. Manchmal fragte ich mich, ob mein ganzes Glück nicht auf einer gigantischen Lüge aufgebaut war.«[34]

Ihre eigenen Sehnsüchte und körperlichen Bedürfnisse mußte Simone nun auf andere Männer projizieren, z.B. auf den knabenhaften Bost, einem Studenten Sartres, mit dem sie eine längerwährende Affaire unterhielt. Und auch zu Olga soll sie zeitweise intime Beziehungen gepflegt haben, bis sich Bost und Olga zu einem Paar zusammenfanden und sich von ihren »Ersatzeltern« - Monsieur Sartre und Mademoiselle de Beauvoir - emanzipierten.

Unterdessen arbeitete Simone fieberhaft an der Novellensammlung »Marcelle, Chantal, Lisa - Ein Roman in fünf Erzählungen«. Facettenreich wird geschildert, wie junge Frauen von der frauenfeindlichen Konvention in ihrer jeweiligen Selbstentfaltung eingeschränkt werden. Eine der Geschichten widmet sich dem tragischen Schicksal der verstorbenen Freundin Zaza. Sartre sah in dem Buch ein »bemerkenswertes Zeitdokument, das die Realität über die Situation der Frauen mit Klarheit, Schärfe, Leidenschaft und Überzeugung darstellt«.[35]

Er konnte allerdings die Ablehnung dieses Erstlings durch zwei renommierte französische Verlage nicht verhindern. Die Verleger fürchteten, Kunden zu verlieren, weil die Autorin hier

In ihrem Wohnzimmer

Frauen in einer nicht schicklichen Weise darstellte und sich niemand dafür interessieren würde, »was Frauen dachten, fühlten und wollten.« Auch ein zweiter Roman (»L´Invitée«) fand bei den Verlegern keine Gnade, weil sie sich daran störten, daß hier eine Frau beschrieben wurde, die sich eine vollkommen gleichberechtigte Beziehung wünscht.[36]

Das Thema dieses Romans ist die Eifersucht der nach der Mutter der Autorin genannten Hauptfigur. Am Ende tötet Francoise ihre Rivalin Xavière, wie Simone in ihrer Phantasie vermutlich am liebsten Olga getötet hätte. Noch dient die Literatur nur als Filter zur Verarbeitung eigener traumatischer Erfahrungen. Erst zehn Jahre später wird Simone ihr eigenes Schicksal aus dem subjektiven Mikrokosmos in den soziologischen Makrokosmos erheben. Sie wird dann das Werk schreiben, das zu einem Klassiker der modernen Frauenbewegung wurde: »Das andere Geschlecht - Sitte und Sexus der Frau«. Sie, die sich hinter Sartre immer nur als »zweitrangig« empfinden konnte, sieht in ihrem eigenen Schicksal die Tragödie der intellektuellen Frau des 20. Jahrhunderts gespiegelt.

Während Sartre keine Schwierigkeiten hatte, seinen ersten Roman »Der Ekel« unterzubringen; während ihn dieses Werk mit einem Schlage in ganz Frankreich bekannt machte, verfiel Simone einer tiefen Lebenskrise. Es schien ihr alles sinnlos zu sein: Seit Sartre berühmt war, fühlte sie noch stärker ihre eigene vermeintliche Minderwertigkeit. Für ihn beschränkte sich ihre Rolle darauf, »Komplizin seines Sexuallebens mit anderen Frauen« zu sein. Trotzdem empfand sich Simone irgendwie für ihren Jean-Paul verantwortlich. Als er von einer seiner Geliebten mit der schnöden Bemerkung »Lassen Sie mich doch in Ruhe, Sie lächerlicher Wicht!« versetzt wurde, fühlte sich Simone so stark getroffen, als ob man ihr selber einen Korb gegeben hätte:

»Er war so verletzt, hilflos... Da habe ich mir geschworen, es nie mehr zuzulassen, daß ihn irgend jemand auf diese Weise verletzt.«[37]

Es ist erstaunlich, daß Simone seiner Treulosigkeit zum Trotz weiterhin zu ihm hält. Indem er ihr in radikaler Offenheit seine sämtlichen Eskapaden beichtet, bleibt sie weiterhin als eng Vertraute der Mittelpunkt seines Lebens. Walter van Rossum, Autor eines Buches über das Paar, glaubt, daß Sartre alle seine Affairen nur im Hinblick auf Simone erlebt, um sie ihr dann beschreiben zu können - wie vice versa:

»Es macht mir Spaß, Leute zu sehen, vor allem um Ihnen davon zu erzählen«, heißt es in einem Brief von Simone, »ich habe in diesen Fällen wirklich das Gefühl, an Ihrer Stelle zu leben, stellvertretend; ich möchte, daß auch Sie dieses Gefühl haben, daß es wie Ihr Leben ist, das durch mich weitergeht, und nicht nur ein Bericht über mein Leben, den ich an einen armen Eremiten richte.«[38]

Sartre widmet seiner Vertrauten sein Kriegstagebuch, als er ab Ende 1939 längere Zeit von Simone getrennt wird. Das gemeinsame Gespräch, die unbedingte Aufrichtigkeit, das Geständnis um jeden Preis übt offenbar eine viel stärkere Bindungskraft aus als die körperliche Liebe. Auf der geistigen Ebene gibt es keine Konkurrenz. In einer unvergleichlichen Innigkeit fühlt sich das Paar miteinander verschwistert. Ich und Du verschmelzen zu einer geistigen Symbiose. Sartre huldigt seiner »Geliebten der Notwendigkeit« in einem Brief von der Front:

Und doch lebenslang ein Paar

»Mon amour, Sie sind nicht ´eine Sache in meinem Leben´ -
auch nicht die wichtigste - , denn mein Leben hängt nicht mehr
von mir ab, ich vermisse es nicht einmal, und Sie sind immer Ich.
Sie sind noch viel mehr, Sie erlauben mir, jede Zukunft und jedes
Leben ins Auge zu fassen. Man kann nicht vereinter sein, als wir
es sind.«[39]

Es ist kaum zu fassen: Die durch den Krieg erfolgte Trennung
bringt Jean-Paul und Simone wieder zusammen, sicherlich weniger in einem physischen Sinne, aber geistig fühlen sie sich so nahe
wie noch niemals zuvor. Simone notiert in ihrem Tagebuch.

»Ohne diesen Krieg hätte ich seine Liebe zu mir niemals
gekannt - noch hätte ich mich der meinen so süß hingegeben, ich
war dabei, abzukühlen...«[40]

Das Grenzerlebnis einer durch den Krieg verursachten Trennung, den Tod ständig vor Augen und die Unmöglichkeit, sich
jederzeit zu sehen, läßt die Einmaligkeit und Unwiederholbar-
keit dieser Beziehung deutlich werden. Simone jedenfalls verkündet, daß sie sich selbst das Leben nehmen wolle, falls Jean-
Paul im Krieg umkommen würde. Er blieb am Leben - wie auch

seine polygame Veranlagung unaufhebbar war. Neben Simone beglückt er immerhin noch zwei weitere Briefpartnerinnen: Wanda, Olgas jüngere Schwester, und eine gewisse Bianca Bienenfeld. Doch was diese erotischen Beziehungen betrifft, sind die Namen austauschbar. Nur ein Name wird bis zu Sartres Tod bestehen bleiben, nämlich Simone de Beauvoir.

Damit ist über die Beziehung zwischen Sartre und Simone de Beauvoir eigentlich schon das wesentliche gesagt, denn eine Aufzählung der gelisteten Liebhaberinnen Sartres würde jeder Spannung entbehren. Das Erstaunliche an diesem Verhältnis ist ihre Beständigkeit bei einer - immer stärker auch von Simone betriebenen - sexuellen Treulosigkeit. Auf die Spitze wird die Parado-

Geburtstags-Toast 1979

xie einer beidseitigen Treue qua Untreue nach dem Krieg Ende der vierziger und in den fünfziger Jahren getrieben. Wieder einmal hat sich der unermüdliche Weibernarr Sartre in eine Frau verliebt, diesmal bei einer Pressekonferenz in New York - in die ebenso zierliche, wie hübsche französische Journalistin Dolorès Vanetti. Da inzwischen auch Simones Bücher weltweit diskutiert werden, reist auch sie zu Lesungen in die USA. Über eine amerikanische Journalistin lernt sie in Chicago den amerikanischen Schriftsteller - und späteren Pulitzer-Preisträger - Nelson Algren kennen. Eine wild-süße Romanze beginnt. Simone erlebt zum ersten Mal in ihrem Leben die große - sinnliche - Leidenschaft, die ihr von Sartre bisher vorenthalten worden war.

Zeitweise scheint es so, als würden diese neuen Passionen das Verhältnis zwischen Jean-Paul und Simone trüben. Schon ist von »Entfremdung« die Rede. Aber diese »Entfremdung« ist nur wie eine Gewitterwolke, die sich bald wieder verzieht. Erstmals fühlt auch Sartre so etwas wie Eifersucht dem neuen Geliebten Simones gegenüber, denn so stark war seine alte Freundin bisher noch niemals von den Flammen der Leidenschaft ergriffen worden. Während er sich in Paris mit Dolores vergnügt, beschränken sich Simones ausgedehnte Amerikareisen mit Nelson nicht nur auf harmlose Flirts. Trotzdem kann sich Simone nicht verkneifen, in einem ihrer Briefe Sartre die folgende Frage zu stellen:

»Sagen Sie ehrlich: an wem hängten Sie mehr, an Dolores oder an mir?«

Und ebenso wehmütig wie ehrlich antwortet der Begründer des Existentialismus:

»Ich hänge ungeheuer an Dolores, aber ich bin bei Ihnen!«[41]

Ist diese Haltung des »Sowohl - als auch« noch in Übereinstimmung mit der existentialistischen Wahl, wie sie Sartre in seinem Hauptwerk »Das Sein und das Nichts« beschrieben hatte? Dort heißt es:

»Das Gegebene ist die pure Kontingenz, an deren Verneinung die zur Wahl werdende Freiheit sich erprobt.«[42]

»Bedrängt« von der »puren Zufälligkeit« einer Unzahl an Geliebten schien der Autor dieses Satzes die Anstrengung einer existentiellen Wahl niemals auf sich nehmen zu wollen. Er überließ sich lieber seiner »Geworfenheit«. Mit Ausnahme von Simone haben meistens die Geliebten die Beziehung zum Philosophen abgebrochen - und ihm damit die nur theoretisch propagierte »freie Entscheidung« abgenommen. Dolores, die letzte Geliebte Sartres, hat wenig Verständnis für diesen existentiellen Wankelmut. Sie will alles oder gar nichts und verlängert ihren Parisaufenthalt, um Sartre zur Freiheit einer Wahl zwischen Simone und ihr zu »zwingen«.

Kleinlaut schreibt der Philosoph seiner langjährigen Vertrauten, ob sie sich nicht dort noch eine Woche länger mit Nelson vergnügen wolle, Dolores sei nicht zur Abreise aus Paris zu bewegen. Wutentbrannt beschließt Simone, von nun an mit Nelson zusammenzuleben »wie die geliebte Ehefrau eines geliebten Ehemannes«. Doch auch Simones Entscheidungen sind nicht beständiger als Rauch im Wind. Schon einige Monate später schreibt sie ihrem amerikanischen Geliebten:

»Nelson, ich liebe Sie, aber verdiene ich Ihre Liebe, da ich Ihnen nicht mein ganzes Leben gebe?«

Eine der letzten Aufnahmen

Trotz dieser selbstkritischen Worte beschließt das Paar im Sommer 1948 miteinander eine vier Monate während Reise durch Lateinamerika zu machen. Da aber Dolores wieder einmal ihre Launen nicht im Zaun halten kann - und Sartre, der mit ihr zeitgleich auch eine Reise machen möchte, versetzt, fühlt Simone Gewissensbisse in sich nagen: Kann sie Sartre ganze vier Monate lang im Sommer alleine in Paris lassen? Klammheimlich beschließt sie, ihren Urlaub mit Nelson auf zwei Monate zu beschränken, um sich die übrige Zeit ihrem existentialistischen Kumpanen in Paris zu widmen. Nelson ist ernsthaft verstimmt, als er in letzter Minute vor vollendete Tatsachen gestellt wird.

Als Simone in Paris eintrifft, um nun volle zwei Monate lang mit Jean-Paul zusammensein zu können, trifft Dolores plötzlich doch noch ein, so als ob sie Sartre prüfen wollte, ob er bereit wäre, Simone um ihretwillen wieder in die Wüste zu schicken. Tatsächlich bittet er seine immer verständnisbereite »notwendige Freundin«, sich zumindest in diesem Sommer um andere Menschen zu kümmern. Dolores würde ihn so sehr in Anspruch nehmen, daß er sich nicht noch zusätzlich mit Simone treffen könne. Zerknirscht telegrafiert Simone an Nelson, um ihn zu überreden, mit ihr die Amerikareise fortzusetzen. Da sich bisher noch kein Mensch in der Rolle des Lückenbüßers wohlgefühlt hat, sagt Nelson ab. Es dauert allerdings noch einige Jahre voller Unentschlossenheit, bis er sich zur existentiellen Wahl entschließt, d.h. zum totalen Bruch mit seiner Geliebten, um sich reumütig wieder seiner langweiligen ersten Frau zuzuwenden. Längst hat auch Dolores ihrem flatterhaften Liebling »adé« gesagt. Auch sie fühlt sich nicht »modern« genug, um sich in dem Beziehungsparallelogramm der Polygamie wohl fühlen zu können. So finden Simone und Jean-Paul wieder zueinander, indem sie die theoretisch propagierte Notwendigkeit »existentieller Entscheidungen« anderen überließen. Ihre geistige Treue zueinander konnte nicht einmal Sartres Tod 1980 in Frage stellen. Walter von Rossum zieht das Fazit:

»Wer sich derart den Dynamiken der Zeitgeschichte, den Abenteuern eines unversicherten Denkens und Fühlens aussetzt wie Sartre und Simone de Beauvoir, muß dauernd um Fassung ringen. Gerade deshalb bleiben sie füreinander der zuverlässigste und intimste Bezug.«[43]

Auf Sartres Beerdigung 1980.
Hinter Simone ihre Schwester Hélène

1 Jaspers, Psychologie 126
2 Sartre, SN (= Sein und Nichts) 473
3 ebd. 474
4 SdB, Memoiren 329f
5 ebd. 326
6 Bair zit. SdB, 49
7 ebd. 66
8 Bair 70
9 SdB zit. n. Bair 62
10 ebd. 63
11 SdB, Memoiren 298
12 ebd. 280
13 SdB, zit. n. Bair 120
14 SdB Memoiren 332
15 SdB zit. n. Bair 125
16 SdB, Memoiren 316
17 Merleau-Ponty zit. n. Fleischer (Hg.) 174
18 SdB zit. n. Bair 169
19 SdB, Memoiren 323
20 ebd. 325
21 SdB zit. n. Bair 239
22 ebd. 205
23 SdB, BJ (= In den besten Jahren), 308
24 ebd. 40
25 ebd. 23
27 ebd.
28 Sartre, SN 471
29 ebd. 522
30 SdB, BJ 25
31 Sartre zit. n. Bair 189
32 SdB zit. n. Bair 223
33 Bair 229

34 SdB zit. n. Bair 237
35 ebd. 248f
36 Bair 251
37 SdB zit. n. Bair 259
38 SdB zit. n. W. v. Rossum 19
39 Sartre zit. n. W. v. Rossum 16
40 ebd.
41 ebd. 137
42 Sartre, SN 617ff
43 v. Rossum 156

Eva Braun
Der weibliche Schatten Adolf Hitlers

> »...und für die Liebe halte ich mir eben ein Mädchen in München.«
> Adolf Hitler

Der Stoff des folgenden Kapitels betrifft ein Thema, das man kaum ohne Emotionen behandeln kann: Die Liebe eines einfachen Mädchens zu einen Menschen, der als Dämon des Jahrhunderts bezeichnet wird. Im Nachhinein erscheint diese Liebe wie eine aberwitzige Absurdität, denn wer kann schon einen Dämon lieben? Und trotzdem liebte Eva Hitler, den sie niemals bei seinem Vornamen nennen durfte, sondern auch in privaten Stunden immer als »mein Führer« titulierte. Was nur liebte Eva an diesem Menschen, der Deutschland in den Abgrund zog? War es seine charismatische Ausstrahlung? War es seine mächtige Position und sein Reichtum, der dem in einem kleinbürgerlichen Milieu aufgewachsenen Mädchen imponierte? Wir wissen so gut wie nichts darüber, wie sich Hitler im trauten Tête-à-Tête seiner Geliebten gegenüber verhalten hat. Kann man sich einen zärtlichen »Führer« vorstellen? Ich muß zugeben, daß mir das schwerfällt. Andererseits wäre Evas Liebe, die bis zur Selbstaufopferung ging, kaum erklärbar, wenn Hitler nur ein Moloch gewesen wäre. War der »Führer« demnach ein Mensch wie du und ich, oder vielmehr eine Projektionsfigur der Menschen, die ihn angehimmelt haben? Das aber würde bedeuten, daß in jedem von uns ein »Hitler« steckt, denn wie schon Platon sagte, ist es die Masse Mensch, die den Tyrannen hervorbringt.

Eines habe ich in der Arbeit an diesem Kapitel gelernt: Auch die heroischste Liebe zwischen Mann und Frau ist nicht automatisch vereinbar mit der allgemeinen Nächstenliebe. Ja, sie verhindert oft geradezu eine liebevolle Zuwendung zum Mitmenschen, der außerhalb steht. Es sei zwar zugestanden, daß sich Eva Braun in dem einen oder anderen Falle für andere Menschen eingesetzt hat, z.B. für den jüdischen Arbeitgeber ihrer Schwester. Und sie hat es manchmal geschafft, Hitler zur Milde zu stimmen. Anderseits bezeugt die ältere Schwester Ilse, daß Eva in ihrem Wesen immer arroganter und härter wurde, je mehr sie sich von Hitler als seine Partnerin anerkannt fühlte. Ihre Liebe machte sie schließlich blind für das Leiden anderer Menschen. Auch wenn sie bereit war, mit dem »Führer« in den Tod zu gehen, sollte sich unser Respekt für diese heroische Tat in Grenzen halten. Denn eigentlich gab es für sie gar keine Alternative: Wäre sie von den Alliierten lebendig gefangen genommen worden, wäre sie mit Sicherheit zum Tode verurteilt worden, abgesehen von den vielen Demütigungen, die sie dann hätte über sich ergehen lassen müssen.

Ich habe mich bemüht, dieses Kapitel sine ira et studio zu schreiben. Vielleicht mag es einigen Lesern zu sachlich und trocken geraten sein. Aber das mußte ich in Kauf nehmen. Denn jeder moralisierende Kommentar wäre mir in diesem Zusammenhang nur altklug vorgekommen. Die Leser werden sich selber ein Urteil bilden.

November 1932. Allerheiligen in München. Ein Tag, der den Toten gewidmet ist. Kalter Wind zieht durch die Straßen. Schneeflocken verirren sich auf den Gesimsen eines grauen Mietshauses. Eine junge Frau schüttelt den Schnee aus ihren Haaren und öffnet die Eingangstür des vierstöckigen Hauses. Gerade will sie im Briefkasten nach der Post sehen, als von oben her ein lauter Knall zu hören ist. Ein Pistolenschuß. Die junge Frau schreckt auf, läßt den noch ungeleerten Briefkasten geöffnet und stürmt die Treppen hinauf. Keuchend erreicht sie ihre Wohnungstür und bleibt stehen. Sie horcht. Alles ist still, nur das ferne Hupen eines vorbeifahrenden Automobils ist zu hören. Die junge Frau öffnet die Haustür zu ihrer Wohnung. Drinnen bleibt alles ruhig.

»Mein Gott, meine Schwester!«, denkt sie sich und ruft:

»Eva, bist du da?«

Keine Antwort. Die junge Frau wird nervös. Hastig öffnet sie hintereinander alle Türen der Wohnung.

»Eva, wo bist du denn? Nun melde dich schon!«

Wieder keine Antwort. Endlich erreicht sie das hinterste Zimmer. Sie öffnet die Tür und stößt unvermittelt einen Schrei aus. Ausgestreckt auf der rechten Seite des Bettes liegt ihre Schwester Eva auf einem blutdurchtränkten Laken, dessen bestickte Säume kaum noch zu erkennen sind. Blutverschmiert ist auch der Teppichboden. Sogar die Decke weist rote Flecke auf. Neben dem noch wimmernden Mädchen liegt ein Revolver Kaliber 6,5.

»Eva, Eva --- was ist bloß geschehen?« Unschlüssig und aufgeregt läuft die Schwester im Zimmer hin und her und sucht nach einem Tuch. Mit Tränen in den Augen wischt sie dem schwerverletzten Mädchen das Blut aus dem Gesicht. Dann rafft sie sich auf, greift zum Telephon, das Eva von ihrem berühmten Geliebten geschenkt bekommen hat, und ruft einen Arzt an. Eine halbe Stunde später wird Eva ins Krankenhaus gebracht und sofort operiert.

Unterdessen befindet sich Adolf Hitler auf einem Wahlfeldzug quer durch das Deutsche Reich. Zu seinem vierten Deutschlandflug wurde ihm von Industriellen eine JU 52 zur Verfügung gestellt. Neunundvierzig Städte fliegt er an. In neunundvierzig Wahlreden verflucht er die Juden und die Bolschewiken und verspricht Erlösung aus dem Elend der Arbeitslosigkeit. Neunundvierzig Mal wird dem Demagogen ein begeisterter Empfang geboten: Die Masse – so schrieb Hitler einst in seinem Buch »Mein Kampf« – sei hingebungsvoll wie ein demütiges Weib. Die Seele der Masse sei weiblich. Und wie die zur Mutter, Hausfrau und tugendhaften Arbeiterin bestimmte Frau von ihrem Ehemann streng geleitet werden müsse, so bedürfe auch die Menschenmenge einer straffen Führung. Der nationalsozialistische Parteiführer ist ein Virtuose auf der Klaviatur der Rhetorik. Sein durchdringender Blick – so wurde immer wieder bezeugt – schlug nicht nur das weibliche Geschlecht in seinen Bann. »Dieser Blick«, schrieb Otto Wagener[1], »kam nicht aus dem Augapfel, er kam viel tiefer her, ich hatte das Gefühl, wie aus der Unendlichkeit...«

Da wird ihm nach einer Wahlveranstaltung ein versiegelter Brief überreicht. Die Handschrift erkennt er sogleich; sie stammt von Eva Braun, seiner »kleinen Flamme« in München. Während er den Brief liest, verändert sich sein Gesichtsausdruck. Der Inhalt dieses Schreibens wird immer unbekannt bleiben. Eva hat ihn später als einen »Abschiedsbrief« bezeichnet, in dem sie Hitler über ihren geplante Selbstmord informierte. Einen Moment lang wird Hitler von einem taumeligen Gefühl übermannt, weniger aus Angst um seine Geliebte, als vielmehr aus strategischen Erwägungen heraus: Einen Skandal kann er sich jetzt - so kurz vor den Wahlen - nicht leisten. Vor seinen geistigen Augen sieht er schon in Riesenlettern hämische Überschriften der gegnerischen Presse wie zum Beispiel: »Hitlers erstes Opfer: Geliebte des Naziführers erschoß sich...«

Hitler vor der Machtübernahme

Bereits vor einigen Jahren hatte er nur mit viel Mühe einen Skandal vertuschen können, als sich seine abgöttisch geliebte Nichte Geli ausgerechnet mit einem seiner Revolver das Leben nahm. Keine andere Frau hatte seine Leidenschaft mehr entzünden können als dieses junge kokette Mädchen, die Tochter seiner Stiefschwester, und daher über einige Ecken mit ihm verwandt. Wenn Hitler überhaupt jemals eine Frau geheiratet hätte, dann nur die liebenswerte Geli. Aber heiraten wollte er schon aus Prinzip niemals:

»Das ist das Schlimme an der Ehe«, soll er einmal geäußert haben, »sie schafft Rechtsansprüche! Da ist es schon richtiger, eine Geliebte zu haben...«[2]

Dieses Recht auf eine Beziehung jenseits der Legalität durften sich natürlich nur »Ausnahmenaturen« wie Hitler selber herausnehmen. Für das einfache Volk galt dagegen das Gesetz der Moral, wonach Sexualität nur durch den Akt der Ehe gerechtfertigt wurde.

»Häufiger als sonst«, berichtet Heinrich Hoffmann, Hitlers Photograph, »besuchte Hitler in Gelis Begleitung Theater und Kinos. Auch an Autoausflügen mit Picknick auf verschwiegenen Plätzchen im Walde fand er plötzlich Gefallen.«[3]

Besonders oft fuhren sie im Sommer an den Chiemsee zum Baden. Hitler liebte es, wenn seine kleine »Badenixe« ins Wasser sprang. Er selbst badete allerdings niemals, denn er fürchtete die Pressefotographen, vor denen man niemals sicher sein konnte: Einst hatten sie den ehemaligen Reichspräsidenten Ebert bloßgestellt, indem sie eine private Aufnahme Eberts in Badehosen auf der Titelseite einer Illustrierten abbildeten. Das ganze Deutsche Reich lachte damals über die nackten Beine des Reichspräsidenten...

Auch Hitlers langjähriger Freund Ernst Hanfstaengl, bei dem der nationalsozialistische Führer nach dem fehlgeschlagenen Putsch von 1923 bis zu seiner Verhaftung Unterschlupf gefunden hatte, war Zeuge der intimen Beziehung Hitlers zu seiner Stiefnichte:

Geli Raubal

»Hitler verhielt sich wie ein verliebter Mann. Immer wieder schenkte er Geli neue und kostbare Kleider, die wahrscheinlich die Partei bezahlen mußte (man hat es ihm wenigstens oft genug vorgeworfen). In ihrer Gegenwart strahlte er wie ein Jüngling, der die erste Liebesregung verspürt. Sie besaß die etwas gewöhnliche Schönheit eines einfachen Bauernmädchens und schien vollkommen befriedigt zu sein, wenn sie in ihren neuen Toiletten glänzen konnte. Jedenfalls machte sie keinesfalls den Eindruck, daß sie die Gefühle Hitlers auch nur im geringsten erwiderte.«[4]

Dieser Eindruck sollte sich bald als falsch herausstellen. Obwohl Geli noch einige andere Verehrer hatte, und ihr »gestrenger Onkel« sich eifersüchtig bemühte, alle jungen Männer von ihr fern zu halten, hoffte sie doch insgeheim, daß er sie bald heiraten würde – trotz ihres verwandtschaftlichen Verhältnisses zueinander. Wegen der Erfolge der Nationalsozialisten wurde Hitler jedoch immer mehr von seiner Partei in Anspruch genommen, so daß er sich nur noch selten bei Geli blicken ließ. Auch muß er ihr wohl einmal deutlich zu verstehen gegeben haben, daß er niemals heiraten wollte – weder sie, noch irgendeine andere Frau. Als er am 17. September 1931 nach einem kurzen Besuch wieder einmal zu einer längeren Wahlkampfreise aufbrach, blickte ihn Geli beim Abschied aus seltsam melancholischen Augen an. Annie Winter; Haushälterin in Hitlers Wohnung am Prinzregentenplatz, die er seiner Nichte Geli überlassen hatte, bezeugte später, daß Geli schon in den Tagen zuvor sehr depressiv gestimmt gewesen sein soll.

»Ich habe wirklich gar nichts vom Onkel!«, soll sie sich beklagt haben.[5]

Nach Hitlers Abfahrt wollte sie mit einer Freundin ins Kino gehen. Die Haushälterin sollte ihr deswegen kein Abendessen bereiten. Am nächsten Morgen klopfte Frau Winter vergeblich an Gelis Zimmertür. Keine Antwort. Als sich Geli entgegen ihrer sonstigen Gewohnheiten den ganzen Vormittag lang nicht blicken ließ, brach die Haushälterin zusammen mit ihrem Mann die Zimmertür auf. Das kaum zwanzigjährige Mädchen lag in einem hellblauen, mit roten Röschen bestickten Nachthemd ausgestreckt auf dem Boden in einer Blutlache. Mitten drin lag neben der Toten Hitlers Revolver, den er seiner Nichte gegeben hatte, damit sie sich als Verwandte eines berühmten Parteiführers gegebenenfalls verteidigen könne. Nun hatte sie sich damit selber ins Herz geschossen. Der Arzt konnte nur noch ihren Tod feststellen.

Hitler hielt sich gerade im »Deutschen Hof« in Nürnberg auf, als man ihn die Schreckensnachricht überreichte. Sofort ließ er sich nach München fahren. Dort hatte man Geli bereits ins Leichenhaus gebracht. Die Partei konnte mit geschickt lancierten Berichten einen Skandal vermeiden. Einen Tag später las man in der Zeitung nur den folgenden harmlosen Bericht:

»In einer Wohnung in Bogenhausen hat eine 23 Jahre alte Privatstudierende durch Erschießen Selbstmord begangen. Das unglückliche Mädchen – Angela Raubal – war die Tochter der Stiefschwester Adolf Hitlers und wohnte im Hause Prinzregentenplatz 16 im gleichen Stockwerk wie ihr Onkel. Über die Beweggründe ist vorerst keine volle Klarheit zu erlangen.«[6]

Der Artikel erwähnt weder Hitlers Pistole, noch die Tatsache, daß sich Geli in der von Hitler selbst gemieteten Wohnung erschossen hatte. Hätten die Reporter näheres über die Motive erfahren, wäre der Bericht sicherlich als Aufmacher auf der ersten Seite plaziert worden. Hitler durfte nicht zum Begräbnis in Österreich erscheinen, da über ihn zu dieser Zeit noch ein Einreiseverbot verhängt war. Gelis Zimmer aber wurde so bewahrt, wie es zu ihren Lebzeiten gewesen war. Wöchentlich kamen frische Blumen ins Zimmer. In seinem maßlosen Schmerz soll Hitler in diesem Raum bis Kriegsbeginn 1939 jedes Jahr alleine den Heiligen Abend verbracht haben. Selbst seine neue Geliebte Eva, die Hitler bereits zwei Jahre vorher kennengelernt hatte, konnte an diesem »Geli-Kult« nichts ändern. Hitler liebte eine Tote. Und nur ihr, ihr alleine, wollte er sein »nationales Werk« widmen.

»In dieser Zeit«, berichtete sein Photograph Hoffmann, »waren seine Reden faszinierend und mitreißend wie nie zuvor. Eine suggestive Kraft ging von ihm aus, wenn er am Rednerpult stand. Der Dynamik seiner Worte konnte man sich nicht entziehen. Mir schien, als suchte Hitler im Trubel der Versammlungen Betäubung von seinem furchtbaren Schmerz.«[7]

Eva Braun war die zweite Tochter der gutsituierten Beamtenfamilie Braun. »Ein wildes Kind«, urteilte ein Lehrer, »das in der Stunde oft abgelenkt war, nie seine Aufgaben lernte und am liebsten Sport trieb. Darin war sie allerdings die Beste. Sonst war sie faul, sie konnte sich aber durchschlagen, weil sie intelligent war.«[8] Besonders vom Schlagballspiel war das Mädchen fasziniert. Mit den Jungs wälzte sie sich unter lautem Gebrüll auf der Erde. Die Eltern waren besorgt, ob aus ihrer unbändigen Tochter überhaupt jemals eine Dame werden könnte. Diese Sorge erwies sich bald als unbegründet. Denn als der Bruder ihrer besten Freundin Herta eines Tages stolz sein funkelnagelneues Motorrad präsentierte (das war damals noch ein besonderer Luxus!), rümpfte die zum Teenager hochgeschossene Eva nur verächtlich ihr Stupsnäslein:

»Ein Motorrad ist nicht chic«, meinte sie, »ich ziehe Luxuslimousinen vor.«[9] Dieser frühe Hang zum »Besonderen« markiert einen stark ausgeprägten Charakterzug des inzwischen zur »Dame« herangereiften jungen Mädchens. Obwohl sie von Hans Ostermayr, dem Bruder ihrer Freundin, heiß umworben wurde, zeigte sie ihm die kalte Schulter. Er war ihr nicht fein genug.

1928 verließ die Sechzehnjährige das Lyzeum und sollte nun noch ein Jahr lang in einer gehobenen Klosterschule, dem »Institut der seligen Jungfrau Maria« den letzten charakterlichen

Schliff erhalten. Die Eltern wollten ihre Tochter nicht ungewappnet der »dekadenten« Gesellschaft ausliefern. Die »goldenen Zwanziger« hatten in ihren Augen das Gomorrha über Deutschland hereinbrechen lassen. Die Frauen ließen Haare fallen und Kleider kürzen, gaben sich emanzipiert-selbstbewußt, und die Theater der Republik hatten die klassisch-erhabenen Themen ad acta gelegt, um stattdessen mit frivolen Revuen das Publikum zu locken. Methodisch gedrillte amerikanische »Girls« schwangen halbnackt ihre gepuderten Beinchen, und die Schauspielerin Hilde Hildebrand sang mit süffisanter Stimme:

>   »Ich bin die Sünde persönlich,
>   ich bin ganz außergewöhnlich.
>   Ich mache scharf, aber keiner darf... ätsch!«

Für solche Provokationen der Moral hatten Evas Eltern überhaupt kein Verständnis. Sie sehnten sich nach einer Wiederherstellung von Recht und Ordnung, die ihrer Meinung nach in der Weimarer Republik bedroht war. War nicht die wirtschaftliche Katastrophe des »schwarzen Freitag« Gottes Strafe für ein unziemliches Leben? Zumindest ihre Tochter Eva sollte vor den Entartungen einer dekadenten Gesellschaft bewahrt bleiben, wenn sich schon die ältere Ilse erfolgreich um die klösterliche Erziehung gedrückt hatte. Tatsächlich erwies sich diese pädagogische Strategie der Eltern zumindest zeitweise durchaus als erfolgreich. Als Eva nämlich nach einjährigem Klosterdrill ins Elternhaus zurückkehrte, reagierte sie entsetzt beim Anblick der geschminkten älteren Schwester in seidener Unterwäsche.

»Pfui!« rief die tugendhafte Eva. »Wie kannst du dir nur so sehr das Gesicht beschmieren!«

Diese kosmetikfeindliche »Tugendhaftigkeit« hielt allerdings nicht lange an. Bald musterte Eva ihren eigenen Körper im Spiegel und beschloß, schlanker zu werden. Vom Lippenstift machte sie später verschwenderischen Gebrauch. Dann unternahm sie erste Versuche, sich selber Geld zu verdienen, um von den Eltern unabhängig zu werden. Sie verdingte sich zum Beispiel als Empfangsdame bei Ärzten, ging aber zu unaufmerksam mit den Patienten um. Auch als Sekretärin in einem Büro überlebte sie nicht lange: Wegen Mangel an Arbeitseifer wurde sie entlassen. So mußte sie weiterhin im Elternhaus leben, weil der Vater ihr niemals eine eigene Wohnung bezahlt hätte. Er war überaus streng und hütete seine Töchter wie es damals üblich war. Noch als Zweiundzwanzigjährige mußte sie täglich um 22.00 Uhr das Licht löschen. Taschengeld gab es nicht. Besonders demütigend war es für Eva, als sie einmal mit Freunden »ausnahmsweise« einen Tanzabend besuchen durfte und kein Geld hatte, um den Eintritt zu bezahlen.

Da sich das junge Mädchen sehr für die Zukunftsbranche der Photographie interessierte und auch der Vater nichts einzuwenden hatte, bewarb sie sich in der Schellingstraße 50 bei dem Kunstphotographen Heinrich Hoffmann als Gehilfin. Er gehörte zu den bekanntesten Photographen Münchens und hatte einen guten Ruf.

»Mein Vater war Vertreter der Associated Press für Deutschland«, berichtet seine Tochter Henriette, die spätere Frau des Reichsjugendführers Baldur von Schirachs. »Er machte auch Luftaufnahmen, denn er war der erste Photograph gewesen, der während des Krieges Aufklärungsbilder aus dem Flugzeug gemacht hatte. In England und in Paris war er schon vor 1914 ein bekannter Photograph.«[10]

Eva hatte Glück, daß in Hoffmanns Atelier gerade eine Stelle vakant war. Trotz der Wirtschaftskrise (1929) hatte der berühmte Photograph viele Aufträge zu bearbeiten, so daß er Evas Hilfe gut brauchen konnte. Sein ästhetischer Sinn sagte ihm darüberhinaus, daß eine hübsche Assistentin wie Eva dem Geschäft sicherlich nicht schaden würde. Bei der NSDAP hatte er einen guten Freund, den Hauptschriftleiter des »Völkischen Beobachters«: Dietrich Eckart gehörte zu seinen wichtigsten Auftraggebern.

Rechts: Heinrich Hoffmann im Gefolge Hitlers auf der Wolfsschanze

Nur Adolf Hitler, der Führer der nationalsozialistischen Bewegung, durfte nicht photographiert werden. Das war ein Prinzip der Partei: Die Neugier der Leute konnte nur geschürt werden, wenn es keine Bilder vom NS-Vorsitzenden gab. Wer wissen wollte, wie Hitler aussah, mußte schon die Parteiversammlungen besuchen.

Eine amerikanische Bildagentur bot Hoffmann für ein exklusives Hitlerbild ganze einhundert Dollar. Das war damals ein Vermögen! Für ein Foto vom Reichspräsident Ebert hatte dieselbe Agentur nur fünf Dollar gezahlt. Hoffmanns Ehrgeiz war herausgefordert. Zunächst bemühte er sich bei seinem Freund Eckart um eine Sondergenehmigung. Vergeblich! Dann wartete er einmal vor der Druckerei des »Völkischen Beobachters« stundenlang auf das Erscheinen des Vorsitzenden. Als Hitler plötzlich auftauchte, riß Hoffmann seine Kamera hoch und drückte auf den Auslöser. Allerdings wurde er von der Leibwache entdeckt und mußte den Film abgeben. Immerhin erweckte der verwegene Photograph bei dieser Gelegenheit die Aufmerksamkeit Hitlers, der ihm schelmisch lächelnd zunickte. Sie sollten sich nicht das letzte Mal begegnet sein. Schon einige Wochen später sahen sie sich wieder:

Hoffmanns Freund, Hermann Esser, feierte Hochzeit. Und als Trauzeuge war Adolf Hitler eingeladen, gehörte Esser damals doch zu seinem persönlichen Freundeskreis. Veranstalter des Fests aber war Hoffmann, der für den Freund und für die geladenen Gäste das Hochzeitsmenü bereitete. Hoffmann ließ sich die Gelegenheit nicht entgehen und photographierte Hitler mit versteckter Kamera. Um sich die Gunst des »Führers« zu erwerben, bat er ihn am späten Abend in ein Nebenzimmer und zeigte ihm die belichtete Platte. Noch bevor Hitler irgendein Wort sagen konnte, zerbrach Hoffmann die Platte.

»Es bleibt dabei«, sagte er dem verblüfften Hitler, »ohne ihren Wunsch photographiere ich Sie nicht mehr.« »Sie gefallen mir, Herr Hoffmann«, erwiderte Hitler. »Darf ich öfter zu Ihnen kommen?«[11] Damit war das Eis gebrochen. Hoffmann wurde von Hitler zu seinem persönlichen Photographen ernannt. Das Photographieverbot wurde aufgehoben. Diesen Sinneswandel des Führers hatte Hoffmann nicht nur seiner eigenen Raffinesse zu verdanken, sondern auch seiner Assistentin, Eva Braun. Hitler hatte sie bei der Hochzeitsveranstaltung gesehen und war fasziniert von ihren Beinen. Fortan suchte er nach einem Vorwand, um das Mädchen häufiger sehen zu können.

Nach einer anderen Version soll Hoffmann Hitlers Aufmerksamkeit dadurch gewonnen haben, daß er ihm ein unbekanntes

Bild des jungen Hitlers gezeigt hatte, auf dem man Hitler als Soldaten in einer Menschenmenge beim Aufruf zum freiwilligen Waffengang sieht.[12] Laut Hitlerbiograph Nerin E. Gun kannte Hoffmann den Parteiführer schon lange bevor er Eva als Assistentin einstellte. Zunächst soll er versucht haben, Hitler mit seiner eigenen Tochter, Henriette, zu verkuppeln, die nur drei Tage älter war als Eva Braun. Doch dem Vorsitzenden der NS-Partei war Henriette »zu mager«. Daraufhin hielt der Photograph nach anderen Mädels Ausschau, die womöglich Hitlers Geschmack entsprechen könnten. Just in diesem Moment bewarb sich die gut gebaute sportliche Eva um die Assistentenstelle. Kuppler Hoffmann erkannte die Chance und stellte Eva sofort ein.

Viele Gerüchte ranken sich um die erste Begegnung Evas mit Hitler. Im Nachhinein kann kaum noch zwischen Dichtung und Wahrheit unterschieden werden. Nach einer von vielen Biographen unbelegt zitierten Aussage der älteren Schwester Ilse, soll Eva den Autor von »Mein Kampf« das erste Mal bei ihrer Arbeit im Atelier kennengelernt haben und es der Schwester wortwörtlich mit den folgenden Worten erzählt haben:

»Ich war nach Feierabend im Geschäft geblieben, um einige Papiere einzuordnen und stieg gerade auf eine Leiter, weil die Ordner oben auf dem Schrank standen. Da kommt der Chef herein und mit ihm ein Herr von gewissem Alter mit einem komischen Bart und einem hellen englischen Mantel, einen großen Filzhut in der Hand. Die beiden setzen sich in die andere Ecke des Zimmers, mir gegenüber. Ich schiele zu ihnen hinüber, ohne mich umzudrehen und merke, daß der Mann auf meine Beine schaut. Ich hatte gerade an dem Tag meinen Rock kürzer gemacht und fühlte mich nicht ganz wohl, weil ich nicht sicher war, ob ich den Saum richtig hingekriegt hatte. Du weißt ja, daß ich Mama nicht gerne um Hilfe bitte. Ich steige herunter und Hoffmann stellt vor: ´Herr Wolf – unser braves kleines Fräulein Eva.´ Dann: ´Sei lieb, Fräulein Braun, und hol uns aus der Gastwirtschaft an der Ecke Bier und Leberkäs´.«[14]

Dem Photographen war nicht entgangen, daß »Herr Wolf« von seiner Assistentin nicht nur sehr beeindruckt, sondern geradezu hingerissen war. Auch Eva Braun fühlte sich keineswegs unbehaglich, als der elegante fremde Herr sie auch später noch, während sie gemeinsam das Bier und den Leberkäs verzehrten, anstarrte wie ein Weltwunder.

»Ich war ausgehungert«, soll sie ihrer Schwester erzählt haben. »Ich verschlang meinen Leberkäs und trank aus Höflichkeit auch ein paar Schlucke Bier. Der alte Herr (= Hitler alias Wolf – AdV) machte mir Komplimente, wir unterhielten uns über Musik und über ein Stück im Staatstheater, glaube ich. Dabei verschlang er mich ständig mit den Augen. Dann – es war schon spät – wollte ich gehen. Er bot mir an, mich in seinem Mercedes nach Hause zu bringen, aber ich lehnte ab. Stell dir das Gesicht von Papa vor! Bevor ich hinausging, zog Hoffmann mich in eine Ecke und fragte: ´Hast du denn nicht erraten, wer dieser Herr Wolf ist? Schaust du nie unsere Fotos an?´ Ich sagte verdutzt nein. ´Es ist der Hitler, unser Adolf Hitler!´ ´Ah?´ antwortete ich.«[15]

In den zwanziger Jahren hatte Hitler das Pseudonym »Wolf« angenommen, angeblich weil die Initialen seiner Unterschrift einem Wolf geglichen haben sollen.[16] Später fragte das naive Mädchen seinen Vater, wer denn dieser »Herr Hitler« sei. Der Vater – ein überzeugter Monarchist - antwortete voller Verachtung:

»Hitler? Das ist so ein junger Dachs, der glaubt, die Weisheit mit Löffeln gefressen zu haben.«[16]

Für den Vater war Hitler ein junger Schnösel. Die siebzehnjährige Eva sah in dem vierzigjährigen Führer der nationalsozialistischen Bewegung dagegen einen »älteren Herrn«. Dieser »ältere Herr« schien nicht nur sehr reich zu sein, sondern er war auch sehr berühmt. Schon Ende der zwanziger Jahre war von ihm fast täglich in den Zeitungen die Rede, nicht nur deswegen, weil sich Hitlers frühe Prophezeiung einer Wirtschaftskrise mit dem Wallstreet-Desaster des »schwarzen Freitags« bestätigt zu haben schien. Hitler war ein von seinen Anhängern gefeierter Star, ständig von schmachtenden Frauen umringt, die schon glücklich waren, einen Blick oder gar ein Autogramm zu erhaschen. Die noch nicht volljährige Eva durfte sich geschmeichelt fühlen, daß dieser mächtige »ältere Herr« unter hunderttausend anderen Frauen sein Interesse gerade auf sie – die kleine Assistentin Hoffmanns – gelenkt hatte. Und immer mal wieder – wenn es der Zeitplan erlaubte – besuchte Hitler seine »schönste Nixe« bei Hoffmann, um ihr Blumen und Bonbons mitzubringen. Von der ersten gelben Orchidee, die Adolf seiner neuen Freundin (noch nicht Geliebten!) schenkte, existieren noch heute getrocknete Reste in dem Fototagebuch der Eva Braun, das nach dem Krieg gefunden wurde.

Hitlers Besuche in München waren allerdings eher selten. Denn gerade jetzt nahm die nationalsozialistische Bewegung einen jähen Aufschwung, und die Partei konnte ihren »Führer« als Zugpferd nicht entbehren. Darum mußte Eva mit ihren Freundinnen alleine zum Tanzen gehen. Sie interessierte sich für keinen anderen Mann und liebte ausgefallene Rollenspiele – besonders als Vamp in schlodrigen Hosen, in welchen sie auch für Hoffmanns Werbephotos posierte. Einmal soll ein als »Neger« verkleideter Mann den amerikanischen Schlagersänger Al Johnson imitiert und mit tiefer Stimme das Lied vom »Sonnyboy« intoniert haben. Später ließ der Sänger seine schwarze Maske fallen. »Er« war Eva Braun![18]

Wenn Hitler dann mal wieder erschien, um sich vor Eva galant und umständlich wie ein Kavalier zu verbeugen, ihr charmante Komplimente zu machen und sie ins Theater auszuführen, hatte sich Eva vorher – nach der Aussage Henriettes – »ihren Büstenhalter mit Taschentüchern ausgestopft, um ihrem Busen die fehlenden Rundungen zu verleihen, auf die Hitler so versessen schien.«[19] Dabei entsprach die blonde, sportliche Eva mit ihrer guten Figur eigentlich ganz dem Ideal arischer Weiblichkeit, wenn sie auch die von Hitler ebenso geschätzte walkürenhafte Üppigkeit nicht bieten konnte.

Niemals führte Hitler seine Freundin alleine aus. Meist holte er sie gleich mit mehreren schweren Mercedes-Limousinen ab. Aber immer fuhren die beiden in verschiedenen Autos. Und auch für die Stelldichein im »Schaumburg«, einem Kino im Münchner Stadtteil Schwabing, in den »Carlton-Teestuben« oder in der Oper ließ sich Hitler immer von Freunden, Leibwächtern und vertrauten Parteigenossen begleiten. So blieb es der Öffentlichkeit lange Zeit verborgen, daß der Führer der Nationalsozialisten eine Freundin hatte.

In den ersten zwei Jahren ihrer Beziehung verhielt sich Hitler Eva gegenüber insgesamt noch recht reserviert. Wenn er ihr einmal schrieb, handelte es sich meistens um belanglose Mitteilungen sachlicher Art. Es ist kaum anzunehmen, daß das Verhältnis beider zu dieser Zeit schon intimer wurde. Von ihrer puritanischen Erziehung her empfand es Eva als sehr angenehm, daß sich ihr berühmter Freund Zeit ließ und auf Zudringlichkeiten jeder Art verzichtete. Lange Zeit blieb ihr verborgen, daß Adolfs Reserviertheit ihr gegenüber mit seiner Zuneigung zu seiner Nichte Geli zusammenhing. Um jeden Preis wollte er einen Skandal vermeiden, und deshalb sorgte er dafür, daß sich Geli und Eva niemals kennenlernten. Die kokette Nichte muß jedoch geahnt haben, daß ihr das Herz des großzügigen Onkels nicht ungeteilt gehörte. Ob ihrem Selbstmord am 17. September 1931 auch das Motiv der Eifersucht zugrundelag, kann nur vermutet werden.

Jedenfalls soll sich Evas Liebe zu Adolf erst nach diesem tragischen Freitod entzündet haben. Während er vorher emotional völlig unzugänglich blieb, und er sich Eva gegenüber als dezent huldigender Kavalier noch hinter einer förmlichen Etikette versteckte, soll er nach Gelis Tod seine Trauer Eva gegenüber offen bekundet haben. Eva sollte ihn jetzt trösten und über seinen großen Seelenschmerz hinweghelfen.

»Ich habe ihn gestern wiedergesehen, als er bei Hoffmann war, der ihn eingeladen hatte«, soll Eva ihrer Schwester Ilse berichtet haben. »Er erzählte von seinem Schmerz. Jetzt weiß ich, daß Gelis Tod eine Katastrophe für ihn war. Sie muß eine außergewöhnliche Frau gewesen sein.«[20]

Hitlers tiefe Trauer berührte Eva sehr. Besonders nahe ging ihr, daß Adolf sie zu seiner Vertrauten machte und sie ihn das erste Mal überhaupt weinend erleben durfte. War der nationalsozialistische Führer für sie – wegen seiner hochrangigen Position und seiner reservierten Förmlichkeit – bisher immer wie ein unnahbarer Heros erschienen, so wurde er durch sein Leiden menschlich. Nun erst vermittelte er Eva das Gefühl, daß auch sie ihm etwas geben könne – und wenn nur ihre mütterliche Anteilnahme. Sie, die nicht einmal volljährige kleine Angestellte eines Photographen, durfte einen der bedeutendsten Männer des Deutschen Reiches trösten: Das bedeutete für Eva eine ungeheure Aufwertung ihrer Person, abgesehen davon, daß eine Frau sich in der Regel vom nur werbenden Mann – und diese Rolle hatte Adolf bisher eingenommen – im besten Fall oberflächlich geschmeichelt fühlt, nicht aber wirklich innerlich berührt ist. Erst wenn ein Mann einer Frau auch seine ungeschützte emotionale Verletzlichkeit preisgibt, erweckt er in der Frau tiefere Empfindungen, weil er sie in ihrem starken Bedürfnis, den mütterlich-fürsorglichen Schutzinstinkt auszuleben, anspricht. So jedenfalls verhielt es sich mit Eva, deren psychische Grundkonstitution durchaus einfacher Natur war.

Zumindest in den Wochen nach Gelis Tod hatte Hitler verstärkt den Kontakt zu Eva gesucht und das Verhältnis offenbar auch auf intimere Berührungen ausgedehnt. Eva durfte ihn jetzt auch in seiner Wohnung am Prinzregentenplatz besuchen, die für sie solange tabu gewesen war, als sich Geli noch darin aufhielt.

Andere Frauen hätten vielleicht beleidigt darauf reagiert, von dem Geliebten nur als zweite Wahl hinter der Verstorbenen angenommen zu werden. Eva war dagegen viel zu sehr in Adolf verliebt, als daß sie sich darüber länger Gedanken gemacht hätte. Im Gegenteil: Sie begann, Geli zu kopieren: Sie kleidete sich wie

Geli, trug ihr Haar wie Geli und benutzte dasselbe Parfüm. Sie schlüpfte geradezu in die Rolle von Hitlers Nichte, nur um ihm zu gefallen.

»Eva Braun kam oft, wenn Hitler in München war. Sie lief ihm ständig nach und wollte unbedingt mit ihm alleine sein. Sie verzehrte sich nach ihm«, berichtete Hitlers Haushälterin Annie Winter.[21]

1932 hatte der Vorsitzende der NSDAP allerdings immer weniger Zeit für seine »blonde Nixe« in München. Die Partei und die Wahlkämpfe forderten ihn ganz. Immer seltener ließ er sich blicken. Immer länger wurden die Pausen zwischen seinen Briefen, die meist sehr sachlich gehalten waren, weil Hitler nach wie vor jede Art von Klatsch fürchtete. Henny Hoffmann, die einst von Hitler abgelehnt worden war, machte sich einen Spaß daraus, Eva mit Fotos zu hänseln, die den »Führer« im Kreis schöner Verehrerinnen zeigten. Das war zuviel für Eva. In Erinnerung an die Wirkung, die Gelis Selbstmord auf ihn gehabt hatte, wollte sie Hitler mit einer ähnlich heroischen Aktion nun für immer an sich binden. Darum nahm sie am Allerheiligen den Revolver ihres Vaters und schoß gezielt an ihrem Herzen vorbei. Sie hatte sogar noch die Kraft, sich zum Telephon zu schleppen und den mit Hitler befreundeten Arzt Dr. Plate anzurufen. Eva konnte gerettet werden. Und Hitler besuchte sie sofort. Zwar war er mißtrauisch und fragte den Arzt, ob der Selbstmord ernst zu nehmen sei. Als dieser ihm jedoch versicherte, daß Eva »auf ihr Herz« gezielt hätte, war er tief berührt:

»Sie hat es aus Liebe zu mir getan. Ich muß mich von jetzt an um sie kümmern. So etwas darf nicht noch einmal vorkommen.«[22]

Dabei war »es« schon so häufig vorgekommen – wenn man den Zeitzeugen Glauben schenken darf:

Bereits 1921 soll eine Wienerin namens Susi Liptauer versucht haben, sich in einem Hotelzimmer zu erhängen, weil der unwiderstehliche Hitler sie verlassen hatte. Einige Jahre später soll sich Maria Reiter-Kubish aus den gleichen Gründen eine Wäscheleine um den Hals gezogen haben. Und noch 1943 soll sich die »bildhübsche« Inge Ley aus dem Fenster eines Berliner Hauses gestürzt haben, nachdem sie Hitler einen Brief geschrieben hatte.[23] Schon lange bevor Hitler das Ziel seiner Karriere erreicht hatte, reagierten die Frauen auf ihn geradezu hysterisch. Auch später noch mußten seine Untergebenen täglich ganze Wäschekörbe mit gestickten Kissen und sonstigen Geschenken seiner vielen Verehrerinnen entsorgen. Obwohl Hitler einst als Knabe in seiner Heimatstadt Linz nicht einmal gewagt hatte, ein Mädchen, in das er sich verliebt hatte, anzusprechen, obwohl er während des Krieges im Unterschied zu seinen Kameraden aus Schüchternheit keine Freundin abbekam, fand er es später »ganz natürlich«, daß die Frauen ihm huldigten.

»Die Frauen lieben die Helden«, erklärte er mit »bewunderungswürdiger Bescheidenheit«, wie Biograph Nerin E. Gun süffisant kommentiert. »Ohne den Mann fühlt sich die Frau vollkommen verloren. Der Held bietet der Frau das Gefühl, vollkommen beschützt zu sein. Sie verlangt danach, einen heldenhaften Mann zu haben, und wenn sie ihn besitzt, gibt sie ihm nur sehr widerstrebend die Freiheit zurück.«[24] Gerade weil der Chef des NSPAP höhere Ziele hatte als das traute Glück der Ehe, bedurfte er der privaten Ungebundenheit.

»Ich bin bereits verheiratet«, soll er einmal gesagt haben. »Meine Frau ist Deutschland.«[25] Auch diese »Frau« wird er bis 1945 zugrundegerichtet haben...

Nach dem Selbstmordversuch Evas versprach Hitler, sich mehr um seine heimliche Geliebte zu kümmern. Davon konnte in den nächsten Jahren allerdings kaum die Rede sein. Denn nachdem der »Führer« am 30. Januar 1933 zum Reichskanzler ernannt worden war, hatte er verständlicherweise weniger Zeit als je zuvor. Von nun an wohnte er fast ständig in Berlin. Wenn er sich dann mal – aus Sicherheitsgründen meist unangekündigt - in München aufhielt, versäumte er allerdings keine Gelegenheit,

sich mit Eva in der »Osteria Bavaria« oder in den »Carlton«-Tee-
stuben zu treffen. Dabei ließ er sie meist von einem Fahrer abholen, dessen Auto in einer Seitenstraße auf das Mädchen wartete,
denn nicht einmal die Eltern durften zu dieser Zeit von dem Verhältnis der beiden erfahren. Ihnen täuschte Eva Arbeitstreffen
mit Kollegen von Hoffmann vor.

Trotz seiner herausragenden Stellung war Hitler nicht besonders großzügig. Es war schon eine Ausnahme, daß er seiner
Freundin zu ihrem Geburtstag am 6. Februar 1933 (dem Tage
ihrer Volljährigkeit) Ohrringe und ein Armband aus Turmalinen
schenkte. In ihrem Tagebuch[26] von Anfang 1935 beklagt sich Eva,
daß »er« (den sie in ihren Aufzeichnungen niemals beim Namen
nannte) ihren dreiundzwanzigsten Geburtstag vergessen habe. Er
habe sie nicht einmal nach einem Wunsch gefragt, so daß sie sich
selber Schmuck kaufen mußte. Nicht einmal einen Hund war er
bereit, ihr zu schenken, dabei wünschte sich die treue Geliebte
doch so sehr ein »Dackerl«. (Eva wußte zu dieser Zeit nicht, daß
Hitler Dackel nicht ausstehen konnte, weil diese Hunde zu ungehorsam sind...) Später ließ er sich erweichen und besorgte für seine
Freundin zwei Scotchterrier – einer wurde »Stasi« genannt, damit
sie in seiner Abwesenheit nicht zu »einsam« sei.

In ihrem Tagebuch von Anfang 1935 herrschen die Molltöne
vor. Eva fühlt sich wieder vernachlässigt. Wieder einmal denkt sie
an Selbstmord:

»11.3.1935. Ich wünsche mir nur eines, schwer krank zu sein
und wenigstens acht Tage von ihm nichts mehr zu wissen. Warum
passiert mir nichts, warum muß ich alles das durchmachen? Hätte
ich ihn doch nie gesehen! Ich bin verzweifelt. Jetzt kaufe ich mir
wieder Schlafpulver, dann befinde ich mich in einem halben Tran-
cezustand und denke nicht mehr so viel darüber nach. Warum
holt mich der Teufel nicht? Bei ihm ist es bestimmt schöner als
hier (in der Wohnung ihrer Eltern – AdV). Drei Stunden habe ich
vor dem Carlton gewartet und mußte zusehen, wie er der Ondra
(Filmschauspielerin Anny Ondra, Frau des Ex-Boxweltmeisters

Max Schmeling – AdV.) Blumen kaufte und sie zum Abendessen eingeladen hat. (Verrückte Einbildung – geschrieben am 16.3.) Er braucht mich nur zu bestimmten Zwecken. Es ist nicht anders möglich. (Blödsinn).«[27]

Tag für Tag wartet Eva auf ein Zeichen ihres Geliebten, meistens vergeblich. Sie kann und darf ihn nicht erreichen, denn ihre Beziehung muß geheim bleiben. Und er läßt immer weniger von sich hören. Stattdessen darf sie in den Journalen Fotos »bewundern«, auf denen der Führer mit den berühmtesten und schönsten Schauspielerinnen der damaligen Zeit abgebildet ist. Die einst von Hitler verschmähte Tochter Hoffmanns läßt keine Gelegenheit für gehässige Bemerkungen aus:

»10.5.35. Wie mir Frau Hoffmann liebevoll und ebenso taktlos mitteilte, hat er jetzt einen Ersatz für mich. Er (= sie. AdV) heißt Walküre und sieht so aus die Beine mit eingeschlossen. Aber diese Dimensionen hat er ja gerne. D.h. wenn das stimmt, wird sie sich bald ganz mager geärgert haben... Sollte aber die Beobachtung von Frau H. stimmen, so finde ich das bodenlos von ihm, mir das nicht zu sagen... Ich warte nun noch bis zum 3. Juni. Dann ist ein viertel Jahr seit unserer letzten Zusammenkunft vergangen... Nun sag mir einer nach, daß ich nicht bescheiden bin... 28.5.35 Eben habe ich einen, für mich entscheidenden Brief geschrieben... Habe ich bis heute Abend 10 Uhr keine Antwort, werde ich einfach meine 25 Pillen nehmen und sanft hinüberschlummern. Ist das seine wahnsinnige Liebe, die er mir schon so oft versichert, wenn er mir drei Monate kein gutes Wort gibt?«[28]

Tatsächlich nimmt Eva in der Nacht vom 28. zum 29. Mai 1935 zwanzig Tabletten ein. Sie wußte allerdings genau, daß sie nur wenige Stunden später von ihren beiden Schwestern entdeckt werden würde. Die ältere Schwester Ilse fand Eva in tiefer Bewußtlosigkeit und holte sofort einen Arzt, der sie rettete. Sie riet Eva, Hitler nichts von dem zweiten Selbstmordversuch zu erzählen, um ihn nicht zu verärgern, da diese Aktion offensichtlich »ein wenig inszeniert« gewesen sei.

Eva hatte mehr als nur einen Grund, an der Treue ihres »Führers« zu zweifeln. Als Hitler im Frühjahr 1935 der geheimnisvollen englischen Studentin Lady Unity Valkyrie Mitford in der Münchener Osteria vorgestellt wurde, war er von ihrem Anblick überwältigt. Die von ihrem Vater, Lord Redesdale, nach Wagners Walküre »Valkyrie« genannte junge Dame war eine glühende Verehrerin des Führers. 1933 war sie nach München gekommen, um dort deutsch zu lernen und besuchte fast alle Parteitage der NSDAP, nur um irgendwie die Bekanntschaft mit dem »Führer« machen zu können. Mit viel Glück lernt sie Hitlers Freund Hanfstaengl, den Pressechef der Partei, kennen, den sie bald so sehr von sich eingenommen hat, daß er alle Vorsicht vergißt und ihr Hitlers Stammkneipe, die Osteria, und seine Wohnung am Prinzregentenplatz zeigt. Täglich sitzt Unity nun um die Mittagszeit in der Osteria alleine an einem nur für sie reservierten Tisch und wartet darauf, daß irgendwanneinmal der geliebte »Führer« erscheinen wird. Nachmittags sammelt sie dann mit der Büchse in der Hand für das von den Nationalsozialisten unterstützte Winterhilfswerk. Am 9. Februar 1935 – also nur einige Monate kurz vor der zweiten Verzweiflungstat Eva Brauns – war der große Augenblick gekommen. Der »Führer« erschien persönlich

Ernst Hanfstaengl

447

in der »Osteria«. Nach dem Eva Braun-Biographen Johannes Frank soll Unity einen Tag später ihrem Vater den folgenden Brief geschickt haben (ohne Beleg - es kann sich also auch um eine reine Erfindung des Autors handeln):

»Gestern war der wundervollste und schönste Tag in meinem Leben. Ich ging allein in die Osteria und setzte mich an den kleinen Tisch am Ofen, wo wir beide saßen, als Du das letzte Mal mit dort warst. Gegen drei Uhr, als ich gerade mit dem Essen fertig war, kam der Führer mit zwei anderen Männern herein und setzte sich an den Tisch, an dem er immer sitzt. Nach etwa zehn Minuten sagte er etwas zum Geschäftsführer, dann kam der Geschäftsführer zu mir her und sagte: ´Der Führer möchte mit Ihnen sprechen.´ Ich stand auf, ging zu seinem Tisch, er stand auf, begrüßte mich, drückte mir die Hand und bat mich, neben ihm Platz zu nehmen. Ich sprach etwa eine halbe Stunde zu ihm. Rosa (die dicke Kellnerin) kam her und flüsterte mir zu: ´Soll ich Ihnen eine Postkarte (mit dem Porträt Hitlers – AdV) bringen?´ So sagte ich halt ja, eigentlich nur, um sie nicht zu verletzen. Es war mir ziemlich peinlich, ihn um eine Unterschrift zu bitten, und ich sagte zu ihm, ich hoffe, er würde es nicht für zu amerikanisch halten. Er bat mich, ihm meinen Namen auf einen Zettel zu schreiben (was ich auch tat, aber krumm und schief vor Aufregung, das kannst Du mir glauben) und schrieb dann auf die Karte: ´Frl. Unity Mitford, zur freundlichen Erinnerung an Deutschland und Adolf Hitler.´ Ich sagte ihm, er solle unbedingt nach England kommen. Und er antwortete, daß er das gerne tun würde, er befürchte nur eine Revolution in diesem Falle. Er fragte, ob ich schon einmal in Bayreuth gewesen sei, ich sagte nein, aber ich würde gerne dorthin, und darauf sagte er zu einem der anderen Männer, sie sollen sich das merken... Er sprach über den Krieg und sagte, daß man es den internationalen Juden nie mehr erlauben dürfe, zwei nordische Rassen zum Krieg gegeneinander anzustacheln. Ich antwortete: ´Nein, das nächste Mal müssen wir zusammen kämpfen...´ Am Schluß mußte er gehen. Rosa sagte mir, es sei das erste Mal gewesen, daß er jemanden, den er gar nicht kennt, so einfach an seinen Tisch gebeten hat. Anscheinend hat er auch zu ihr gesagt, daß mein Essen auf seine Rechnung gehe. So, Forgy, jetzt kannst Du Dir in etwa vorstellen, wie es in mir aussieht: Ich bin so glücklich, daß es mir überhaupt nichts ausmachen würde zu sterben. Was habe ich nur getan, um eine solche Ehre zu verdienen?«[29]

Ob dieser Brief nun echt ist oder nicht: Hitlers Nähe zu seiner britischen »Walküre« wird durch viele Fotos belegt. Obwohl Unity Valkyrie von der SS verdächtigt wurde, für den britischen »Intelligence Service« Spionage zu betreiben, wurde sie vom »Führer« persönlich zu vielen offiziellen Festlichkeiten eingeladen, z.B. stand sie zur Einweihung des »Haus der Deutschen Kunst« in München auf der Ehrentribüne unter dem steinernen Ludwig I. nur einige Reihen hinter Hitler. Und nicht nur das: Der »Führer« lud sie auch in seine Wohnung am Prinzregentenplatz zum »Kaffee« ein, sah doch Hitler in dem Mädchen mit den goldblonden Haaren und einer samtenen zarten Haut den Prototyp germanischer Schönheit verkörpert, »ein rassisches Meisterwerk und eine Bestätigung seiner Theorie, daß Briten und Deutsche die einzigen Vertreter einer germanischen Herrenschicht seien, zur Führung der Welt geschaffen.«[30]

Wenn Hitler auch generell wenig von politisierenden Frauen hielt, machte er bei Unity eine Ausnahme. Nicht nur ihre wohlgebaute Figur überzeugte ihn von ihrer Redlichkeit, sondern er sah in ihr auch ein Verbindungsglied zu den britischen Faschisten, die Hitler als großes Vorbild priesen. So war es für die Verehrerin leicht, ihren »geliebten Führer« zu überreden, als persönlicher Trauzeuge ihrer Schwester Diana mit Mosley, dem Anführer der britischen Faschisten, zu fungieren. Die Biographen spekulieren ernsthaft darüber, ob Hitler beabsichtigte, Unity zu heiraten. Obwohl er Eva liebte, hätte er womöglich aus politischen Gründen die Engländerin geheiratet, wenn er mit diesem Schritt imstande gewesen wäre, das britische Empire den deutschen Interessen zu unterwerfen. Hatte nicht auch Napoleon seine Josephine zwar geliebt, sich dann aber mit Marie Louise, der Tochter des österreichischen Kaisers vermählt, um auf diese Weise Österreich an Frankreich zu ketten?

Das alles ist bloße Spekulation: Denn im 20. Jahrhundert ließen sich politische Bündnisse nicht mehr so einfach durch eine Heirat der Mächtigen inszenieren. Außerdem regierte in Großbritannien der überzeugte Demokrat Winston Churchill – nach Meinung Unitys »der Totengräber des britischen Weltreiches« – nicht aber die Faschisten. Indem Churchill sich der deutschen Großmachtpolitik widersetzte, machte er einen Strich durch die Rechnung aller rassistischen Träume eines britisch-germanischen Imperiums. Bei Kriegsbeginn im September 1939 brach für Unity eine Welt zusammen. Fassungslos schrieb sie Hitler in einem persönlichen Abschiedsbrief:

»Ich bin hin- und hergerissen zwischen meiner Loyalität Ihnen gegenüber, mein Führer, und meiner Pflicht als Engländerin. Unsere beiden Völker haben sich in einen Abgrund gestürzt, eines wird das andere mit sich reißen. Mein Leben zählt nicht mehr.«[31]

Am 4. September 1939 – einen Tag nach der britischen Kriegserklärung – wurde auf einer Bank im englischen Garten (dem großen Park im Zentrum Münchens) eine Unbekannte schwerverletzt gefunden. Die junge Frau hatte sich mit einer Pistole zwei Kugeln in den Kopf geschossen. Es handelte sich um Unity. Lange Zeit lag sie im Koma. Im April 1940 ließ Hitler sie nach England zurückschicken, weil er Angst hatte, die riskante Operation in Deutschland durchführen zu lassen. Wäre sie mißlungen, hätte die englische Presse geschrieben, daß Hitler seine britische Geliebte habe umbringen lassen. Unity Valkyrie Mitford lebte noch einige Jahre mehr vegetierend vor sich hin. Sie starb an den Spätfolgen des Selbstmordversuchs 1948.

Besonders demütigend für Eva Braun war die Tatsache, daß sie sich in den Anfangsjahren der Freundschaft ihres Geliebten zu

Unity besonders aufmerksam um die vermeintliche Rivalin kümmern mußte, wenn sie einmal ihrer beider Gast war. Das geschah
allerdings erst zu einem späteren Zeitpunkt, als Eva bereits in
Hitlers Haus bei Berchtesgaden Quartier bezogen hatte – und
damit eine gewisse Sicherheit gewonnen hatte, daß Hitler bereit
war, für ihr Wohl zu sorgen. 1935 lebte Eva jedoch noch bei ihren
Eltern. Der geliebte »Führer« ließ kaum noch etwas von sich
hören. Und die vielen Abbildungen schwärmerischer Frauen um
Hitler wirkten auch nicht gerade beruhigend auf das schlichte
Gemüt der jungen Frau.

Ob Hitler nun um die Verzweiflung seiner Geliebten wußte
oder nicht ---, in den folgenden Monaten kümmerte er sich wieder mehr um »sein Täubchen« Eva. Im September 1935 löste er
eines seiner Versprechen ein, indem er ihr in München-Bogen-
hausen eine Wohnung in einer schmucken Villa überließ. Endlich
mußte Eva nicht mehr bei ihrem strengen Vater leben - in der
Enge eines kleinen Zimmers, das sie sich mit ihren beiden anderen Schwestern teilen mußte. Erstmals in ihrem Leben war sie
»Herrin« eines »eigenen« Heimes. Niemand mehr konnte ihr
Vorschriften machen. Und wenn der Geliebte auch nur selten
anwesend war, so ließ sich die Einsamkeit in dem von »ihm«
gestifteten Haus doch leichter und angenehmer ertragen als im
Elternhaus, wo der Vater ab 22 Uhr die Sicherungen des
Mädchenzimmers herausschraubte. Die Miete für die neue Woh-

Eva Braun

nung ließ Hitler über den neuen Reichsbildberichterstatter Hoffmann (Evas Arbeitgeber) bezahlen. Die Wohnung war nicht weit von Hitlers eigenem Heim entfernt. Trotzdem besuchte der Geliebte nur selten Evas Wohnung. Da er jedes Mal mit einer ganzen Leibwache anrücken mußte, erweckten seine Besuche zu viel Aufsehen, so daß er sie bald ganz einstellte, und stattdessen Eva abholen ließ.

Der Vater mußte wohl erfahren haben, daß seine Tochter ein »Verhältnis« hatte mit dem »Führer«. Er war darüber keineswegs begeistert. Darum schrieb er Hitler im September 1935 einen ebenso mutigen, wie diplomatischen Brief, indem er ihn dazu aufforderte, seine Tochter entweder zu heiraten oder sie ins Elternhaus zurückzuschicken, denn »der Obhut der Eltern und dem gemeinsamen Heim werden die Kinder erst bei Heirat entzogen.«[32] Diesen Brief hat Hitler nie gelesen, da Vater Braun ihn nicht per Post abzuschicken wagte, ihn daher über Hoffmann Hitler zukommen lassen wollte, der ihn wiederum Eva gab. Als sie den Brief ihres Vaters las, riß sie ihn wütend in tausend Stücke, denn sie verspürte keineswegs das Bedürfnis, wieder ins Elternhaus zurückgeschickt zu werden.

Immer häufiger lud Hitler seine Geliebte, die offiziell als eine seiner »Sekretärinnen« fungierte, in seine Residenz auf dem Obersalzberg bei Berchtesgaden ein. Der Name – erinnert der ehemalige KZ-Gefangene Nerin E. Gun – »bezieht sich auf das Salzbergwerk am Fuße des Hanges, in dem man während des Krieges die Deportierten des Konzentrationslagers Dachau sterben ließ – eine Tatsache, die die Berchtesgadener auch heute noch mit diskreten Schweigen übergehen.«[33]

Nach dem Selbstmord seiner Nichte Geli hatte Hitler deren Mutter Angela Raubal (seine eigene Stiefschwester) als Verwalterin und Hausherrin eingesetzt. Sie aber haßte Eva, der sie den Schuld am Tod ihrer Tochter unterschob (weil Eva die Rivalin ihrer Tochter gewesen war und darum ihrer Meinung nach schuldig an deren Tod). Wenn Eva den Obersalzberg besuchte, ließ

Mutter Raubal keine Gelegenheit aus, Eva zu schikanieren. Und da Hitler nur selten anwesend war, fand sie dazu auch hinreichend oft Gelegenheit. Harmlos war noch, daß sie Eva nur mit der einfachen Anrede »Fräulein« ansprach, statt mit dem von uns heute belächeltem Ausdruck »wertes Fräulein«. Immer wieder gab sie spitze Bemerkungen ab, die Evas moralische Haltung in Frage stellten. Den Haushälterinnen gegenüber bezeichnete sie Eva als »blöde Kuh«. Und als sie einmal eine Gästeliste für ein größeres Fest aufstellte, reihte sie Evas Namen unter Fernerliefen in die alphabetische Aufzählung des Personals ein. Es ist dem Gerechtigkeitsempfinden des Herrn Hitler zu verdanken, daß seine Geliebte unter den Schikanen seiner Schwester nur einige Monate lang leiden mußte. Als er davon erfuhr, entfernte er die Halbschwester aus dem Anwesen. Nun machte Hitler Eva auch zu seiner »Mätresse«. Obwohl sie offiziell immer noch als seine »Sekretärin« fungierte, wußte der innere Kreis, daß sie von nun

Hitler mit Eva Braun auf dem Obersalzberg

ab die »Hausherrin« von Obersalzberg war. Dieses »Wissen« muß sich offenbar herumgesprochen haben. Denn 1937 konnte man in einer tschechischen Zeitschrift eine große Fotoreportage über Eva Braun lesen unter der Überschrift: »Die Pompadour Hitlers«. Während dieser Artikel im ganzen Deutschen Reich nicht zur Kenntnis genommen wurde, bekam ihn ausgerechnet Evas Vater zu Gesicht über einen österreichischen Freund, der ihn den Eltern mitbrachte. Der Vater war außer sich vor Wut. Er verbot seiner Tochter den Umgang mit Hitler. Als sie sich diesem Verbot widersetzte, soll er monatelang den Kontakt zu ihr abgebrochen haben.

Die Probleme mit den Eltern hinderten Eva nicht daran, die neue Stellung im eindrucksvollen Ambiente der Residenz auf

Hitler und Bormann

dem Obersalzberg in vollen Zügen zu genießen. Sie genoß die unterwürfige Ergebenheit, die ihr selbst von Nazigrößen wie Heß, Bormann und Speer entgegengebracht wurde. Je länger Eva in dem 1916 von dem Kommerzienrat Winter erbautem und von Hitler später zu einer großen Villa umgestalteten »Haus Wachenfeld« weilte, desto mehr legte sie ihre anfängliche Scheu ab. Das förmliche Sie wich bald dem vertrauten »du«. Hitler nannte sie liebevoll »Schnacksi«, sie aber sollte ihn offiziell mit »mein Führer« ansprechen. Daran gewöhnte sie sich so sehr, daß sie ihren Geliebten auch im intimen Beisammensein »mein Führer« nannte. Dabei war Hitler in dieser Beziehung keineswegs ständig dominant: Eva konnte zu ihrem Geliebten sehr »streng« sein: Sie schalt ihn aus, wenn er zu schlecht gekämmt war, wenn er sich wieder einmal zu lässig gekleidet hatte, wenn ihm seine berühmte Haarsträhne in die Stirn fiel, oder wenn er sich wieder einmal beim Rasieren geschnitten hatte. Dann verteidigte sich der »Führer« mit kleinlauter Stimme:

Göring, Himmler, Heß

»Es wird mehr Blut beim Rasieren vergossen als auf den Schlachtfeldern sämtlicher Kriege.«[34] Das klingt wie der Aphorismus eines urzeitlichen Germanen...

Eva bekam die offizielle Erlaubnis von ganz oben, alle ihre Freundinnen auf den Berghof einladen zu dürfen. Der Lieblingsfreundin Herta wurde sogar ein ständiges eigenes Zimmer zugewiesen. Als einmal beide Schwestern zugleich anwesend waren »kam Göring nach einer Besprechung, und man stellte ihn vor: ʹFräulein Braun, noch einmal Fräulein Braun und zum dritten Mal Fräulein Braun.ʹ Da lachte Göring schallend und meinte: ʹOh, die ganze braune Front.ʹ Eva ärgerte sich sehr darüber und sagte uns später: ʹWir dürfen hier niemals mehr alle drei zusammen sein!ʹ«[35]

Über Politik durfte bei Tisch niemals gesprochen werden. Hitler war überzeugter Vegetarier. Wenn seinen Gästen ein Steak serviert wurde, hielt er ihnen stundenlange Predigten über die vermeidbare Grausamkeit der Schlachtung von Kälbern. Immer wieder stritten sich Hitler und Eva Braun auch vor versammelter Mannschaft über Kleinigkeiten.

»Deine Serviette ist wieder einmal voller Lippenstift«, empörte sich »der »Führer«.

»Mein Lippenstift kommt aus Paris!« entgegnete Eva selbstbewußt. Auf diese Widerrede hin stand Hitler auf und hub zu einer kleinen Standpauke an:

»Wenn Sie, meine Damen, doch wüßten, daß die französischen Lippenstifte aus dem Fett von Küchenabfällen hergestellt werden...«

Die Damen lachten und schminkten sich weiter.[36] Nach der Mahlzeit spazierte man zum Teehaus, Hitler im Wachstuchmantel mit Filzhut und Spazierstock, an der Leine seinen von Eva nicht sehr geliebten Schäferhund »Blondie«. Vom kleinen Teehaus hatte man einen imposanten Blick auf die Barocktürme Salzburgs.

Abends wurde es romantisch. Zunächst sah man sich die neuesten Filme an. Hitler wollte eigentlich nur Abenteuer- und

Cowboyfilme sehen, aber Eva wählte dann und wann auch einmal im Reich verbotene amerikanische Filme aus, die sich sämtliche Bewohner des Berghofes ansehen durften. Zur Mitternachtsstunde saßen Hitler, Eva Braun und einige ausgewählte Gäste um den großen Kamin bei Kerzenschein in der Halle. Dem »Führer« – überzeugter Anti-Alkoholiker - wurde Tee gereicht, Eva trank Sekt, Cognac oder Likör. Dabei plauderte man in halblautem Ton miteinander oder hörte Musik aus dem Grammophon: Franz Lehar, Strauß, Hugo Wolf und natürlich Wagner. Dieses gemütliche Beisammensein erstreckte sich oft bis in den frühen Morgen hinein. Dann zogen sich Eva Braun und Hitler – getrennt - in ihre – miteinander verbundenen – privaten Gemächer zurück.

Johannes Frank beschreibt den intimeren Bereich des Haus Wachenfeld auf dem Obersalzberg:

»Für ihr ausschließlich privates Leben hatten sie eine Wohnung mit vier Zimmern, zwei Bädern und zwei Schlafräumen, die miteinander durch Türen verbunden waren. Hitler hatte mit Eva gemeinsam die Wohnung nach ihren Wünschen entworfen. Hitlers Schlafzimmer war schlicht-bäuerlich eingerichtet, überall lagen Bücher. Nur wenige bekamen diesen Raum zu Gesicht. Eine Tür führte zu einem großen Balkon hinaus, wo er oft den

Die Halle mit dem großen Kamin nach dem Krieg mit Besuchern

457

nächtlichen Himmel betrachtete. Nur Eva hatte dorthin Zutritt. Auch Evas Zimmer war einfach. An der Wand ein Akt und gegenüber das Porträt Hitlers. Hier oben saßen sie an den Abenden in seinem Arbeitszimmer zusammen, wenn sie der Gesellschaft in der Wohnhalle einen Stock tiefer überdrüssig waren oder – was selten genug vorkam – keine vorhanden war. Dieser Raum barg eine gemütliche Sitzecke mit Couch und Sesseln in grün, in dazu passendem Grün auch der Teppichboden mit dunklen Schattierungen. Die Wände in heller Holzvertäfelung bis an die Decke. Im Rücken des schweren Schreibtisches übermannshoch ein runder weißer Kachelofen mit Figuren in einzelnen Kacheln. Eine Wand nahm eingebaute Bücherschränke auf mit Glastüren, ansonsten auch hier Gemälde in schweren Rahmen.«[37]

Obwohl jeder auf dem Berghof wußte, daß »der Führer« mit Eva ein intimes Verhältnis hatte, wurde darüber nicht gesprochen. Niemand wollte bei einem unziemlichen Wort erwischt werden: Eine Verbannung vom bequemen Leben auf dem Obersalzberg wäre noch die gelindeste Strafe gewesen. Heinz Linge, ein persönlicher Diener Hitlers, erzählte später – allerdings erst Jahre nach 1945, daß er einmal seinen Herrn und Eva bei einer Umarmung im Bett überrascht hatte.[38]

In den letzten Jahren vor Kriegsausbruch erlebte Eva die schönste Zeit ihres Lebens. Häufig fuhr sie nach Italien. Bei einer Parade mit Hitler und Mussolini in Neapel soll auf Hitlers Geliebte, die das Geschehen im Kreise einiger Freundinnen beobachtet hatte, ein Anschlag gemacht worden sein, doch sie wurde nur leicht am Arm verletzt. Dieser angebliche Vorfall ist nicht eindeutig belegt, und er wird in Evas Postkarte an ihre Eltern mit keinem Wort erwähnt, vielleicht aber auch deswegen, um die Eltern nicht zu erschrecken.

Inzwischen hatte sich Evas Scheu dem »großen Führer« gegenüber gelegt. Je mehr sie sich von ihm anerkannt fühlte, je mehr er ihr zu verstehen gab, daß sie seine einzige wirkliche Geliebte sei, desto mehr wuchs auch ihr Selbstbewußtsein. Sie wurde anspruchsvoll und reagierte ihren Untergebenen gegenüber immer arroganter. Trotzdem litt sie immer noch unter Hitlers strenger Haltung, sie weiterhin in seinem Schatten dem Licht der Öffentlichkeit zu verbergen. In den Zeitungen war keine Rede von der Frau an der Seite des »Führers«. Als »erster Dame des Reiches« (zu dieser Zeit) durfte Emmy Göring alle süßen Huldigungen für sich kassieren. Und Eva schmollte. Um ihre Frustration für diese persönliche Degradierung zu verdrängen, ging sie mit Hitlers Geldern sehr verschwenderisch um, kaufte sich die teuerste Krokodilgarnitur Münchens und ließ sich von Ferragamo aus Florenz mit Schuhen eindecken. Erlesene Kleider bestellte sie bei dem elegantesten Schneider Berlins Heise. Und ihre Wäsche wurde noch in Kriegszeiten direkt aus Paris importiert. Daneben sammelte sie Brillanten, goldene Ringe, alte Diamanten und wertvollen Schmuck wie andere Briefmarken. Alle diese Kostbarkeiten dienten als Ersatz für die vorenthaltene Stellung als »erste Dame des Reiches«.

Im August 1939 war Eva Braun bei den Filmfestspielen in Venedig, als sie in einem Telegramm dringend aufgefordert wurde, sofort nach Berlin in die Reichskanzlei zu kommen. Auf

Emmy Göring

dem Bahnhof in Venedig drängten sich die Menschen um den Zug nach Deutschland. Die Abteile waren hoffnungslos überfüllt. Und Eva hatte Glück, überhaupt noch ein Schlafwagenabteil erster Klasse ergattern zu können. Alle sprachen sie vom drohenden Krieg. Und auf der Fahrt durch Deutschland mußte der Zug oft warten, um Truppentransporten den Weg frei zu machen. Noch im April hatte Eva ihrem geliebten »Führer« zum Geburtstag Manschettenknöpfe mit dem Hakenkreuz über dem Wappen der Stadt Danzig geschenkt. An einen bevorstehenden Krieg hatte sie niemals gedacht. Selbstverständlich sollte die Rückeroberung des Korridors um Danzig wie die Angliederung Österreichs friedlich verlaufen.

Albert Speer empfing Eva persönlich auf dem Bahnhof und teilte ihr mit, daß ihre ältere Schwester inzwischen bei ihm als Gehilfin Arbeit gefunden habe, nachdem ihr vorheriger jüdischer Arbeitgeber das Land verlassen durfte. Das war eine Ausnahmeregelung gewesen, für die sich Eva persönlich eingesetzt hatte. Nach dem Essen mit Goebbels, Ribbentrop und vielen anderen wichtigen Persönlichkeiten sagte Hitler:

»Es wird keinen Krieg geben. Heute noch reist Ribbentrop nach Moskau. Wir werden ein Abkommen mit den Russen unterzeichnen.«[39]

Hitler mit Albert Speer 1936

Einige Tage später überschritten deutsche Soldaten die polnische Grenze. Eva - längst wieder zurückgekehrt auf den Obersalzberg nach Bayern - hörte Hitlers Stimme im Radio:

»Es soll keine Entbehrungen geben für Deutschland, die ich selber nicht sofort übernehme. Ich will jetzt nichts anderes sein als der erste Soldat des Deutschen Reiches! Ich habe damit wieder jenen Rock angezogen, der mir selbst der heiligste und teuerste war. ich werde ihn nur ausziehen nach dem Siege - oder - ich werde dieses Ende nicht mehr erleben!«[40]

Als der geliebte »Führer« am 1. September 1939 diese Worte vor dem Reichstag sprach, saß Eva Braun weinend vor dem Radio: Denn jetzt würde er noch viel weniger Zeit haben für sie als zuvor. Und was würde nur aus ihr werden, wenn ihm etwas zustösse? Doch dann wurde sie wieder pragmatisch´, indem sie einen Angestellten befahl, »auf höchstem Befehl« dafür zu sorgen, daß die Fracht eines im Hamburger Hafen liegenden Frachters mit Lebensmitteln sofort nach Bayern auf den Berghof als Kriegsvorrat für die Angehörigen des »Führers« gebracht werden sollte. Das war glatter Diebstahl! Diese und ähnliche Befehle trugen Eva den Respekt des Personals ein, das sie von nun ab »die Chefin« nannte.

Ansonsten veränderte sich zunächst wenig am Lebensstil der Eva Braun.

»Sie ließ sich mindestens einmal am Tag frisieren,« sagte ihre Friseuse Milla Schellmoser, »sie wurde leicht ungeduldig und gereizt. Alles mußte immer vollkommen sein, aber ihre Trinkgelder waren recht mager.«[41]

Henriette von Schirach - die Tochter von Evas ehemaligem Vorgesetzten Hoffmann - bekennt, daß Eva sich noch in den ersten Kriegsjahren für Politik überhaupt nicht interessierte:

»Ich glaube nicht, daß sie jemals einen Globus betrachtet hat. Sie las auch keine Zeitungen.«[42]

Ilse Braun beschrieb in ihrem Tagebuch den charakterlichen Wandel ihrer Schwester in der damaligen Zeit:

»Ich erkannte meine Schwester nicht wieder. Der Einfluß Hitlers war unverkennbar. Eva war arrogant und tyrannisch geworden, sie ließ es ihrer Familie gegenüber an Takt fehlen.«[43]

Als Ilse einmal Hitlers Politik kritisierte, soll Eva wütend erwidert haben, daß sie ihre Schwester bestimmt nicht aus dem Konzentrationslager befreien würde, wenn sie wegen ihrer kritischen Äußerungen eingeliefert werden würde. Diese Aussage macht deutlich, daß Hitlers Geliebte trotz ihres Desinteresses an Politik von den Judenverfolgungen wußte. Da Ilse zu dieser Zeit nicht viel Geld hatte, erklärte sich Eva »großzügigerweise« bereit, ihre ältere Schwester monatlich mit »zehn Mark« zu unterstützen.

Albert Speer wußte allerdings auch von positiven Charakterzügen der Geliebten Hitlers zu berichten:

»Eva setzte sich manchmal für den einen oder anderen ein. Das geschah heimlich, meist in Gesprächen mit Bormann.«[44]

Als sich Eva mit ihrer Freundin eines Tages im Juli 1944 wieder einmal beim Baden am Königssee vergnügten, kam ungewöhnlicherweise der Chauffeur im Privatwagen, der wegen des Krieges eigentlich in der Garage bleiben sollte. Die beiden jungen Frauen ahnten nichts Gutes. Der Chauffeur meldete, daß auf den »Führer« ein Anschlag verübt worden sei. Er sei dabei aber nur leicht verletzt worden. Nachdem Eva »halb in Ohnmacht« gefallen war, soll sie vergeblich versucht haben, telephonische Verbindung zu ihrem Geliebten aufzunehmen. Einige Tage später traf ein Paket ein, das eine zerfetzte und blut verschmierte Uniform

Hitler und Speer in bedrückenden
Gesprächen
1944 von Eva Braun aufgenommen

enthielt. In dem persönlichen Brief an Eva gab Hitler diese Uniform als die eigene aus, die er während des Attentats getragen hatte (was nicht stimmte). Wieder fiel Eva »halb in Ohnmacht«.

»Mein liebes Tschapperl (gemeint war Eva – AdV),
es geht mir gut, mach Dir keine Sorgen. Ich hoffe, bald heimzukommen und mich dann in Deinen Armen ausruhen zu können... Ich danke Dir für die Beweise Deiner Zuneigung und bitte Dich auch, Deinem hochverehrten Vater und Deiner gnädigsten Mutter für Ihre Grüße und Wünsche zu danken. Ich bin sehr stolz auf die Ehre..., die Liebe eines Mädchens zu besitzen, das aus einer so vornehmen Familie kommt. Ich habe Dir die Uniform des Unglückstages geschickt. Sie ist der Beweis, daß die Vorsehung mich beschützt, und daß wir unsere Feinde nicht mehr zu fürchten haben.
Von ganzem Herzen, Dein A.H.«

Evas Antwortbrief gehört zu den ganz wenigen Exemplaren, die über den Krieg hinaus für die Nachwelt gerettet werden konnten.

»Geliebter,
ich bin außer mir. Ich sterbe vor Angst, jetzt wo ich Dich in Gefahr weiß. Komm sobald wie möglich zurück, ich fühle mich dem Wahnsinn nahe. Hier ist das Wetter schön, alles scheint so friedlich, daß ich mich fast schäme... Du weißt, ich habe es Dir immer gesagt, daß ich sterbe, wenn Dir etwas zustößt. Von unserer ersten Begegnung an habe ich mir geschworen, Dir überall hin zu folgen, auch in den Tod. Du weißt, daß ich nur lebe für Deine Liebe, Deine Eva.«[45]

Obwohl solche bedingungslose Zuwendung nur wenige Menschen erfahren, war Hitler immer noch nicht bereit, seine Geliebte zu heiraten. Er sei mit Deutschland verheiratet, rechtfertigte er sich immer wieder, außerdem könne er keine Familie gründen, da die Erfahrung erwiesen habe, daß die Nachkommen von Genies schwachsinnig würden. Da der Krieg sich 1944 immer mehr zu Ungunsten des Deutschen Reiches entwickelte, bestanden auch die Eltern nicht länger auf eine Heirat. Immerhin war Hitler bereit, sich als Trauzeuge für die Vermählung von Evas jüngerer Schwester mit Himmlers Verbindungsoffizier, dem SS-General Fegelein - zur Verfügung zu stellen. Fegelein hatte gerade das Ritterkreuz erhalten, weil er gegen die slowakischen Partisanen mit brutaler Härte und rücksichtslosen Vergeltungsmaßnahmen vorgegangen war. Ende April 45 ließ Hitler ihn erschießen, weil er mit dem Feind konspirative Verbindungen aufgenommen hatte.

Bei dieser Hochzeit fiel Eva erstmals der körperliche Verfall ihres Geliebten auf. Wenn er lange stehen mußte, fingen seine Knie an zu zittern. Außerdem ging er gebeugt mit krummen Rücken wie ein verhärmter alter Mann. Sein Haar war stark

Evas Schwester Gretl auf ihrer Hochzeit 1944 mit dem General der Waffen SS Fegelein

ergraut. Und sein Sehvermögen hatte sich dramatisch verschlechtert, so daß für ihn eine Spezialschreibmaschine konstruiert werden mußte mit besonders großen Typen, die es dem »Führer« ermöglichen sollten, in der Öffentlichkeit auch ohne Brille zu lesen. Er konnte immer schlechter hören und litt fast permanent unter Kopfschmerzen. Weil er einen Knoten im Stimmband hatte und nicht mehr sprechen konnte, mußte er Ende 1944 operiert werden. Die Operation verlief zwar zufriedenstellend. Doch von seiner Schwermut wurde Hitler dadurch nicht befreit. Er war erst fünfundfünfzig Jahre alt und schon ein gebrochener Mann.

Leibarzt Morell soll Hitler mit Narkotika gefüttert haben. Eva vertraute diesem Arzt nicht. Aber Hitler war von ihm sehr eingenommen, vielleicht auch deswegen, weil Morell ihm umstandslos alle Medikamente und Rauschmittel besorgte, die sich der »Führer« wünschte. Niemand durfte Hitler gegenüber am Sieg der Deutschen zweifeln, aber im Grunde seines Herzens wußte er längst, daß spätestens nach dem Einfall der Alliierten in der Normandie das Spiel aus war. Auch Eva wagte nicht, sich pessimistischen Stimmungen hinzugeben. Im Januar 45 erreichte sie ein Telegramm der älteren Schwester Ilse, die zu dieser Zeit in Breslau wohnte. Sie müsse aus der schlesischen Stadt fliehen, weil die Sowjets schon vor den Toren stünden. Im Berliner Hotel Adlon, wo Ilse vorübergehend untergebracht wurde, kam es zu einem Streitgespräch zwischen den Schwestern. Ilse warf Eva vor, daß sie sich von Hitler in den Abgrund reißen lasse. Eva reagierte wütend und warf ihr Undankbarkeit gegenüber dem so großzügigen »Führer« vor, der ihr die Möglichkeit bieten würde, »bis zum Endsieg« auf dem Obersalzberg wohnen zu können. An den Endsieg glaubten viele Deutsche. Es ist kaum zu glauben, daß sich ein ganzes Volk über einen Zeitraum von zwölf Jahren von einer Clique kleinkarierter, ungebildeter, niveauloser und primitiver Leute hat gängeln lassen!

Hitler befahl auch seiner Geliebten, möglichst bald Berlin zu verlassen und die Schwester nach Bayern zu begleiten. Tatsächlich fuhr Eva bis München mit. Dort besuchte sie noch einmal ihre alten Freunde und ihre Eltern. Die Stimmung war gedrückt. Alle Freunde reagierten entsetzt, als Eva ihnen mitteilte, sie würde gegen den Befehl Hitlers wieder zu ihm nach Berlin zurückkehren wollen. Niemand konnte sie umstimmen. Da Ende Februar 45 eine Fahrt von München nach Berlin mit dem Zug wegen der zerstörten Gleisanlagen nicht mehr möglich war, fuhr Eva zu Daimler-Benz, wo seit Beginn des Krieges eine Limousine untergestellt war, die ihr Hitler einst geschenkt hatte. Das Unternehmen stellte Eva Braun selbstverständlich auch einen Chauffeur zur Verfügung. Der Wagen wurde dunkelgrau gespritzt, um ihm ein militärisches Aussehen zu geben, denn Privatfahrzeuge waren ja längst verboten. Die Fahrt durch das zerstörte Deutschland raubte Eva alle Illusionen. Nur mit Glück konnte sie der Attacke eines britischen Tieffliegerangriffs entkommen.

Über die letzten Tage im Führerbunker ist schon so viel geschrieben worden, daß wir uns an dieser Stelle kurz fassen können. Es war wohl das erste Mal überhaupt, daß sich Hitler über eine Befehlsverweigerung erfreut zeigte, nämlich daß Eva trotz seines Verbots und der Gefahren zu ihm geeilt war. Das Leben in den stickigen engen Räumen des Bunkers war alles andere als angenehm. Eva durfte bei ihrem Geliebten wohnen, der nur drei Räume zu seiner Verfügung hatte (Wohn-, Schlaf- und Konfe-

Josef Goebbels

Magda Goebbels mit ihren sechs Kindern

renzzimmer). Zwei Räume bewohnte Goebbels. In den oberen
Etagen des Bunkers lebten Goebbels Frau und Kinder, Hitlers
eng vertrauter »Quasi-Stellvertreter« Bormann und ungefähr
600 Angehörige der SS.

Als am 12. April Roosevelts Tod gemeldet wurde, schöpfte der
abergläubische Hitler neue Hoffnung, verglich er sich doch
selbst immer wieder mit dem genialen Strategen Friedrich dem
Großen, dessen Porträt über seinem Schreibtisch hing. Hatte sich
nicht auch der alte Fritz immer wieder aus schier aussichtslosen
Lagen befreit? Und war nicht der Tod des mächtigen Roosevelts
gleichbedeutend mit dem Tod der russischen Zarin Elisabeth, der
für Friedrich II. während des siebenjährigen Krieges die Rettung
bedeutete, weil ihr Nachfolger Peter ein Freund der Preußen
war? Könnte sich nicht die Geschichte wiederholen?

Anders als 1761 (Tod von Zarin Elisabeth) gab es dieses Mal allerdings keine »Preußenfreunde« auf Seiten der alliierten Feinde. Und selbst wenn einige von ihnen der Preußen und Friedrich II. durchaus noch respektvoll gedacht hätten, konnten sie Hitlers wahnhaftem Imperialismus und seinem braunen lemminghaften Gefolge gegenüber nur Abscheu empfinden. Außerdem hatte der »Führer« mit seinem aberwitzigen und überaus riskanten Mehrfrontenkrieg alles andere als strategische Raffinesse bewiesen. Hitler war zum Opfer einer nur als irrational zu bezeichnenden Eroberungswut geworden, während sich der alte Fritz immer den ebenso realistischen, wie rationalen Blick auf das Machbare bewahrt und sich gerade mit seinem Bekenntnis zu einer ausgewogenen Bündnispolitik einen Namen gemacht hatte.

Als am 13. April die Eroberung Wiens durch die Sowjets gemeldet wurde, lagen wieder dunkle Stimmungswolken über dem Führerbunker. Eines der Hauptgesprächsthemen wurde nun die Frage nach der effektivsten Methode des Selbstmords. Hitler wollte auf keinen Fall in die Hände der Sowjets geraten.

»Wenn wir gefangen genommen werden,« soll er zu Eva gesagt haben, »wird man uns in Käfigen im Moskauer Zoo ausstellen.«[46]

Nun gab es nichts mehr zu hoffen. Eva schrieb in den nächsten Tagen insgesamt drei Abschiedsbriefe. Am 19. April bekennt sie ihrer alte Freundin Herta noch mit betonter Zuversicht:

»Ich bin sehr glücklich, gerade jetzt in seiner Nähe zu sein. Es vergeht zwar kein Tag ohne Aufforderung, mich auf dem Berghof in Sicherheit zu bringen, aber bis jetzt habe immer noch ich gesiegt. Außerdem: Ab heute ist wohl an keinem Durchkommen mit dem Wagen mehr zu denken. Wenn alle Stricke reißen, wird sich aber sicher ein Weg für uns alle finden, Euch wiederzusehen.«[47]

Einige Tage später – am 22. April - äußert sich Eva bereits sehr viel pessimistischer, ebenfalls in einem Brief an Herta:

»Mein liebes Hertalein, dies werden wohl die letzten Zeilen und damit das letzte Lebenszeichen von mir sein. Ich wage es nicht, an Gretl (die jüngere Schwester – AdV) zu schreiben. Du mußt es ihr schonend beibringen... Was ich persönlich mit dem Führer leide, kann ich Dir nicht schildern... Ich kann nicht verstehen, wie alles kommen konnte, aber man glaubt ja an keinen Gott mehr.«[48] Die Frau des größten Massenmörders aller Zeiten glaubte an Gott! Irgendetwas daran ist falsch...

Am 23. April entschloß sich Eva doch noch, sich von ihrer jüngeren Schwester Gretl zu verabschieden. Es war ihr letztes Brief und zugleich ihr letztes Lebzeichen, das aus dem Führerbunker nach außen drang. Der älteren Schwester schrieb sie ebensowenig wie ihren Eltern.

»Mein liebes Schwesterlein, was tust Du mir leid, daß Du solche Zeilen von mir bekommst! Aber es geht nicht anders. Es kann jeden Tag und jede Stunde mit uns zu Ende sein... Der Führer selbst hat jeden Glauben an einen glücklichen Ausgang verloren. Wir alle hier ... hoffen, solange noch Leben in uns ist... Aber es ist auch selbstverständlich, daß wir uns nicht lebend fangen lassen.«[49]

Eva befiehlt ihrer Schwester noch, ihre gesamte Privatkorrespondenz und »vor allen Dingen die geschäftlichen Sachen« zu vernichten – bis auf die Fotoalben. Die »Briefe des Führers« (an Eva) und ihre eigenen Antwortentwürfe im »Blauen Lederbuch« soll Gretl »wasserdicht verpacken« und »vergraben«. (Bis heute sind sie noch nicht wieder gefunden worden.)

Gerhard Bolt – offenbar ein Angestellter – beschreibt in seinem Erlebnisbericht die Weltuntergangsstimmung der »letzten Tage« in der Reichskanzlei wie eine kuriose Idylle:

»Burgdorf, Krebs und Bormann waren von ihren bisherigen Bunkern in den kleinen Vorraum vor der Wohnung Hitlers übergesiedelt. Voll des süßen Weines, laut schnarchend und die Beine weit von sich gestreckt, lagen die drei Paladine in tiefen Sesseln, die man vor die rechte Wandbank gestellt hatte. Die Fülle ihrer Leiber hatten sie mit Decken und Kissen bedeckt. Wenige Schritte entfernt, am gegenüberstehenden Tisch, saß Hitler, neben ihm

Goebbels, auf einer Bank – links an der Wand Eva Braun. Hitler erhob sich. Es war für ihn nicht ganz einfach, über die ausgestreckten Beine so hinwegzusteigen, daß die fest Schlummernden nicht geweckt wurden.«[50]

Am selben Abend wurde der Tisch noch ein letztes Mal festlich gedeckt. Vorher hatte Hitler der Sekretärin Traudl Junge sein »politisches Testament« diktiert. Frau Junge mußte den Text noch einmal laut vorlesen:

»Da ich in den Jahren des Kampfes glaubte, es nicht verantworten zu können, eine Ehe zu gründen, habe ich mich nunmehr vor Beendigung dieser irdischen Laufbahn entschlossen, jenes Mädchen zur Frau zu nehmen, das nach langen Jahren treuer Freundschaft aus freiem Willen in die schon fast belagerte Stadt hereinkam, um ihr Schicksal mit dem meinen zu teilen. Sie geht auf ihrem Wunsch als meine Gattin mit in den Tod. Er wird uns das ersetzen, was meine Arbeit im Dienste meines Volkes uns beiden raubte... Ich selbst und meine Gattin wählen, um der Schande der Absetzung oder Kapitulation zu entgehen, den Tod. Es ist unser Wille, sofort an der Stelle verbrannt zu werden, an der ich den größten Teil meiner täglichen Arbeit im Laufe eines zwölfjährigen Dienstes an meinem Volke geleistet habe...«[51]

Als es um Mitternacht am 28. April 1945 zur Trauung kam, trug Eva eines der Lieblingskleider Hitlers, ein langes, hochgeschossenes Kleid aus schwarzem Seidentaft, geschmückt mit einem goldenen Armband mit Turmalinen, einer mit Brillanten besetzten Uhr, einer Kette mit einem Topasanhänger und einer Brillantspange im Haar. Hitler erschien wie gewohnt in seiner Uniform. Während Adolf und Eva Hitler die Hochzeitsnacht – und zugleich die vorletzte Nacht ihrer beider Leben - miteinander verbrachten, wurde oben draußen auf dem Hof vor der Ruine der Reichskanzlei Gretls Mann Fegelein wegen Hochverrats erschossen.

Am 29. April fanden noch einmal letzte Lagebesprechungen statt. Als dann am Nachmittag gemeldet wurde, daß Mussolini erschossen und seine Leiche in Mailand zum Spott der Bevölkerung öffentlich zur Schau gestellt worden war, wurde Hitler kreidebleich. In der Nacht trafen dann die letzten hoffnungslosen Meldungen von der »Front« ein. Das Spiel war aus.

Da Hitler kein Risiko eingehen wollte, probierte er die Giftkapseln an seinem geliebten Schäferhund Blondi aus, der nach der Einnahme auf der Stelle einen sanften und schnellen Tod starb. Mit seiner eignen Pistole erschoß Hitler die jungen Hunde, die sich noch an die Zitzen der toten Hündin drängten. Danach kochte Constanze Manziarly ein letztes Mal für Hitler und seine Braut: Es gibt Spaghetti mit Tomatensauce. Ein makabres Stilleben!

Am 30. April 1945 meldet SS-Adjudant Otto Günsche: »Der Führer ist tot!«[52] Hitler hat sich in die Schläfe geschossen. Eva nahm Gift, denn sie wollte nicht entstellt sterben. (Nach einer anderen Version soll Hitler zunächst seine Braut erschossen haben.)

Mit abgestreiften Schuhen und angewinkelten Beinen liegt sie neben ihrem toten Geliebten auf dem Sofa. Später werden ihre Leichen draußen auf dem Hof verbrannt.

»In einem der überzogenen Bilder, wie Hitler sie zu Beginn seiner Laufbahn bevorzugte, hatte er sich einst als den Mann feiern lassen, der die Bereitschaft zum eigenen Untergang aus der Entschlossenheit herleitete, lieber ein toter Achill als ein lebender Hund zu sein; von ähnlich überspannten Vorstellungen war der Gedanke an den eigenen Tod immer geprägt gewesen. Seine Begräbnisstätte hatte er in einer gewaltigen Krypta im Glockenturm des geplanten Riesenbaues über dem Donauufer bei Linz gesehen; jetzt fand er sie zwischen Schuttbergen, Mauerresten, Betonmischmaschinen und verstreutem Unrat, festgefstampft in einem Granattrichter.«[53] (Joachim C. Fest)

1 zit. n. Frank 49. Franks Buch über Eva Braun wird hier mit Vorbehalt zitiert, denn das gesamte Werk ist kein objektiver Bericht über das Leben von Hitlers Geliebten, sondern eine 1988 (!) geschriebene Verherrlichung des Nationalsozialismus.

2 ebd. 68

3 ebd. 52

4 Hanfstaengl zit. n. Charlier/de Launay 38

5 zit. n. Frank 57

6 ebd. 50

7 ebd. 60

8 ebd. 30

9 ebd. 31

10 zit. n. Charlier/de Launay 12

11 zit. n. Frank 42

12 vgl. Charlier/de Launay 13

13 vgl. Gun 44

14 ebd. 46

15 ebd. 47

16 Charlier/de Launay 23

17 zit. n. Gun 47

18 Frank 49

19 zit. n. Gun 50

20 ebd. 54

21 ebd. 55

22 ebd. 57

23 ebd. 62f

24 ebd. 66

25 ebd.

26 Evas Tagebuch: vgl. Charlier/de Launay 225-231

27 ebd. 228f

28 ebd. 231

29 zit. n. Frank 178ff

30 Gun 149

31 ebd. 156

32 zit. n. Gun 88

33 ebd. 90

34 ebd. 102

35 Ilse Braun, zit. n. Charlier/ de Launay 107

36 zit. n. Gun 113

37 Frank 123

38 vgl. Gun 130

39 ebd. 146

40 Hitler zit. n. Frank 230f

41 zit. n. Gun 161

42 zit. n. Charlier/de Launay 165

43 zit. n. Gun 161

44 zit. n. Charlier/de Launay 165

45 zit. n. Gun 164f.

46 ebd. 184

47 zit. n. Frank 282

48 zit. n. Gun 189

49 zit. n. Frank 288

50 Boldt zit. ebd. 198

51 Hitler zit. ebd. 198f

52 vgl. Frank 305

53 Fest 1023

»Das Wasser war viel zu tief«
Von der Tragik liebender und geliebten Frauen

>»Es waren zwei Königskinder,
>die hatten einander so lieb.
>Sie konnten zusammen nicht kommen,
>das Wasser war viel zu tief...«
>(aus einem mittelalterlichen Minnelied)

Das Thema dieses Buches war es, die Spuren einiger berühmter liebender und geliebter Frauen zu verfolgen. Die Auswahl war sicherlich willkürlich. Die Leser werden aber Verständnis dafür haben, daß eine Beschränkung notwendig war, um den gesetzten Rahmen eines Buches nicht zu sprengen.

Einige der genannten Frauen existierten nur im Mythos - wie z.B. Semele und Medea. Wie ich gezeigt habe, erzählt der Semele-Mythos den Grundkonflikt eines Dreiecksverhältnis - im Spannungsfeld zwischen Ehefrau (Hera) und Geliebten (Zeus) - und ist als solcher ein Paradigma der Literaturgeschichte.

Andere Frauengestalten waren ebenfalls kaum realer als die mythische Gestalt der Semele: Denken wir nur an die von der männlichen Phantasie künstlich erhöhte Beatrice oder auch an Hölderlins »Diotima«. Noch die Schwärmerei eines einfachen Menschen nährt sich von den Projektionen der großen Dichter und Denker. Was wäre die Liebe ohne jede Idealisierung? Sie würde schlichtweg im alltäglichen Dunst ersticken! Ist nicht der Deutung von C. G. Jungs Analytischer Psychologie zuzustimmen, der gemäß jeder Liebende im anderen sein Seelenpendant zu erblicken meint? Animus sucht Anima wie vice versa. Dabei können wir uns natürlich in Irrtümern verstricken - wie auch im Strudel der Projektionen verlieren. Immer aber gehört ein wenig Idealisierung mit hinein in den kulinarischen Genuß der Liebe. Dantes Beatricekult war nur eine extreme Form dessen, was in jeder gewöhnlichen Liebe sich mehr oder weniger stark ereignet.

Susanne Goutard

Dieses Idealisieren (meistens der Frau) war durch die Jahrhunderte hinweg Thema der großen Liebesromane von Dantes Beatrice bis hin zu Dieter Wellershofs Roman »Die Sirene«.

Nehmen wir als weiteres wichtiges Beispiel Hölderlins »Diotima«: »Diotima« ist eine in Platons »Gastmahl« auftauchende Priesterin. Mit diesem Namen schmückte Hölderlin die von ihm hoch verehrte Mutter eines Zöglings, dem er Privatunterricht gab: Susanne Gontard, eine zierliche junge Frau mit sensiblen harmonischen Gesichtszügen.

»Eine Griechin, nicht wahr?« flüstert Hölderlin seinem Freund Hegel begeistert zu, als sie beide einmal bei der Familie Gontard zu Gast sind. In Susanne Gontard sieht Hölderlin seine Beatrice. Zum ersten Mal in seinem Leben begegnet ihm leibhaftig der Widerglanz des Ideals, das er in seinen Dichtungen - besonders im »Hyperion« - immer wieder beschwören wird.

»Diotima! Edles Leben,
Schwester, heilig mir verwandt!
Eh ich Dir die Hand gegeben,
Hab ich ferne Dich gekannt.«[1]

Susanne erwidert die Liebe ihres jünglinghaften Hauslehrers. Anders als Dantes immer fern bleibende Beatrice ist sie ein real-existierender Mensch, der die schöngeistigen Gespräche - und vielleicht noch mehr - mit Hölderlin nicht missen möchte. In der Tiefe ihres Wesens bringt der Dichter eine Saite zum Schwingen, die ihr Mann - ein pragmatischer Verstandesmensch - niemals erkannt hatte. Auch diese Liebe endet tragisch. Der Ehemann erwischt seine Frau im vertraulichen tête à tête mit dem Hauslehrer und jagt Hölderlin aus dem Haus. Dem Dichter aber bleibt nur noch das Ideal der ihm unerreichbar bleibenden geliebten Frau, das er von nun an dichterisch beschwört wie vor ihm Novalis seine »blaue Blume«:

»Alles wird in der Entfernung Poesie: ferne Berge, ferne Begebenheiten. Alles wird romantisch.«[2]

Das hier von Novalis beschriebene Motiv der Unerreichbarkeit scheint in vielen der genannten Fälle die Intensität der Liebe noch verstärkt zu haben. Die »romantische Liebe« beschreibt eben nicht die glückliche, in sich erfüllte Liebe, sondern eher das Sich-Verzehren nach dem unerreichbaren Ideal.

»Das Wasser war viel zu tief«: Dieses Motto aus einem Minnelied ist nicht nur negativ zu interpretieren. Oft muß offenbar der Graben zwischen den Liebenden besonders tief und unüberwindlich sein, um überhaupt erst Leidenschaft zu erwecken. Ist es nicht bezeichnend, daß Rausch, Ekstase und Leidenschaft im Semele-Mythos erst nach der durch den Tod symbolisierten

Trennung entstehen? Erst nachdem die sterbliche Semele im Feuerglanz ihres geliebten (Ab-)Gottes (Zeus) verbrannt ist, wird ihr göttlicher Sohn Dionysos (der Gott des Rausches) geboren - und sie - die nunmehr unerreichbare Geliebte - wird am Ende mit Unsterblichkeit gekrönt.

Die Geschichte der Semele besagt demnach, daß der Graben zwischen den Liebenden nicht tief genug sein kann, wenn die Flamme des Eros nicht verglimmen soll. Natürlich bedeutet das nicht, daß die Liebenden notwendigerweise voneinander getrennt sein müssen, nur um sich intensiv lieben zu können. Aber das Nicht-Haben - so sagte schon Sokrates in dem frühen platonischen Dialog »Lysis« - ist eine der Voraussetzungen für das Begehren - im physischen und psychischen Sinne. Jede Art von Liebessehnsucht setzt die Nichtverfügbarkeit über das geliebte »Objekt« voraus. Sobald ein anderer Mensch oder eine Sache verfügbar gemacht worden ist, wird es in der Regel uninteressant. Die Faszination nimmt ab.

Dieses psychologische Gesetz, das die Beschäftigung mit der Geschichte der Liebenden zu allen Zeiten zu bestätigen scheint, wirkt ernüchternd auf Menschen, die noch ernsthaft nach einer dauerhaften Verbindung suchen - und dieselbe mit dem »heiligen Band« der Ehe festigen wollen. Wie wir gesehen haben, wurde dieses Band erst sehr spät für »heilig« erklärt. Jesus hat selber nicht viel von der Ehe gehalten. Wichtiger als ein formaler Bund war ihm immer das innige Gefühl der Liebe gewesen. Zu Magdalena soll er gesagt haben: »...dir wird vergeben werden, denn du hast geliebt.« In den höheren Kreisen der Aristokratie war die Heirat durch die Jahrhunderte hindurch - und nicht nur in der abendländischen Kultur - nichts weiter als ein Geschäft.

Nicht nur in dem oben zitierten Minnelied, sondern auch in der gesamten abendländischen Literaturgeschichte finden wir unzählige Beispiele dafür, daß Liebe irgendwie tragisch sein muß, um überhaupt ernst genommen zu werden. Die Märchen enden in der Regel mit der Verheiratung der Hauptpersonen: »Und

wenn sie nicht gestorben sind, dann leben sie noch heute...« Was das verheiratete Paar dann noch erlebt, erscheint allzu belanglos, um noch Stoff für eine spannende Erzählung abgeben zu können. Es geht in ja in den meisten Ehen nur noch um banale Hausarbeit und Kindererziehung: Die Gespräche mit Eltern in jungen Familien erschöpfen sich meistens im Lamentieren über Probleme beim Wickeln oder über den letzten Hautausschlag ihres jüngsten Kindes...

Wie viel dramatischer erscheint dagegen das klassische Schicksal von Romeo und Julia. Diese Liebe wird nicht von der Kindererziehung funktionalisiert. Hier finden die Liebenden erst im Tod - in der absoluten Trennung - Erfüllung. Der Graben konnte offenbar nicht tief genug sein! Ähnlich bei Homer: Obwohl Odysseus nach einer jahrelangen »Odyssee« zu seiner Frau Penelope zurückkehrt, verläßt er sie am Ende wieder, weil er sich nicht mehr an den eintönigen Ehealltag gewöhnen kann.

Wie wir schon im entsprechenden Kapitel erwähnten, wollte auch Dante »seine« Beatrice nur als ein fernes Bild verehren. Wäre sie ihm plötzlich doch noch einmal wieder irgendwo leibhaftig begegnet, und hätte er sie womöglich geheiratet, wäre die ihn zur Poesie animierende Inspiration der Liebe bald im Alltag erstickt, vielleicht wie diejenige zwischen Sokrates und Xanthippe. Xanthippe war alles andere als eine glückliche Frau, andererseits wäre ihr nicht die zweifelhafte Ehre zuteil geworden, als der

Sokrates

Prototyp aller keifenden Weiber in die Weltgeschichte einzugehen.

Auch am Beispiel Kierkegaards hatte es sich gezeigt, daß für den dänischen Philosophen seine Verlobte Regine nur als Impulsgeber für die eigene Innerlichkeit Bedeutung hatte. Regine wurde in Distanz gehalten, weil das in sie gesetzte Ideal nicht zerstört werden sollte. Es wäre für Kierkegaard ein Graus gewesen, Regine als Geschirr spülendes einfaches Mädchen erleben zu müssen - gekleidet in eine biedere Schürze. Dementsprechend wurde Heinrich VIII. seiner Frauen immer dann überdrüssig, wenn er sie geheiratet hatte: Anne Boleyn konnte ihn nur solange reizen, als sie für ihn unerreichbar war: Dieses immer wieder feststellbare Paradoxon der Liebe (»Ich möchte dir nahe sein, aber zuviel Nähe ernüchtert die Leidenschaft«) offenbart das tragische Wesen der Liebe.

War das Wissen um die Bedeutung des tragischen Motivs für die Bewahrung der Liebe der Grund dafür, daß Richard Wagner sich lange Zeit sträubte, Cosima zu heiraten? Auch Sartre wollte seine Gefühle nicht durch eine Ehe mit Simone abstumpfen lassen. Umgekehrt erkannte Madame Pompadour sehr schnell, daß sie Ludwigs Leidenschaft nur durch zeitweise Distanzierung lebendig halten konnte: Sie mußte künstlich den »Graben« immer wieder »vertiefen«, um die Glut des Eros zu schüren. Der Schriftsteller Joseph Roth sprach dann einen Gedanken ganz ungeniert aus, der Männer immer wieder dazu veranlaßt, ihre Geliebten auf Distanz zu halten:

»Es steckt in jeder Frau der fatale und sehr natürliche Drang, mich einzuengen, familiär und zum Haustier zu machen.«[3]

Meistens litten (und leiden noch heute) die Frauen unter dieser Distanzierungsstrategie vieler Männer. Oft suchen sie eine unbedingte Nähe zum Geliebten und sind bereit, dafür fast jeden Preis zu zahlen. Ihre Motive sind jedoch sehr unterschiedlich. Christiane Vulpius zum Beispiel fand sich nicht zu schade, für ihren über alles geliebten Goethe den Haushalt zu besorgen. In seiner Nähe nahm sie teil an seinem Ruhm. Goethe wußte ihre fürsorgliche Nähe zu schätzen. Er heiratete sie und lebte immerhin fast zwei Jahrzehnte lang mit ihr zusammen. Eben weil sie sich in seinen Lebensstil stromlinienförmig einfügte, wurde sie ihm nicht lästig. Weil sie - wie keine andere seiner vielen Geliebten - auf Besitzansprüche verzichtete, konnte er sie heiraten - sprich: sich von ihr »besitzen« lassen. Mit Käthchen Schönkopf hatte Goethe dagegen ebenso schnell gebrochen, wie mit seiner Lotte oder mit der schönen blauäugigen Mailänderin Maddlena Riggi, oder auch mit

Christiane Vulpius

Johann Wolfgang Goethe

Friederike Brion. Sie alle wollten ihn irgendwann ganz besitzen und lösten mit diesem Besitzdrang im »Wanderer« Goethe panische Angst aus, Angst vor dem stabilisierenden und fixierenden weiblichen Prinzip, das die schöpferischen Energien des immer umherstreifenden schöpferischen Mannes lähmt - wie die Gottesanbeterin ihr Männchen, bevor sie es frißt. Christiane Vulpius dagegen konnte sich mit einer dem Künstler dienenden Rolle bescheiden - und gewann eben deswegen Goethes Vertrauen. Ein ähnliches Verhältnis hatte der Philosoph Friedrich Wilhelm Schelling zu seiner zweiten Frau Pauline: Auch sie stellte sich ganz in den Dienst seines Genius.

Hermann Hesse hatte einmal gesagt, daß Künstler zu Ehen kaum fähig seien: Er selber fand erst in der dritten Ehe - mit Ninon - Erfüllung. Die erste Frau Maria lähmte seine eruptive Schöpferkraft mit ihrem übertriebenem Ruhebedürfnis, während die zweite Frau Ruth eigentlich mehr eine flüchtige

Hermann Hesse

481

Berthold Brecht

Geliebte war. Kaum verheiratet sprach man bereits von Scheidung, und vor dem Scheidungsrichter begründete Ruth ihr Trennungsbedürfnis mit Zitaten aus Hesses Schriften, die beweisen sollten, welch ein unmöglicher Mensch der Schriftsteller wäre. Sie hatte kein Verständnis für die besonderen Charaktereigenschaften eines Künstler.

Ganz anders erging es Maria Stuart, die von ihrem Geliebten Bothwell - der alles andere als ein Künstler war - hemmungslos ausgenutzt wurde. Sie diente ihm nur als Mittel zur Macht. Berthold Brecht ließ seine Geliebten für sich arbeiten: Er gründe-

Napoleon I

te mit ihnen ein »Schreibkollektiv«, ohne dafür eine finanzielle Entschädigung zu bieten. Wie im Stock fleißiger Bienen wurden in der Brechtschen »Liebesfabrik« seine Geliebten zu sinnvoller Arbeit angestiftet, indem sie für ihn Texte vorbereiten und abtippen sollten. Da machte es sich bezahlt, nicht nur eine Geliebte zu haben! In seinem Liebesleben war (ausgerechnet!) Brecht ein Kapitalist, der die Liebessehnsüchte der ihn begehrenden Frauen zu »vermarkten« wußte. Immerhin war er bereit, sich auch einmal für die eigenen schriftstellerischen Versuche seiner Freundin Marieluise Fleißer einzusetzen. Die »stolze Demut« eine seiner anderen Geliebten - Elisabeth Hauptmann - beschrieb der kommunistische Schriftsteller mit den folgenden - nicht gerade das egalitäre Prinzip ausdrückenden - Worten:

»Auf dich wurden (von mir, Brecht! - AdV.) Lasten gelegt, die man nur auf die sichersten Schultern legt. Du wurdest übersehen wie das Nächstliegende...«[4]

Die Frau als Lasttier, das dem Manne dient wie das von Nietzsche im »Zarathustra« beschriebene Kamel![5]

Maria Walewska hatte Napoleon in ihrer polnischen Heimat kennen und lieben gelernt. Die patriotisch gesonnene Gräfin sah

Lotte Altmann

483

Stefan Zweig

in dem französischen Feldherrn den möglichen Retter Polens. Sie war bereit, für sich und ihren kleinen Sohn und für die Nähe zu dem großen Mann alle möglichen Entbehrungen und Demütigungen auf sich nehmen. Sie besuchte Napoleon in Paris, obwohl er sich längst anderen Frauen zugewandt hatte. Nicht einmal als er gefangen genommen worden war, ließ sie ihren gedemütigten Helden im Stich. Er hatte alle seine Macht verloren --- , und sie liebte ihn noch immer in einer Weise, wie offenbar nur eine Frau lieben kann.

Ähnlich muß wohl auch Lotte Altmann empfunden haben, die lange Zeit Stefan Zweigs treu ergebene Sekretärin gewesen war, bis er sich dann von seiner allzu selbstbewußt und kritisch auf-

Spencer und Hepburn

tretenden Frau Friderike trennte, um stattdessen die seiner Kunst ausschließlich dienende Geliebte zu heiraten. Mit ihm emigrierte sie kurz nach Beginn des Zweiten Weltkriegs zunächst in die USA, dann ins ebenso ferne, wie fremde Brasilien. Ja, sie war sogar bereit, mit dem Schriftsteller gemeinsam in den Tod zu gehen. Vielleicht mutet der Vergleich makaber an, weil Stefan Zweig als Jude den Verfolgungen der Nazis ausgesetzt war: War es aber nicht Ironie des Schicksals, daß der Judenhasserin Eva Braun, wie auch Petraci, der Geliebten Mussolinis, das gleiche Los beschieden war wie Lotte Altmann, der Geliebten und zweiten Frau des von den NS-Schergen gejagten Stefan Zweig? Alle drei Frauen folgten ihren Geliebten - blind ergeben - in den Tod. 1942 vergifteten sich Lotte und Stefan Zweig in Brasilien. Einige

Maria Callas

*Ehepaar
Bergmann-
Rosselini
mit ihren
Kindern*

Jahre vorher hatte der Dichter in glühenden Farben den gemeinsamen Freitod Heinrich von Kleists mit Karoline von Schiller
beschrieben:

»Kleist, der ewige Übertreiber steigert auch den Tod empor in
eine Leidenschaft, einen Rausch, eine Orgie und Ekstase. Sein

Else Lasker-Schüler

Untergang ist ein Seligsein, ein Hingegebensein, wie er es nie im Leben gekannt - entbreitete Arme, trunkene Lippen, Frohmut und Überschwang. Singend wirft er sich hinab in den Abgrund.«[6] Wieder stoßen wir auf das Motiv des Unendlichkeitsdranges, das die Liebenden über das allzu beengt erscheinende Korsett des Lebens hinaustreibt. Wieder sind es die Männer, die die Frauen dazu treiben, mit ihnen im äußersten solidarisch zu sein. Und fast immer sind die Frauen verständnisvoll und nachgebend: Ingrid Bergmann folgt ihrem Geliebten, Roberto Rossellini, dem berühmten italienischen Regisseur, nach Rom - und läßt für ihn die eigene Familie im Stich. Die ebenso intelligente, wie sportlich elegante Filmschauspielerin Katharine Hepburn verliebte sich in Spencer Tracey. Sie war ihm so sehr verfallen, daß sie seine Ehe mit einer anderen Frau in Kauf nahm. Weil er ein zurückgebliebenes Kind hatte, wollte er seine Frau nicht im Stich lassen. Darum durfte Katharine ihn jahrzehntelang nur heimlich treffen. Kurz vor seinem Tode war sie es, die ihn in einem Wochenendhaus pflegte. Als er dann starb, wurde sie zur Trauerfeier zusammen mit den Größen der Hollywood-Gäste nicht eingeladen. Das empfand sie als eine besonders starke Demütigung. In ähnlicher Weise erging es vielen Frauen, die sich ganz auf die Bedürfnisse ihrer Geliebten einstellten, zum Beispiel Maria Callas, der ich in meinen Erinnerungen ein ganzes Kapitel gewidmet habe.

Die Marquise de Pompadour war den Launen Ludwigs XV. ausgeliefert. Das hatte sie sich allerdings selber zuzuschreiben, denn nur um an der Macht des Königs teilhaben zu können, ließ sie ihren fassungslosen Ehemann im Stich. Auch Simone de Beauvoir ist in ihrer Beziehung zu Sartre mehr Objekt als Subjekt: Sie läßt sich von ihm als Beichtmutter für die Schilderung seiner unzähligen sexuellen Eskapaden gebrauchen. Regine Olsen dient Kierkegaard nur als lebendiges Vorbild für sein »Tagebuch eines Verführers«. Schließlich ist Else Lasker-Schüler bereit, sich für den über alles geliebten Gottfried Benn selber aufzugeben. Ihre Gefühle grenzen ans Masochistische:

Gottfried Benn

»Ich bin dein Wegrand...
Die dich streift,
stürzt ab...«[7]

In einem anderen Brief bietet sie ihrem spröden Geliebten ein makaberes »Skalpspiel« an:

»Immer bettle ich vor deiner Seele,
bin doch mit dir verwachsen
Warum reißt du mich von dir?
(Und doch bin ich dein,)
bis mein Haar an deinem Gürtel flattert...«[8]

Anders als Stefan Zweig ist Gottfried Benn allerdings nicht bereit, diese unbedingte Verliebtheit seiner Geliebten anzunehmen. Im Gegenteil wird sie ihm zunehmend lästig: Je besitzergreifender sich ihre Ekstase gebärdet, desto mehr stößt er sie von sich. Else Lasker-Schülers Hingabe ist anders geartet als diejenige Christiane Goethes (geborene Vulpius) oder Lotte Zweigs (geborene Altmann): Letztere stellten sich ganz auf die Künstlerseele ihrer Männer ein, während Else in ihre Leidenschaft einer masochistischen Zudringlichkeit verfällt: So sehr sie sich Benn gegenüber auch zu demütigen scheint, benutzt sie ihn nur um ihre unerfüllten Triebe nach Erniedrigung austoben zu können. Sie nimmt ihre eigenen Gefühle nicht bescheiden zurück wie

Max Frisch

Goethes Christiane, sondern konfrontiert den Geliebten rücksichtslos mit der vollen Wucht ihrer schlingpflanzenähnlichen, autistisch in sich selbst kreisenden Empfindungen: Ist es da verwunderlich, daß Benn eine Haltung der Distanz einnimmt? Ähnlich muß Lou Andreas-Salomé den sie so »unbedingt« und rücksichtslos bestürmenden - ja sogar mit der Ausschaltung seines »Freundes« Ree rechnenden - Nietzsche empfunden haben - als Bedrohung ihrer persönlichen Freiheit.

Ingeborg Bachmann

Geradezu spiegelverkehrt im Vergleich mit den oben beschriebenen Beziehungsmustern gestaltete sich das Verhältnis zwischen Ingeborg Bachmann und Max Frisch: Zunächst fasziniert von der Widersprüchlichkeit ihres Wesens, empfand er später das Unwägbare, Geheimnisvolle, Zerfließende des Charakters der Bachmann zunehmend bedrohlich. »In ihrer Nähe beginnt der Wahn«, soll Frisch einmal geschrieben haben.[9] »Hingerissen und gebannt litt er an ihren Kapriolen, wodurch sich gerade die Wesenszüge, die in sein Schmerzensmuster paßten, an ihr verstärkten: Verwirrtheit, Unberechenbarkeit, der Hang, sich zu entziehen, sich kryptisch zu verhüllen, Unnahbarkeit.«[10]

Bei den obigen Beispielen konnte von authentischer (wenn auch teilweise in sich selbst verbarrikadierter) Liebessehnsucht gesprochen werden, die meist gerade durch ihre Unerfüllbarkeit noch gesteigert wurde. Andere Geliebte wurden weniger von echten Gefühlen geleitet, als vielmehr vom berechnenden Verstand: So tragisch auch das spätere Schicksal der Anne Boleyn anmutet, kann nicht davon gesprochen werden, daß sie Heinrich liebte. Ein Beleg für ihren berechnenden Charakter ist die Sprödigkeit, mit der sie den König jahrelang hinhielt, solange er nicht bereit war, sie zu heiraten. Indem sie ihre Hingabebereitschaft in kalter Kalkulation an den Akt der Heirat koppelte, übte sie auf den König keinen geringen Druck aus, wußte sie doch, daß er bereits laut katholischem Dogma in einer unauflöslichen Ehe gebunden war. Dabei galt ihre einzig wahre Liebe einem Jüngling namens Percy, dem Sohn des Grafen Northumberland. Ihn gab sie auf, weil ihr Macht mehr bedeutete als Liebe. Hätte Anne den König wirklich geliebt, wäre sie gegebenenfalls bereit gewesen, alle Vorsichtsmaßnahmen außer Acht zu lassen. Für sie war Heinrich nur als Mittel wichtig, um die begehrte Königinwürde zu erreichen. Um ihretwillen mußte er mit der katholischen Kirche brechen. Um ihretwillen wurden Kriege ausgefochten, Diplomaten jahrelang beschäftigt und die Staatskasse geplündert. Kein Wunder, daß der König am Ende erbost war, daß sich dieser

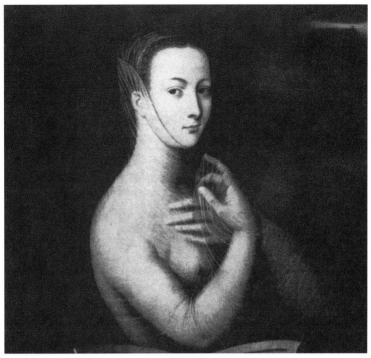

Diane de Poitier

immense Aufwand nicht gelohnt hatte, war doch die Boleyn
frigid...

Wie wir gesehen hatten, gab auch Madame Pompadour bereitwillig zu, daß ihr Verhältnis zu Ludwig weit mehr von Taktik, als
von Liebe bestimmt war. Sie fungierte zwar als »maitresse en
titre«, war also seine Hauptgeliebte, aber deswegen keineswegs
eine liebende Frau. Raffinesse wird man ihr zubilligen, nicht aber
die oben beschriebene Liebessehnsucht. Vielleicht lernte sie diese
Sehnsucht erst im Augenblick des Entzuges kennen, als ihr durch
Krankheit und Alter bewußt wurde, daß ihre Attraktivität dahin
schwand - und sie dem König nur noch indirekt - durch die Auswahl seiner Geliebten nahe sein konnte. Den Konflikt zwischen
politischer Disziplin und hinschmelzenden Empfindungen

erlebte sie wahrscheinlich nur einmal in ihrem Leben - gegenüber Abbé de Bernis. Aber auch im Umgang mit diesem heimlichen Vertrauten ließ sie ihre Gefühle niemals Oberhand gewinnen über den Verstand, der sie schließlich nötigte, sich von ihm - nur aus politischen Erwägungen heraus - zu trennen.

Die schöne Diane de Poitier muß ebenfalls einen ziemlich berechnenden Charakter gehabt haben. Sie fungierte als »Hauptgeliebte« Heinrich II, während sie gleichzeitig mit dem gleichnamigen Sohn des Königs ein Verhältnis begann. Hatte Wilhelmine von Encke - die Mätresse Friedrich Wilhelm II. - den preußischen König etwa mehr geliebt? Zwar diente sie Wilhelm II. mit der ganzen Hingabe ihres Herzens und versorgte sogar seine legalen Kinder. Vielleicht beschied sie sich mit dieser demütigen Rolle aber nur deswegen, weil ihr weder die Klugheit, noch die Schönheit der Pompadour eigen war. Raffinesse ging ihr gänzlich ab.

Und Katharina die Große? Auch bei der russischen Zarin war das Machtmotiv stärker ausgeprägt als die Liebe: Zwar glaubte sie ohne einen Geliebten während der abendlichen Stunden nicht überleben zu können, doch ihre Partner waren austauschbar. Wenn einmal einer - wie Orlow oder Potemkin - höhere Ansprüche stellte und die gleichberechtigte Partnerschaft - auch im Sinne einer Beteiligung an ihrer Macht - forderte, wußte sich Katharina immer wieder geschickt zu entziehen. Katharina sah in ihren Männern nur Gespielen oder Vertraute.

Geliebte Frauen waren oft alles andere als liebende Frauen. Trotzdem hatten sie mit Männern meistens größeres Glück als Frauen, die sich in ihren sentimentalen Gefühlen verloren. Denken wir nur an Marion Davies, die schillernde Geliebte des früheren amerikanischen Zeitungspapstes, William Hearst. Während er seine Frau zu hause das »Muttchen« spielen ließ, ließ er sich von der koketten Marion umgarnen, ja, er baute ihr gar einen Palast bei Los Angelos und förderte ihre Avancen als Schauspielerin mit großzügigen finanziellen Zuwendungen.

*Coco Channel
und der Herzog von Westminster*

Auch die Modeschöpferin Coco Channel gehört zu den glücklichen Frauen, die vom Geliebtwerden nicht gerade wenig profitieren. Durch ihren langjährigen Verehrer, dem Herzog von Westminster, wurde sie in die »große Gesellschaft« eingeführt, was ihrer Karriere sehr förderlich war. Natürlich war auch er verheiratet, aber das hielt ihn nicht davon ab, seiner geliebten Coco zu Füßen zu liegen. Ähnlich erging es Emma Hamilton: Sie war offenbar so schön, daß sie von den Malern ihrer Zeit - trotz ihrer einfachen Herkunft - zum Kultobjekt erhoben wurde. Noch heute kann man ihre Portraits in jeder bedeutenderen englischen Galerie bewundern - besonders diejenigen des großen Portraitisten der englischen Gesellschaft des 18. Jahrhunderts, George Romney. Mit ihrem seelenvollen Blick wirkt sie wie eine femme fatale. Auch Emma hatte mit den Männern Glück: Sie war die zweite Gattin des englischen Diplomaten und Archäologen Sir William Hamiltons, den sie nach Italien begleitete. Dann wurde die umschwärmte Frau 1798 die Geliebte von Admiral Horatio Nelson, dem Helden der Schlacht von Trafalgar, die ihm 1805 das Leben kostete.

Immer wieder wurden Frauen ihren Geliebten zum Verhängnis: Der französische Dichter Charles Baudelaire glorifizierte diesen Typ fataler Schönheit, der am Ende des 19. Jahrhunderts

zum Markenzeichen des fin de siècle wurde und in den Zeich-
nungen Aubrey Beardsleys oder in der phantastischen Malerei
Gustave Moreaus seinen prägnantesten Ausdruck fand. Baude-
laire verfällt der schönen Mulattin Jeanne Duval und beschwört
den würzigen Duft des Haares seiner »Vampirfrau«. Als mythi-
sches Vorbild für die Geliebte als femme fatale galt die Salome aus
dem Alten Testament. Die Tochter von Herodias und Herodes
Antipas bezirpste den Stiefvater so sehr, daß er um ihretwillen
Johannes den Täufer hinrichten ließ: Dieses blutrünstige
Mädchen wurde zum Lieblingsmotiv in der Malerei Gustave
Moreaus, über die später der holländische Schriftsteller J.K.
Huisman schrieb:

*Emma
Hamilton*

Sir William Hamilton

»Hier war sie (Salome) wirklich Dirne; sie gehorchte ihrem lei-
denschaftlich-grausamen Temperament; sie lebte raffinierter und
wilder, abscheulicher und erlesener; sie weckte die lethargischen
Sinne des Mannes um so stärker, behexte und bezwang seinen
Willen um so sicherer mit dem Charme einer großen Venusblüte,
die in frevelhaften Betten gezeugt und in gottlosen Gewächshäu-
sern aufgezogen worden war.«[11]

Horatio Nelson

»Die Erscheinung« Gustave Moreau`s Salomé

Noch bis hin zur dämonischen Marlene Dietrich (Geliebte von Erich Maria Remarque und Jean Gabin) zog dieser Typus einer skrupellosen weiblichen Schönheit besonders künstlerisch veranlagte Männer in ihren Bann. Es ist wohl mehr ein Zufall, daß Lou Andreas-Salomé den Namen der biblischen Königstochter trägt: Auch sie wurde von ihrem Vater übertrieben verwöhnt, was vielleicht ihren ans Sadistische grenzenden Umgang mit den sie verehrenden Männern zumindest psychologisch erklären kann. In unzähligen Erscheinungsweisen ging die dämonische Geliebte in die Literaturgeschichte ein, ob als »Carmen« von Prosper-Merimée, die in der gleichnamigen Oper Georges Bizets eher verniedlicht wurde, als »Venus im Pelz« von Leopold von Sacher-Masoch, dem (unfreiwilligen) Namensgeber für den Masochismus, und als wollüstig grausam überzeichnete »Helena« in den Dichtungen d´Annunzios oder im zweiten Teil von Goethes »Faust«, wo sie als dekadentes Zauberbild beschworen wird, mit dem Mephisto Faust ins Verderben treiben will.

Schließlich wurde auch Kleopatra immer wieder zur Leitfigur des weiblichen Vamps stilisiert, wie sie bereits von ihren Feinden charakterisiert worden war - als Hure, die Rom ins Verderben gestürzt habe. In der späten Romantik des 19. Jahrhunderts wurde sie in ihrer angeblichen Grausamkeit geradezu verklärt, so in der Dichtung »Mademoiselle de Maupin« von Theophile Gautier:

Marlene Dietrich mit Erich Maria Remarque

497

»Wollüstige Cleopatra, wie hast du die menschliche Natur erkannt! Wieviel Tiefe liegt in dieser Barbarei!«[12]

Puschkin läßt in einer fragmentarischen Erzählung seiner »Ägyptischen Nächte« Kleopatra ein Angebot ausschreiben, daß sie sich einem Manne um den Preis seines Lebens hingeben wolle. Es melden sich drei Männer, ein römischer Krieger, ein epikureischer Philosoph und ein Jüngling: Eine ironische Abwandlung des »Kleopatra-Mythos«!

Auch Maria Stuart wurde in der Literatur immer wieder als dämonische Geliebte in Szene gesetzt, z.B. in Algernon Charles Swinburnes »Chastelard«: Chastelard, die Hauptfigur der Dichtung, verfällt der »grausamen« Maria. Im Bewußtsein seines Selbstverlustes gegenüber der Geliebten seufzt er:

»Seht, die Liebe war
Wohl wie ein Fluch
Zur Plage mir geschaffen...
Doch ob mit müdem Leib,
Gebrochnem Herzen -
Ich muß dem Tode
jetzt entgegengehn.«[13]

Edward VIII und Wallis Simpson

Ob auch die keineswegs nur in der dichterischen Phantasie existiert habenden Frauen Lola Montez und Wallis Simpson zur Gattung des Vamps gehörten? Die sich als Spanierin ausgebende schottische Tänzerin Lola Montez war immerhin eine sehr schillernde Persönlichkeit. König Ludwig I. von Bayern war von dieser Mätresse so sehr angetan, daß er sie unbedingt heiraten wollte. Die Besessenheit, die die Tänzerin in ihm auslöste, kostete ihm den Thron. Um einer Frau willen mußte auch der englische König Eduard VIII. - der Onkel der heutigen Queen Elizabeth - abdanken: Die berüchtigte Wallis Simpson war seine Geliebte. Auch er wollte nicht auf ihren süßen Duft verzichten und mußte deswegen die Krone seinem Bruder, dem späteren Georg VI., überlassen. Wir hatten ja auch an dem frauenbesessenen Heinrich VIII. gesehen, daß die sexuellen Wünschen der Herrscher ihre Politik oft stärker bestimmten als rationale Erwägungen. Nicht nur Shakespeare, sondern auch der englische Dichter John Keats wob aus diesem Stoff seine Dramen:

»Ich sah Könige, bleich und bleich,
Die Ritter, todbleich Mann für Mann;
Sie schrien: La Belle Dame sans Merci
Hält dich in ihrem Bann!«[14]

In der so häufig - besonders von Männern - beschworenen femme fatale schlägt das Motiv der fernen Angebeteten um in die Nähe des Angst einjagenden verführerischen Charismas der ihre eigenen Zwecke verfolgenden Geliebten. Beatrice ist den verklärenden Absichten ihres Urhebers Dante noch hilflos ausgeliefert. Sie ist ein in sich selbst erstarrtes Bild, eine fixe Idee, vor der sich der Dichter niederbeugt: Das pure Bild aber kann ihm nicht gefährlich werden. In der späten Romantik dagegen wurde die Gefahr der Verklärung eines anderen Menschen (in diesem Fall der Geliebten) hellsichtig und schonungslos entlarvt. Die masochistische Tendenz des seiner Dame huldigenden Kavaliers konnte schon an den teilweise skurrilen Attitüden der mittelalterlichen Troubadoure aufgewiesen werden. Der jeder Liebe innewohnende Unendlichkeitsdrang trieb die Liebenden zu allen Zeiten in selbstzerstörerische Akte. Darin ist die Liebessehnsucht mit der Todeswollust verwandt. Freuds Eros schlägt um in Thanatos, den Todestrieb:

>Lachend vor Liebe ertrink ich mit ihr,
Und mit Augen und Lippen berührt sie mich.«[15]

»Der Graben war viel zu tief…« Dieses Motto, das angesichts der tragischen Dimension von »Leiden schaffender« Liebe nur zu berechtigt erscheint, könnte am Ende dieser Untersuchung eine Stimmung der Resignation erzeugen. Konnte überhaupt eine der dargestellten berühmten Frauen insgesamt auf ein glückliches Liebesleben zurückblicken?

Semele scheitert an Hera. Hera ihrerseits kann zwar der Geliebten gegenüber triumphieren, hat aber mit der Vertreibung ihrer Kontrahentin noch lange nicht die polygamen Neigungen ihres Mannes (Zeus) ausgeschaltet. Kleopatra ist am Ende eine gebrochene Frau: Ihr bleibt nur die Flucht in den Freitod. Wenn wir uns Beatrice als ein Mädchen aus Fleisch und Blut vorstellen - und einmal ihre Perspektive einnehmen, wird sie bestimmt nicht zu dem Schluß gekommen sein, daß sie aus der Verehrung Dantes - selbst wenn sie davon gewußt hätte - irgendein Gefühl des Glückes hätte ziehen können: Er wäre ihr als ein komischer

Kauz erschienen, der in sie irgendein Ideal hineinprojizierte, ohne sie als leibhaftig existierender Mensch überhaupt wahrzunehmen. Arme Beatrice!

Anne Boleyns unglückliches Schicksal bedarf keiner weiteren Erläuterung. Auch die Marquise de Pompadour war nicht glücklich: Sie mußte auf den einzigen Menschen verzichten, den sie jemals geliebt hatte, auf den Abbé de Bernis: Der Graben war halt zu tief. Und Katharina? Sie hatte zwar viele Liebhaber, aber noch niemand wurde je durch Quantität alleine glücklich. Sie war eine erfolgreiche Frau, auch eine erfolgreich liebende Frau. Sie war begehrt, sehr umschwärmt. Aber zu einer wirklichen Partnerschaft war sie niemals bereit. So sehr ihre politischen Leistungen auch Anerkennung verdienen, war sie im Grunde ihrer Seele eine egomanische Persönlichkeit und hätte sich wahrscheinlich niemals diese hohe Position erobern können, wenn sie nicht einen so starken Charakter gehabt hätte. Sie war ehrgeizig. Ob sie sich auch in der Liebe glücklich fühlte, darf bezweifelt werden.

Regine Olsen gehört - wie Goethes Gretchenfigur im Faust - zur Gattung der enttäuschten Frauen. Sie wurde Opfer eines infamen Spieles, daß der sehr viel ältere Kierkegaard mit dem unschuldigen Mädchen spielte. Am Ende blieb ihr nur die Verbitterung und --- die Ehe mit einem langweiligen Mann.

Kann nicht aber wenigstens Lou Andreas-Salomé als glücklich bezeichnet werden? Sie lebte ein Leben, von dem viele Frauen nur träumen können, konnte es sich leisten, jedes Jahr sechs Monate lang auf Reisen zu gehen und durch die Kulturhauptstädte Europas zu pilgern, wo sie die berühmtesten Menschen ihrer Zeit kennenlernte. Sie war umschwärmt wie kaum eine andere Frau ihrer Zeit, hatte außergewöhnliche Begegnungen, konnte sich als Schriftstellerin und Therapeutin verwirklichen und hatte einen Mann, der zwar anfänglich gegen ihr rebellisches Temperament revoltierte, dann aber sich zum tolerantesten Ehemann überhaupt wandelte. War Lou glücklich? Vielleicht ja, vielleicht aber auch eher nein: Sie war zwar vielen Menschen nah; die große Liebe hat sie jedoch nicht erlebt. Vielleicht konnte sie wegen ihres egozentrischen Charakters auch gar nicht lieben. Der Grund für die Toleranz ihres Mannes war nicht sein weites Herz, sondern schlichte Resignation. Es blieb ihm nichts anderes übrig, wenn er mit dieser eigensinnigen Frau weiterhin ein Haus teilen wollte.

Simone de Beauvoir hat in einem Alterswerk mit dem Titel »Die Zeremonie des Abschieds« das langsame Dahinsiechen ihres Freundes Sartres mit chirurgisch anmutender Exaktheit dokumentiert. Sie seziert das Gemüt des Sterbenden mit kalter Genauigkeit. Die unheimliche Sachlichkeit, mit der sie den körperlichen und seelischen Zerfall ihres einstigen Geliebten und philosophischen Partners beschreibt, kann nur als späte Rache verständlich gemacht werden. Wie Sartre sie früher mit detaillierten Analysen der Sexpraktiken seiner verschiedenen Sexualpartnerinnen ebenso sehr demütigte wie anödete, so bleibt ihr jetzt nur noch die späte Genugtuung am Tod des Existentialisten, so sehr sie auch an seinem Grab geweint haben mag. Von Glück kann auch hier keine Rede sein.

Es fehlt nur noch Eva Braun in der Runde der unglücklich Liebenden: War nicht aber ausgerechnet sie von allen genannten die glücklichste? Bis in den heroischen Tod hinein liebte sie ihren Führer und genoß das Leben auf seiner »Burg« aus vollen Zügen, selbst noch im Krieg, als die sechste deutsche Armee bei Stalingrad verblutete. Wenn Hitler nicht aus »purem Zufall« den Krieg verloren hätte, hätte ihr niemand das Glück mit ihm entreißen können. Ihr unglückliches Schicksal kam wie von außen. Es waren eben nur die »bösen Hunnen«, die das arische Reich überrollten, eine Tatsache, an der man sich selber schuldlos fühlte. Daß Eva von Hitler nur wie ein Ding »als sein Mädchen in München gehalten wurde«, und er sie nicht höher einschätzte als seinen Schäferhund, blieb ihr zeitlebens verborgen. Naivität und schwach entwickelter Verstand bewahren vor dem Unglück des Herzens: Ob damit aber ein Glück gemeint sein kann, das diese Bezeichnung verdient, darf bezweifelt werden.

Also bleibt am Ende nur die Resignation? Ich hoffe nicht... Konfrontieren wir noch einmal Kierkegaard mit seiner verlobten Regine. Der spätere Existenzphilosoph versucht seiner Geliebten zu erklären, warum er sie nicht heiraten möchte. Das hatte er in Wirklichkeit nicht getan, aber wir wollen hier einfach mal einen Faden der Imagination spinnen. Dabei wird nicht die naive unbescholtene Regine antworten, sondern die reif gewordene Regine, die dem Philosophen auf einer gleichberechtigten Ebene zu begegnen weiß. Das ist ja das Schöne an der Fiktion, daß sie allen möglichen Gedankenspielen Raum läßt. In der folgenden Weise könnte sich das Gespräch zwischen Sören und Regine entwickelt haben:

»Liebe Regine. Die Liebe ist doch etwas außerordentliches, nicht wahr?«

»Ja, mein lieber Sören...«

»Und Geschirrspülen: Ist das für dich auch eine außerordentliche Tätigkeit?«

»Nein, mein geliebter Kierkegaard...«

»Wie kannst du dann zwei so sehr verschiedene Dinge wie die Liebe und das Geschirrspülen zusammenbringen wollen?«

»Wieso, habe ich das denn getan?«

»Ja, du naives Mädchen! Indem du mich heiraten willst, muß ich dich ja auch in den Momenten ertragen, wenn du mit einem Scheuertuch den Boden aufwischst. Willst du unsere Liebe wirklich in den Schmutz solcher Banalitäten ziehen?«

»Ja, aber diese Seite gehört doch auch zu mir...«

»Du bist nur dort du selbst, wo du einzig und einsam stehst vor Gott, alles andere sind nur Hüllen, die dein wahres Wesen verbergen...«

»Das ist doch aber nur in ganz seltenen Momenten möglich!«

»Sei´s drum! Nocheinmal: ist Liebe für dich etwas außerordentliches - oder nur eine banale Angelegenheit wie Frühstücken?«

»Natürlich etwas besonderes...«

»Und dann willst durch eine Heirat unsere Liebe mit der Tätigkeit des Geschirrspülens synthetisieren? Das wäre etwa so, als würde ich in einer einzigen Schüssel Wasser und Feuer koexistieren lassen. Das geht nicht...«

Die junge, noch unreife Regine hätte daraufhin bedrückt geschwiegen. Mit wenigen Worten hätte ihr der junge Dandy sämtliche Illusionen über die Liebe geraubt. Denn natürlich war für die junge Regine die Heirat der Höhepunkt der Liebe.

»Der Höhepunkt?!« hätte Sören vielleicht verächtlich ausgerufen. »Na gut, vielleicht! Aber jenseits der Höhe kann nur noch der Abstieg folgen...«

Daraufhin wäre die junge Regine in Tränen ausgebrochen. Dieser rhetorische Graben war ihr zu tief. Die reifere Regine aber hätte sicherlich gelassener reagiert:

»Du behauptest also, lieber Sören, daß die Liebe etwas Außerordentliches ist?«

»Ja, das habe ich gesagt!«

»Gut, lieber Sören, dann wirst du mir auch beipflichten, daß das Außerordentliche besondere Mühen und Anstrengungen abverlangt, um es überhaupt erleben zu können...«

»Ganz richtig!«

»Ist es leicht, beim Mondenschein in einer lauen Sommernacht romantische Gefühle zu erleben?«

»Ja, das ist fürwahr nicht sehr schwierig...«

»Aha! Dann wirst du mir auch zugeben, daß es schwerer ist, romantische Gefühle beim Abwaschen oder Hausputz mit dem geliebten Partner zu entwickeln...«

»Ja, das ist schwierig, aber...«

»Damit bist du geschlagen: Denn wenn die Liebe wirklich etwas Außerordentliches sein soll, dann muß sie sich gerade im Alltag beweisen! Wenn deine erhabenen Gefühle nicht mehr durch banale Tätigkeiten gestört werden können, hast du dich erst zur Höhe wahrer Liebe erhoben...«

Auf diese Worte hin wäre Kierkegaard vermutlich in ernste Verlegenheit geraten, wenn er nicht im zweiten Teil seines »Entweder-Oder« (»Von der ästhetischen Gültigkeit der Ehe«) die Heirat in einer vergleichbaren Weise legitimiert hätte, was für seine persönliche Existenz allerdings nur ein bloßes Gedankenspiel blieb. Vielleicht sollte noch erwähnt werden, daß Regine sich sicher eine Küchenmagd leisten konnte. Aber grundsätzlich hätte das nichts geändert.

Wir brauchen nicht zu resignieren. Es gab in der Geschichte der Liebenden tatsächlich Beispiele für gelungene Beziehungen, in denen das Wagnis eingegangen wurde, die exaltierte Leidenschaft mit dem Alltag zu versöhnen. Dabei handelte es sich meistens um solche Beziehungen, die sich nicht auf das bloße Glück zu Zweit beschränkten: Immer wieder zeigt die Geschichte, daß eine Partnerschaft sich erst dann erfüllt, wenn sich beide Partner einem höheren Ziel widmen --- einer gemeinsamen Lebensaufgabe.

So war es zum Beispiel in der Ehe zwischen Evita und dem argentinischen Staatspräsidenten Juan Domingo Peron. Dieses Verhältnis begann zunächst im Rotlichtmilieu als bloße Liebschaft, bis der Staatsmann dann die Filmschaupielerin und Sänge-

Evita Peron

rin Evita heiratete. Gemeinsam widmeten sie sich fortan den hohen Aufgaben der Politik. Mit rhetorischem Geschick und ihrer überaus stark entwickelten Barmherzigkeit wurde Evita bald zum Idol der Arbeiterbewegung. Ohne Evita wäre Peron nicht solange (bis zu seinem Sturz durch einen Militärputsch) als Präsident Argentiniens erfolgreich gewesen.

Vielleicht darf auch das Paar Helene und Albert Schweitzer zu den glücklich Liebenden gezählt werden? Sie fanden in Afrika als Helfer der Armen und Leidenden zu einer gemeinsamen Aufgabe und blieben auf diese Weise ein Leben lang ganzheitlich aneinander gebunden.

Die Synthese von Ehefrau und Geliebte erlebte der Philosoph Karl Jaspers. Nachdem er 1969 gestorben war, fand man in seinem Nachlaß ein Bündel mit Liebesbriefen, die er nicht etwa in seiner Jugendzeit, sondern noch im hohen Alter seiner Frau Gertrud geschrieben hatte, mit der er insgesamt neunundfünfzig Jahre lang verheiratet gewesen war --- »als ob sie das Wesen sei, das mich bei Gott vertreten wird.«[16] Nur wenige Männer fühlen sich auch noch im Alter so innig gebunden an ihre Frauen wie Karl Jaspers. Auch diese Beziehung wuchs quasi über sich hinaus und fand in der gemeinsamen Arbeit an dem unter dem Namen

Karl Jaspers
mit seiner Frau

»Karl Jaspers« herausgegebenen Schriften ihre Erfüllung. Den Interpreten ist inzwischen offenbar geworden, wie groß Gertruds Anteil an diesem Werk gewesen ist. Sie war die Tochter einer jüdisch orthodoxen Kaufmannsfamilie und fand in Jaspers einen Seelenverwandten. Beide wurden früh mit dem Tod konfrontiert: Schon dem Achtzehnjähriger wurde mitgeteilt, daß er wegen seiner kränklichen Konstitution kein langes Leben erwarten dürfe. Jaspers litt an Bronchieekstasen der Lunge, angegriffenen Nieren und an einer durch zunehmendes Emphysem sekundären Herzinsuffizienz. Obwohl er dann doch noch das biblische Alter von 86 Jahren erreichte, wurde er durch die ständige Gegenwart des Todes in seiner gesamten Lebenseinstellung stark geprägt. Das Interesse für »Grenzsituationen« jeder Art war die Folge seiner gesundheitlichen Probleme. Auch mag seine besondere Ernsthaftigkeit und sein Verantwortungsbewußtsein anderen Menschen gegenüber Ausdruck der Erkenntnis gewesen sein, daß das Leben nur eine sehr zerbrechliche und flüchtige Erscheinung ist. Mit einer Männern nicht gerade häufig eigenen Behutsamkeit und Sensibilität widmete er sich seiner späteren Frau Gertrud. Auch sie war bei allem ungestümen Temperament ein sehr ernsthafter Mensch, der eine illusionslose Wahrhaftigkeit im Umgang mit sich selbst und eine Abneigung gegen alles, was »bloßes Vergnügen« war, eigen war. Schon früh hatte sie herbe Schicksalsschläge hinnehmen müssen: Ihre ältere Schwester starb siebzehnjährig an Diphterie, die jüngere Schwester wurde geisteskrank interniert, ein Jugendfreund nahm sich das Leben, und zwei weitere innige Freundinnen wurden von einer Tuberkulose mit tötlichem Ausgang heimgesucht. Das Erlebnis der Grenzerfahrungen führte bei den Liebenden zu einer höheren Art von Solidarität, die in der Ehrfurcht allem Lebendigen gegenüber wurzelte --- und in dem Bewußtsein, von einer unbeschreibbaren Transzendenz »umgriffen« zu sein. Mit Gertrud erlebte Jaspers das, was er später als »existentielle Kommunikation« beschrieb:

»Wahrheit ist nichts anderes als bedingungslos in Kommunikation sein. Hier in der Tiefe würde ein Sichbewahren gerade ein Sichverlieren sein... Der grenzenlose Kommunikationswille bedeutet (jedoch) niemals, sich dem Anderen als solchem einfach zu unterwerfen, sondern es kennen, hören, mit ihm rechnen zu wollen bis zur Notwendigkeit der Verwandlung seiner selbst... Das liebende Suchen des Menschen erreicht keinen Abschluß.«[17] Diese Erkenntnis war durch die immer wieder neu zu erringende liebevolle Begegnung mit seiner Frau entstanden. Seine Ehe war keineswegs eine »Hausidylle«, nicht »gesichert in der Ruhe temperamentloser Naturen, noch in der stoischen Haltung, die leicht einer Armut der Seele folgt, oder in der sicheren Fassade konventioneller Formen.«[18] Beide waren sehr eigensinnige Naturen, aber in ihrem »liebenden Kampf« miteinander fühlten sie sich immer wieder in einer höheren philosophischen Gemeinschaft in- und miteinander gebunden. Gerade weil sie die Spannung zwischen individueller Existenz, die mit der Achtung vor dem ganz Anderen des Anderen verbunden war, und gemeinsamen Empfindungen aushielten, und weil sie sich immer wieder von neuem von den Ansprüchen des Geistes herausfordern ließen, wurden sie einander niemals gleichgültig, noch erstickte diese Ehe jemals in der Routine des Alltäglichen. »Das gemeinsame philosophische Leben war der einzige feste Punkt, dem wir vertrauten.«[19] Eben weil sie sich niemals gegenseitig in dem festen »Gehäuse« eines Bildes vom jeweils anderen fixierten, sondern immer offen für das Überraschende im Wesen des Partners blieben, konnten sie den Unendlichkeitsdrang der Liebe versöhnen mit der Endlichkeit des Daseins. Die Solidarität miteinander ging soweit, daß Karl Jaspers bereit war, mit seiner Frau in den Tod zu gehen, als die Nazis seine jüdische Frau »im Rahmen der Endlösung« internieren wollten. »Ich kann nicht dulden, daß sie stirbt ohne mich.«[20] Beide verdankten ihr Leben den Amerikanern, die einen Tag vor der Festnahme Gertruds Deutschland befreiten.

So hat es sich am Ende gezeigt, daß der Graben zwischen den Liebenden nicht unüberwindlich tief sein muß. Leidenschaft und romantische Sehnsucht alleine sind wie lecke Fässer, die ständig neu gefüllt werden müssen. Erst das gemeinsame Werk angesichts des Höchsten begründet die wirkliche Partnerschaft, die nicht im solipsistischen Kreisen um sich selbst ermüdet. Es ist traurig, daß den liebenden und geliebten berühmten Frauen, deren Schicksal in diesem Buch dokumentiert wurde, diese Einsicht nicht gegeben war. Ihnen war der Graben viel zu tief.

Anmerkungen

1 Hölderlin zit. nach Zweig, Kampf mit dem Dämon 86
2 Novalis zit. n. Praz 40
3 Roth zit. n. Marko 198
4 ebd. 183
5 Nietzsche, Also sprach Zarathustra a.a.O.
6 Zweig 225
7 Marko 120
8 ebd.
9 ebd. 132
10 ebd.
11 Huysman zit. n. Praz 256
12 Gautier zit. n. Praz 182
13 Swinburne zit. n. Praz 199
14 Keats zit. n. Praz 167
15 Swinburne zit. n. Praz 200
16 Jaspers zit. n. Saner 121
17 Jaspers, Vernunft und Existenz, 70f, 77
18 Jaspers zit. n. Saner 121
19 ebd.
20 ebd. 48

Schlußwort

Auch ich habe die Höhen und Tiefen einer Geliebten erlebt. Selbst noch verheiratet, litt ich drei Jahre lang unter dem gesellschaftlichen Versteckspiel, wurde aus seelischem Kummer krank und verlor ein ganzes Jahr in einem Krankenhaus und in einem Sanatorium, bis es mir dann vergönnt war, durch das Bekenntnis meines Mannes zu mir in der gemeinsamen Hochzeit das happy end zu erfahren. Anders als bei Kierkegaard war für mich die Ehe keineswegs gleichbedeutend mit einer Ernüchterung durch den Alltag. Im Gegenteil durfte ich es erleben, in den Gesprächen mit meinem Mann und in dem Milieu seiner weltweiten Auftraggeber zu wachsen. Bis zu seinem Tode lebten wir fünfunddreißig Jahre lang in zunehmender Intensität glücklich miteinander, was mich ihm gegenüber mit tiefer Dankbarkeit erfüllt.

Dankbar bin ich wiederum auch meinem Lektor, Dr. Steffen Graefe. Nach dreijähriger Recherche, die unterbrochen wurde durch Zweifel, Krankheit und durch die Angst, nicht fertig zu werden, nachdem ich die siebzig überschritten hatte, war er es wieder, der mir Mut zusprach ähnlich wie bei meinem Buch »Der Geist der Palmaille«.

Bibliographie

Altwegg J./Schmidt A. (Hg.). Französische Denker der Gegenwart. München 1988

Andreas-Salomé, Lou. Lebensrückblick. Frankfurt 1968

Andreas-Salomé, Lou: Die Erotik. München 1979

Andreas-Salomé, Lou: Friedrich Nietzsche in seinen Werken. Dresden 1923 (Erstausgabe 1894)

Apuleius. Der goldene Esel. München 1961

Bair, Deirdre. Simone de Beauvoir. Eine Biographie. München 1990

Baumann, Uwe. Heinrich VIII. Reinbek 1991

De Beauvoir, Simone. Memoiren einer Tochter aus gutem Hause. Reinbek 1968

De Beauvoir, Simone. In den besten Jahren (BJ). Reinbek 1969

Bengtson, Herrmann. Marcus Antonius. München 1977

Benoist-Méchin. Kleopatra. Stuttgart, Berlin, Köln, Mainz 1966

Bornemann, Ernest. Das Patriarchat. Ursprung und Zukunft unseres Gesellschaftssystems. Frankfurt 1979 (Taschenbuchausgabe)

Brandes, Georg. Sören Kierkegaard. Eine kritische Darstellung. Leipzig 1992

Chamoux, Francois. Marcus Antonius. Gernsbach 1989

Charlier/ de Launay. Eva Hitler geb. Braun. Stuttgart 1979

Cronin, Vincent. Katharina die Große. München 1996

Dante (Alighieri). Die göttliche Komödie. Übersetzt v. Karl Vossler. München 1962

Dante (Alighieri). Neues Leben. Leipzig 1942

Erickson, Carolly. Katharina die Große. Eine deutsche Prinzessin auf dem Zarenthron. München 1995

Evola, Julius. Metaphysik des Sexus. Frankfurt, Berlin, Wien 1983

Federn, Karl. Dante und seine Zeit. Leipzig 1916

Fest, Joachim C. Hitler - Eine Biographie. Frankfurt 1973

Fleischer, Margot (Hg.). Philosophen des 20. Jahrhunderts. Darmstadt 1995

Fleischhacker, Hedwig. Mit Feder und Zepter. Katharina II. als Autorin. Stuttgart 1978

Von Flocken, Jan. Katharina II. Zarin von Rußland. Augsburg 1998

Floto, Hartwig. Dante, sein Leben u. seine Werke. Stuttgart 1858

Frank, Johannes. Eva Braun. Oldendorf 1988

Franzero, Carlo Maria. Kleopatra. Hamburg 1960

Frenzel, Ivo. Nietzsche. Reinbek 1966

Friedell, Egon: Kulturgeschichte der Neuzeit. München 1979

Geismar, Eduard. Sören Kierkegaard – Seine Lebensentwicklung und seine Wirksamkeit als Schriftsteller. Göttingen 1909

Görlitz, Walter. Kleopatra – Bildnis einer dämonischen Frau. Hamburg 1936

Gössel, Peter & Leuthäuser, Gabriele. Architektur des 20. Jahrhunderts. Köln 1990

Grant M./Hazel J. Lexikon der antiken Mythen und Gestalten. München 1980

Grant, Michael. Caesar – Genie Diktator Gentleman. Hamburg 1970

Graefe, Steffen. Der gespaltene Eros – Platons Trieb zur Weisheit. Bern, Frankfurt, New York, Paris 1989

Grayeff, Felix. Heinrich der Achte. Hamburg 1961

Gun, Nerin E. Eva Braun - Hitler. Leben und Schicksal. Velbert/Kettwig 1968

Hackett, Francis. Heinrich VIII. Frankfurt 1978

Harding, Esther. Frauenmysterien – einst und jetzt. Zürich 1949 und Berlin 1982

Hille, Peter. Cleopatra – Ein egyptischer Roman. Berlin ca. 1905

Hölderlin, Friedrich. Sämtliche Werke. Hg. Von Friedrich Beißner. Frankfurt – Wien – Zürich. Ohne Datum.

Hohlenberg, Johannes. Sören Kierkegaard. Basel 1949

Horst, Eberhard. Julius Caesar. Düsseldorf 1980

Huxley, Aldous. Schöne neue Welt, München 1992

Jaspers, Karl. Psychologie der Weltanschauungen, Berlin – Heidelberg – New York 1971

Jaspers, Karl. Vernunft und Existenz. München 1973

Jellouschek, Hans. Semele, Zeus und Hera – Die Rolle der Geliebten in der Dreiecksbeziehung. Zürich 1987

Jung, C.G.. Gesammelte Werke. Olten 1966ff

Juvenal. Satiren. Stuttgart 1969

Kahn-Wallerstein, Carmen. Schellings Frauen: Caroline und Pauline. Frankfurt 1979

Kampits, Peter. Sartre und die Frage nach dem Anderen. Wien-München 1975

Katharina die Große. Memoiren. (Leipzig 1913) - Insel-TB Frankfurt 1996

Kelsen, Hans. Die platonische Liebe I und II. In: IMAGO 19, 1933 Wien, 34-98 und 225ff

Kerényi, Karl. Die Mythologie der Griechen. Bd. 1 und 2. München 1966

Kerényi, Karl: Der höhere Standpunkt – Zum Humanismus des integralen Menschen. München 1971

Kierkegaard, Sören. Entweder – Oder. Köln 1960
Kierkegaard, Sören. Gesammelte Werke. Furcht und Zittern, Tagebücher
und Briefe. Düsseldorf-Köln 1962
Koepcke, Cordula: Lou Andreas-Salomé. Eine Biographie. Frankfurt 1986
Kuhn, Helmut.»Liebe« – Geschichte eines Begriffs. München 1975
Lagerborg, Rolf. Die platonische Liebe. Tübingen 1931
Leisegang, Hans. Die Gnosis. Stuttgart 1955
Lofts, Norah. Die Konkubine - Heinrich VIII. jungfräuliche Geliebte. Wien
- Hamburg 1965
Lyotard, Jean Francois. Der Widerstreit, München 1987
Madariaga, Isabel de. Katharina die Große. München 1996
Marko, Gerda. Schreibende Paare. Liebe, Freundschaft und Konkurrenz.
Frankfurt 1998
Mann, Thomas. Sämtliche Erzählungen. Frankfurt 1963
Maffii, Maffio. Kleopatra. Leipzig 1943
Meier, Christian. Caesar. Severin bei Siedler. Ohne Ort und Datum. Ca.
1983
Meister Eckehart. Deutsche Predigten und Traktate. Hg. Josef Quint. Mün-
chen 1955
v. Mendelssohn, Harald. Sören Kierkegaard. Ein Genie in der Kleinstadt.
Stuttgart 1995
Moi, Toril. Simone de Beauvoir. Frankfurt 1996
Neumann, Erich. Die große Mutter – Eine Phänomenologie der weiblichen
Gestaltungen des Unbewußten. Olten 1974
Neumann, Erich. Ursprungsgeschichte des Bewußtseins. München 1968
Neumann-Hoditz, Reinhold. Katharina die Große. Reinbek 1988
Nietzsche, Friedrich. Also sprach Zarathustra. Stuttgart 1969
De Nolhac, Pierre. Louis XV. et Madame de Pompadour. Paris 1902
Oppermann, Hans. Julius Caesar. Reinbek 1968
Otto, Stephan. Renaissance und frühe Neuzeit. Stuttgart 1984
Otto, Walter F. Theophania – Der Geist der griechi-schen Religion. Ham-
burg 1956
Otto, Walter F. Dionysos. Mythos und Kultus. Frankfurt 1933
Paglia, Camille. Die Masken der Sexualität, Berlin 1992
Peters, H.F. Lou Andreas-Salomé. Das Leben einer ungewöhnlichen Frau.
München 1964
Platon: Sämtliche Werke. Übersetzt von Schleiermacher. Leck 1958ff.
Plutarch. Über Isis und Osiris, Hg. Gustav Parthey, Berlin 1850
Podach , Erich. F. Gestalten um Nietzsche. Weimar 1932
Poisson, Georges. L´Elysée - Histoire d´un palais. De Mme de Pompadour
à Francois Mitterand. Paris 1979

Praz, Mario. Liebe, Tod und Teufel. Die schwarze Romantik. München 1970

Ranke-Graves, Robert v. Griechische Mythologie I und II. Reinbek 1955

Reese-Schäfer, Walter. Lyotard zur Einführung. Hamburg 1988

Ranke-Graves, Robert von. Griechische Mythologie. Bd. 1 und 2. Reinbek 1955

Rilke, Rainer Maria. Sämtliche Werke. (verschiedene Ausgaben)

v. Rossum, Walter. Simone de Beauvoir und Jean-Paul Sartre. Berlin 1998

Sacher-Masoch, Leopold. Katharina II. Zarin der Lust. München 1982

Saner, Hans. Karl Jaspers. Reinbek 1970

Sartre, Jean-Paul. Das Sein und das Nichts. Hamburg 1952

Schopenhauer, Arthur. Die Welt als Wille und Vorstel-lung. Bd. 1 und 2. Zürich 1988

Schweitzer, Albert. Aus meinem Leben und Denken. Hamburg o.D.

Seneca. Vom glückseligen Leben. Auswahl. Stuttgart 1967

Simanyi, Tibor. Madame de Pompadour. Düsseldorf 1979

Schrempf, Christoph. Sören Kierkegaard. Eine Biographie. Jena 1927

Schubart, Walter. Religion und Eros. München 1941

Schult, Arthur. Dantes Divina Commedia als Zeugnis der Tempelritter-Esoterik. Bietigheim 1979

Stahr, Adolf. Kleopatra. Berlin 1879

Stange, Carl. Beatrice in Dantes Jugenddichtung. Göttingen 1959

Stemmler, Theo. Die Liebesbriefe Heinrich VIII. an Anna Boleyn. Zürich 1988

Stepun, Fedor. Mystische Weltschau – Fünf Gestalten des russischen Symbolismus. München 1964

Tarn – Charlesworth. Octavian, Antonius und Kleopatra. München1967

Vandenberg, Philipp. Cäsar und Kleopatra. München 1986

DeVitray/ Jacobs. Heinrich VIII. in Augenzeugenberichten. Düsseldorf 1969

Volkmann, Hans. Kleopatra. München 1953

Voltaires Briefwechsel mit Friedrich dem Großen und Katharina II. – Hg. Walter Mönch. Berlin 1944

Voltaire. Oeuvres completes. Hg. v. L. Moland. Paris 1877-1882.

Weigall, Arthur. Cléopatre, sa vie et son temps. Paris 1960

Wilder, Thornton. Die Iden des März. Frankfurt 1975

Wilson, Colin. Das Okkulte. Berlin 1982

Wolff, Hermann. Das Charakterbild Heinrich VIII. Freiburg 1972

Zimmer, Heinrich. Indische Mythen und Symbole. Düs-seldorf – Köln 1972

Zweig, Stefan. Der Kampf mit dem Dämon. Leipzig 1925

Namenregister

(Berücksichtigt sind auch literarische und mythische Namen. Unberücksichtigt bleiben aus technischen Gründen Bildunterschriften). Personen, die im Text häufig mit Vornamen genannt werden, sind teilweise unter ihrem Vornamen eingeordnet.